刘 平 〔美〕裴宜理／主编

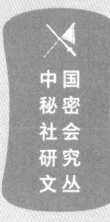
中国秘密社会研究文丛

被遗忘的战争

咸丰同治年间广东土客大械斗研究

【修订本】

刘 平／著

商务印书馆
The Commercial Press

图书在版编目（CIP）数据

被遗忘的战争：咸丰同治年间广东土客大械斗研究／刘平著. —修订本. —北京：商务印书馆，2023（2024.7重印）
（中国秘密社会研究文丛）
ISBN 978-7-100-20190-2

Ⅰ.①被… Ⅱ.①刘… Ⅲ.①广东－地方史－史料－清后期 Ⅳ.①K296.5

中国版本图书馆CIP数据核字(2021)第168900号

权利保留，侵权必究。

中国秘密社会研究文丛
被遗忘的战争
咸丰同治年间广东土客大械斗研究
（修订本）
刘 平 著

商 务 印 书 馆 出 版
（北京王府井大街36号 邮政编码 100710）
商 务 印 书 馆 发 行
三河市尚艺印装有限公司印刷
ISBN 978-7-100-20190-2

2023年3月第1版　　　　开本 640×960　1/16
2024年7月第2次印刷　　印张 25 3/4　插页 16

定价：98.00元

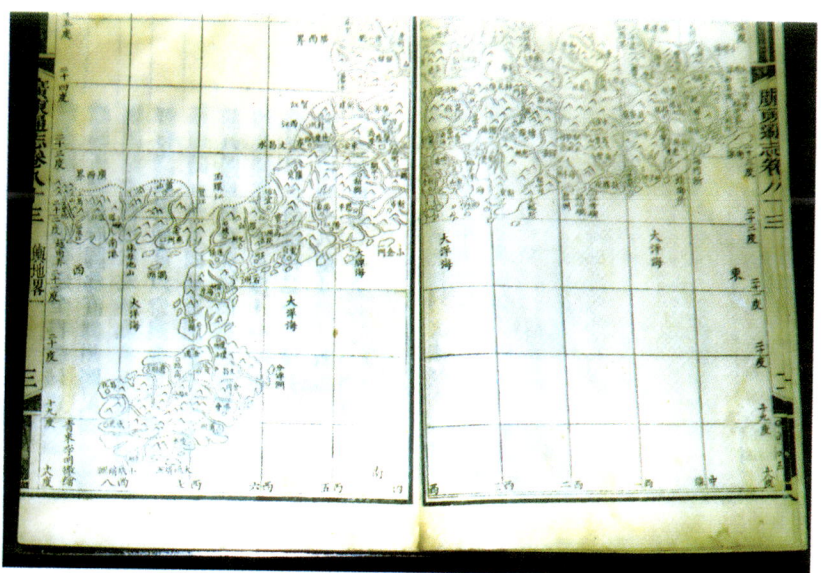

阮元《广东通志》所载"广东总图"

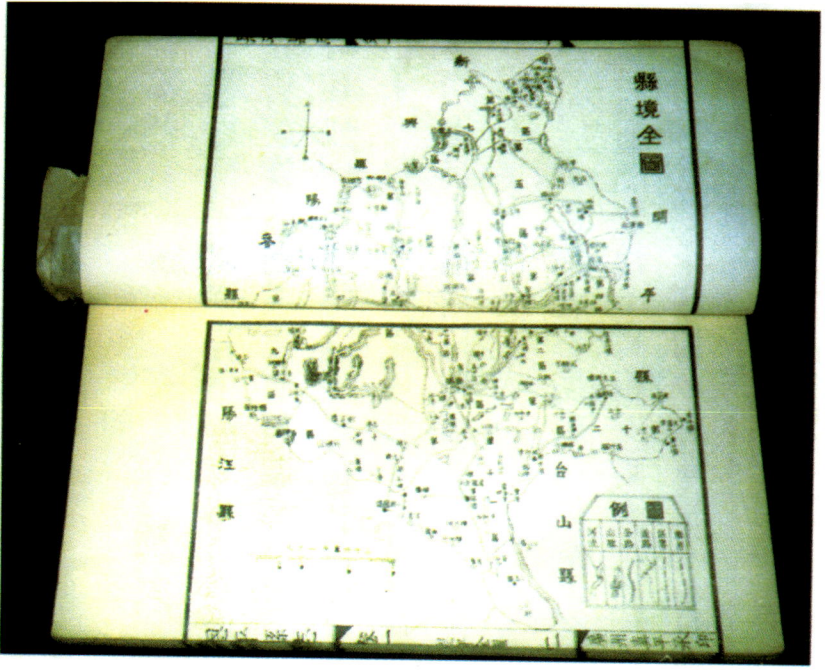

宣统《恩平县志》所载"县境全图"

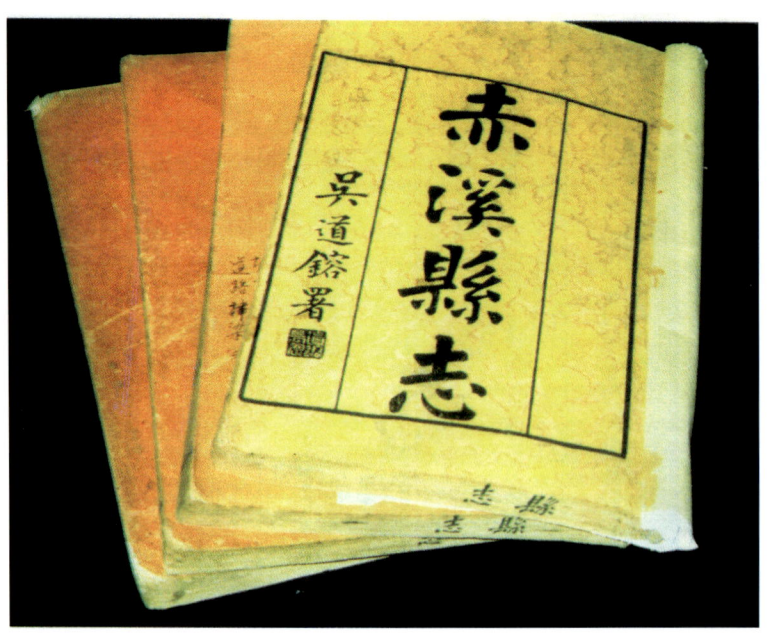

记载"斗祸"之事甚详的民国《赤溪县志》题署者吴道镕系民初岭东书法名家。

赤溪县志卷八 附编

赤溪开县事纪

谨按五岭以南民风强悍械斗之事时有闻焉然有此族与彼族械斗或此乡与彼乡械斗杀掳而寻为害虽烈一经邻绅调停或由官吏制止其事遂寝但未有仇杀十四年屠戮百余万焚毁数千村蔓延六七邑如清咸同间新甯开平恩平鹤山高明等县土民与客民械斗受祸之惨也今赤溪县民卽原居新甯籍之客民也自经巡抚蒋益澧止斗联和划厅分治土客相安垂五十余年于兹矣然在当日各县土客因分声肇衅互相屠杀

民国《赤溪县志》卷八《赤溪开县事纪》首页（古进摄）

广东台山市赤溪镇(清赤溪厅,民元改赤溪县)象岭村杨氏老屋
与该民居并列的有六个大门,前后各数进。为同治十年(1871)、光绪二年(1876)两任赤溪协左营中军都司的杨逢春旧宅。

赤溪镇象岭村杨氏老屋堂屋正中摆放的祖先牌位

赤溪镇东碉楼

客家人盛放先人骸骨的"金罂"

2003年2月,笔者于赤溪镇获准参加一张姓老人(享年85岁)的葬礼,得知虽然现在实行火葬,客家人仍将骨灰置于这种陶罐中。另外,客家人于红白喜事、节庆时分多贴对联,古风盎然。笔者于此次葬礼上见到一本记载各种仪节、联语的抄本,如《新华字典》大小。据几位相帮丧事的老先生说,此书系清代遗留,民国抄本。客家人遇有事故,即用以参照变通。

台山市田头镇（原新宁县田头堡）冲金山
清军围攻田头、赤溪时，驻营其间。粤抚蒋益澧在山顶巡视后，最终决定"改剿为抚"。

台山市赤溪镇人民政府，驻田头镇（原田头堡）
与之相对的右前方即冲金山，钟日平摄。

台山市广海镇（原新宁县广海寨）碉楼之一（现为谢姓住宅）
谢姓于抗日战争前购得此楼，楼面有炮弹坑数处。

广海烽火台之一，始建于明朝抗倭之时
广海地方富庶，形势重要，素为兵家必争之地，"斗祸"期间曾发生著名的"广海之战"。

恩平歇马村梁氏宗祠大门

恩平歇马村梁氏宗祠"春祭"祭台正面

恩平歇马村《梁氏族谱》(复印件)

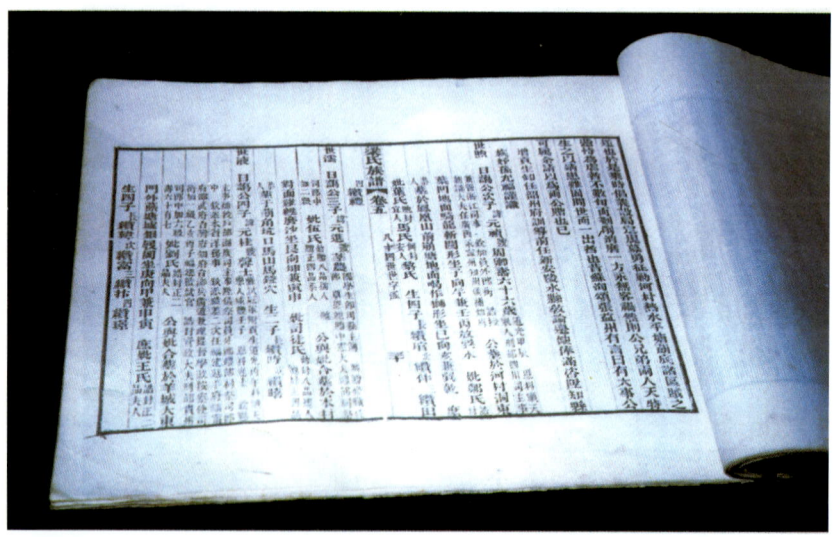

《梁氏族谱》所记曾任户部主事、礼部郎中等职的恩平土绅梁元桂事迹(部分)
梁曾主持恩平土客联和之事,未成。

恩平歇马村士绅梁元桂考取进士后所立石碑
类似石碑数通,在"文革"时被掀入碑身后的锦江。近年,歇马旅港人士梁佐先生建设乡里,尤重保护文物,该石碑亦得重见天日。

清代恩平歇马村梁日爵练武所遗器具

曾发生多次战事的鹤山云乡今貌

云乡镇为今日鹤山市的纯客居地。（区嘉权摄）

流经广东佛山高明区的西江一段

洪兵与清军、土客双方都曾在西江高明、肇庆段发生战事。

高明县土绅杨琳致广东官府某大员控诉"客祸"的信函（复印件），原件藏英国外交部
（倪俊明、温春来提供）

月山镇日龙村许氏宗祠（李玉祥摄）

开平碉楼

始于明末。"斗祸"期间及之后，开平县民纷纷出洋谋生，在国外稍有积蓄，莫不怀着恋乡情结，或汇款，或亲自回乡，买地、建房、娶妻。而清末至民国，县境尤为不靖，具有强大防御功能的碉楼大量出现，且带有世界各地的建筑文化背景。现登记在册者1833座。（李玉祥摄）

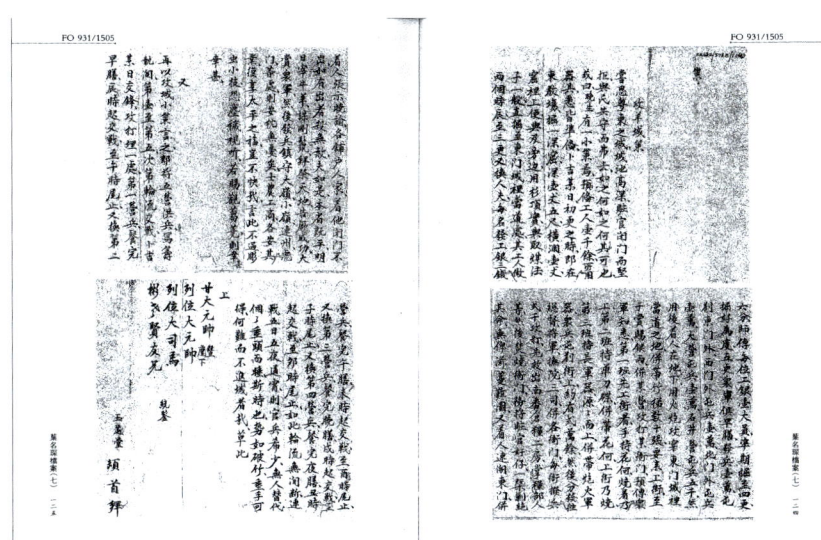

某文人王芝堂上洪兵大元帅甘先之《攻羊城策》
选自刘志伟、陈玉环主编：《叶名琛档案——两广督府衙门档案残牍》第7辑，广州：广东人民出版社，2010年。

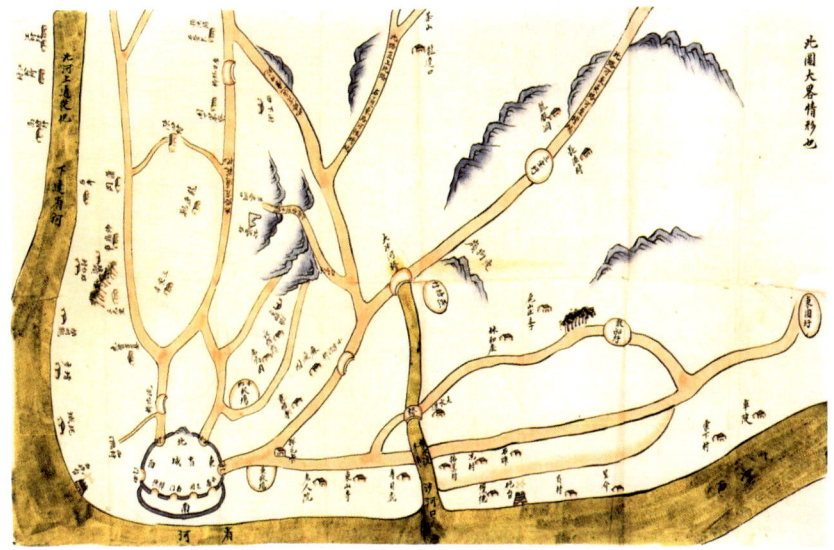

"洪兵围攻广州形势图"，原档 F.O.931/1938
选自华林甫编：《英国国家档案馆庋藏近代中文舆图》，上海：上海社会科学院出版社，2009年，第204页。

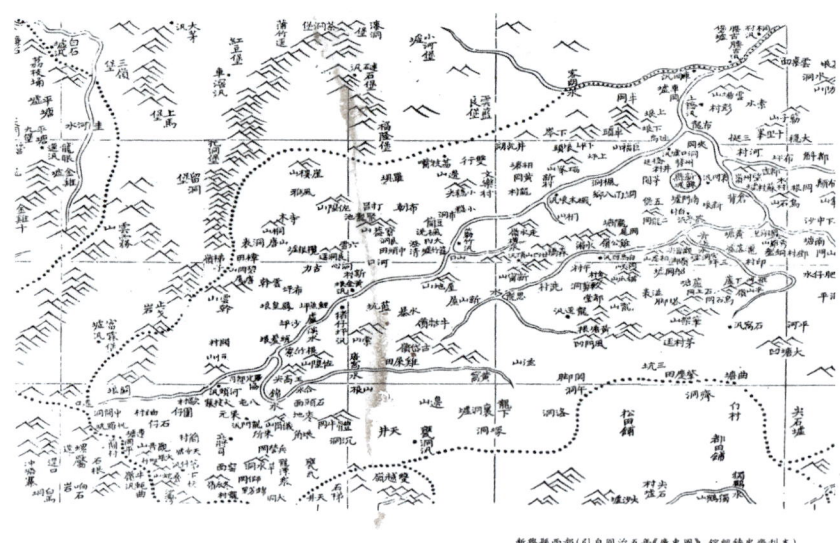

"广东东安、新兴、阳春三县塘汛图说"之《新兴县图》,原档 F.O.931/1950
选自华林甫编:《英国国家档案馆庋藏近代中文舆图》,上海:上海社会科学院出版社,2009 年,第 234 页。

作者与孔飞力教授合影(2006 年 2 月于哈佛大学)

总序：近代秘密社会简论

裴宜理（Elizabeth J. Perry）

如果不能认真看待秘密社会的作用，人们将无法准确理解中国近代史。尽管中国秘密社会早在进入近代的几个世纪之前业已产生，但是这些结社的内在吸引力、活动范围与政治影响的急剧扩张，却是与鸦片战争带来的剧烈变动前后相接、如影随形的。①

在19世纪晚期、20世纪前期发生的剧烈变动中，势力强大的帮会，诸如三合会、青帮、哥老会等，发挥了重要的社会与经济作用，特别是对于那些生命与生计都受到威胁的人群来说。② 秘密社会为其成员——大多是贫穷的单身男人——所提供的保护、互助、团体意识以及兄弟义气，极大地促进了其自身的壮大。随着会员数量的急剧增长，秘密社会的政治意义也开始迅速增大。

秘密会党成员入会时，必须歃血盟誓，绝对效忠其首领，并随时听从"龙头"老大的调遣，参与更为广泛的集体行动。崛起于广西和广东偏远山区的太平天国运动之所以能够蔓延到富饶的长江三角洲地区，与联合三合会以及上海小刀会这类三合会分支有着密切的关系。③ 从萍浏醴起义到武昌兵变，辛亥革命之推进，得益于孙中山和黄兴竭尽全力地

---

① Frederic E. Wakeman, Jr., *Strangers at the Gate: Social Disorder in South China, 1839-1861*, Berkeley: University of California Press, 1966.
② 蔡少卿：《中国近代会党史研究》（增订版），北京：中国人民大学出版社，2009年。一般而言，秘密社会由"秘密会党"（或秘密帮会）与"秘密宗教"两个部分组成。英文 secret society 一词，一般译为"秘密社会"（或秘密结社），但更多的是指秘密会党，如三合会、哥老会之类（西人最先是从南洋开始接触华人秘密会党的）；19世纪末，青帮崛起，与会党合称秘密帮会；青帮系"清帮"之讹音，而洪帮（哥老会）演为"红帮"，合称青红帮。——译者注
③ 参见朱从兵：《上海小刀会起义与太平天国关系重考》，天津：天津古籍出版社，2010年。

争取海外洪门以及国内秘密会党的支持——包括资金和人力。① 早期共产主义工人运动在发动产业工人时也曾得到秘密会党的帮助。李立三借助安源煤矿的红帮与上海工厂中的青帮势力以发动工人运动的策略,最终被证明是行之有效的。②

然而,秘密社会并不总是站在起义和革命的一边。非法活动——鸦片走私、掌控妓院赌馆和收取保护费——是支撑秘密会党庞大网络的经济命脉。而这些犯罪活动的猖獗,与政府人员——从当地警察到政府高官——的纵容和腐败有关。上海青帮大亨和国民党当局之间的关系仅仅是这一广泛存在的现象中最为引人注目的一道风景而已。③

在帝制时代和民国时期产生的错综复杂的秘密社会问题,构成了1949年新中国成立后对共产党政权的主要挑战。虽然镇压反革命运动在很大程度上消解了作为反政府起义来源的秘密社会的政治威胁,但他们的经济和文化影响并没有完全消失。例如,在"文化大革命"期间,上海的造反派工人就曾模仿秘密会党成员的服饰、语言和行为。④

无论是过去还是现在,秘密社会绝不是单单存在于中国的问题。在一些国家,当代秘密社会的有组织犯罪活动仍旧让执法当局头疼,而美国的黑手党和日本的山口组仅仅是其中的两个著名事例而已。⑤ 可是,秘密社会在重大政治变革中扮演了如此重要角色的例子,人们很难在中国之外找到。

---

① 孙江『近代中国の革命と秘密結社:中国革命の社会史的研究,1895—1955』,東京:汲古書院,2007年。
② Elizabeth J. Perry, *Shanghai on Strike: The Politics of Chinese Labor*, Stanford: Stanford University Press, 1993; Elizabeth J. Perry, *Anyuan: Mining China's Revolutionary Tradition*, Berkeley: University of California Press, 2012.
③ Brian G. Martin, *The Shanghai Green Gang: Politics and Organized Crime, 1919-1937*, Berkeley: University of California Press, 1996.
④ Elizabeth J. Perry and Li Xun, *Proletarian Power: Shanghai in the Cultural Revolution*, Boulder: Westview Press, 1997.
⑤ Pino Arlacchi, *Mafia Business: The Mafia Ethic and the Spirit of Capitalism*, Oxford: Oxford University Press, 1988;宮崎学『ヤクザと日本:近代の無頼』,東京:筑摩書房,2008年。

· 总序：近代秘密社会简论 ·

基于秘密社会在中国近现代历史和政治上的重要地位，学术界理所当然地会对秘密社会的研究给予极大的关注。商务印书馆即将面世的这套丛书，收录了目前最具影响的部分中外文相关学术著作，旨在探究中国秘密社会的起源、复杂性、延续性和间断性等问题。我们希望，这套丛书能够激发青年一代学者就秘密社会如何以及为什么在近代中国社会转型过程中具有如此重要地位的问题，给出更加完整的、令人信服的答案。

目 录

序一 蔡少卿 / 1

序二 孔飞力 / 4

前 言 / 7

题 记 / 12

上编 斗祸的远因与近因 / 13

    第一章 客家概说 / 15

        一、客家源流 / 15

        二、客家民俗特征 / 22

        三、客家人的性格特征 / 44

    第二章 清代广东境内客家南迁概况 / 53

        一、迁移动因 / 53

        二、迁移之苦，定居之难 / 58

        三、土民不是省油的灯 / 63

        四、客民与土著的矛盾 / 69

    第三章 斗祸的导火线：广东洪兵起义 / 78

        一、天地会概说 / 78

二、广东洪兵起义 / 83

三、"客勇讨贼" / 87

中编 斗祸的基本情形 / 93

第四章 斗祸的时间跨度与空间分布 / 95

一、血雨腥风十三年 / 95

二、烽火狼烟十七县 / 97

第五章 斗祸中的主战场（一） / 102

一、鹤山 / 102

二、开平 / 120

三、恩平 / 132

第六章 斗祸中的主战场（二） / 153

一、斗祸前的新宁客民概况 / 153

二、两年的忍耐与斗祸的最终爆发 / 155

三、新宁西路斗祸概况 / 158

四、新宁东路斗祸概况 / 164

五、曹冲、赤溪成为东路客民的据点 / 168

六、西路客民的惨败 / 174

七、蒋益澧进兵曹冲与土客联和 / 180

第七章 斗祸中的主战场（三） / 186

一、新兴 / 186

二、阳春、阳江 / 190

三、高要、高明 / 211

下编 清政府的对策与斗祸的基本平息 / 225

第八章 内外交困的清政府 / 227

- 目 录 -

一、"内乱日亟" / 227

二、"亚罗"号掀起的风波 / 232

三、吏治不良、饷项匮乏对办理土客械斗的影响 / 239

第九章 督抚、皇帝对斗祸的反应 / 256

一、清朝对付械斗的法律 / 256

二、督抚、皇帝对斗祸的初步反应 / 270

三、剿抚两难 / 279

第十章 斗祸的基本解决 / 288

一、土绅的控告 / 288

二、矛头指向客民 / 299

三、广东官吏与斗祸 / 305

四、蒋益澧与斗祸的基本解决 / 324

五、客民的安插 / 345

六、不平静的尾声：光绪初年的儋州土客械斗 / 364

结 语 / 385

附录 蓝厚理（Harry J. Lamley）教授致刘平论械斗问题的信函 / 387

参考文献 / 390

后 记 / 397

修订本后记 / 400

序一

刘平同志的博士后研究报告《被遗忘的战争——咸丰同治年间广东土客大械斗研究》经过修改,即将由商务印书馆出版,他请我写序,我作为他的博士后联系导师,义不容辞。下面就有关问题发表一些看法,见仁见智,我想,读者自会掂量。

在历史上,由于历朝政府的权威难以在时间上、空间上得到全面贯彻,对于社会矛盾,民间社会往往有一套自我调节的功能,械斗就是其中的一个突出现象——宁静—矛盾—械斗—平息,在一些特定的地区周而复始地上演着。但是,这种调节也有难以控制的时候,我们所知道的一些农民起义、民族叛乱等重大历史事件,从中就能找到械斗这一背景。

明清时期,尤其是清代,民间械斗是一种普遍的社会现象。人们对械斗问题的关注,主要是从福建、广东的乡村械斗或宗族械斗和台湾的分类械斗着手的。厦门大学的傅衣凌教授曾经特别关注宗族在社会经济发展中的作用。早在抗日战争时期,傅先生就撰写了《论乡族集团对中国封建经济的干涉》一文,提出了"乡族"与"乡族势力"的概念,将研究视野从单纯的宗族扩大到宗族与地方的关系,极大地推动了对宗族问题的深入研究。正是受到这一概念的启发,台湾学者胡炜崟于1997年在台湾出版了《清代闽粤乡族性冲突之研究》一书,这是目前我所见到的第一本关于中国东南地区乡族械斗问题的专著。

如果说宗族械斗、乡村械斗每以细故小节而引发的话,刘平同志在博士后阶段的研究主题即广东土客大械斗,却是以近代中国初期的几桩重大事件展开的。以往,人们或许过于关注近代历史上的重大政治事件，对于这起社会影响重大但政治色彩较淡的事件却没有给予足够的重视。刘平同志的这本专著把械斗这一社会现象的研究推向纵深，不能不说是社会史、客家史研究的重大突破。

在披阅了刘平同志的书稿后，我认为本书有以下几个优点值得向大家推介。

首先，咸丰同治年间发生的广东土客大械斗，其规模之浩大，影响之深远，在中国历史上是罕见的。它对广东社会及客家移民格局产生了难以估量的影响。作者披沙拣金，完整地再现了这一历史事件，具有重要的学术价值。

其次，本文利用的文献资料十分可观。要进行一项开创性的研究，除了勤奋爬梳，殚精竭虑，别无选择。本书利用了大量档案、官书和方志等资料，足见作者所下的功夫。

再次，在对客家性格、械斗背景、械斗进程和政府措施等问题的评判上，作者不囿于史料或是以往学者的成见，条分缕析，新见迭出。这在当今的学术研究中是难能可贵的。

当然，本书也存在一些不足。他经常跟我提起，他的这本书只是勾勒出了一个框架，希望以后能有机会，在史料、田野调查和论证等方面加以补充完善，使之真正成为一本站得住脚的学术专著。现在该书虽然即将付梓，其中有些地方，如史料之筛选、论述之完整、理论之升华等，确实还有待充实。

十多年前，刘平考取我的硕士研究生，当时他选择了以民国土匪为主、兼及会党问题的研究领域；后来在中国人民大学清史研究所攻读博士，从文化传统与社会叛乱的角度来研究清代秘密社会（其博士论文《文化与叛乱——以清代秘密社会为视角》，2002年已由商务印书馆出版）；在博士后阶段，他着手民间械斗的研究，写成了目前这部书稿；博士后研究甫一结束，他又投身于近代江湖问题的研究。从这一学术历程不难发现,他具有一种勇于开拓、勤于探索的精神,这是值得称道的。希望他能继续保持这种精神,在学术道路上取得更大的成绩。

蔡少卿(南京大学)
2003年3月10日于南秀村寓所

序二

1854—1867年发生的广东土客大械斗是中国近代史上最惨烈、最具破坏性的社会冲突之一，刘平博士充分利用、分析了当代可以搜寻得到的大量文献资料，对这一事件展开研究，取得了社会史研究的一项杰出成果。我在阅读了他的关于这一历史事件的研究文稿之后，深感受益匪浅。

自明朝晚期以来，各地土著与客民（在清代闽粤赣的很多地方表现为土著与客家）的冲突现象就是社会演进过程中的重要组成部分。人口增长（只是在明清更替之交才一时中断）使人均土地占有比率降低到了危险的标准，促使众多家庭转而寻找新的生存战略，其中包括弃农经商（也就是转向依托市场的家庭手工业）和移民。移民的方式之一是男性的乔迁——离家外出打工挣钱（包括前往海外），另一种情况就是全家全族甚至整个乡里（whole families and communities）迁往外地，寻找新的可供耕种的土地。在福建和广东，后面这种情况有时是与暴力相伴随的。客家人因为人口膨胀而进入广东东部，并进而进入广东西部地区，引发了这些地区新的紧张关系。

清代宗族械斗之风业已成为东南地区的一种暴力传统，此外，种族内部（以语言与习俗为区别）形成了一种特别具有爆炸性的氛围。勤劳而具有凝聚力，并且习惯于武力自卫的客家移民，在与比邻而居的土著的对峙中自成一系，极易触发暴力行为，竞争的后果之一便是导致了太平天国运动的发生，另一后果便是构成本书主题的广东土客大械斗。

刘平博士详尽地分析了隐藏于19世纪五六十年代土客之间相仇相斗现象背后的种族因素与经济因素。客家人移入广州—肇庆之后，与这一地区即珠江三角洲西部诸县土著（即广府人）相比，其人数相对较少。许多客家移居者是先从嘉应州、惠州向东迁移的,粤东地区的人民为了生存,素以军事化及种族自卫而著称。伴随于从那些地区迁往广肇地区的客家人而来的是筑垒自固、随时自卫的传统。19世纪前期,弥漫于该地区的经济萧条加剧了土客矛盾,为大规模冲突创造了条件。

但是,作者的多角度分析告诉我们,经济分析固然重要,却仍然不足以解释这场冲突之残酷,文化的、"种族"的因素也是暴力发生的强大动力。广府人把客家人称为"匪",更有甚者,指为"犵"、"獠"、"猺",或是直接在"客"字上加上污辱性的"犬"字偏旁,以示客家为野蛮民族,自以为与之水火不容。反之,客家人认为广府人生性残忍,不能信任。这些由于文化差异而造成的敌意与经济竞争互相影响,使双方陷入一场致命的、迁延十数年的战争。

在对械斗发生的主要县份逐一论述时,作者还对各地械斗发生的特定因素进行了梳理。作者的研究告诉我们,19世纪50—60年代之间发生的这场大规模冲突正是"四邑",即开平、恩平、新会和新宁四县的广府人与客家人向海外大规模移民的背景。面对人口大量死亡、经济一蹶不振的情形,成千上万的广府人与客家人开始踏上前往东南亚、夏威夷和旧金山的路途。在今天的北美西部各州,华人随处可见,追源溯流,在很大程度上是那场可怕的"种族"战争促使四邑农民冒险走上"卖猪仔"之旅的。

作者还对清朝统治在华南乡村的软弱无力进行了分析。即使是在平常年份,地方行政体制也无力应对械斗的发生,待到土客双方日益敌视、经济日益萧条,"内乱"与"外患"并起,清政府要平息这场大规模械斗就更难措手了。

最后,刘平博士站在公正和同情的立场对土客双方的猜疑与仇恨(在那场战争之后的一个世纪中依然存在)进行了评价,他认为有必要对广府人与客家人依然存在的隔阂引起足够的重视。

本书内容乃是近代中国进程的重要一环，作者的研究将有助于人们对许多相关问题的深入了解，我很高兴能向大家介绍这一成果。

孔飞力（Philip A. Kuhn，哈佛大学）
2003 年 3 月 13 日于马萨诸塞州，剑桥

前　言

清朝是一个传统农业形态的多民族大帝国，其社会矛盾呈现多样性和复杂性的特征（鸦片战争后，这种特征进一步凸显），当诸多社会矛盾积聚到相当程度时，往往以农民叛乱、民族反抗的方式爆发出来（如林爽文起义、太平天国运动、回民起义、苗民起义等）。多年来，人们往往重视矛盾发展的结果，而忽略矛盾积聚的过程，即使涉及，也往往局限于阶级分析一途。如此一来，许多历史现象反而被掩盖起来，被人们遗忘。

我对民间械斗问题发生兴趣，始于博士论文《文化传统与社会叛乱——以清代秘密社会为视角》的写作阶段。当时我的主要设想是把清代秘密社会身上体现出来的种种文化因子对社会叛乱的影响做一次比较全面的分析整理，除了一般的民间文化、民间信仰事象之外，民风民情也是我关注的一个内容，其中一节即"拜把结会、分类械斗与林爽文起义"。在南京大学进行博士后研究阶段，我把"中国的民间械斗——以清代为重点"作为选题。在收集资料的过程中，我发现，这个题目所涉及的面太广，容易写但不容易写好。经与导师蔡少卿教授商量，最终把题目确定为《被遗忘的战争——咸丰同治年间广东土客大械斗研究》。

我在早年初涉中国近代史领域时，脑子里有个"广东西路土客械斗"、"死亡百万"的印象，但十余年来，几乎没有见到相关研究面世。在确定本选题后，我进行了相当艰难的文献目录查找。迄今为止，我认为以下三种论著与本书主题有关。

1. 罗香林：《客家研究导论》，希山书藏，1933 年；现据上海文艺出版社影印本，1992 年。

2. 郎擎霄：《清代粤东械斗史实》，载《岭南学报》第 4 卷第 2 期，1935 年 6 月。

3. J. A. G. Roberts,"The Hakka-Punti War", unpublished Ph.D thesis, University of Oxford, 1968.

罗香林在《客家研究导论》中谈到客家历史上的五次大迁徙时，用了一页篇幅（第62—63页）来谈第五次迁徙（与本书主题有关），在书中其他地方也有零星涉及。罗氏所云成为现代客家研究者的一般依据。

郎擎霄在1933年发表《中国南方械斗之原因及其组织》(《东方杂志》第30卷第19期），该文复成为其《清代粤东械斗史实》一文的前半部分内容，该文第四部分第3小节题为"咸同间西江土客大械斗"（第122—143页），主要依据为民国《赤溪县志》。

就在我校好本书清样之时，我在互联网上查到一篇J. A. G. Roberts的文章："Punti-Hakka Clan Wars and Taishan"，译称《土客之战与台山》，篇幅不长，简述台山土客械斗的基本情况，但可惜的是，我未能一睹其博士论文。

其他学者如现在澳门大学中文系任职的郑德华博士[①]、中山大学博士生温春来等也从不同角度或方式对该问题做过探讨。[②]

上述学者的研究虽然是初步的，但毕竟为我勾勒出了一个轮廓。

另外，近20多年来，闽粤、台湾与海外学者对清代福建、广东等地的宗族械斗及乡族械斗（以宗族械斗为主，混杂着一般乡村械斗）的研究卓有成效。如美国夏威夷大学的蓝厚理（Harry J. Lamley）教授发表的下列文章：

Harry J. Lamley, Hsieh-tou, "The Pathology of Violence in Southeastern China", *Ching-shih wen ti*, Vol. 3, No. 7（Nov., 1977），pp. 1-39；

---

① 郑德华的博士论文题为：A Study of Armed Conflicts between the Punti and the Hakka in Central Kwangtung, 1856-1867, University of Hong Kong, 1989，中文题目为《广东中路土客械斗研究（1856—1867）》，从题目可知，其研究时段在咸丰四年洪兵起义、土客冲突爆发的两年之后。按：该博士论文经作者修订，改名《土客大械斗：广东土客事件研究，1856—1867》，于2021年由中华书局（香港）有限公司出版。

② 参见温春来：《咸同年间广东高明县的土客械斗》，载胡春惠、周惠民主编：《两岸三地研究生视野下的近代中国研讨会论文集》，台北政治大学历史系、香港珠海学院，2000年。

· 前 言 ·

Hsieh-tou, "Violence and Lineage Feuding in Southern Fukien and Eastern Kwangtung Under the Ch'ing", *Newsletter for Modern Chinese History*（台湾《中国近代史研究通讯》1987 年 3 月），pp. 43-60；

"Lineage Feud in Southern Fujian and Eastern Guangdong Under Qing Rule", in Kwang-Ching Liu, ed., *Orthodoxy in Late Imperial China*, pp. 255-278, Berkeley: University of California Press, 1990.

以及台湾学者胡炜崟所著《清代闽粤乡族性冲突之研究》（台湾师范大学历史研究所印行，1997 年）等。这些论著虽然针对的是民间械斗的一种更为普遍的形式，但他们的研究方法与观点都给了我有益的启迪。

目前，历史学、客家学研究很是热闹，其中成绩固然可喜，存在的问题也有不少。从本书立场来说，历史研究中的一个缺陷是随波逐流，围绕热门问题"炒冷饭"，故有"虚假繁荣"之讥；客家学研究，可能与受到客籍华侨华人的资助与客家聚集地区政府的支持有关，往往片面赞扬客家人的光荣历史与开拓精神，实际上还有许多悬案有待解开，对客家人的历史与性格等问题的评价也必须客观公正。

我希望本书的写作能达到这样一个目的：就历史研究来说，填补一项空白。19 世纪五六十年代，广东发生了三件大事，一是洪兵起义（与太平天国有关），二是第二次鸦片战争，三是土客械斗。前两件事对中国近代社会的进程影响甚大，学者多有涉及。土客械斗虽然"死亡百万"，并打破当时广东土客分布格局，客民被政府四散"安插"，但由于当时政府与后来学者都不重视，故而尘封已久。

将这一历史事件完整地展现在人们面前，不仅有益于史学研究，亦有助于推动客家研究走向纵深。客家民系是汉民族中的重要一支，客家人在今日中国与世界各地的分布，与所谓"客家历史上的第五次大迁徙"即本书所述咸丰同治年间广东土客大械斗有着直接关系。同时，因为今日客家人在中国及世界各地仍然与当地"土著"混居，如何长期和平共处，本书所述历史不失为鉴戒。

在一年多的资料收集过程中,我脑子里有一种强烈的以通俗文笔写作该书的念头,案头一直放着这样三本书:

〔法〕埃马纽埃尔·勒华拉杜里著,许明龙等译:《蒙塔尤——1294—1324年奥克西坦尼的一个山村》,商务印书馆,1997年(法文原版于1975年);

〔美〕孔飞力著,陈兼等译:《叫魂:1768年中国妖术大恐慌》,上海三联书店,1999年(英文原版于1990年);

林耀华著,庄孔韶等译:《金翼:中国家族制度的社会学研究》,生活·读书·新知三联书店,1989年初版,2000年第二次印刷本(英文原版于1944年)。

或许是由于长期陷于传统的历史研究之中,我总觉得以历史文献为主要骨骼的文章有一种冰冷的感觉,时时想着要摆脱,走另外一条如林耀华先生等人走过的路子——于娓娓道来的叙述中揭示历史与社会的真谛。却因为时间逼迫,无法静心构思,遂又走回了老路。

但是,正如我在写作博士论文时就已经注重的那样,历史研究不能局限于历史学科的范围之内,因为历史现象往往受到当时社会、民族、信仰、民风民情等因素的影响,故其他学科如社会学、人类学、宗教学、民俗学等学科,对于历史研究是有极大的帮助作用的。本书仍然推重上述各学科的研究方法。特别要指出的是,土客械斗中的一个主角是客家,而客家研究目前正在成为一门显学,为此,我在大量阅读客家研究著作、走访客家研究专家的同时,在本书的写作中引入客家学研究方法(对客家的有关田野调查尚未及展开),并对客家研究中的一些问题发表粗浅的看法。

本书共分三编,计十章。

上编讲述了这场斗祸的远因与近因。由于客家移民及其产生的社会问题是这场斗祸的主要原因,故本编对客家由来及其与土民的关系进行了仔细分析。第一章针对客家的源流、民俗与性格特征等问题作了阐述。我认为,客家移民在长期的防御与逆境中形成了强烈的能动性因子

前言

(朝正面方向发展,便是积极的进取精神;朝负面方向发展,就是容易挑起事端)。第二章具体谈到了清初客家自惠潮嘉等地南下至广东中西部地区以后与当地广府系居民(本书一般称为土民)所发生的摩擦与冲突。第三章讲述了广东洪兵起义时官府依仗客勇"讨贼"、客民借机报复土民并引发斗祸之事。

中编对这场斗祸的基本情形作了勾勒。第四章就斗祸的时间跨度与空间分布作了探讨,澄清了以往记载中的讹误。第五、六、七章对斗祸中的主战场如鹤山、恩平、开平、新宁、高明和阳春等县的情况进行了叙述和分析,将这场斗祸的基本情况展现在人们面前。

下编主要讲述清政府针对这场斗祸所采取的对策与斗祸的基本平息。第八章对清廷在应对这场斗祸时所遭遇到的困难作了分析。第九章首先回顾了清朝处理械斗的法律,接着谈到地方官员与皇帝对斗祸的初步反应以及采取的对策。第十章讲述了官府解决这场斗祸的情形,同时谈到了这场斗祸的后遗症,尤其是光绪初年发生于海南儋州的土客械斗。

该项研究不仅讲述了一件被人们遗忘的历史事件,而且由于涉及近现代客家分布的由来,所以对历史学、客家学的研究都具有填补空白的意义。

就题目与内容来说,咸丰同治年间的广东土客大械斗,人们一般称为"西江土客械斗"或"西路土客械斗",我从清初客家自惠潮嘉等地移民南下、械斗后客家被官府四散安插,尤其是这场械斗并不局限于"西路"或"西江",还包括中路(广州府),影响则及于南路、北路这些史实出发,故我以"广东"冠于其前。因为"咸丰同治年间广东土客大械斗"这个名词太长,我在行文中一般以"斗祸"指代。

本书主要依据的是档案、官书和方志,其中引用方志尤多。方志虽然给我提供了大量材料,但众所周知,各类方志关于同一事件的记述有较多讹误,或前后矛盾,或张冠李戴,如何辨别真伪,订正讹误,颇费功夫,甚或仍然遗有错误。由此推及其他,一部好的作品,是需要得到大量批评并不断修改完善的,我将虚怀以待。

题 记

这是一场伤心惨目、影响深远的战争，同时也是一场难辨是非、被人遗忘的战争。在揭开尘封的历史记忆之前，我们不妨先看看当事者各自的诉说。

客民说：

慨夫生民多艰，徒增琐尾之忧；聚族频迁，仅获鹡鸰之寄。万千人而穷居异域，千余载而终为战场。问构怨之无端，蜗蛮角胜，审纷争于胡底；鹬蚌相持，遂使黄口无辜，同遭屠戮，白头抱憾，亦被诛夷。脂涂原野，魂飞烽火之天；血洒荒芜，胆落刀砧之地。罹红羊之大劫，悲乌鹊之无依。疾首何言，伤心已极。

引自《巡抚蒋公益澧长生堂碑记》，载民国《赤溪县志》卷7，《纪述·金石》。

土民说：

光武谓卧榻之下，岂容他人酣睡于其侧耶？窃思洪匪倡乱，呼吸之倾，连府跨州，遍竖红旗，何其盛而速也。逮客人举义，官兵执法，曾不数月，奔窜死亡，风流云散，其奏功不可谓不捷。当此时，使客人恪守法纪，谨守成规，生为义士，死为良民，膺封领赏，富贵无穷，虽谓万年不拔之基可也。无何，顿萌越志，奢侈纵横，焚掘杀掳，无恶不作，七八年间，罪恶贯盈，天怒人怨，孟弧一麾，六县影从，凡属犷种，歼夷殆尽。总之，修德者昌，从逆者亡，治乱无常，报应不爽。

引自（清）麦秉钧撰：《鹤山麦村麦氏族谱》。按："卧榻之侧，岂容他人鼾睡"，为宋太祖所言，而非汉光武帝。原文如此，特加说明。

上编
斗祸的远因与近因

　　凡事有果必有因。清代东南地区的宗族械斗，与非宗族性的地域性（乡村之间的）械斗结合起来，又被人称之为乡族械斗，乃是一种令人瞩目的社会冲突现象。经过众多学者的研究，已经揭示出这些冲突的根源，其发生大多起因于民间社会的日常纠纷。在当时官方看来，这类纠纷不外乎田土水利、角口斗殴、户婚名誉等小事，并未予以特别重视，不仅如此，官员们还将乡民动辄兴讼械斗的情形归咎于民风"奸猾好讼"、"强悍好斗"。预防既不当，处理亦无力，遂致乡族械斗如同顽癣恶疾一般，依附于清朝肌体的始终。

　　本书所述广东斗祸之起因与一般乡族械斗一样吗？答案是：基本不一样。所谓"基本不一样"，而不是"完全不一样"，是说土民与客民的冲突，包含了由日常小事引起的因素，但其内在的、深层的原因却必须从客家本身及其移民史、土客关系史以及引发斗祸的社会政治环境中去寻找。

第一章　客家概说

一、客家源流

客家概念

什么是客家呢？

在办理广东土客大械斗（下面一般简称"斗祸"）的过程中，清朝官员将与广府系土著人相对立的一方称为"客家"。同治三年（1864）十一月，粤督毛鸿宾奏称："溯查客家之初，本系惠潮嘉三属无业之民寄居广肇各郡，为土人佣工力作。数百年来孳息日众，遂别谓之客家，而同里异籍，猜嫌易生，履霜坚冰，由来有渐。"① 但这类界定显然未能把客家的具体内涵和外延表达清楚。

所谓客家，按《辞海》云："相传西晋末永嘉年间（4世纪初），黄河流域的一部分汉人因战乱南徙渡江，至唐末（9世纪末）以及南宋末（13世纪末）又大批过江南下至赣、闽以及粤东、粤北等地，被称为'客家'，以别于当地原来的居民，后遂相沿而成为这一部分汉人的自称。"② 《汉语大词典》的释义与之雷同。③《简明社会科学词典》则说："客家，'土著'的对称。中国因战乱所迫渡江南徙至赣、闽、粤等的中原一带汉族居民。原为迁居地当地居民对他们的称呼，后相沿成为他们的自称。"④

应该说，上述界定也不完整，如"土著"的对称并不都是客家；广

---

① 毛承霖编：《毛尚书（鸿宾）奏稿》卷15，《擒获客匪首逆戴梓贵余众求抚折》，同治三年十一月十四日。
② 《辞海》（缩印本），上海：上海辞书出版社，1980年，第1021页。
③ 《汉语大词典》（第三卷），上海：汉语大词典出版社，1989年，第1447页。
④ 《简明社会科学词典》，上海：上海辞书出版社，1982年，第72页。

府系人（所谓与客家对称的土著）也是南迁汉人；并未说明先迁之汉人与后迁之汉人如何衔接而形成客家。

在继承和发扬20世纪三四十年代罗香林开创的客家研究基础上，20世纪90年代初兴起了真正意义上的"客家研究"。下面我们不妨摘录此时期为客家定义的一些比较具有代表性的观点。

李逢蕊："由于历史原因形成的汉民族的独特稳定的客家民系，他们具有共同的利益，具有独特稳定的客家语言、文化、民俗和感情心态（即客家精神），凡符合上述稳定特征的人，就叫客家人，否则就不能称之为客家人。"[1]

林晓平："客家是操客家方言、以闽粤赣三角地带为发祥地和主要聚居区的汉民族的一支民系，该民系的成员就是客家人。"[2]

这些定义基本概括了现代意义上的客家特征，但要真正认识客家，还必须从其源流说起。

客家源流

一个民系的形成，要经过相当长时间，是有阶段性的，也是有条件的。它和民族的形成一样，要具备以下四个前提：一是要有共同的语言；二是要有共同生活的地域；三是要有共同的经济生活；四是要有共同的文化心理素质，其中最基本的条件是"共同生活的地域"，即有较大量的客家先民能较长期地、相对稳定地安居的广阔地域，在此基础上才能逐渐构成其他三个条件。[3]

有学者强调，客家是一个文化的概念，而不是一个种族的概念，同时

---

[1] 李逢蕊：《客家人界定初论》，《客家学研究》1990年第2辑，第11页。
[2] 林晓平：《关于客家及其相关概念的思考》，载黄钰钊主编：《客从何来》，广州：广东经济出版社，1998年，第76页。按：目前关于客家的定义众说纷纭，本书除引述有代表性者外，不打算另做界定。
[3] 黄火兴等：《试论客家民系形成的时间与地域》，载黄钰钊主编：《客从何来》，广州：广东经济出版社，1998年，第158页。

第一章 客家概说

认为以上述四个前提来认定客家文化特征是必需的：共同生活在赣闽粤交界地区，形成了一种有别于相邻各民系语言的方言系统，过着带有显著山区特点的农耕经济生活，还形成了以团结、奋进、吃苦耐劳和强烈的内部凝聚力及自我认同意识为主要特征的族群心理素质。具有上述典型文化特征的居民共同体就是客家民系，其居民共同体的成员就是客家人。① 我赞成这种看法，并认为有助于探讨客家源流。

目前客家学界关于客家源流，一般分成"五次迁徙说"和"断代形成说"两大类。

客家人是汉族一个系统分明、来源有自的支派。罗香林在《客家研究导论》中认为，客家先民自中原迁居南方，总计大迁移5次。有人认为加上秦朝南征的50万军队，应算6次。② 其他零星迁入或自各地以服官、贬官或经商而迁至的，那就不能悉计了。

"五次迁徙说"系罗香林先生倡导，影响很大，大致情形如下。

1. 两晋之际，"五胡"乱华，中原板荡。建武年间，晋元帝率臣民南渡，史称："俄而洛京倾覆，中州士女避乱江左者十六七。"③ 这就是历史上著名的"永嘉之乱，衣冠南渡"。从汉末到东晋，中原汉人大量迁往长江流域，这是客家的第一次大迁徙。

2. 唐中叶，安史之乱爆发，北方糜烂，大批汉人南迁。唐末，黄巢发难，震动唐王朝根基。其后进入五代，群雄割据，天下纷争。后梁时，王审知被朱温封为闽王。王审知在闽，"折节下士，开门兴学，以育才为急。凡唐末士大夫避地南来者，皆厚礼延纳，筑'招贤院'以馆之"。于是中原士大夫纷纷携眷南下。从唐朝中后期至五代，汉人由长

---

① 谢重光：《客家源流新探》，福州：福建教育出版社，1995年，第12—13页。
② 秦始皇灭六国，统一中国后，为了防止边疆游牧民族的侵扰，除了修筑长城外，又派尉屠睢率大军50万驻岭南，还将先期滞留在豫、皖、闽的流亡客人驱赶到广西兴安县筑灵渠。秦亡后，这支庞大的部队没有北返，继续留在当地，成为客人，这是大批汉人南下之始。参见黄顺炘等编：《客家风情》，北京：中国社会科学出版社，1993年，第1页。
③ 《晋书·王导传》。

江流域南迁,这是第二次大迁徙。

3. 北宋末年,金人南侵,高宗南渡,大批汉人亦分路南迁。后蒙元入主中原,北方汉人逃往南方,部分客家人又由闽赣分迁至粤东、粤北。以宋室南渡为主,这是第三次大迁徙。

4. 明末政治腐败,灾荒连年,农民叛乱,如蜩如螗。清军入关,直逼京师,朝祚衰微,而南明诸王内外交讧,终至不可收拾。其间,大批民众仓皇逃难,作为客家大本营的闽粤赣交界之区,正是明清交战、陵替之区,大量客家人分迁至粤中及滨海地区,乃至川、桂、湘及台湾。此为客家人第四次大迁徙。有明一代,乃是粤北和粤东地区外来人口大量迁入的时期。以福建汀州客家人为主的移民自宋末元初大量迁入后,形成了广东梅县(清朝时的嘉应州)一带最早的客家人居住区;明代,汀州人和赣南人继续迁入。明代新设的长宁、永安、连平(今和平县西地)、和平、大埔、平远和镇平皆为今天的纯客住县,加之以前的梅县、兴宁、龙川、河源、始兴、英德、仁化和长乐(今广东五华)等县,构成近代广东东江、北江、韩江上游山区客家人集中分布的形势。①

5. 清同治年间,受本书所述斗祸事件及太平天国运动的影响,广东中部的客家人分迁于南路与海南岛、台湾、香港、澳门、东南亚,甚而远至欧、美各洲。这是客家的第五次大迁徙,是一次属于世界范围的移民运动。这一过程延至清末民初。

"断代形成说"近年有多种说法,兹举二说。

周振鹤于1982年发表《唐代安史之乱与北方人民的南迁》一文中较早地对"五次迁徙说"提出疑义,后来他在《客家源流异说》一文中更明确认为:客家方言的源头必须由一次决定性的移民运动所产生,绝不可能是历次移民运动简单地叠加而成。而中唐安史之乱来到江西的移民正是带来了今天客赣方言的源头。而后唐末五代从江西北中部迁往赣

---

① 葛剑雄主编,曹树基著:《中国移民史》(五),福州:福建人民出版社,1997年,第410页。另外,清初东南沿海迁界、复界,粤东北的客家又大量南迁。下详。

南与闽赣山区的移民，又使客方言的源头从客赣方言的共同源头中分离出来，并在相对封闭的山区环境中最终形成了客方言。① 他的意思是说，客方言的形成即标志着客家的形成。

王东认为，客家民系的形成，从总体上来讲，是一个动态的历史过程，这一过程的实现，是以不同形态的客家先民迁入大本营地区（赣南、闽西和粤东北）为其基本前提的。故而，这一过程的开端，应该以北方人民大规模的南迁运动基本终止为标志，而其完成则当以由大本营地区迁出之居民能够在总体上保留其语言文化特色为标志。从这个角度来讲，客家民系形成的过程，其上限应该在南宋末年及元代初年，而其下限则在明代中后期。②

从发展的眼光来看，"断代形成说"更具说服力，但由于"断代"于何时尚无定论，故有进一步探讨的必要。

在本书即将出版之时，笔者得到哈佛大学孔飞力（Philip A. Kuhn）教授提醒，探讨客家源流不应忽略西文研究成果，尤其是梁肇庭（Sow-Theng Leong）的《中国历史上的移民与族群性：客家、棚民及其邻居》。③ 梁著史料丰富，并运用施坚雅（G. William Skinner）之中国经济区域和周期的"核心—边缘"模式来解释客家和棚民的迁移与经济适应情况。梁肇庭在书中提出了许多新见解，例如，"文化群体早于种族群体存在"（英文版第22—23页）。又如，他大胆批评了客家语言源于"中原正音"的正统观点（该书第29页），认为客家语言是动态发展的，与闽粤方言都有融合。这就从根本上动摇了客家种族之梦——客家系正

---

① 周振鹤：《唐代安史之乱与北方人民的南迁》，《中华文史论丛》1987年第2、3辑；《客家源流异说》，《学术月刊》1996年第3期。
② 王东：《客家学导论》，上海：上海人民出版社，1996年，第144—145页。
③ Sow-theng Leong, *Migration and Ethnicity in Chinese History*：*Hakkas*，*Pengmin and their Neighbors*, edited by Tim Wright, With an introduction by G. William Skinner, Standford University，1997. 按：该书系梁教授（1939—1987）故后，由赖特（Tim Wright）编辑而成的，施坚雅为之作序介绍。中译本由冷剑波等翻译，北京：社会科学文献出版社，2013年。

统汉室的嫡系子民。该书对于我们重新审视客家源流问题无疑具有重要价值。

客家人口与分布

斗祸发生时，广东客家有多少人，斗祸发生地有多少人，这对于弄清楚客家在当时损失了多少人，土客双方损失了多少人，斗祸之后客家的迁移和安插对现代客家人口的影响如何，都是很重要的制约因素，但由于资料的缺乏，我们只能从现代许多对客家人口的计算或估算中逆向推算。斗祸中的大致死亡人数则在下文根据零散史料推算。

语言学家袁家骅根据1956年人口调查资料和1958年汉语方言调查结果，得出客家人口约占全国总人口4%的比值。据此，丘桓兴认为，目前全国12.3亿人，那么客家人约为4920万人，加上台湾客家人680万，香港200万，澳门10万，共约5810万人。有人估计海外华侨、华人中的客家籍人约为500万。如此，全球客家人和客家籍人大约有6300万人。[1]

吴泽认为，当代的客家民系分布在国内的十多个省以及海外的数十个国家，人口总数在4500万左右。[2]

最近的一份统计资料表明，全世界客家人共约有6650万人。[3]

前几年，英国BBC广播公司有个报道称，全世界有客家人约1亿人。这一推断不知依据为何，但为不少的客家研究者所接受。如巫秋玉等人认为，目前，客家人约1亿人，除500万海外客籍华侨华人外，尚有约8800万余客家人居住在中国大陆及港澳台，其中广东省1662万。[4]

全国究竟有多少"客家县"呢？目前由于缺乏权威的国家统计数字

---

[1] 丘桓兴：《客家人与客家文化》，北京：商务印书馆，1998年，第7—8页。
[2] 吴泽：《建立客家学刍议》，《客家学研究》1990年第2辑。
[3] 丘菊贤、刘南彪：《客家渊源散论》，载黄钰钊主编：《客从何来》，广州：广东经济出版社，1998年，第131页。
[4] 巫秋玉等：《客家史话》，北京：中国华侨出版社，1997年，第27页。

第一章 客家概说

而莫衷一是。丘桓兴综合目前各家之说，提出广东的纯客住县为18县市：梅州市、梅县、蕉岭、平远、兴宁市、五华、大埔、丰顺、河源市、龙川、东源、紫金、和平、连平、翁源、新丰、始兴、陆河；非纯客住县有70个：惠州市、龙门、博罗、惠东、惠阳市、汕尾市、海丰、陆丰市、揭阳市、揭东、揭西、惠来、汕头市、普宁市、饶平、潮州市、潮阳市、韶关市、仁化、乳源、南雄、曲江、乐昌、广州市、花都市、增城市、从化市、番禺市、深圳市、珠海市、斗门、佛山市、南海市、三水市、高明市、江门市、台山市、新会市、恩平市、开平市、鹤山市、东莞市、中山市、清远市、佛冈、连州市、连山、英德市、连南、阳山、肇庆市、四会市、封开、德庆、新兴、怀集、云浮市、郁南、广宁、高要市、阳江市、阳春市、阳西、茂名市、信宜、化州市、电白、湛江市、廉江市、雷州市。①

上述县市自清、民国至今，多有改名、改隶、改级别者，如台山市即清之新宁县；阳江市在清代曾为县为州，为县则属肇庆府，为州则为"直隶州"；恩平、开平、鹤山等市在清代均为县。兹不一一列举。

客家民系的聚居地为闽西、粤东、赣南这块三省相连的地区。这里有33个纯客家县，是客家人上千年历史的开拓地。汀州宁化石壁村是宋元以前客家南迁的中转站，梅州、兴宁、大埔等地是明末清初客家人的中转站。

最后要说明，现代学者关于广东纯客与非纯客住县多导源于罗香林的《客家研究导论》，罗著又直接受到光绪《嘉应州志》和民国《赤溪县志》有关内容的影响。因为这两种方志与本文所述内容更接近，此处不妨引用《赤溪县志》的一段记载：

    吾粤客族散居于梅、循（即清嘉应、惠州二属）、南、韶、连、

---

① 丘桓兴：《客家人与客家文化》，北京：商务印书馆，1998年，第4页。

肇及沿海诸州县，所在繁殖，然考各州县志乘所载，其先世俱是中州黄、光间遗族，于晋汉间因中原板荡，五胡乱华，遂多渡江南迁于江浙闽赣诸省，至五代南汉以迄宋室播迁岭海时，因于扈从避乱，复由闽之汀州、赣之赣州，转徙南下，分居于梅州全属五县，潮州之大埔、丰顺，循州（惠州）之归善（今改惠阳）、博罗、河源、龙川、连平、永安（今改紫金）、长宁（今改新丰）、和平及北江南、韶、连所属区域，其后各地生殖日繁，于明季清初又多迁移于广属之番禺、东莞、香山、增城、新安（今改宝安）、花县、清远、龙门、从化、三水、新宁，肇属之高要、广宁、新兴、四会、鹤山、高明、开平、恩平、阳春，以至阳、罗、高、雷诸属州县，或营商寄寓，或垦辟开基，亦先后占籍焉。大埔林太仆达泉所著《客说》，谓岭表客家多中原衣冠之遗，或避汉末之乱，或随东晋、南宋渡江而来，其语多含中原之音韵。又史载宋末文丞相天祥率师勤王，由处（今赣州）复梅，招集义兵，客户从之，所至为家，是则客族自宋以前已流播于大江南岸诸省，而后逐次移殖于五岭之四隅，其说固有足据。①

从中不难看出东晋至清代广东客家迁徙与分布的大致轮廓。

二、客家民俗特征

清代广东客家的南迁，势必与土著发生密切的经济、文化等方面的联系，矛盾也随之产生，最后积重难返，积久生变。而斗祸之惨烈，远甚于闽粤地区一般的宗族械斗或乡村械斗，究其原因，一是经济方面的（这一点将在第二章具体论及），一是与土客双方尤其是土著方面以"异

---

① 民国《赤溪县志》卷8，《赤溪开县事纪》；另参见光绪《嘉应州志》卷7，《方言》。

族"对待客家有莫大关系。民风民俗应该是识别民族（nationalities）、族群（ethnic groups）和民系（branches of nationality）的一个基本标准。所以，这里有必要对客家民俗事象做一番探讨。由于客家民俗是客家研究的一个普通话题，我在这里主要选择引起土著"恶感"的客家民俗展开。

俗语云：相嘘成风，相沿成俗。民俗是一个民族或民系在生产、服饰、饮食、居住、婚姻、丧葬、节庆、娱乐、礼仪、信仰等物质生活和精神生活方面广泛流行的、经常重复出现的行为方式。这种行为方式就是人们自觉的喜好、风气、习尚和禁忌等现象，它流行于民间，为大众所自觉传承。

古今中外，民俗既是一个极富魅力的迷人世界，也是分辨异乡异民的一面镜子。

客家保留的传统民俗，大都是唐宋时期中原地区移民带来的。客家在长期的历史发展中，融合和同化了一些土著少数民族，同时将其风俗也吸收、融合于自己的风俗之中。客家民俗形成于宋元明时期相对封闭的闽粤赣交界之区。客家人在清初南迁的过程中，与广府系土著人的风俗观念发生了冲突。尽管广府系土著也是汉民族下面的一个民系，汉唐遗韵也很浓厚，但由于他们先客家而到达珠江三角洲，加上长期阻隔于岭南一隅，其民俗也自成一体。土客双方，在许多民俗事象上带有共性，如全国性的汉族传统信仰、地方性神明和杂神的崇拜，以及传统的岁时年节等方面，大同小异。客家之所以为客家，他与一般汉族尤其是广府系土著在民俗风情上存在着以下"差异""独特"之处。

客家方言

广东原是百越族聚居之地，分支繁多，方言原本不少。秦朝以后，由于逃避战乱、商业经营、仕宦讲学、罪犯流放、军队驻防等原因，历代均有各省人士前来广东，这就产生本地方言与外地语言混合形成的语言，主要是广州话、潮州话、客家话三大类，至于小范围的方言则有数十种之多。①客家话与潮州话本不相通，但在清代，客家人所在的程乡县—嘉应州—梅州府地区，与潮州府地区毗邻，两种方言交集之区，没有形成尖锐的社会矛盾。清初客家人南迁，与广州话（粤语）地区交织，就产生了很大问题。②晚清至民国，不少广府土著都视客话为"南蛮鴃舌""入耳嘈嘈"。如增城土著对自己所讲方言与客民方言的看法是：

（增城土著）语音与番禺无甚异，近山者刚而直，近水者清而婉。士大夫见客不屑方言，多以正音。惟山僻之民，侏离渐染，且以土字相杂，陈诉公庭，辄假吏胥达之。至若客民隶增者，虽世阅数传，乡音无改，入耳嘈嘈，不问而知其为异籍也。③

针对土著的轻蔑，嘉庆年间，最早力辩客家源流之正统的徐旭曾云："客人语言，虽与内地各行省小有不同，而其读书之音则甚正。"④稍后，有林达泉氏著《客说》谓："客家多中原衣冠之遗，或避汉末之乱，或随东晋、南宋渡江而来，凡膏腴之地，先为土著占据，故客家所居之地多硗瘠。其语言多合中原之音韵，其说皆有所考据。"⑤

据民国《赤溪县志》等资料记载，在清代，嘉应州（民初改州治为梅县）全属五县，与潮州府属之大埔、丰顺二县，惠州府属之归善（民初改惠阳）等八县，以及南雄州、韶州府、连州（民初改连县）等各属州县，除少数官音、土音外，其方言大致相同。本来，这些地区的客家

---

① 袁钟仁：《岭南文化》，沈阳：辽宁教育出版社，1998年，第255页。
② 关于客家话与潮州话两大方言区的交集情况，可以参考光绪《惠州府志》的记载："近潮多潮音，与闽漳泉语相近，……风气与赣州近，语稍类。"见该志卷45，《杂识·风俗》。按：闽之汀州、赣之赣州、粤之嘉应州，为客家大本营地区，年久日深，客家人与相邻地区的其他族群在语言上有一定沟通（互相之间能听懂），两者相安是自然之事。清初客家人大批迁往广州、肇庆等地，语言隔阂则十分明显。
③ 民国《增城县志》卷1，《风俗》。
④ （清）徐旭曾：《丰湖杂记》。
⑤ 转引自光绪《嘉应州志》卷7，《方言》。

第一章 客家概说

先民,在五代南汉时,复由闽之汀州、赣之赣州转徙而来,"分居以上各州县,筚路蓝缕,以启山林,原属先来落籍之土著,无所谓客,即其言语与汀赣相近,亦初无土客之分也"①。

晚清以降,广、肇之人辄谓以上各州县人为客家,并谓其话为客话者,是因为以上各州县人在明代清初间复多移于广州府属之番禺、东莞、香山(今中山)、增城、新安(今改宝安)、花县(今广州花都区)、龙门、从化、清远、新宁(民初改台山),肇庆府属之高要、广宁、新兴、四会、鹤山、高明、开平、恩平、阳春及其他罗定、阳江、信宜各州县(按:阳江本属肇庆府,在斗祸结束前夕及至光绪年间,与肇庆府数度分合,分则为厅,合则为县),"或营商业,或务垦辟,皆先后占籍焉。于是广肇各属土著遂以客视之,因言语与土著不同,又谓其话为'客话'。因而凡以上惠、潮、嘉、南、韶、连各州县之人而语言同一者,亦概视之为'客家'。而话亦由是分土客矣"②。

对于土著蔑视客话,客家人士奋起反击,一面自扬优点,一面攻击土话之缺点:

> 然在大江以南诸省说客话者,所在蕃殖,不独两广有之。虽其声音各因水土之异,宜或随之而变,微有高下,特其中多含正音古韵,流传不失,而随处皆可八九相通,故说客话之人,无论何省何州县,一经觌面,便可接谈。以视广肇土话,复杂多种,稍隔一县,甚或稍距数里,即彼此不能通晓者,未可同日而语。③

这种反击,或谓批评,是有道理的。客话确实有天下相通的优点,如朱德系四川客家人,在广东梅县一带打游击时,向当地人民宣传革命

---

① 民国《赤溪县志》卷2,《舆地下·方言》;光绪《嘉应州志》卷7,《方言》。
② 民国《赤溪县志》卷2,《舆地下·方言》。
③ 民国《赤溪县志》卷2,《舆地下·方言》。

道理，讲的就是当地人民听得懂的客家话。问题是，斗祸发生，客家"败北"，除了客家翰林出身的赖际熙主持编纂的民国《赤溪县志》外，一般地方志如光绪《新宁县志》、光绪《四会县志》、宣统《恩平县志》、民国《开平县志》等方志，莫不视客家为"贼"、为"匪"、为"异种"（"犵"），并对客话大肆攻击。舍其偏见不论，从中却能发现土客语言之差异，实为斗祸之主因，赖氏等人更将这场土客械斗指称为"分声械斗"：

> （赤溪）县属居民其先世俱于清初康雍间来自惠潮嘉各州县，所说亦客语也。其初分居于开平、恩平、新宁等县，与土人杂处，相安无异。至咸丰四年，开、恩两县土客因事失和，酿成分声械斗，鹤山、高明等县土客亦各附随之。时因发匪方乱，官军为所牵动，未能及时制止，以至仇杀不已。六年，新宁土客亦被延及，杂居县内客民（之）田庐多为土人焚毁占据，遂各逃避于赤溪一隅。互斗十余年，蔓延五六县，死亡百余万。……夫无论土民客民，皆黄农裔也，只因方音不同，积年寻仇剧斗，两败俱伤，为祸之烈，一至于此，虽由民俗勇于私斗使然，亦在彼此语言扞格，易失感情，有以致之。①

客家人以客家话为生存的根本，有句俗语谓："宁卖祖宗田，莫卖祖宗言；宁卖祖宗坑，莫卖祖宗声。"在民国初年的赤溪县，"县人谓惠潮嘉客话为原乡话"。② 这一现象与客家人抱成一团向外迁徙的经历是有关系的。徐旭曾说：

> 一因风俗语言之不同，……雅不欲与土人混处，欲择距省内稍近之地而居之；一因同属患难余生，不应东离西散，应同居一地，

---

① 民国《赤溪县志》卷2，《舆地下·方言》。
② 民国《赤溪县志》卷2，《舆地下·方言》。

第一章 客家概说

声气既不间隔,休戚始可相关,其忠义之心,可谓不因地而殊,不因时而异矣。①

现代学者也指出,客家方言与客家民系相伴生,同发展,共形成,客家方言成了客家人有别于其他民系的重要特征。所以,客家方言理所当然地成了界定客家人的首要标准。②

就土著而言,他们讲的是"广府话"(近代也叫"广州话"),因为从南朝开始设广州都督府,简称广府。又因广东省治在广州,广东简称为粤,所以广州话又称为粤语、广东话、省城话。此外,还有人称之为"白话","它是汉语七大方言(北方方言、吴方言、湘方言、粤方言、闽方言、赣方言、客方言)中语言现象复杂、保留古音特点和词语较多的一种方言"③。在特定的历史条件下,语言上的显著差异,使得土著视客家为"异族",也就不令人奇怪了。

丧葬之俗

因为迷信风水而争坟山墓穴之故而引发械斗,在清代闽粤地区都是很普遍的现象,如开平县,"俗喜争山,常有挖骨之控。今奉例四丈之外,勿许占据,争端稍息"④。这种争端甚至在高官大吏家族也难以避免,如时任四川总督、授太子太保衔的骆秉章系广东花县人,同治二年(1863),其祖葬之地被该县文生邓辅廷于"切近坟旁盗葬骨坛三穴,经该族众控县清理,该地方官并未丈量,率行拟结"。骆秉章大为不满,不但"咨明广东督抚核实查办",还于四年(1865)向清廷上"广东省

---
① (清)徐旭曾:《丰湖杂记》。
② 杨宗铮:《客家方言是界定客家人的首要标准》,载黄钰钊主编:《客从何来》,广州:广东经济出版社,1998年,第380页。
③ 袁钟仁:《岭南文化》,沈阳:辽宁教育出版社,1998年,第256页。
④ 民国《开平县志》卷5,《舆地下·风俗》。

坟山禁步请饬遵照定例丈尺以杜争端"等奏折,往返构讼连年。①

客家南迁,他们对风水的特别迷信及其奇特的丧葬习俗,引起土著的反感,客民固守其俗,甚至当斗祸发生时,他们为了破土著风水,经常有捣毁土著祖坟之事,如开平县,"客人发掘土著山坟,改葬其先骸。害及枯骨,惨无人道"②。

同治六年(1867)四月十九日,斗祸刚结束,客民"因遭离乱多年,省墓情急,呈蒋巡抚出示晓谕土客坟墓照旧管有保护,前往(已划归土民的)冲蒌、深井、大窿洞等处展扫祖墓"③。乱事甫定,客民舍生业不顾,首先想到的是扫墓,由此也可见客民丧葬、祭祖观念的浓厚了。

本来,一个人的去世,不论古今中外,都被认为是人生一件大事,所以丧葬的礼俗,比起其他的习俗礼节,都要来得庄严肃穆。客家人对于慎终追远的事情,做得十分周到,但不免有许多繁文缛节。葬务从厚,礼务从奢。丰其筵宴,醉饱灵侧,鼓乐奠别,种种乖常之举,皆不以为非。对此,清人杨澜曾给予猛烈抨击:"送死必奢,酒席尤丰。稍不如俗,群斥为不孝。中人之产立破。士大夫知其非而格于俗,议不敢异。……不但破家伤亲,心非孝也。"④如果说这种推重丧礼的现象尚能被土著接受的话(他们自己也有此习俗),则客家的二次葬习俗便遭到时人的多方责难。

客家丧葬观念源于其强烈的风水观念。目前关于当时当地客民的这种迷信习俗的记载不多,我们可先看两个与其习俗类似的例子。拿民国初年闽江中游的一次"看风水"来说,风水先生把罗盘放在一座小山包上,从山顶望去,宽广的田地一览无余。他解释说,这座小山像一只老

---

① (清)郭嵩焘:《遵查骆氏祖坟一案片(会总督衔)》,《郭嵩焘奏稿》,长沙:岳麓书社,1983年,第327—330页。
② 宣统《恩平县志》卷14,《纪事二》。按:斗祸中土著捣毁客民坟墓的事情也时有发生。另外,客人之所以要取而代之,是因为风水吉壤都已先被土著占据。
③ 民国《赤溪县志》卷8,《赤溪开县事纪》。
④ (清)杨澜:《临汀汇考·风俗》。

第一章 客家概说

鼠,鼠头伸进五谷丰收的田野。这种地势被称为"鼠朝食",选中这块宝地,子子孙孙便会兴旺发达。[1]在另一次选房基的看风水中,风水先生放置好罗盘,定好方位,突然,他高兴地叫起来,说他发现了一块风水宝地,称为"龙吐珠"。山当然代表龙,田地和庄稼代表珍珠,河水则是龙的唾液。主人当然高兴,依议建房。[2]实际上,风水先生是一张嘴两张皮,翻来覆去都是他的理,"由于一连串的不幸降临到他家(茂衡家),他的曾被视为'龙吐珠'风水的房子,现在又有了不同的解释。风水先生说,这块看似吉祥的宝地已被横穿龙头山的那条西路给毁了。对他们家来说,西路就像一把剑,斩断了龙屁股,龙因此死掉了,这地方也就变成了一个不祥之地"[3]。

再拿与客家习俗相近的潮州风俗(或者就是潮州客家)来说,据蓝鼎元说:

> 潮郡依山附海,民有杂霸之风,性情劲悍,习尚纷嚣,其大较也。(歌、妓、赌、盗、掠之外)酷信青乌家之说,谓富贵出自坟墓,沉迷风水,争讼盈庭,椎埋盗骨,凶恶无所不至。……相尚屡迁,葬后数年,必发冢洗骸,睎瞻凶吉,至数百年远祖犹然洗视不休。(此俗最恶)虽读书明理者,亦恬不自觉其非,则贪痴之陷溺然也。信巫觋,不重医药,风寒暑湿动云命运衰低(家家如此),冲犯鬼物,三牲酒果,鼓角喧天,富者连日,贫者半晡,士大夫家亦然耳。罔极之丧,置酒召客,延僧礼忏,开冥路,打地狱,云为死者减罪资福,虽有贤良方正之亲,亦必文致以剉磨舂烧之罪(忍

---

[1] 林耀华著,庄孔韶等译:《金翼:中国家族制度的社会学研究》,北京:生活·读书·新知三联书店,2000年,第21页。
[2] 林耀华著,庄孔韶等译:《金翼:中国家族制度的社会学研究》,北京:生活·读书·新知三联书店,2000年,第24页。
[3] 林耀华著,庄孔韶等译:《金翼:中国家族制度的社会学研究》,北京:生活·读书·新知三联书店,2000年,第124页。

心害理），告哀于佛，自以为孝，不知其为大逆不孝之甚者。高堂无菽水之欢，而斋僧布施，盈千累百。生死之交，一钱推刃；同胞骨肉，半亩讼庭。独舍田入寺，千顷不以为多；建刹泥金，万镒犹以为歉，世风至此，可痛极矣。……佞佛之余，流为好怪，石或能言，树或能灵；厕间古枢，亦神亦仙，酒肉香纸，男妇趋若狂焉。①

这段文字对潮民酷信风水的观念予以抨击，也连带指斥了潮民的葬俗。实际上，"相尚屡迁""发冢洗骸"之俗就是客家著名的"二次葬"习俗。

客家由于被迫流移转徙，亲人分散，随处为家，因此尊祖观念特别浓厚。每迁一处，都必将先人遗骸挖出，用"金罂"（陶罐）装好，随身迁徙，到新居地再安葬，这就是"背骨骸""二次葬"风俗的由来。据记载，晚清至民国，在新宁等地的客家，人殁后，"有数十年不葬者，葬数年，必启视洗骸，贮以瓦罐，或屡经起迁，遗骸残蚀，止余数片，仍转徙不已者。甚且听信堪舆，营谋吉穴，侵坟盗葬，以致构讼而争尺壤者。俗之愚惑，莫此为甚。《檀弓》国子高曰：'葬也者，藏也；藏也者，欲人不得见也。'②俗父母葬数年皆议改葬。改葬者，以罂易棺，检骸而置之，亦有虞氏瓦棺之义也。检骸曰检金，故罂曰金罂。改葬者启其殡，见土色黄而燥，骨无朽蠹，则仍葬故处。如土色黑而湿，骨将糜，则迁吉地。其初原为珍护遗骸之义，非全为祸福起见也，而其流弊，则至于家有疾病，或不如意，归咎于地之不吉，又复起骸，一时不得吉地，而寄于田厂岩穴。愚民易惑。……按盛骸于罂，不知作俑何时，疑当日多从他处迁居，负其亲骸来此，相宅遂以罂盛而葬之，嗣又以流移

---

① （清）蓝鼎元：《潮州风俗考》，载《鹿洲初集》卷14。
② 此处引文与《礼记·檀弓》原文略有出入。原文为："葬也者，藏也；藏也者，欲人之弗得见也。"

第一章 客家概说

转徙之不常,恐去而之他,故相传为检骸之法,以便携带欤"①。

章太炎也曾指出:"客家人逾岭而来,往往思故乡,其死也,下窆数岁之后,必启而捡其骨,放入陶罐中,便可提携,使他日得归葬。"②据罗香林说,客家"背父骸"之罂高尺许,称曰"金罂"。以布袋裹之,背负出门,其多者则分担随行。故客家移民所到地方,则客人祖先骸骨亦往往随而俱至(至则置罂于屋旁林下,择吉地而后再葬);即或有其他关系,祖先骸骨无法与家人同徙,亦必于所迁地域筑坟,招魂遥葬。或以祖先所遗衣物葬于圹内;若并衣物无之,则制一银牌,书祖先名讳及生卒年月,埋于圹内。此类坟墓,即客家的"衣冠冢"。③

客家之迷信风水及二次葬、多次葬习俗带来的流弊之一是使客民鬼神观念的扩大化。金武祥说:

> 圣人神道设教,其俗固有不必尽变者,然末流淫祀野巫遂炫其术以蛊惑愚氓,则流弊亦不可胜言。赤溪土人祷祀珓卜,颇致诚敬,凡有兴作大小诸事,必卜之于神。此外复有降童,尤涉怪诞,往往自言神降其身,人就其占休咎,决从违,一国若狂,奔角恐后,逾时神去,而降童如常焉。《汉书·郊祀志》谓粤人信鬼,不其然哉。④

客民独特的丧葬等习俗与同样沉迷风水的土著接触后,因风水事关一家、一族、一个群体的兴衰荣辱,冲突之事就很容易发生了。

---

① 民国《赤溪县志》卷1,《舆地上·风俗》。
② 章太炎:《序》,罗翱云:《客方言》,国立中山大学国学院丛书第一种,1932年。
③ 罗香林:《客家研究导论》,上海:上海文艺出版社影印,1992年,第65页。值得注意的是,近年有些学者对客家"二次葬"习俗的由来提出质疑,认为"其成因并非迁徙时带上原居地祖先的尸骸到新居地安葬,而是迁到新居地后,先人去世,始用棺木下葬,经数年收捡骨盛入陶罐,为的是有朝一日方便带回原地安葬,岂料战乱灾荒频仍,终于无法如愿,这才在新居地择吉安葬。"见张维耿:《客家地区二次葬成因质疑》,黄钰钊主编:《客从何来》,广州:广东经济出版社,1998年,第546—547页。
④ 金武祥:《赤溪杂志》。

建筑民俗

现在人们一般都知道，永定土楼、梅州围龙屋是客家民居的代表作，极富民俗特色。实则这类建筑是客家艰辛播迁、武力攻防的结晶。

传统客家住房样式为群体式院落住房，因客家长期聚族而居，故成群体式。其房屋多为土木结构，外墙甚厚，甚至用厚达一米以上的黏土夯筑承重墙，与内部木构架相结合，并加若干与外墙垂直相交的隔墙。外墙下部一般不开窗，故形如堡垒。一种为大型院落，平面前方后圆，内部由中、左、右三部组成，院落重叠，屋宇参差，一种为平面方形、矩形或圆形的砖楼与土楼，大者直径达70余米，用三层环形房屋相套，达300余间，外环房屋高四层，底层作厨房及杂间用，二层储藏粮食，三层以上住人，其他两环房屋仅高一层，中央建堂，供族人议事、婚丧典礼之用。[①]

按照一般说法，当客家先民于唐末五代宋初第二次大迁徙来到江西南部和福建西南部时，起初仍准备再迁，乃结茅为屋暂住。宋朝政局稳定后，他们便定居下来，简陋的茅屋、土屋也就改建成了砖结构的土楼。后因朝政腐败、群盗流窜为害，当地土著居民排外而引起"土客之争"，客家人为了防盗和防外人侵犯，只好进一步聚族而居，将较分散的小屋建成连居的大屋，又将一层大屋建成多层的高楼。南宋末至清朝，客家人最集中的地区是闽西南的宁化、邵武、汀州、永安、上杭、南靖一带，聚族而居的土楼最多。土楼基本上都是封闭式或半封闭式的，把大门关上，便如城堡。"堡"内有粮食、水井、学校等，既可防盗、防虎狼，又可防御外敌。

民居的延续，不像语言，可以自千里之外带入当地继续使用。它还要受当地政治、经济、文化，特别是气候、地理等自然条件的制约，拿赣南与粤东北的围屋（四角楼）来说，其出现的主要背景是明中期后，这一带山区农民起义频繁，小股土匪蜂起，官府统治则鞭长莫及。加上此时客家人口膨胀，宗族之争、土客之争、生存空间之争等，都促使山

---

① 《广东民俗大观》（上卷），广州：广东旅游出版社，1993年，第188—189页。

第一章 客家概说

居之民需要寻找一种能抵抗暴力袭击、能保障生命财产安全的居所。而最简单直接的启示榜样,就是借鉴当地官府用于镇压起义和统治人民的城堡,以及当地固有的、用于防御敌对势力的山寨,这种堡垒式住宅一旦产生,并有其存在的必要,就会得以发展,而一旦失去其存在的需要时,便会自然消灭。故进入民国以后,因交通和统治力度等发生巨变,这种完全出于安全需要、十分强调防御功能、带有割据性质的民居,便再也没有发展的必要了。①

客家坚固的建筑,在与土著、官府的对抗中充分发挥了作用。左宗棠在福建办理各属"匪乡"时曾指出:"滨海各属石寨土楼本为备寇而设,近则奸徒借此藏身聚众,为抗官拒捕之谋。……尔等党庇罪人,抗官拒捕,则是形同叛逆,法无可容,发兵剿除,事非得已。"②所以,以土楼、围屋为代表的客家传统民居,类型不一,风格各异,然而,其坚固性、安全性、封闭性以及合族聚居性,则是它们突出的共同特性。③

堡垒式的客家建筑,既可防守,又可攻击。现代学者的有关研究,多注意这类建筑的"防",而忽略其"攻"的功能,因为防守只是冲突的一个方面。值得提起的是,太平天国运动早期,"追随者中有为数众多的西迁至广西的广东亡命徒团伙,其中就有在宗族械斗中培育出来的人。对清军指挥官来说,很明显,在永安之围中太平军防御工事的坚实,在某种程度上就是来自潮州、嘉应地区的首领们的杰作,他们抵御围攻的知识是从他们家乡地区设围村庄之间的械斗经验中产生的。"④

---

① 万幼南:《关于客家与客家围楼民居研究的思考》,载黄钰钊主编:《客从何来》,广州:广东经济出版社,1998年,第554页。按:承蒙嘉应大学客家研究所所长房学嘉先生赠送谢剑、房学嘉合著《围不住的围龙屋——记一个客家宗族的复苏》(台湾嘉义南华大学出版,1999年11月)。他们认为围龙屋并不是用于攻防之目的。按:万文有片面之嫌,因为民国初年恰恰是开平等地具有防匪功能的碉楼大兴的时期;而客家人已经被广泛安插外地,不可能立即建造高大坚实的防御性建筑。
② 《左宗棠全集·札件》,长沙:岳麓书社,1986年,第549页。
③ 丘桓兴:《客家人与客家文化》,北京:商务印书馆,1998年,第30页。
④ [美]孔飞力著,谢亮生等译:《中华帝国晚期的叛乱及其敌人》,北京:中国社会科学出版社,1990年,第80—81页,以及罗尔纲:《太平天国史稿》,北京:中华书局,1955年,第287、290页。

· 被遗忘的战争 ·

客家民居使动乱年代的客家整体带有军事化的趋势。对晚清团练与民间武装深有研究的美国学者孔飞力曾指出，武装的拜上帝会（以客家为主体）和其他军事集团之间的主要区别在于，客家人是整村整村地军事化的。他们不像股匪那样脱离家园而去投靠某一军事集团，而是许多家庭集体（也包括整个宗族）迁离故土而去形成新的社会组合，这种组合因与其土著邻居有不可缓解的对抗，所以是必然要军事化的。① 客家对抗土著，原先始于设垒自固和在社会上孤立的客家村落，一旦区域性之土客壁垒分明，身处弱境、人数较少的客民便充分利用其堡垒式建筑优势，与土民长期抗衡了。

当然，我们要注意，在清代前期、中期，客民从粤北南迁广州、肇庆二府时，所居之地，要么是人烟稀少之僻壤，要么是土著占余之山谷，他们不可能像在其闽粤赣交界之大本营地区那样，从容营建坚固的住所。雍正十年（1732），新置鹤山县，首任知县黄大鹏曾云：

余自平远调任鹤山新邑，……趋鹤山，四围青嶂，两泻哀湍，荒埔野田之间，土屋三间，吏人引余入，凡六阅月，坐于斯，卧于斯，听于斯。日则迎门当风，晚则凿墙窥月。……午夜飓风作发，自昆仑直逼土屋，墙败压足，遂病十月。大兴土木，筑城疏河，……明年初，官署初成。②

知县大人尚且如此困顿，"三省来氓"之筚路蓝缕，就更可想见了。

再者，在广、肇二府斗祸发生之区，客民势弱，其房屋大多被毁，不得不四出"流窜"作战。

---

① 〔美〕孔飞力著，谢亮生等译：《中华帝国晚期的叛乱及其敌人》，北京：中国社会科学出版社，1990年，第186—187页。
② （清）黄大鹏：《莲塘山楼问心文》，道光《鹤山县志》卷11，《杂记》。

· 第一章 客家概说 ·

客家妇女

明代广东大儒陈献章在《程乡学记》中曾经说过:"程乡风俗,善多而恶少。"[1] 说到客家民俗之良,必然要提及客家妇女。太平天国时,太平军中"大脚婆"的英勇善战向为人们所称道。斗祸中,尽管很少有相应史料来印证客家妇女的善战[2],但在斗祸之区,客家人大部分都在举村举族流动作战,客家妇女所付出的代价当是不小的。

客家形成发展的过程中,因为所居之地多僻壤,一般男子多外出谋生,妇女持家,赡老育小,忙里忙外,如《赤溪县志》记载:

> 县属男子多逸,妇女则井臼、耕织、樵采、畜牧、灌园、种蔬、纫缝、炊爨,无不躬亲,天下妇女之勤者,莫此若也。盖天下妇女,劳逸尚分贵贱贫富,吾乡即绅富之家,主母与侍妾,劳逸均之。且天下妇女即勤劳亦或专习一事,吾乡则日用饮食皆出其手,不独馌饷织纫而已也。朱玉鏊《竹枝词》:"田园耕种任勤劳,樵采之余井臼操,莫道兴家男子力,算来还是女功高。"即此之谓也。[3]

力辩客家之优秀的古直赞道:"妇女贞洁,有布裙曳柴通力合作之风,更五部洲莫与伦比,此其风化之可验者也。"[4]

对于客家这种男逸女勤之俗,曾国荃攻击道:

> 阴阳之气不相陵,内外之职不相紊,故男耕而女织,人伦之

---

[1] 古直:《客人对》卷上引。按:程乡即清代的嘉应州(雍正十一年置)。
[2] 有些站在土民立场上的方志称能打仗的客妇为"妖妇",她们或为战士,或为壮大声势之客民"女巫"。如光绪《新宁县志》记载咸丰六年八月初五日事云:"曹冲客贼由洞怀出劫六源乡,(土民)击走之,获妖妇二人戮之。"见该志卷14,《事纪略下》。
[3] 民国《赤溪县志》卷1,《舆地上·风俗》。
[4] 古直:《客人对》卷上。

制,亦王化之基也。今嘉属之民,男逸于内,而使其妇沾体涂足,力作于外,易阴阳之位,乱男女之别,伤化薄俗,莫甚于此,且非所以劝勤也。①

曾国荃以儒家观念来评说因生活所迫使然的客家男女,显然是没有道理的。但我们从中也可看到,客家妇女之"力作",使她们在灾难来临时能比较从容应对。当斗祸发生时,虽然客民处境不利,由于其妇女的勤劳,使男人得以集中精力战斗。

文风士习

客家人在艰难环境中仍不忘文教诗书,并把读书入仕作为一条进身的阶梯。及至今日,在客家村宅厅堂内,还常有这样一副楹联:

耕可养身读可养心身心无恙定多安泰
饥能壮志寒能壮气志气不凡必有大成

客家风俗之善,莫过于文风之盛。但也正是这一善俗,最终导致了土客感情上的对立——清代各州县学额有定数,土著不欲分润;同时,客民在当地入籍,清廷在年限、财产方面都有严格规定;土客学额之争的结果之一,使双方绅士抛弃"矜持",成为械斗中的"领头羊"。② 关于客家的文风士习,史料记载颇多,如古直在《客人对》里说:

(客人)尤能涵濡于诗书,润泽于礼乐,耘耔砚田,恃以为生。

---

① 王定安编:《曾忠襄公(国荃)批牍》卷5,《镇平县余令禀批》。
② 清代的府、州、县学每年录取生员的数量都有定额,即"学额"。客民入籍并在入籍地参加考试,势必要占取有限的学额,构成对土著利益的直接侵害,土客之间的冲突往往由此而引发。如雍正年间赣西北地区的棚民动乱中,学额问题也是一个重要原因。

第一章 客家概说

蓄畲经训,乃亦有获。试童子者,一县至余万人;游泮官者,每邑常以百数。……梅县(按:即清之嘉应州)广袤百余里,人口仅四十万耳,然其科第常足与南海、番禺相颉颃。自顺治纪元以迄道光二载,历年将盈二百,举乡试者凡三百有二人;中解元者凡九人,举进士者凡四十有九人。……夫南海雄藩,番禺都会,冠盖骈阗,人文辐辏,气矜之隆,孰敢余侮?而客人独偏师迭出,时与争锋。下鳄渚之珠船,搴羊石之锦标。①

同治《韶州府志》亦云:"俗醇朴,颇知诗书,科目代不乏人。明初地少居人,至成化间多有自闽及江右来入籍者,习尚一本故乡,与粤俗差异。"②

但是,好学上进只是问题的一个方面,拿广东客家聚居的嘉应州来说:

士大夫谨约自好,以出入公庭为耻。温饱之家,益敦俭素,输赋奉公,不事鞭扑,士喜读书,多舌耕,虽困穷至老,不肯辍业,近年应童子试者,至万有余人,前制府请改设州治,疏称文风极甚,盖其验也(据《王志》)。(温)仲和案:……州士喜读书,自宋已然,然当时实恃以为生,今日则谋生愈艰,所幸海禁已开,倚南洋为外府,而风俗亦渐侈靡,非若昔日之质实勤俭矣。③

看来,客家人重视读书,是有经济方面的原因的,对尚未安定、尚未争取到一定学额的客家人来说,土著阻止其进取,不啻在断他们的饭碗。古直之言,一方面说出了客家人读书的争强好胜;另一方面,也暗含客家在遭遇学额之争时必然要有一番抗争。乾隆年间发生于高明县的

---

① 古直:《客人对》卷上。
② 同治《韶州府志》卷11,《舆地略·风俗》。
③ 光绪《嘉应州志》卷8,《礼俗》。

客籍生童"冒考案"就很能说明问题。

谢国佐之父谢元位原籍嘉应,乾隆十一年(1746)携眷寄居高明县属南庄围,置有田产。乾隆二十七年(1762)开列谢昌庆户名完粮。乾隆三十二年(1767),谢国佐等以寄籍在二十年以上,呈请入高明籍应试,由于土著生员谭瑛等人阻挠,知县田某的处理意见是,"该童等均有原籍可归,牒明嘉应州收考,批令各回原籍应试"。贡生杨宗岳及其侄杨廷香、杨廷拔原籍嘉应州平远县,乾隆五年(1740),杨宗岳始迁居恩平,即冒恩平籍捐监,嗣复捐贡,又复侨居高明县北路官迳村。乾隆三十三年(1768),杨宗岳的胞侄杨廷香、杨廷拔先后冒高明籍捐纳监生。乾隆三十五年(1770)七月,谢国佐等赴巡抚衙门要求在寄籍地方考试,土著生员谭瑛、崔梦元等再次阻挠,以客籍生童冒籍之事赴巡抚衙门呈控,要求将"客童谢国佐等恩饬收考明试","并将混冒邑籍、报捐监生之杨廷香、杨廷拔等一并吁请宪恩饬拨回籍"。广东官府最终批示:谢国佐等"仍然回原籍应试。……侯行县勒石,永远遵守"。杨廷香、杨廷拔等"将执监各照呈缴,咨明部监更正换给"。当年,高明知县霍仪泰"奉宪勒石",立"禁革异籍冒考碑"。①

客籍生童并未善罢甘休。乾隆四十年(1775),客童谢国佐、谢国瑞、谢天宠等"以奉有部行寄籍客民分别有无嫡亲伯叔兄弟,及本人名下有无田产屋庐,准其入籍新例,冀图翻易前案",并与李义芳、李习芳等以及新兴县童生黄宗启、黄宗发、何秀海等六人,长宁县童生叶文潜、叶文赓等结队赴高明县具呈,复赴肇罗道衙门呈控。肇罗道的答复是:"批饬遵(高明知县)所议杖罪,事在恩诏前,例应援免。"②这一次,谢国佐等不但未能呈控成功,还差一点挨了板子。至乾隆四十三年(1778)八月,高明知县于煌又立碑重申此事:"该童等嗣后毋得冀图在寄籍地方应试,以杜骑考之弊。"

---

① 光绪《高明县志》卷7,《学校》。
② 光绪《高明县志》卷7,《学校》。

· 第一章 客家概说 ·

至此，谢国佐等仍未死心，他们屡屡到高明县、肇庆府、肇罗道、布政司等衙门呈控，最后以客童一方的惨败而告终。

据嘉庆元年（1796）"布政司陈大文禁革冒籍骑考详文碑"记载，乾隆四十三年后，客童心有不甘，而高明县举人罗缜等亦屡屡控告谢国佐等冒籍骑考、报捐。土客生监、童生互相攻讦，省道府县往返议覆。

最后，广东布政司陈大文经报督抚批准，决定：

> 伏查黄宗启等节经详奉批行拨回原籍考试、勒石遵守有案，且经该府查明黄、何二姓原籍新兴，现有嫡属；其谢国佐等已准嘉应州移明，准其收考；叶常华之兄叶文潜等久经拨回长宁，是均有原籍可归，……该童等安冀混乱版籍，是以于未经详结之前，辄即捐贡监以为枪冒之地，殊属刁诈。应如该府所议，将高明县籍捐监之黄宗启、何秀海、李仁芳，捐贡之叶常华即叶文睿均照诈冒变乱版籍律，杖八十，折责三十板，仍请革去贡、监各生，候奉批回，饬县追出贡、监各照，汇入季册，会详请咨斥革；其谢国佐、谢国瑞……等尚未报捐，请免置议；所有谢国佐等及黄宗启、何秀海、李仁芳、叶常华等均请如该府、道所议，仍照原案拨归嘉应、新兴、长宁各原籍收考，毋许再行冒籍滋讼，如敢抗违，严行究处。……二月初九日奉督院批如详。……二月二十三奉抚院批如详。……合行勒石，为此示谕县属生童人等知悉，嗣后凡有如谢国佐等之有原籍可归者，毋得冀图在寄籍地方应试，倘敢混冒，定行查究，其各永遵毋违。①

该案实为南迁客民读书进取屡遭挫折的一个缩影。按清朝学制定例，童生应试，有籍可归者，拨回原籍，若原籍仅存疏远宗族，并无田

---

① 光绪《高明县志》卷7，《学校》。

庐，其入籍在二十年以上者，准入寄籍应试，仍移咨原籍，不许两处跨考，违者从严究治。其有妄攻冒籍、聚众横击者，按律治罪。① 高明谢国佐之案，实为土著生员竭力阻挠所致。曹树基在谈到多为客家人的江西棚民的类似情况时说："棚民入籍需要财产作为依据，入籍以后，还要有20年的经历才可应试，这表明入籍棚民的土著身份仍不完整。更为重要的是，入籍棚民参加考试，'于额外酌量取进'，就将入籍棚民与土著作了明确的区别，使得移民的身份始终与土著有别。入籍移民的土著身份不完整，是导致土客冲突的一个基本原因。"②

当然，随着来到广、肇二府的客家移民日益增多，客民在有些地方还是取得了一定的进展。乾隆五十二年（1787），清廷覆准新宁客童另编客籍，取进文童二名，武童一名，仍隶县学。当时的广东巡抚图萨布奏称：

> 新宁县沿海地宽，先于雍正年间及乾隆五、六等年有惠潮各属及闽省人民曾、廖等姓陆续就耕，积至二千余户，屡请入籍，皆为土著所阻。乾隆二十九年，学臣边继祖奏请入籍加额，经部臣驳查，当将各客童等照例拨回原籍册报，兹客童廖洪复以乞请开籍赴都察院具控，钦奉谕旨查办，当即委员前赴新宁清查，现在客户共二千二百零四户，内有田粮庐墓、已符年例、难以回归原籍者，共四百零四名，以文艺粗通者百有余名，请附籍新宁应试，仿照商籍及江西棚民、四川眉州等属之例，酌加文童二名、武童一名，另编客籍字号录取，止准入考乡试廪、增。

乾隆帝闻奏，要礼部议覆，后礼部奏称：

---

① 光绪《新宁县志》卷12，《经政略下》。
② 葛剑雄主编，曹树基著：《中国移民史》（六），福州：福建人民出版社，1997年，第251页。

第一章 客家概说

查新宁客童既据该抚查明实有四百余名，俱迁居已数十余载，田产契照确据，原籍本无田庐，宗族又复疏远，核与寄籍应试之例相符，若令其入新宁考试，土著忌其占额，自不能相安无事，酌量调剂，应如该抚所请，将新宁客童另编客籍，取进文童二名、武童一名，听学臣凭文录取，如文少通顺者，宁缺无滥。自后即应试人数较多，亦总以现额为限，不得加增，仍移知惠潮等原籍，不得复回歧考。至其捐纳各项，并准以新宁报捐，至应试时，令该客童等出具五人连名互结，交该教官查核妥办，如有枪冒跨考及勒揭妄攻等弊，查明分别从严治罪。取进后归该学管束，其岁科两试，仍另编客学生员出案，廪、增亦应如该抚所请，不准拨给，如此客童有著，不致阻其上进之阶，加增学额亦可永杜讼端矣。

当年九月二十六日，"奉旨依议"。①

虽说有"另编客籍"等附加的歧视、限制措施，客童毕竟在科场上赢得了一席之地。这一胜利还刺激了邻县客童起而仿效。开平县在雍正年间，惠潮之民开垦旷土，生齿日繁，置有田亩庐墓，"自乾隆二十五年，客童等赴大府呈请入籍。嘉庆六年，嘉应州生员曾龙翔、肇庆生员邱陵以土客互相攻讦，赴督院呈请另开客籍，俾主客相安。客童曾开桂亦赴礼部具呈，奉谕旨饬本省查办。举人张绥琮暨绅士联呈，吁请知县吴廷扬详请照新宁之例，……另编客籍字号，取进新生拨入府学岁科童子试，在县衙搭盖考棚，自备桌凳，扃门考试，先考土著，后考客籍，文武按土客各列名次"②。

客民对科举应试的渴望，即使在斗祸期间仍然强烈地表现出来。咸丰六年（1856），恩平斗祸正殷，知县徐某谕土客联和，"客人阳顺阴违，土著回乡多为所陷。据情禀官，置若罔闻。是年为岁试期，客人贿

① 光绪《新宁县志》卷12，《经政略下》。
② 民国《开平县志》卷17，《经政略五》。

托邑侯，准在肇庆应考文武县试，学使龚宝莲允之。是科客籍进庠者文武六名，土著咸抱不平"①。

自然，土民对学额的渴望，并不比客民逊色，据《开平县志》记载，顺治、康熙之交，学额尚有浮动。康熙十二年（1673）确定学额数，大学二十名，中学十五名，小学十二名。开平于顺治六年（1649）析新会、恩平、新兴之地建县，共拨文学额八名，武学额八名。是年（即康熙十二年），督学惠士奇以开平额少人多，奏请广额，奉旨升为中县，加文学额四名，共十二名。咸丰三年（1853），因太平军兴，需饷尤殷，凡州县捐至二千两者，准广该处文武试学额各一名。十年（1860），举人张毓林沿例与邑绅倡捐京米，加开平永远学额二名。八年（1858），奏准州县捐军饷银一万两，加永远文武学额各一名。同治元年（1862），邑绅司徒照在陕西藩台任内，捐军饷二万两，又加开平永远学额二名。斗祸平定后，客籍出境，无人应试，归并客籍二名，共十五名，府学共三十名，开平占四名，尚余一名，开平与鹤山各占一半，或归鹤山，或归开平，无定。② 注意，咸同之际，清廷内外交困，增广学额成了吸纳军费、镇压叛乱的一个法宝，如同治三年（1864）六月上谕："以广东四会县绅民力保危城，永广学额二名。"③ 同治六年（1867）五月上谕："以广东新宁县募勇设防，永广学额四名。"④

下面附录清代增城土客科举中式者的情况：

项目	人数	备注
进士	3	无客户
举人	40	含客户骆天骥等3人
副榜	6	无客户

① 宣统《恩平县志》卷14，《纪事二》。
② 民国《开平县志》卷17，《经政略五》。
③ 《清穆宗实录》卷107。
④ 《清穆宗实录》卷204。

第一章 客家概说

续表

项目	人数	备注
恩贡	18	含客户刘赞参等 2 人
拔贡	13	含客户骆天骥 1 人
优贡生	1	无客户
岁贡	78	含客户王玺等 2 人
武举	18	无客户
恩赐翰林	1	无客户
恩赐国子监	1	无客户
恩赐举人	5	无客户
恩赐副榜	7	无客户
铨选	10	无客户
例贡	150	无客户①

当时，增城县属金牛都下辖 48 村，含客村 7；崇贤都下辖 43 村，含客村 7；杨梅都下辖 34 村，含客村 22；绥宁都下辖 46 村，含客村 3；清湖都下辖 42 村，含客村 9；甘泉都下辖 16 村，无客村；合兰上都下辖 48 村，含客村 2；合兰下都下辖 31 村，无客村；云母都下辖 29 村，含客村 7；绥福都下辖 59 村，含客村 14。② 总计全县 376 村，其中土村 305，客村 71，客村约占四分之一强。上列土客中试者总计 358 人，其中土民为 351 人，客民为 7 人，后者仅占总数的近 2%。这种悬殊势必加剧客民对土民的怨怼。

斗祸后期，官府为了妥善安插战败的客民，把学额作为一种安抚手段。如高明五坑之战结束后，官府安插客民，同治五年（1866）十二月上谕："所有新迁客民，准其附入各该州县，另编客籍，一体考试，每

---

① 民国《增城县志》卷 1，《客民》。
② 民国《增城县志》卷 1，《客民》。按：当时增城等土客杂居之县的具体人口资料很是凌乱，笔者尚未及统计。有人认为，新迁客民宗族人口规模小于土民宗族。但是，是否客村规模就一定小于土村呢？笔者的看法是不一定，因为客民以方言与土民划分界限，新来者越来越多，如果说清前期客村规模较小的话，中后期肯定会越来越大。如当时新宁县西路客民多大村强宗。

童生二十人，准其取进一名，以示鼓励，并著各该省学政督饬学官，广为宣导正学，俾启颛蒙，悉臻良善。"①

还要注意，文风之外，客家人还崇尚习武，惠潮嘉地区自不待言，广肇各县客民也喜好刀枪拳棒。如鹤山县云乡宋子良一族，最兴盛时拥有18担书笼（教师用具）和80条滑棍（习武用的器械）。②

在面对共同的敌人时，客家民俗具有凝聚力。有人认为：客家作为汉族的一支民系，是如何凝聚而成的，其原因固然很多，但客家风俗具有凝聚力无疑是一个重要的原因。③应该说，凝聚力是一方面（面对共同的敌人时），内耗内斗是问题的另一方面（如械斗），这一点将在下面谈到。

三、客家人的性格特征

作为一个弱势群体，客家人在千百年的迁徙中顽强地生存下来。同样，在斗祸中，面对人多势众、经济基础雄厚、又有官军撑腰的土民，他们奋力作战，顽强抵抗，并最终保持一个民系共同体，接受安插，开始了近代客家布局的第一步。说到这些，就不能不说到客家人的性格。

客家民系作为汉民族共同体中的一个重要民系，在其自身的形成和发展过程中，除了具有汉民族的一般特征外，又有着自身的诸多特征，从而与汉民族的历史、文化特征既同又异、同中有异，呈现出共性与个性统一、一般性与特殊性共存的关系。南迁的中原汉族、客家先民及其后裔在迁徙过程中和在自己民系的形成和发展过程中，所遭遇到的种种挑战，自然不同于中原地区。一方面，客观的生活环境迫使他们对自身原有的心理素质要做出适当调整；另一方面，迁徙过程中必然发生的与

---

① 《清穆宗实录》卷191。
② 徐晓星：《云乡史事钩沉》，载《鹤山文史》第23期〈云乡专辑〉。
③ 黄顺炘等编：《客家风情》，北京：中国社会科学出版社，1993年，第85页。

客居地土著汉民、其他族群的相互影响、融合乃至争斗，也会以这样或那样的方式，改变着他们原先的心理因素。这样，"在地理环境、历史传统、民族融合以及迁居地经济生活等诸多作用的相互影响下，南迁的中原汉族在心理素质方面，自然会有这样或那样的调整、改变和重新整合"①。

客家性格浅说

下面我们先看看著名客家学者罗香林在《客家研究导论》第七章"客家的特性"中所做的归纳：

一为各家家人各业的兼顾与人材的并蓄（同一家内往往兼营农工商学仕兵）；

二为妇女的能力与地位（勤苦耐劳，自重自立）；

三为勤劳与洁净；

四为好动与野心；

五为冒险与进取（"情愿在外讨饭吃，不愿在家掌灶炉"）；

六为俭朴与质直；

七为刚愎与自用。②

这些特性在很大程度上是促使客家形成发展的因素，但在客家具体的发展过程中，这些因素也是他们一方面易于内部相斗，另一方面与外部发生冲突的动力。拿"好动与野心"的性格来说：

客人生性好动，男子从不肯安闲闲地在家乡住着，除非少数号称绅士的人们（他们虽说是闲住，然亦是好生事端的）。普通男

---

① 吴泽：《建立客家学刍议》，《客家学研究》1990年第2期。
② 罗香林：《客家研究导论》，上海：上海文艺出版社1992年影印，第240—246页。

子，无论贫富贵贱，苟无家务拘束，大抵都欲及时出外，……客家村落看得见的皆属妇女及老少，壮年男子，非至旧历年终，比较少见。……客人多野心，好出头，种田的人，想做绅士，想做大婆（女绅）；小小学徒，想做老板，想做财主，甚至想做伟人，想做领袖；智识阶级更不用说，唯其人，个个都希望出头活动，个个不肯相下，谁也不服谁管，所以往往同在一地以内，自相倾轧，自相火并，弄到两败俱伤，不得好果。他们不是没有团结，但团结以后，仍是不易治理，因为人人怀抱野心，人人想做领袖，所以往往百事不能进行。洪杨革命所以失败，其毛病也就在此。其尤令人怪异的，就是与曾李等人同以平定洪杨著称的骆秉章氏，他本人亦是客家，而且与洪秀全同邑、同村（花县军田村），他俩行为的相反，真不能不令人怪异！①

再拿"刚愎与自用"来说，"客人最喜自负，往往稍为有所见解，或感触，辄为死死争执，不知权衡，或挺然奔动，冷静不下，治学如此，从政如此，从军如此，做人如此，交友如此；不知这都是成见。客人行动的表现，往往有正负两面各趋极端的常例"②。

罗香林在后来的《客家源流考》一书中删除了导论中论述"客家的特性"时关于"赋性至悍""多野心，好出头""自相倾轧，自相火并""生性冒险""刚愎自用"等内容，转而将"纯粹""精华"挂起钩来，赞许西洋人关于"客家人确是中华民族里的精华"一类他原本认为"揄扬太过"的赞歌，说"客家民系实在是一群强者的血统"等。③这种观点不仅为后来者片面拔高客家源流、习俗、特性的"正统""高

---

① 罗香林：《客家研究导论》，上海：上海文艺出版社1992年影印，第244—245页。
② 罗香林：《客家研究导论》，上海：上海文艺出版社1992年影印，1992年，第246页。
③ 罗香林：《客家源流考》，上海：上海文艺出版社1992年影印，1992年，第1—2、105—106页。

第一章 客家概说

贵"提供依据,同时也有使客家研究陷于庸俗化的危险,"甚至日本、台湾等地的学者指出罗氏立论有正统思想、人种主义,是种族主义的翻版"①。目前,客家学渐成一门显学,其中盲目夸赞客家源流、精神的倾向是不可取的。

客家人尚气争胜的性格,使得他们作为一个群体存在时,不可能融合于土著,更不可能向土著低头。罗香林说:

> 客家男女,最富气骨观念,虽其人已穷促至于不可收拾,然若有人无端的藐视他或她的人格,加以无礼举动,则其人必誓死抵抗,……他们最不齿的为"风吹竹"。所谓"风吹竹",是指任人支配,"任人欺凌""朝秦暮楚""出尔反尔""左右逢迎""阿媚取容""觍颜事仇",毫没气节,不能自立,不知自重的糊涂脚色。客人,多数表面看去,似乎极其杰傲(桀骜),极其刚愎,极其执拗,极其方板,极不知机,其实这正是气骨观念所范成的脾气。②

这种性格的负面效应是,当外敌不存在时,客家内部也很容易发生冲突。原先客家内部的一般械斗不论,即使在本书所述斗祸被平息后,残存的客民照理应该和平共处,却又有内乱之事。据记载:"同治七年,(新宁)客匪自乱,总兵郑绍忠领兵来县,再剿长沙贼寨,获贼首吴福祥等八十余名,诛之。余孽平。"③ 即使在斗祸期间,客家也有负气不和、见死不救,致使战败的事例(详后)。

道光、咸丰时期,南迁至广东中西部及广西一带的客家,已经不像清初他们祖先初来时那样忍气吞声,仅仅安于在穷山僻壤种蓝、佃耕,

---

① 胡希张:《客家源流研究的回顾》,载黄钰钊主编:《客从何来》,广州:广东经济出版社,1998年,第566页。
② 罗香林:《客家研究导论》,上海:上海文艺出版社1992年影印,第178页。
③ 光绪《新宁县志》卷14,《事纪略下》。

而是"反客为主",出现强买强占土著田地等现象。这就不可避免地与土著发生严重的冲突。最终在两广发生了两件大事。一是在广西兴起太平天国(最初起因就是"来土之争",即土客之争),[①]一是在广东爆发土客大械斗。

孔飞力在谈到"拜上帝会叛乱"时认为:这场叛乱在某种意义上可以被理解为清代统治后期特有的许多民族—语言问题的叛乱之一。广西客家人和本地人之间的冲突,像贵州、湖南等地的苗族和汉族之间的冲突那样,因经济危机而加剧,这一危机推动了数量激增的人口去争夺面积不多的可耕地。在压力下,社会倾向于坚持原来有缺陷的路线:按民族和语言的差别来分割华南和华中,"客家人虽为民族,但由于他们语言的不同和长期怀有的那种处于离群索居地位的意识,就作为一个分离出来的亚文化群而发挥作用。他们的命运就带来了一种幻觉。离群和受压感就转化成一种天降大任于己的神话和有战斗性的救世主义。偏执心理不亚于他们的狂热,所以太平军的社会关系从此便一直具有他们广西农村出身地的不可磨灭的烙印。虽然他们能够吸引众多无基业和被剥夺财产的人,但他们甚至不能表现出那种必要的策略性的容忍态度,以与本身也扎根中国农村的地方异端集团形成稳定的共事关系。造成他们不肯妥协的政治空想主义的这些因素,还使他们在打天下时难以找到盟友"[②]。

把孔飞力的话来印证同时期广东发生的土客斗祸事件,除了"拜上帝"这一特殊信仰以外,客家人的性格对于斗祸兴灭的影响与太平天国何其相似乃尔。

"民情犷悍"

整个清代,因为民风民气引发的社会问题,闽粤两省是很著名的。

[①] "来人"主要指广东方面溯西江而上谋求生活的人群,其中多为客家;广西本地的"土人",含义较广,包括汉、僮(壮)、猺(瑶)等族群。
[②] 〔美〕孔飞力著,谢亮生等译:《中华帝国晚期的叛乱及其敌人》,北京:中国社会科学出版社,1990年,第194—195页。

· 第一章 客家概说 ·

其中，闽南的漳、泉二州，粤北的潮州，宗族矛盾，械斗之风，闻名遐迩。实际上，与潮州毗连的嘉应、惠州以及广州等州府的情况，也大抵相同。

广东巡抚郭嵩焘在一份奏折中曾说：

> 查粤东民情犷悍，由地方吏治偷散，酝酿太深之故，而其隐患尤莫甚于惠、潮、嘉三属。自顷数十年，地方官征求钱粮，动须募勇下乡。力胜则尚能催征三四成，力不胜则通县钱粮皆抗不完纳。总计各县征求，无能及五成者，委署人员必须严催赴任，始肯勉强就道。普宁一县，至由各府县津贴钱粮，并户口鱼鳞册亦无存者。百姓习为械斗，日以兵刃相接，地方官又日与百姓以兵刃相接。言之骇心，念之伤气。近年惠、潮风气，浸淫至于广属，东莞、新安诸县，尤与惠、潮风气相近。富乡大族，均各筑立土城，广置炮火，以劫掠为事。即番禺所属之龙眼洞、石䃶村、簸箕村、冼村，匪乡林立，距省近者不过十余里。派兵搜拿，人少则拒捕，人多则逃避一空。耳目消息尤极周密。积弊之深，至不可穷诘。①

惠潮嘉，尤其是嘉应州，是清初客家南下的出发点，这些地区的民风民气，势必对南下客家产生影响。由于有关惠潮嘉等属民风、械斗等问题的记载所在多有，我们这里稍稍换个角度，从"潮勇"之好勇斗狠来反观客家人争胜的性格。②

---

① 《郭嵩焘奏稿》，长沙：岳麓书社，1983年，第281—282页。
② 按：潮勇并不单指潮州之勇，咸丰五年（1855）十二月上谕称："广东潮州等府，人民繁庶，素性犷悍，其失业游民，每多觅食外省，千百成群。近年以来，以充当潮勇为名，纷纷航海，由乍浦、上海等处登岸，其中良莠不齐，往往聚众滋事。"见《清文宗实录》卷185。"多觅食外省"的情况与客家男子特征相符，故"潮勇"多系从惠潮嘉等属募得；从广州府所募者即"广勇"。另外，清军平定斗祸的主角为卓兴，卓兴均"潮勇"，他在奉命剿客之时颇有"祖护"之意，下详。潮勇主要因为是从潮州等府募得，故潮勇中也包含客家人，这里所述的潮勇性格在某种程度上也是客家人性格的折射。

49

我们先看一个长期追剿太平军的清军大帅向荣差点被手下潮勇结果性命的事例。据张集馨记载：

> 向营潮勇，最为凶恶，胜于盗贼。上年（咸丰五年）因粮饷不继，向谕汰裁其不得力者，潮勇竟持矛入向帅帐，望心而刺。向帅素有技能，将矛接住，用力一脚，将潮勇踢倒，用矛刺死。戈什闻声踵至，砍杀数人，群凶始逸。①

后来，清军中的潮勇在苏州、上海等地屡屡发生滋事的案子，迫使皇帝都几次下旨令各督抚严查。如咸丰四年（1854）五月上谕："叶名琛、柏贵奏潮州遣回壮勇滋事戕官、派兵筹剿一折。……勾结土匪，胆敢纠众戕害大员，实属罪大恶极，亟宜迅速剿捕，以遏乱萌。"②

咸同时期，全国战火纷飞，湖南之镇筸勇、广东之潮州勇，"均号称强悍"，有人甚至说："募勇以楚勇、潮勇为上，楚勇能扎硬寨，潮勇能打死仗。"③但这些"勇"不但在清军中大显身手，在起义军中也是一样，同时也带来了严重的社会问题。郭嵩焘奏称："广东潮州及广州属之东莞，其民皆剽悍轻生，习为劫盗。历来募勇，专意潮州、东莞，散而为贼，收而为勇，更迭乘除，不知鉴戒。"④又说："近年招募勇营，不讲营规，不择带兵之将弁，专募潮勇、东莞勇，取其强悍嗜杀而已。又并不责以杀敌致果，聚而为勇，散而为盗，两无区分。用兵一日，地方之隐患亦日深一日。"⑤

---

① （清）张集馨撰：《道咸宦海见闻录》，北京：中华书局，1981年，第172页。
② 《清文宗实录》卷131。
③ 同治《韶州府志》卷24，《武备略·兵事》。
④ 《郭嵩焘奏稿》，长沙：岳麓书社，1983年，第72页。
⑤ 《郭嵩焘奏稿》，长沙：岳麓书社，1983年，第282页。近代"广勇"颇有名，关于其由来，郎擎霄说："道光末年鸦片之役，南海三元里乡感怀义愤，各执枪矛，共起抗英，殊骁勇，遂有广勇之名。"见郎擎霄：《清代粤东械斗史实》，《岭南学报》第4卷第2期，1935年，第112页。"东莞勇"应属广勇中之佼佼者。

第一章 客家概说

孔飞力在分析"潮勇"现象时说：很显然，南方农村由于它的持续的军事化状态，成了培育军事领导和军事技术的场所，广东东部的河谷，特别是潮州和嘉应这个以具有残忍的宗族械斗传统而著名的地区，在19世纪中叶的内战中为正统和异端两方面的部队都提供了新成员。在镇压太平天国的早期战斗中，清军力量由于有"潮勇"加入而加强，但是，其蛮横任性和拒不服从命令就像他们在战斗中敢打敢冲一样。事实证明，他们令官方的主子头痛，而对老百姓则是祸患。①

粤东北客家人与潮州人或相邻或杂处，语言、习俗相近，客勇打仗之勇敢，也是很有名的。广东洪兵起义时，官府倚恃的一支主要力量便是从来自惠潮嘉地区的客家中募勇，名为"客勇"。客勇打仗之勇敢，多有体现，如咸丰四年，新会、鹤山边界之瓦窑墟，有陈松年、冯坤仔等洪兵队伍盘踞，赵沅英等率官兵、乡勇进击，同时约鹤山客家1000人夹攻，"客家身裹旧棉胎，虽热不解，性狠很，见贼炮不避，直前斫贼，与吾军焚瓦窑巢。居民亦多为客家所杀，乡勇出入皆步行回营"。相比之下，"同时进兵之新宁赴援之勇，畏炮响，多在后观望，途食蔗果，杀小猪负之而已"②。再拿斗祸期间第二次鸦片战争时的一件事来说。当广东百姓奋起还击时，英军兵力不足的弱点就暴露无遗。巴夏礼（Harry Smith Parkes）甚至请求包令（John Bowring）从香港派出一支由200名客家人组成的特种部队前来支援，因为这些人痛恨广州人。但是，精明的包令没有应允巴夏礼的请求。③下面我们要讲到，客勇助官军镇压洪兵，乘机向土著大肆报复，正是引发斗祸的直接原因。

当然，客家人性格也有柔弱的一面。清人欧樾华在谈到客居地韶

---

① 〔美〕孔飞力著，谢亮生等译：《中华帝国晚期的叛乱及其敌人》，北京：中国社会科学出版社，1990年，第80—81页。
② （清）赵沅英：《新会围城记·兵入瓦窑》。
③ "巴夏礼档案"，包令致巴夏礼函，1856年11月2日，转引自〔澳〕黄宇和著，区鉷译：《两广总督叶名琛》，北京：中华书局，1984年，第142页。

州的情况时说:"计郡领邑六,曲江附郭,仁化、乐昌居其北,乳源居其西,英德居其南,翁源居其东。山多田少,辽廓六七百里。曲、乐、仁、乳四属民气易弱,英、翁二属民力较强,土著之人(即客家)均安本分,惟地当冲衢,五方杂处,其间奸宄之徒最易匿迹,故防患之法不可以不讲也。"咸丰四年(1854)、五年(1855)有洪兵,九年(1859)、十年(1860)有太平军余部在这一带活动,"曲、乐诸邑风气柔弱,几于力不能胜,即英、翁之悍,亦私斗则勇,公战则怯"①。欧榘华的话从另一方面揭示了客家民风虽然犷悍,也有脆弱的一面(与所处地域有关),"私斗则勇,公战则怯"有一定道理。郭嵩焘曾说:

  查广东潮州一府,民情尤为犷悍。……抄抢掳掠,视为固常。其民户有大族、小族之分;一族之中,又有强房、弱房之分。强者侵弱,众者暴寡,寻仇相杀,积为械斗。其嗜利轻生,习与性成。②

斗祸期间,客民内部的不和,导致其战斗力的削弱。

  西人肯比尔(George Campbell)曾说:"客家人确是中华民族里最显著最坚强有力的一派。他们的由来迁徙,种种经历,确替他们养成了一种爱种爱家的心理,同仇敌忾的精神。"③客家之"爱种爱家的心理,同仇敌忾的精神",朝正面发展,对国家、民族,利莫大焉;如果走向极端,亦会引发极大的社会问题。

---

① (清)欧榘华:《韶郡六属时事利病策》,同治《韶州府志》卷24,《兵事》。
② 《郭嵩焘奏稿》,长沙:岳麓书社,1983年,第40页。
③ Ellsworth Huntington, *Character of Races*, Chapter 8, The Selection of the Chinese. 转引自罗香林:《客家研究导论》,上海:上海文艺出版社1992年影印,第72页。

第二章　清代广东境内客家南迁概况

一、迁移动因

费孝通曾说过："我们很可以相信，以农为生的人，世代定居是常态，迁移是变态。大旱大水，连年战乱，可以使一部分农民抛井离乡；即使像抗战这样大事件所引起基层人口的流动，我相信还是微乎其微的。"[①] 这段话传达给我们两种信息：一是移民将带来重大的即"变态"的社会动乱；二是中国农民安土重迁，其迁徙都是有着深刻的社会政治经济原因的。

客家迁移的动机多种多样，如罗香林所说："或由于外患，或由于饥荒，或由于匪盗，或由于兵灾，或由于政府奖掖、召募或安插，或由于外地经济的引诱，因其所由以出发迁移的原因每不相同，故其各期就道以后所受的苦痛，亦各不同，大抵基于外患或匪盗为迁移运动的动机者，其途间所受苦痛亦最多最切，而所以促其发生自然淘汰与选择的作用者，亦最巨。"[②] 与本书主题有关的惠潮嘉客家移民始于清初，一般可分为内外二因。

内部原因

由于人口流动频繁等因素，清代广东省的人口调查数字经常与事实相去甚远，这是人所共知的。但是，它仍然可以表明，16世纪以后，尤其是17世纪中期以后，随着清王朝统治逐渐稳固，广东同中国其他地方一样，也经历了人口的爆炸性增长。乾隆末年，广东的人口与山西省

---

① 费孝通：《乡土中国·生育制度》，北京：北京大学出版社，1998年，第7—8页。
② 罗香林：《客家研究导论》，上海：上海文艺出版社1992年影印，第66页。

大致相同。但是，到嘉庆十七年（1812）时，其人口密度虽超过了山西，但仍不如江苏、浙江。30年后，广东的人口密度虽仍在江苏、浙江之下，但已远远超过山西，可与湖南相比。

　　人口压力问题中的关键因素就是人口与可耕地的比率。根据嘉庆十七年对土地数字的大致估计，广东全省大约有土地3200万亩，平均每人只有1.67亩，低于当时全国每人拥有土地2.19亩的平均数很多。当时虽然开垦了珠江三角洲部分土地，但不可能赶上人口的增长。这使得广东省成为全国土地最紧张的省份之一。① 我们必须注意，上述数字是全省的平均数字，珠江三角洲地区的人地比率可能较低，但土地肥沃；而且，该地区是客民向人口较少的肇庆、高州及广西迁徙的必经之路。

　　客家人因躲避战乱而在闽粤赣三角地带形成，但那里的自然条件并不能满足其人口增长的需要，所以，从清朝初期开始，那里的客家便开始向外迁徙，这个过程一直延续到乾隆、嘉庆、道光时期。据《嘉庆一统志》记载，嘉庆二十五年（1820），嘉应州及所属四县的原额丁口有52180人，而滋生丁口为1314050人，此外屯民丁口有19170人，总计1385400人。此时的嘉应州已不是宋元时期的地旷人稀，而是典型的人多地少，以致客家人不断向广东其他府县、广西以及海外移民。

　　客家大本营所在的闽粤赣交界之区，其地多高山险谷；而且，在宋元以前，客民所居住的地方多为畲民等族群所居，畲人"俗尚火种"，各类森林，从不保存；客家入居其地，又不及早植造，牛山濯濯，莫知救补，一遇山洪暴发，石堕沙飞，淤阻河道，遂成水灾。数日不雨，则又成旱灾。民国时期，有份官方报告称：

　　　　森林荒废，不足以涵养水源，河床填高，无法以收容水量，故一旦暴雨，则洪水泛滥，一泻千里，溃决堤防，淹没田舍，为害至

---

① 〔美〕魏斐德著，王小荷译：《大门口的陌生人——一八三九—一八六一年间华南的社会动乱》，北京：中国社会科学出版社，1988年，第211页。

第二章 清代广东境内客家南迁概况

巨；但数日不雨，则又以山无泉源，河水干涸，高坡田地，辄有旱魃之虞，潮梅水旱灾之惨，为各江冠。①

所以，客家大本营地区的自然环境是很不利于经济发展与生存需要的。关于人多地少、地瘠民贫的矛盾，在光绪《嘉应州志》中也多有反映：

> 农知务本，而合境所产谷不敷一岁之食，藉资上山之永安、长乐、兴宁，上山谷船不至，则价腾踊，故民尝艰食而勤树艺，其畬民尤作苦，犖崒嵽岩，率妇子锄辟，种姜薯芋粟之类，以充稻食。……土狭民瘠，自是州之实事。……在国初之时，已有人多田少之患，况更二百余年以至于今，物力之不支，民生之日困，固其宜也。②

所以，人口、经济、土地等因素导致的内部压力过大是客家外迁的原动力。

外部原因

明清之交，广东尤其是广、肇等地成为主要战区；康熙"迁海""复界"，有着绵长海岸线的广东受害甚巨。因此二因，清初的珠江南北，人口剧减，清廷不得不采取招民开垦的措施。

顺治六年（1649）己丑上谕称：

> 自兵兴以来，地多荒芜，民多逃亡，流离无告，深可悯恻，著户部、都察院传谕各抚按转行道府州县有司，凡各处逃亡人民，不论原籍别籍，必广加招徕，编入保甲，俾之安心乐业。查本地

---

① 广东省政府建设厅农林局：《韩江水源林调查报告书》，1931年，第25页。
② 光绪《嘉应州志》卷8，《礼俗》。

无主荒田，州县官给以印信执照，开垦耕种，永准为业，俟耕至六年之后，有司官亲察成熟亩数，抚按勘实，奏请奉旨，方议征收钱粮。①

虽然这道上谕是就全国战乱之区的情况而言，但从中亦可看出所谓客家"第四次迁徙"的基本背景。

清廷在康熙初年为了防止台湾郑氏政权内侵而实行的"迁海"政策，使广东沿海人口、经济遭到惨重打击。拿广州府新安县来说，迁界时，规定"巡边立界，邑地迁三分之二，……驱民迁入五十里内地"。大量沿海居民被迫迁入东莞、惠阳或远走他乡，使新安县地旷人稀，民不聊生，县辖人口急遽下降，由迁界前的近万户，至迁界后仅剩2172人，相当荒凉。新安县也因名存实亡而被取消。②迁界一般内迁30里，有些危险之区内迁50里，新安被划入内迁50里之区，其地多近海，所以受到的打击就特别沉重了。

康熙七年（1668），广东巡抚王来任眼见"迁海"既于生民有害，复于统治不利，遂上疏云：

粤东之边界宜急展也。粤负山面海，疆土原不甚广，今概于濒海之地一迁再迁，流离数十万民，每年抛弃地丁钱粮三十余万两。地迁矣，又在在设重兵以守，其界内立界之所，筑墩台，树椿栅，每年每月又用人工土木修整，动用之资不费。公家丝粟，皆出之民力。未迁之民，日苦派办；流离之民，各无栖止。死丧频闻。欲生民不困苦，其可得乎？臣请将原迁之界，急驰其禁，招徕迁民复

---

① 光绪《四会县志》编首上，《诏令》。
② 巫秋玉等：《客家史话》，北京：中国华侨出版社，1997年，第238页。按：稍后清廷实行"复界"，诏令招垦，居住于嘉应州等地区的客家，经惠州、淡水涌入新安县，大多分布在今天的香港新界一带。

第二章 清代广东境内客家南迁概况

业耕种与煎晒盐斤。将港内之河撤去其桩，听民采捕。海内之兵尽撤，驻防沿海州县，以防外患，于国不无小补，而祖宗之地又有不轻弃，更于生民大有裨益。如谓所迁之地丁虽少而御海之患甚大，臣思设兵以卫封疆而资战守，今避海寇侵掠，虑百姓之费盗粮，不见安攘上策，乃缩地迁民，弃其门户而守堂奥，臣未之前闻也。臣抚粤二年有余，亦未闻海寇大逆侵掠之事，所有者，仍是被迁之民，相聚为盗，今若展其界也，即此盗亦卖刀买犊矣。①

康熙八年（1669）二月，复两迁地界，仍禁海岛。此后，清廷基本上一直是采取鼓励招民垦荒的政策。直至道光十一年（1831），还有记载称：

（广东）巡抚朱桂桢因粤东无业贫民流于匪僻，会同总督李鸿宾，奏请援照乾隆年间高雷廉琼四府垦荒成例，将广州、南雄各府州属山头地角荒地听本地无业贫民报官给照垦植，成熟后作为世业，永不升科。奉旨依议。②

在清廷的鼓励下，惠潮嘉客民开始一茬接一茬地向西（江西南部）、向南（广东中西部）迁移。降至雍正、乾隆时代，惠、潮、嘉及江西赣州等属的客民，又大批地向粤省广、肇诸属迁移，"广州属之增城、东莞、番禺、花县、龙门、从化、香山、三水等县，又西江之肇、阳、罗，沿海之高、雷、琼、廉等州县，广西全省各州县，湖南毗连广东各州县，在在皆有吾系，大抵皆在康、雍、乾各朝代，由梅州及循州（即惠州）之人，或以垦殖而开基，或以经商而寄寓"③。另据罗香林说："凡

---

① 道光《新宁县志》卷7，《事纪略》。
② 道光《新宁县志》卷6，《经政略》。
③ 《崇正同人系谱》卷1，《源流》。

今日（民国时期）花县、番禺、增城、东莞、宝安、四会、新兴、开平、恩平、台山（即清时的新宁）、鹤山等县，当时均渐有客人杂居；而广西武宣、马平、桂平、平南、陆川、贵县、藤县等县，此时亦渐有嘉属客人移入。"①上述各州县，正是咸丰同治时期南迁客民基本定居下来的地区。

补充一点，客民大规模南迁是在清初以降，但南迁过程实际上在明末已经开始。有两个例子可以说明。

其中一例为：广西拜上帝会建立不久，凌十八就在信宜组织了拜上帝会。凌十八本名凌才锦，信宜县钱排镇塘坳村人，祖籍福建汀州。明末，凌十八家族的始祖凌铭从汀州迁到广东翁源，在明崇祯己卯年（1639），凌铭又与中表李雍、表侄李昊一起，从翁源迁到信宜钱排，后来发展成为钱排人口最多的李、凌二姓。②

再拿增城客民来说，也在明末即开始了南迁：

客民者，来佃耕之民也。明季兵荒叠见，民多弃田不耕。入版图后，山寇仍不时窃发，垦复维艰。康熙初伏莽渐消，爰谋生聚，时有英德、长宁来佃于增，葺村落残破者居之，未几，永安、龙川等县人亦稍稍至。清丈时，山税之占业浸广，益引嘉应州属县人杂耕其间，所居成聚，而杨梅、绥福、金中三都尤伙。③

二、迁移之苦，定居之难

在客家人中，每每称身体矮小者为"末朝人"，而矮小者流，亦常

---

① 朱希祖：《序》，罗香林：《客家研究导论》，上海：上海文艺出版社1992年影印，第3页。
② 钱排《李姓族谱》；《茂名文史》第八辑，第28页；吴兆奇主编：《凌十八起义》，广州：广东人民出版社，1989年，第9—10页。
③ 民国《增城县志》卷1，《客民》。

第二章 清代广东境内客家南迁概况

常自己说道:"天下快要乱了,我这该衰末朝人,等死的呢!"罗香林评论道:这事表面看去,似极平淡,然骨子里却含极大的意义。乱离至极的时代,弱小者流,当然保留不了;因矮小而联想末朝,因末朝而联想大乱,复联想至于该衰等死,可知其当上世迁移转徙的时候,确曾受绝大的自然淘汰的作用。① 作为一个"流动"的民系,辗转流离之苦,在客家人身上留下了深深的烙印。

前面说过,客家所居之地多穷山瘠壤,加上人口不断增长,迫使客家向外寻找出路。由此产生了一个如何保持自身民系特性的问题——须知,众多移民到达客居地后往往被同化。罗香林说:

> 山脉绵亘的结果,使客家地方发生二种极其明显的特性:其一为耕地的缺乏,粮食的不足;其二为交通的艰阻不便,外力的难以久侵。前者可以驱迫客家不断的向外发展,后者比较能够保存他们固有的语言和习惯。②

客家外迁,多以宗族为单位,成群结队,到达客居地后,一般也是聚族而居③,所以,在广、肇等属形成许多"客村""客乡"。

但是,从动迁到定居,在在包含了"苦难"二字。

首先是路途之难,闽粤交界地区,多崇山峻岭,自不待言,往南则山谷丘陵,大河小川,既有兵匪之祸,又有虎狼之害,还有瘴疬疫疾的肆虐。后来客家土楼、围楼的出现,就是为了防盗防兽防土著。如康熙

---

① 罗香林:《客家研究导论》,上海:上海文艺出版社1992年影印,第67页。
② 罗香林:《客家研究导论》,上海:上海文艺出版社1992年影印,第106页。
③ 有学者在谈到客家在闽粤赣三角地带的形成时说:客家先民之所以能够承受住无数的艰辛和磨难,最终到达闽粤赣三角地带,并建立起新的家园,所凭借的最主要的是宗族的组织和力量。这种没有政府支持,完全是民间自发,为生存而长期辗转的迁徙,如果没有宗族的组织,没有集体的团结力量与相互扶持,是不可想像的。见黄增章:《客家界定若干问题探析》,载黄钰钊主编:《客从何来》,广州:广东经济出版社,1998年,第29页。

末年，鹤山尚未建县，境内有"山官七"、张观珠等多股盗匪活动，后人记载当时情形称："惠潮来民，垦荒之余，日与对垒。夜宿山林，其间猛兽咆哮，又不免为虎狼所伤，数十年来艰苦万状，险阻备尝，今日或存或亡之耆老节妇，皆亲身历此大难者。迨至雍正元年，又有贼首张观珠、张亚长等鸠集残党，巢居石狗湾，屡肆猖狂，后蒙拘获，解辕正法，稍稍安靖。……抚今追昔，盖不堪回首矣。"①

为了预防瘴疠之气的侵害，有些地区（如永安）的客家人还制成一种"熟米"，客民初来永安时，水土不适，多患水肿病。明万历十八年（1590），福建省同安县举人陈荣祖来永安任知县，他深谙医理，认为水肿是山岚瘴气和水土寒凉所致，便教永安之民制作和进食熟米，和其中气，去其寒湿，使患者不药而愈。熟米的制作方法：晚上煮沸水一锅，倒入生谷，翻匀后，盖上特制的大锅盖，用布塞紧缝隙，用文火煮，待等锅内生谷有微爆声，开盖，再翻，重新盖上锅盖，撤火，用柴灰捂住火炭。次早，将熟谷暴晒，干后先砻后舂，即得熟米。②

其次是落籍之难。前述谢国佐等客童"冒考案"充分说明了客民落籍之难。谢国佐之父谢元位于乾隆十一年（1746）由嘉应州迁居高明，黄宗启之曾祖黄翰登与何秀海之父何俊儒均于乾隆九年（1744）由新兴迁居高明，又李仁芳之祖李新德于乾隆九年由嘉应州迁居高明，又叶常华即叶文睿之父叶开爵、兄叶文潜、叶文赓于乾隆九年由惠州府长宁县迁居高明。谢元位于乾隆十一年在高明买田亩余，至二十年（1755）寄户畸零邱梁兴印割，二十七年（1762）开列谢昌庆户名完粮。③至乾隆三十五年（1770）土客生童互控案发，谢元位等在高明县已居住超过规定的二十年，但他们子孙的落籍科考愿望却仍然遭到土著、官府的百般阻挠。

---

① （清）罗绍纶：《十七村记略》，载道光《鹤山县志》卷11，《杂记》。
② 刘志文主编：《广东民俗大观》（上卷），广州：广东旅游出版社，1993年，第132页。
③ 《布政司陈大文禁革冒籍骑靠详文碑》，光绪《高明县志》卷7，《学校》。

· 第二章　清代广东境内客家南迁概况 ·

再次是定居之难。客民新来乍到，无立锥之地，一般都向土著佃耕，土著地主之对于客民佃户，往往有剥削压迫之事。拿恩平情况来说，"恩平客民乃惠、潮、嘉三府州之人，雍正年间流寓广肇二属各州县，开垦住聚，自为村落，佣力营生，土民奴隶视之"①。

播迁至荒野山岭之区的客民，只好以种山烧炭等苦力活为生，如明代福建永福山区，"漳、泉、延、汀之幸民流布山谷，生齿凌杂"，这些外来客户于"引水不到之处，……种菁种蔗，伐山采木，其利乃倍于田。久之，穷冈邃谷无非客民"②。

如果生活不下去，就只好去"为匪""为逆"。如广西怀集县蓝山地方，地处县西北，距城百余里，界连贺县，"向招客民种蓝，林密菁深，资为盗薮。数年以来，时出寇掠，乡邻苦之"③。当然，这种因经济关系、移民问题引起的社会矛盾在整个清代都是比较普遍的。如同治、光绪年间，浙江杭州、湖州两府所属各县，"兵燹后，土旷人稀，客民之以垦荒来者，各处皆有，而台州人为最多。台民强悍性成，与土民小有嫌隙，辄捉人勒赎以逞其报复之私，土民衔之次（刺）骨"④。

有的时候，客民凭借其积聚的经济实力，也会反客为主，"黠而为党，轥轹土民，岁侵揭竿而为变者，皆客民也"⑤。在清初的赣南石城、瑞金等县，来自福建汀州的客家佃农不安于现状，"力图通过暴力手段

---

① （清）陈坤：《粤东剿匪纪略》，《红巾军起义资料辑》（二），广东省中山图书馆油印本，1959年，第400页。
② （明）谢肇淛：《万历永福县志》，载傅衣凌、陈支平：《明清福建社会经济史料杂抄》（续六），《中国社会经济史研究》1987年第3期，第109页。
③ 民国《怀集县志》卷8，《县事志》。按：怀集在秦汉时为广东四会县地，南朝刘宋元嘉十三年（436）置怀集县。自元世祖至元十五年（1278）起，怀集县均属广西，元属贺州，明、清、民国属梧州府。1952年起划归广东省。怀集"客民"多为客家。
④ 谭泽闿等编：《谭文勤公（钟麟）奏稿》卷8，《余杭安吉客民滋事拿办情形折》。"台民"是否属客民，我还不清楚。但官府因户籍、赋税、社会安定的关系，一般都是站在土著的立场上的，引用此例，可与广东情况相对照。
⑤ （明）谢肇淛：《万历永福县志》，载傅衣凌、陈支平：《明清福建社会经济史料杂抄》（续六），《中国社会经济史研究》1987年第3期，第109页。

来提高自己经济和政治地位。因此，对于土著来说，闽佃又成为暴力的代名词。由于闽佃并不具备纯粹的阶级意识，因此，他们争取自身经济和政治利益的暴力斗争对土著而言具有破坏性。在很大程度上，阶级冲突为地缘冲突所取代，由此而加深土著与客佃之间的仇恨"①。咸丰同治时期，广西"堂匪""股匪"之泛滥，太平天国之兴起，与客民所处的经济环境以及他们与土著的矛盾有着直接的关系。本书所述广东斗祸之起，实为同一背景下土客矛盾的扩大。

简言之，种种苦难使得客家心灵深处充满了苦涩与不平。

客家信仰十分庞杂，佛教、道教、天主教、基督教并存，大多数客家人受佛教思想影响较深。此外民间地方神、乡土神有妈祖、三山国王和义民爷等。可以说在客家地区，客家人是见神拜神，见庙烧香，只要能庇佑我者就崇拜。客家人这种奇特的宗教信仰现象，与客家民系形成有很大关系，"客家先民在千余年的历史中历经数次迁徙，动荡而无保障的流离生活，令他们的心境尤为苦涩，渴望和平安居的心态，使他们在人力保护难于企求的情况下，转而寄望于天地神灵的保佑，崇拜多神成了客家人精神上的一种寄托"②。

与其"二次葬"、建筑习俗相伴随的风水观念在客家人脑子里更是根深蒂固，有关俗谚不胜枚举，如："不信风水看三煞，不信药方看砒霜"；"无风水出人成鬼"；"山中少堆土，枉劳一世苦"；"罗盘差一线，富贵不相见"；"一福二命三风水"；"医药不明，仅杀一人；地理不明，杀人全家"；"风水人间不可无，全凭阴阳两相扶"。③

当然，无论客家之风俗、性格中蕴含多少容易导致与土著冲突的因子，他们作为一个"身在异乡为异客"的弱势群体，一般总是希望与当地人搞好关系的。千百年来，他们不断地流徙，每到一处，都是"人生

---

① 葛剑雄主编，曹树基著：《中国移民史》（六），福州：福建人民出版社，1997年，第211页。
② 巫秋玉等：《客家史话》，北京：中国华侨出版社，1997年，第132页。
③ 刘志文主编：《广东民俗大观》（上卷），广州：广东旅游出版社，1993年，第208页。

地不熟",要在新的地方立足谋生,必须敦睦邻里,依靠乡邻的同情和支持,否则便不能长久生存发展下去。《梅州黄氏族谱·江夏渊源》"和乡邻"条云:"乡黎为同井之居,凡出入相友,守望相助,切不可相残相斗,务宜视异姓如同骨肉之亲。"① 在有些户口较稀之区,土客之间甚至有婚媾关系。据民国《怀集县志》记载:"凡侨居怀土、买田立籍者,俗称曰畸零,与怀民婚友相亲,输税纳赋,无少异焉。"② 即使在斗祸发生的中心区恩平,至少在道光年间,土客双方基本相安,没有引起大的冲突:"俗淳朴,有古风,……近多惠潮嘉人来寄籍,勤耕读,知向上,土著视之,无分畛域,其桀黠者则好斗健讼,无知之徒,从而效之,民风不古,岂尽民故哉?吏斯土者,当思有以化之。"③

所以,引发斗祸的原因不能单纯从客家人身上去找。

三、土民不是省油的灯

百里不同风,十里不同俗。风俗独特,有时不免给人一种怪异的感觉,由此也容易生出种种隔阂、矛盾。外省人常常强调广东人的特殊性。他们认为广东人"特别好斗,鄙视他们,把他们看作野蛮人"。他们的生活习惯尤其是饮食习惯令人感到奇怪。北方人看到广东人常吃一些可怕的东西,像刚出生的老鼠,生猴脑,煎蛇肉,或者咸牛奶,感觉怪异。广东人的相应反应是,对他们的习性表现出强烈的自豪。拿他们的粤方言来说,土民自我感觉也很优越:"广音柔而直,颇近吴越,大抵出于唇舌,不清不浊,当为羽音,歌则清婉浏亮,纡徐有情,听者感动。"④ 在20世纪初的杂志上,常可以看到广东人写的文章,自称广东省是全中国最

---

① 刘志文主编:《广东民俗大观》(下卷),广州:广东旅游出版社,1993年,第478页。
② 民国《怀集县志》卷1,《舆地志·风俗》。
③ 道光《恩平县志》卷15,《风俗》。
④ (清)阮元:《广东通志》卷92,《舆地略十》。

中国化的省份，其他的地区都遭到过蒙古人和满族人的践踏，只有广东保持了"纯洁"。广东话也是最接近古汉语的一种方言。家庭作为中国文化的基础，在广东也比别处更有生命力。①

对于这种现象，孔飞力分析道：一个开口闭口自夸"纯洁"的群体，在一个伟大民族或一个文化综合体的边缘地区，是有代表性的。那些最直率的民族主义者往往来自这些区域，似乎他们能更敏锐地感觉到同过去的历史有机地联系起来的必要性。例如，拿破仑来自科西嘉，希特勒来自奥地利，斯大林来自格鲁吉亚。再举一个更近的例子：阿尔及利亚北部的人们的自我意识甚至比巴黎人更有法国味。广东人中间的这种"始原"意识，甚至是残酷的土客战争的部分原因。无疑，广州城周围众多的操不同语言的集团，使他们从种族的角度区分"我们""他们"；但另一方面，同外国人的长期来往又使他们有另一种一体感。内部的一体只有当它面对另一个外部集团时才能感到自己的存在。②

珠玑巷后人

清代广东土著，一般称为广府人，其由来，与客家相似的是，他们也由中原汉人南迁形成，不过由于南迁较早，其语言风俗习惯与客家有很大差异。他们都相信自己祖先多迁自南雄州珠玑巷。北宋时，中原衣冠避金人入寇，徙居南雄，广州土族多发源于此，拿开平县的情况来说，当晚清、民国之际，县民各族姓家谱均称：

> 其由珠玑巷来者有自，五季时已南徙广州，凡三迁而后至于本境，其余或至自福建，或至自浙江，或至自江西。先旧民族，大抵迁移于南北宋，最盛时，由绍兴以逮祥兴，中间多有输入。其

---

① 陈序经：《广东与中国》，载《东方杂志》第36卷第2期，1939年1月，第41—45页。
② 〔美〕孔飞力著，谢亮生等译：《中华帝国晚期的叛乱及其敌人》，北京：中国社会科学出版社，1990年，第80—81页。

第二章 清代广东境内客家南迁概况

有元明以上,不能述其得姓受氏之由者,又为新增之华望可知也。然则称纪元必曰咸淳年,述故乡必曰珠玑巷何欤?盖珠玑当南雄孔道,由中原入广东,必以此乡为停驿,或即因而侨寓。其后自北江两岸南下,尤以宋度宗咸淳六年、十年播迁为多也。今查邑内珠玑迁族故未必皆与于团箓三十五姓九十七人之列,然则谓南雄珠玑巷为其始迁之地可也。而谓咸淳六年、十年皆为其始迁之年,亦失于详考矣。①

就族谱资料来看,福建汀州宁化县石壁地方及广东南雄珠玑巷,是闽粤先民迁徙过程中两个重要地名。前者常见于闽粤客家族谱,大体皆言其祖入闽后,辗转徙入汀州宁化石壁,其后再入粤东梅江一带。后者则常见于珠江三角洲广府人之族姓传说,皆言其始祖因宋代苏妃(或称胡妃)之祸,由南雄珠玑巷南迁避居。据台湾学者胡炜崟称:

这两个普遍性的传说,实象征先民入粤的两大路线。前述两地,由于地处路线之要冲,遂成为移徙活动中之重镇。加以后至之移民迁徙时,亦往往遵循前人之传说,遂多以此二地为移徙目标。其后,由于该地人口渐繁,可用之地渐少,不得不再移徙他地,而此二地遂一再出现于族姓移徙之记载中。②

宗族的力量

在清代,广东宗族数量之多,力量之大,蔚为壮观,同时也造成了许多严重的社会问题。有关论述甚多,这里以开平县司徒一族的发展壮大为例,结合本书主题做些铺叙。

---

① 民国《开平县志》卷2,《舆地上·疆域·民族附》。
② 胡炜崟:《清代闽粤乡族性冲突之研究》,台湾师范大学历史研究所专刊(27),1996年,第27页。

· 被遗忘的战争 ·

开平县滘隄洲，四周河流，平畴沃野，东西十余里，南北七八里，乡村络绎，均为司徒族姓居处，南北两岸亦多夹河而居，"男妇盖数万计焉，而四邻皆强族也"。当明季之时，朝廷威令不行，土贼蜂起，聚党盘踞，四出剽掠。"滘隄旧称素封，俗非健悍，邻匪垂涎久之，一旦乘间窃发，于斯时也，内无山溪之固，外多烽烟之警，干戈满目，风鹤皆惊，人心惶惶，不谋朝夕。使非有人焉，维持其间，其祸可胜言乎。"这时，族中出了一位福相公，"勇敌千夫，谋出万全，乃集族中父老而豫筹之，结土团，谋积聚，备器械，时训练，倡勇敢，守要害，人心镇定，战守皆宜，邻贼望风惊畏，不敢轻萌窥伺，间有妄想思吞噬者，公率乡人奋其义勇，摧彼凶锋，兵刃始交，莫不惊顾而遁。其时室家无虞，骨肉相保，鸡犬不惊，田庐如故。……迄今二百年间，生齿日繁，人文蔚起，士农工商，各安其业，田原茂美，井里雍和，出作入息，相与优游于光天化日之下"①。

司徒族姓的对内设施不议，武力对外的措置一应俱全，如果不是河流隔断，与周围的关系就不是"室家无虞""井里雍和"了。

除了经济、风俗等利害关系的牵连外，宗族冲突往往包含宗族荣誉（族威）的问题。如风水之争，除了攸关该族之兴衰外，往往也影响该族地方威望之强弱；如祠堂之修筑，若得以高过他姓，正代表该族威望得以超越他姓；如在械斗中取胜，至少可在一时一地树立特别的威望。在其他各类纠纷上，也多少受到族威因素的影响，"小至乡族成员间偶发的口角、争道等纠纷，大至水利、海场、山场及各种乡里公共事务所引起之纠纷，往往牵扯族威因素在其中。族威强弱除了有其精神上的象征意义外，常也影响族姓对地方资源之支配力"②。

斗祸中，土民多借助宗族结成团练、公局，以与客民对抗、厮杀。

---

① 司徒健：《司徒福相公祠记》，民国《开平县志》卷42，《金石》。
② "族威"的概念由台湾学者胡炜鉴提出，很能说明宗族冲突的内在动力。参见胡炜鉴：《清代闽粤乡族性冲突之研究》，台湾师范大学历史研究所专刊（27），1996年，第109页。

· 第二章　清代广东境内客家南迁概况 ·

械斗之风

广东民风强悍，民间武器装备十分精良，民间械斗尤其是宗族械斗，与福建齐名。民国《东莞县志》引《新宁志金石略》谓：东莞"好修睚眦，较纤毫，至析产终讼靡悔"[①]。同治五年（1866），郭嵩焘曾说：

> 广东风俗人心之敝，穷于思议。百姓日以兵刃相接，地方官与百姓亦日以兵刃相接。所在筑立坚墙，广开炮眼。竹盔、铜甲，小村数百具，大村或数千具。专务以强凌弱，以众暴寡，公行劫掠，负险抗官，竟有数十百年不知完纳钱粮为何事者。[②]

广东械斗之风甚炽，而械斗之起因，一般都出于纤介小事，如香山县，五月端阳，以粽祀神，龙舟竞渡，画船彩色，县城或数年一举，小榄乡无岁不然。其竞渡而夺标者，或劳伤，或溺死，或有"兴众大斗"之事。[③] 为了与前述客家之葬俗对应，下面选择坟山之争一因加以叙述。关于广东官山坟葬在社会冲突中的影响，彭玉麟曾奏称：

> 粤东坟墓多系官山民葬，故有碑碣而无契券。民间惑于风水之说，相率停棺不葬，或已葬，启棺捡骨，另装骸坛，谋地不成，暴露原野；或兄弟相争一骸，分葬数处；更有奸猾之徒，觊觎吉壤，在他人已葬坟内，或预埋空坛，或暗藏碑记，出名控争。迨官屡勘，则指空坛为骸被掘，据碑记为有确凭，反诬原葬之家谋占。勾结土棍，贿嘱讼师，上控、京控，缠讼不休，往往酿成械斗巨案。[④]

---

① 民国《东莞县志》卷96，《杂录》。
② 《郭嵩焘奏稿》，长沙：岳麓书社，1983年，第307—308页。
③ 光绪《香山县志》卷5，《舆地下·风俗》。
④ 《光绪十年闰五月四日彭玉麟等奏折》，转引自胡炜崟：《清代闽粤乡族性冲突之研究》，台湾师范大学历史研究所专刊（27），1996年，第75页。

· 67 ·

所谓例定官民禁步，是指清代朝廷本有品官、庶民坟茔禁步定例，由一品职官九十步以次至庶民为九步，其一步相当五尺之数。其中，所谓庶民九步之数又称穿心十八步，是指该坟中心点与四方之距，共合为十八步之数。由于广东地少人稠，争占官山之情形普遍，且多有利用前述例定禁步压占官山，造成词讼纠纷者。至乾隆年间，遂详定横直二丈穿心四丈之章程，准照户部则例垦荒事宜条内，有古冢周围四丈以内不得开垦等语，酌中定议。①

但定例归定例，争端仍然不断。据道光《新会县志》称：

> 官民坟墓律例各有丈尺，土民之坟，不过穿心九步而止。南海、番禺、顺德，率多鳞次，相安于无事，惟自新宁、开平以西，山多人少，常踞一山，新会浸淫其风，多方巧图，弱者被侵，强者势压，互相执争，故有"十山九讼"之谣，多停棺不葬。②

看来，活人之社会因人口压力而受影响，其死人之坟山墓葬用地亦不例外。

械斗之起，还与广东之民"好讼"有关，服毒兴讼而斗便是一种普遍现象。清代广肇二府各方志多有记载"苦蔓公"之事。苦蔓公，原名胡蔓草，亦曰断肠草，形如"阿魏"，叶长尖条，蔓生，花如茶花，黄而小，故又名大叶茶，"一叶入口，痰蔽百窍，肠断而死。其死之缓急则视其所下之水缓急。人有仇怨者辄茹之，或置食物中以毙，其亲戚或自含口中，勒人财物，急则咽下。讼于官，以人头钱偿则不终讼。人头钱者，被诬之人以钱抵命也。人号为'妖草'，近之，叶辄蠕动，将取毒人，则招摇若喜舞状，盖以杀人为性，所谓毒草也。……有司欲救其

---

① 《同治十年五月十八日两广总督兼署广东巡抚瑞麟奏折》，转引自胡炜崟：《清代闽粤乡族性冲突之研究》，台湾师范大学历史研究所专刊（27），1996年，第74页。
② 道光《新会县志》卷7，《冢墓》。

弊，凡讼自尽者，审无威逼，皆以服毒草之故，立使尸亲买棺自瘗，重惩严禁，弊其渐革乎"①。如果"有司"处理不好，便有械斗之虞。

前面说过，客家建筑多含攻防之意，实则在土民一方而言，其建筑也是如此。刘长佑在讲到广西的情况时说：

> 粤西连年被贼，百姓流亡转徙，久不聊生。其有田庐坟墓之难移，家室妻子之相累，所在集团筑堡，耕战兼资，遇大股贼则闭垒自守，遇小股贼则开壁击之，数有斩获。……且粤民向来土客不和，近缘练团，料丁壮，备器械，藉御贼之名，为私斗之计，苟有小忿，辄互相攻劫。其不胜者，甚至以贼为援。②

就本书所述广东广州、肇庆等府的情况来说，由于客家新来，其村堡与比较富裕的土著相比，恐远为逊色，其建筑优势只有在斗祸发生、"筑垒自固"时才体现出来。

此外，土民对读书、科举的追求也不比客民逊色；至于练武习拳，也蔚然成风。

广东土著之民（广府人）在源流、社会结构、社会风气等方面都与客家有着对应关系，这种关系在政治、经济、文化（如方言）诸因素的作用下，如冰山裂缝，演变到一定时日，或是突然出现强大的外力，就会出现大裂变、大冲突。

四、客民与土著的矛盾

清初至清中期粤东北地区客家的南迁，并没有将他们在闽粤赣交界之区"反客为主"的历史重演一遍，因为此时他们所遭遇的已不是

---

① 乾隆《新兴县志》卷30，《杂事》。
② 龙继栋编：《刘武慎公（长佑）全集》，《附陈粤西军情片》（咸丰九年十一月十六日）。

畲、瑶等少数民族，而是与他们一脉同源南迁、先期进入粤中、粤西地区的汉族移民后裔。例如，粤中地区的广府族姓，多为南雄珠玑巷移民后裔，他们自南宋末大规模南迁粤中，至明清时，已发展数百年，较之客家人，他们的文化同样先进，根基更是深固，斗争起来，势力毫不逊色。①土客双方积久生怨，积怨成恨，最终导致了大械斗的发生。

"人种"矛盾

现在用"人种"矛盾来指称汉族内部两个民系（客家民系与广府系）的关系，似乎是不恰当的，但是，在土客关系史上，尤其是斗祸发生及其以后，土客双方多有从"异族"角度来看待对方的。后来的研究者也试图从人种学角度对两个民系之间的差异进行检测，进而揭示双方矛盾的根源。所以我这里借用了"人种"一词，间或亦借用清末至民国时期流行的"种族"一词（1949年以后，普遍使用的是"民族"一词；近年来，人们开始使用"族群"一词）。

罗香林曾与西人史蒂芬生在广州做测量"人种"的试验（现称为体质人类学方法之一），虽然其中只以100名客家士兵为对象，但他们发现，客家人的鼻子比广府系人的鼻子几乎平均要长出1厘米，就是身材也比广府人要高一点，"这可知二种民系化分的所由来了"。当然，罗香林并不认为这是定论，"客家人种的检度，自须积极地进行"。②

人体测量学是人类学方法的基础。量的鉴定之所以必要，是因为人体各部位的尺寸、大小都表现出不断的变异，而且，某一群人的变异范围通常总是与另一群人的变异范围相交。这种所谓"超复变动"现象显然会导致对量的测定的需求。根据测量对象的不同，分别有躯体测量学（或称活体测量）、骨骼测量学（骨骼测量）和颅骨测量学（头颅测

---

① 曾祥委：《试论"客家"》，载黄钰钊主编：《客从何来》，广州：广东经济出版社，1998年，第9—10页。
② 罗香林：《客家研究导论》，上海：上海文艺出版社1992年影印，第23—24页。

第二章 清代广东境内客家南迁概况

量)。① 就土客源流而言，虽说都是汉人南迁，但在时空上及与原先的"百越族"融合的程度上，两者当存在差异，吴敬轩说：

> 中国汉族为蒙古系之一支，敷布于禹域中原，文明教化，彪炳史策。逮五胡之乱，金元之祸，其一部子姓，遵海陆而南，止于八闽两粤。语言风俗，犹守中州典型，如客家、福老，逮广府诸邑居民，则此迁族中之尤著者也。客家散居于嘉应五邑，惠韶诸郡，逮其他各处，语言多存古音，习俗不违典礼，惟迁徙时代，先后不同，寒燠区分，盛衰有别。②

吴氏认为客家民系内部尚有差别，更可想见他与其他民系之间的差别了。另外，也要注意到，有人认为人种血缘的差别并不重要（从目前的研究来看，本书所说的"土"与"客"都曾与少数民族有互相融合之事，包括婚媾），陈寅恪先生说："汉人与胡人之分别，在北朝时代，文化较血统尤为重要。凡汉化之人，即目为汉人；凡胡化之人，即目为胡人。其血统如何，在所不论。"③ 有关研究引入人体测量学也是有必要的。

有学者注意到，"在清代'土客械斗'不断升级的岁月里，少数广东本地人，也把客家当成一个独特的民族；但是，与早期西方传教士和人类学者对客家大多持赞美、褒扬的态度不同，个别的广东本地人把客家视为一个野蛮、凶狠、落后的民族，并给客家起了一个轻蔑性和侮辱性的称号——客贼。如清代编修的《新会县志》和《四会县志》，就把

---

① 〔苏联〕雅·雅·罗金斯基、马·格·列文著，王培英等译：《人类学》，北京：警官教育出版社，1993年，第9、10页。目前，一般认为，人类学包括体质人类学和文化人类学两大类，参见陈国强：《论人类学研究的应用》，载陈国强、蔡嘉煌主编：《人类学与应用》，北京：学林出版社，1992年，第13页。
② 吴敬轩：《序》，罗香林：《客家研究导论》，上海：上海文艺出版社1992年影印，第1页。
③ 陈寅恪：《唐代政治史述论稿》，上海：上海古籍出版社，1982年，第28页。这一观点，在后来的民族之间、民系之间的融合中也是适用的。从土客矛盾的深层原因而言，经济、文化因素应该更为重要。

客家的'客'字加上反犬旁"①。

　　实际上，土民视客民为"异族"的情况，早在明朝已经出现，据崇祯《东莞县志》记载："邑之东北七都抵惠阳，山原险曲，闽潮流人多窜居之，以种蓝为生，性多狠戾，号为狫獠，所佃田地，每强霸不可御（张志）。"②另据光绪《四会县志》称：

> 邑上路各铺多客民，土人称之曰客家，其来不知所自，虽习土音，而客家话久远不改。初来时耕山移徙，亦类瑶狼，久乃与土著杂居平壤，相亲相睦，彼此无猜，故岁科试不另编客籍学额。近三十年前仍有陆续来侨居者。或曰客乃"犵"之讹。明田汝成《炎徼纪闻》：犵狫一曰犵獠，种有五，曰花犵狫，曰红犵狫，打牙犵狫，剪头犵狫，猪屎犵狫，皆溪洞民云。噫！此种犵民幸际承平，孳生日盛，溪洞不能容，乃四散于各邑开荒，力作以谋生，久乃俗易风移，与齐民无异，理或然欤？③

该《县志》甚至直接将"犵"（客民）附在"猺疍"一类。

　　狭隘而盲目的种族优越感使土客双方的对立情绪日益加剧。朱希祖云：

> 广东之客家，不与土著之民（按：此指瑶族等少数民族）相龃龉，乃与其邻近先来之客（即广府人）相龃龉，先来之客，忘其己之为客，而自居于主，竟有字客家人曰"獠"，曰"犵"，且有谓客家非粤种，亦非汉种者。④

---

① 王东：《客家学导论》，上海：上海人民出版社，1996年，第49页。
② 民国《东莞县志》卷96，《杂录》引。
③ 光绪《四会县志》编一，《猺疍·客民附》。
④ 朱希祖：《序》，罗香林：《客家研究导论》，上海：上海文艺出版社1992年影印，第1页。

第二章 清代广东境内客家南迁概况

由于社会经济地位的低下,富有个性的客家人往往对土著采取激烈行动,在许多史料尤其是地方志中,客家常被土著视为"黠悍难驯""桀恶尤甚""礼义罔知"。例如,在清前期江西南部的南安府,土客之间的冲突表现得相当残酷,有记载说:"今日投诚之广人,即数年来杀土人父兄子弟,扬土人祖墓骸骨,淫土人妻女,掠土人老幼男妇转卖他乡之广人也。"又有记载称:

> 盖自甲寅蹂躏三载间,土人庐墓焚掘几遍,屠杀绅士百数十人,掠卖子女不下数千。平民死者尸横遍野,有阖族俱歼者,如象牙湾朱氏,浮潮李氏,周屋围周氏,石溪之王氏、杨氏,水头之胡氏、游氏,无一存者。①

嘉、道时期,广东广、惠二属的客家,已经由于人口日增,势力日扩,语言习俗不与其他相邻的民系相同,"致引起其邻居民系的恶感,渐有斗案发生,且以恶言相詈"②。嘉庆十三年(1808),东莞、博罗二县就发生了一场著名的土客械斗。

土客感情上的对立,导致部分土民认为"非我族类,其心必异"。如斗祸后,恩平土绅吴桐有"甲寅寇警"组诗,"其一"附记云:"客家即犵家,音相讹耳,邑志言前时西獠人入寇,实是此种,历代为害。"③

又如土绅冯翔,字冀廷,南海县沙丸堡人,道光己亥岁贡生,"办事雅有执持,惟以排难解纷、抑强扶弱为己任",离其所居三里许山谷中,"向有客民蟠踞,恃其犷悍,凌辱乡人。翔曰:'非我族类,其心必异。彼初到人寡,已逞强梁,他日人多,岂能制驭。'遂与乡人协力

---

① 乾隆《上犹县志》卷10,《杂记》。转引自葛剑雄主编,曹树基著:《中国移民史》(六),福州:福建人民出版社,1997年,第213页。按:此处之"广人"即广东之客家,因为广府人没有回迁江西的情况。
② 罗香林:《客家研究导论》,上海:上海文艺出版社1992年影印,第2页。
③ 宣统《恩平县志》卷16,《艺文·诗》。

驱之，当时或疑其已甚，洎咸丰八年后客匪之乱，广肇两郡属邑多被伤残，翔之言乃验"①。客民立脚尚未稳当，便遭到土民的无理驱赶，虽说不是普遍现象，种族偏见之深，却是暴露无遗。其实，正是土绅土民的驱赶、欺凌在前，客民积怨，遂酿成不解之祸。

经济矛盾

由于本书所述的土客居住于同一区域（西江下游），地理因素的影响似乎不是很大，倒是租佃关系比风俗、性格等因素更直接地影响了土客关系——客民虽然所居山僻，但他们一般都佃种土民的田地。研究移民史的学者已经注意到了这种情况，例如，在清初的赣南石城、瑞金等县，来自福建汀州的客家佃农不安于现状，力图通过暴力手段来提高自己的经济和政治地位。因此，对于赣南土著来说，汀州佃农成为暴力的代名词，"因此，他们争取自身经济和政治利益的暴力斗争对土著而言具有破坏性。在很大程度上，阶级冲突为地缘冲突所取代，由此而加深土著与客佃之间的仇恨"②。按照我们在上文的叙述，这种基于租佃关系的"地缘冲突"应该包含一定程度的"人种"冲突即不同民系之间的冲突。

早在明朝，土客之间已经展开对土地的竞争。崇祯《东莞县志》云："狄獠所佃田地，每强霸不可御。"③罗香林也说："乾嘉以后，客家在台山（新宁）、开平、四会一带者，因人口激增，势力扩展，始则租赁土人的田地，以耕以殖，继则渐次设法收买，形成与土人相对竞争的局势。"④

土客之间在土地上的矛盾到底是如何体现的呢？这里举一个发生于增城县的具体例子：

---

① 同治《南海县志》卷19，《列传》。
② 葛剑雄主编，曹树基著：《中国移民史》（六），福州：福建人民出版社，1997年，第211页。
③ 民国《东莞县志》卷96，《杂录》引。
④ 罗香林：《客家研究导论》，上海：上海文艺出版社1992年影印，第62页。

第二章 清代广东境内客家南迁概况

（客民）男女俱习田功，且耐劳苦，本亦可取。其见恨于人者，在佃耕之例。其例有长批，有短批。长批预定年限，或以永远为期。硗瘠之土一经承佃，辄不惜工费以渔利，而田主莫能取盈，转佃他人亦必先索其值，甚至佃经数易田主仍有不知者。短批腴壤居多，听田主逐年招佃。然名为更招，仍不外原佃族党。苟非其人，则怙势凭凌，争讼随之。至其岁纳之租，共立成例，十常不及七八。田主之懦者，则其数更减。税业被其陇断，收息既微，不得已而议卖他人，无敢售者，彼乃短勒其价而得之。此则客民恶习为土著所嗟叹者也。①

斗祸发生期间，土客双方争夺的主要目标也是土地。《鹤山麦村麦氏族谱》所述情况为我们提供了一个很好的参照。

据称，"迫至咸丰八年、九年、十年，客匪强横肆虐，较前弥甚，横直百里，无村不踩矣"。麦村属土村，夹在土客之间，进退两难，初因与客民友善，"五乡、泽河、板村及各树红旗之庄（按：指土民之村），反流言我乡为汉奸，每在城郭市镇引贼寻害，不知客势所迫，阳顺阴违之苦心"②。

麦村起初虽曾与客民友善，且在土民与客民的矛盾中"素以正道自矢，久为客人推重"，在斗祸中也未能避免扰害，"不但田租债账，或随意交带多少，或恃强吞拍，全无还也"。再拿割山草一事来说，山草本为日用之物，土客之民以往都在同一官山割草，此时客民势大，乃不许土民刈割，平冈、鸭仔石、矮冈、凤山、马喉、深水尾、康田等处，土民所割之草，屡为客民抢夺，割草土民往往空手而归，甚至被殴被掳，"村中为此破费，不知凡几矣"③。客民甚至引诱土民子弟参与赌博，以夺

---

① 民国《增城县志》卷1，《客民》。
② （清）麦秉钧撰：《鹤山麦村麦氏族谱》。
③ （清）麦秉钧撰：《鹤山麦村麦氏族谱》。

其田地：

> 至若族中无赖子侄，客匪勾引赌博，放债揭银一两，书数即勒取本数十两，利息快重，自古未有。或以一人而写远祖之田，或以别房兄弟而写疏远兄弟之业，其田在他门首，所耕藉端霸据；即土名近在本村左右，他亦不顾是非清白，一味逞强霸耕，勒令照数本利清还。自忖住在花心，刚则招祸，忍为得吉，不得已备价赔偿，为苦累者，指不胜屈。其余侵祖山，抢牛羊，拦途强摸，掳人勒赎，霸塞田水，耗害耕种，甚至竹山周亚金无故杀毙麦显庭，鸭仔石处不知何人私杀麦才德。种种肆毒，擢发难数。①

《麦氏族谱》毕竟出于土民之手，客民"强横"之事不少（而且多为斗祸发生时期的报复之举）。我们要注意的是，土民"压迫"客民之举亦在在有之。同治二年（1863）十一月，署理广东巡抚郭嵩焘奏称：

> 因查肇属客民，原籍皆隶嘉应，其始垦山耕种，佣力为生。土民役使严急，仇怨日积。咸丰四年红匪之乱，被扰二十余州县，绅民多被裹胁。客民应募充勇，因假公义以快其报复之私，所在惨杀，往往占据其田山产业，因以为利。嗣是土、客互相残害，各该州县劝谕弹压；屡和屡翻，垂六七年。②

另有一位土绅陈坤也说："恩平客民乃惠、潮、嘉三府州之人，雍正年间流寓广肇二属各州县，开垦住聚，自为村落，佣力营生，土民奴隶视

---

① （清）麦秉钧撰：《鹤山麦村麦氏族谱》。
② （清）郭嵩焘：《肇庆各属土客一案派员驰往办理情形疏（会总督衔）》，《郭嵩焘奏稿》，长沙：岳麓书社，1983年，第24—25页。

第二章 清代广东境内客家南迁概况

之。"① 因为受压迫之久而深,所以一遇机会,客民之报复也骤而烈。

土客之间在土地上的矛盾在斗祸之后依然存在,官方不得不采取"分界"措施以预防。同治八年(1869)所立《高明鹤山分界碑》云:

> 高明、鹤山两县交界之黄茅壁、三峰凹、罗汉尖等处,皆以水流为界,水出高明即属高明管辖,水出鹤山即属鹤山管辖。连年客民欺隐占住,致启衅端,必须画清界限,会勘明白,立碑山顶,以垂久远。……兹经会同鹤山县履勘明白,划分界址,榕树窝、黄茅壁、三峰凹等处划归高明管辖;金钗坑、白水带等处归鹤山管辖。……县属居民人等知悉,尔等务要永远遵守,各归各属,耕种生理,不得越境樵采,致启争端。②

从上述分析来看,土客之间围绕土地而产生的矛盾,很难以我们传统的"阶级矛盾"来概括,所以我运用了"经济矛盾"一词——尽管经济关系是阶级斗争学说的一个基本前提。

---

① (清)陈坤:《粤东剿匪纪略》,《红巾军起义资料辑》(二),广东省中山图书馆油印本,1959年,第400页。
② 光绪《高明县志》卷9,《兵防》。

第三章 斗祸的导火线：广东洪兵起义

一、天地会概说

　　天地会是清代最著名的秘密结社，其变名和支派有添弟会、小刀会、三点会、三合会、仁义会、江湖会、洪江会、哥老会等数十种名目，活跃于华南、长江流域、西南和西北等众多省份。其非法活动和"叛逆"思想（"反清复明"）向为清廷所不容，法网严密，镇压残酷，以致关于它的起源至今像一团迷雾。20世纪，天地会起源问题成为史学界的一大热门，先后出现郑成功创会说、康熙甲寅说（即康熙十三年说）、雍正甲寅说、乾隆二十六年说等14种观点。① 最后逐渐集中到乾隆二十六年说和康熙甲寅说两家。② 关于天地会的性质，也是围绕其起源展开的。就目前海内外（尤其是中国大陆）的研究状况而言，这两种针锋相对的观点即"康熙十三年说"（"反清复明"性质）与"乾隆二十六年说"（"互助抗暴"性质）的争论仍处于胶着状态。③

　　这种状况也给本书的展开带来了困难。目前我个人的看法是，"乾隆二十六年说"的史料基础是稳固的，"康熙十三年说"从会内传说追根溯源，对"反清复明"问题做出了有力解说。两者表面上分歧极大，

---

① 刘平：《中国秘密社会史研究概述》，《学术界》1991年第5期。按：该文发表时署名"野牛"。
② 前者参见蔡少卿：《中国近代会党史研究》，北京：中华书局，1987年；秦宝琦：《清前期天地会研究》，北京：中国人民大学出版社，1988年；后者参见赫治清：《天地会起源研究》，北京：社会科学文献出版社，1996年；胡珠生：《清代洪门史》，沈阳：辽宁人民出版社，1996年。
③ 两派这几年一直围绕着《香花僧秘典》问题展开争鸣。罗炤、赫治清等人认为，《秘典》乃支持"康熙十三年说"的有力证据，参见罗炤《天地会探源》及赫治清《天地会起源研究》第二章第四节。秦宝琦则在《"万五道宗创立天地会说"之我见》一文中从多方面予以反驳。该文载蔡少卿主编《中国秘密社会概观》第300—321页（南京：江苏人民出版社，1998年）。按：《秘典》由罗炤于1994年在闽南调查时发现，"香花僧"是当地世俗佛教的一支。《秘典》篇幅不长，内容杂乱，多收录当地天地会歌联、传闻。从形式上看，类似于秘密教门的经卷。关于《秘典》本身，似仍有深入探讨的必要。

第三章 斗祸的导火线：广东洪兵起义

实际上在其中有一根隐隐约约的线索贯穿，那就是天地会确实是由某些"反清复明"志士创立的，但在其创立、流传、发展过程中，无不与当时当地的实际情况发生联系——我们应该以发展、变化的眼光来看问题，有些时候，天地会存在于民间，纯属互助、抢劫、械斗集团；有时候，特别是形成反叛形势时，天地会又是现成的反叛载体（如太平天国运动时期的两广洪兵起义）。本书的目的显然不是要对天地会的源流、性质进行探讨，而是对天地会的一般状况及其与本书的关系加以说明。

这里我们且换一个角度，从天地会的文化背景来看它与社会动乱、反叛的关系。

《诗经》有云："岂曰无衣，与子同袍。"《周易》也说："同心之言，其臭如兰。"忠心义气成为天地会自我标榜的口号与吸纳会众的法宝。

在秦汉以后的历史中，由于确立了高度集权的封建专制统治，先秦时期各诸侯国因结盟而歃血盟誓的传统越来越多地沉积于下层社会之中，并且与民众反抗结合起来，唐代的"盗贼""非牛酒不相聚"，宋代宋江等36人"聚义"、钟相党内的"入法皆兄弟"、元末刘福通起义时"刑白马乌牛，誓告天地"等举动，都是极好的例子。

无论是哪一种会党，也无论此种会党标榜什么样的政治口号，其联结纽带都是有形的"血"和无形的"义"。歃血盟誓和江湖义气自古已有，但在清代社会特别盛行；统治者对被压迫阶级的刑律面面俱到，但直到清代，禁止歃血盟誓、异姓结拜的律例才一步步趋于严密；秘密结社始于两汉，但是直到清代，才形成严格意义上的"秘密会党"概念。与歃血盟誓相关联的"义"或江湖义气之滥觞，是明代以后的事情，民间文学作品的流传和社会风俗的盛行于中起了关键的作用。歃血盟誓是天地会仪式的重要一环。

除了歃血盟誓以外，天地会又独创了无数隐语暗号，如"三指诀""茶碗阵"等，所谓"三指诀"，即"开口不离本，出手不离三"，"取烟吃茶，俱用三指"。这些又都与传统的江湖文化有关而被天地会发展完善。

一个团体，大凡都有一套上下有序的组织结构。尽管天地会标榜"忠义堂前无大小"，彼此以哥弟相称，但在其演变中，还是模拟、创造出具有虚拟血缘关系特征的传统家族制度，建立起一套独特的组织。其组织在乾隆年间还比较简单，会首称大哥，组织也只发展到三房。林爽文起义时，有元帅、军师、先锋等名目。至嘉庆、道光时，天地会组织趋于完善。天地会的会首，如果到一个地方去传会，一般先发展数人为骨干，由他们辗转纠众结会，建立起几个分支机构，这些人分别充当各个分支机构的大哥，并公推最初来传会的人为总大哥，即各分会的总头目。这种按照传统家族制纵横发展的结果，就出现天地会虚拟的"五房制"。[①] 各级头目各司其职。

清政府在乾隆末年平定台湾林爽文起义后，耗费十余年时间，严厉追查天地会源流，四处搜捕隐匿的会众，天地会纷纷改换名称，在各地潜滋暗长。天地会在广东一般称为三合会（广西则多称三点会），嘉庆、道光时期发展迅速。关于其组织情况，粤省许多地方志多有以下类似记载：

> 撰妖书，造隐语，传教者曰亚妈，引见者曰舅父、曰先生、曰升上，主文字者曰白纸扇，奔走者曰草鞋，头目曰红棍。拜会曰登坛，演戏入会曰出世。每拜会，亚妈裹红帻，服白衣，设五色旗，上书"彪、寿、合、和、同"字，分布五方，从某方来者隶某旗，设三重门，每门二人，持刀作八字形，拜会者匍匐入，自称曰仔，赤身披发，跪伏拜斗，念三十六咒，割指血盟，受隐语、三角符，符内写"参天宏化"四字；发辫系两线，辫结一圈，头目曰天牌，圈正额；司事曰地牌，圈脑后；先入会者曰人牌，圈左耳；后入会者曰和牌，圈右耳。俱身披短袄，彩带蓝袜，锐屐露刃。彼此相遇问姓，各以"洪"对，或称"三八二十一"，便知是会中人。

---

① 蔡少卿：《中国秘密社会》，杭州：浙江人民出版社，1990年，第24—25页。

第三章 斗祸的导火线：广东洪兵起义

不肯入教者曰皇仔，冒其教者曰野仔、曰疯仔。每入会科银一、铜钱三百六十，曰祝寿钱。不识其隐语暗号者，即被掠。①

嘉庆、道光以降，因游民日众，天地会势力日益扩张，遂多有树旗起事之举。

嘉庆十年（1805），因会匪四起，御史、阳山郑士超条陈奏疏云：

> 粤东离海较远之区，奸徒结盟拜会，所在而然，多者数百人，少者亦数十人，乃闽中天地会之余气，其语言举动皆有暗号，以自别识，其间尤悍者身带双刀，名曰大货手，公行无忌，恃强凌弱，倚众暴寡，劫掠奸淫，无所不至。地方绅士保甲明知伊等踪迹不轨，无如地方官专事讳饰，十案不办一案，即欲指名拿究，徒结仇怨，奸锋未挫，反噬随之，因而公私容纵，日益蔓延，而广州、南雄、韶州尤甚。②

嘉庆十一年（1806）九月，广东人梁大有在广西宣化县纠集何有信、方仕纶等100余人拜会，"众人不序年齿，推梁大有为大哥，何有信为二哥，方仕纶为三哥，其余依次排序。梁大有用红纸书写关帝牌位，将拜会之人写一名单，梁大有上前拈香，何有信、方仕纶二人分列左右，余俱随后跪拜，用鸡血滴酒，分饮设誓毕，梁大有将神牌名单焚化"③。游民在社会上遇事，需要同道中人伸出援手；平民在生活中被人欺凌，需要所在团体庇护，故19世纪前半叶，三合会、三点会已在两广地区蔓延开来。

咸丰三年（1853）二月，太平军占领江宁府（南京），声威大震，东王杨秀清派出使者至东南、南方各地，号召三合会起兵，上海小刀

---

① 宣统《恩平县志》卷14，《纪事二》。
② 民国《清远县志》卷3，《县纪年下》。
③ 《录副奏折》，嘉庆十二年九月初八日广西巡抚恩长奏折。

会、福建小刀会、两广洪兵（均属三合会三点会）纷纷起事。咸丰四年（1854），广东洪兵起义爆发，"广州、韶州、肇庆先后陷贼者二十九州县"①。关于当时洪兵的组织情况，据《新会县乡土志》记载：咸丰四年夏五月，"广东红巾贼起，……会匪所在蜂起，从逆者裹红巾，服梨园衣冠，造洪顺堂、洪义堂印，署置将军、元帅、先锋、军师伪号，名其党曰洪兵。官军麾帜用白，贼遂称为白兵"②。

孔迈隆（Myron L. Cohen）曾在一次与孔飞力的私人谈话中指出，确定天地会性质的正确方法是，应该把它看成是"不合法的，但又是正统的"。会徒们不但仿效正统的亲属关系的形式，而且也接受君主制是一个定制的传统的（虽然是复辟的）观点，这些都说明把他们包括在正统的世界中是合适的。既然根据其亲属关系、等级、君王和历史的观点（人们必须承认，对所有这些都要以某种世界观来认识），这一黑手党式的集团的确是正统性的，所以我们在看到他们的军事化形式在某些方面与绅士领导的组织形式相似时就不会惊奇了。在这一方面，如同在其他方面一样，他们与北方的教派传统不一样。③我们需要指出的是，综观天地会的活动情况，他们平时所进行的都是打家劫舍的勾当，当势力积聚到一定时候，往往举起"争天夺国""反清复明"的旗帜。从这一过程来看，它与主张"三佛应劫""末劫收元"的清代秘密教门是相同的（主要目标是反清）。

道咸之交，广东三合会势力已经膨胀至极，加上太平天国的影响，其爆发只是时间问题了。鹤山麦秉钧说："想我都之丧乱，莫惨于客贼，而客贼之荼毒，皆由于洪匪，其所谓洪匪若何？一曰三合会，又曰添弟会，又曰三点会，俱冒姓洪，倘不入会，行劫不得与焉。"④

---

① 民国《清远县志》卷3，《县纪年下》。
② 光绪《新会乡土志》卷3，《兵事》，光绪末粤东编译公司铅印本。
③ 〔美〕孔飞力著，谢亮生等译：《中华帝国晚期的叛乱及其敌人》，北京：中国社会科学出版社，1990年，第3—4页。
④ （清）麦秉钧撰：《鹤山麦村麦氏族谱》，《红巾军起义资料辑》（二），广东省中山图书馆油印本，1959年，第483—490页。

二、广东洪兵起义

广东洪兵起义的爆发,其大背景是鸦片战争后中国社会形势发生了深刻变化,最后导致了太平天国运动,具体原因则与三合会的蔓延及广东当时的形势有关。

咸丰初年,广东中西路各属发生连年自然灾害。咸丰二年(1852),广州遭遇灾年,夏天的大水毁坏了花县与广州之间的许多村庄,水稻几乎颗粒无收。官府仍然希望征收更多的赋税,混乱开始蔓延。番禺发生了激烈的宗族械斗,会党也卷入进去。所有这些——抗税运动、财政枯竭、强行收捐等——对已经受尽苦难的广东只是新增的负担而已。流行的团练运动、城市的混乱、乡村的贫困、社会的两极化——所有这些都堆在一起。[①] 而这时,除了山区"匪盗"、西江"艇盗"和首鼠两端的绅士,又加上了复活的三合会活动。

大地主一般都是士绅,他们的利益也受到洪水的侵害。他们的对策是强迫农民缴纳同正常年景一般多的租子,交不出田租的农民就要挨打,甚至被杀。同时,士绅们还借口灾患发起一场大规模的抗粮运动。他们敢于向官府挑战、不把官府放在眼里的行动,客观上也增强了农民造反的胆量。

咸丰三年(1853),广州府各属农村再次遭遇水灾,城市经济也遭遇了不景气——从道光末年开始,广州就处于严重的金融危机之中。更多的脚夫、苦力和洋行职员失业。与此同时,农民纷纷加入三合会以寻求庇护。他们注视和等待着某种未确定的东西。与太平天国相呼应,厦门、上海及广州等地三合会认为时机已到,很快行动起来。

太平军兴,影响及于广东(著名者即凌十八起义),大大鼓舞了对官府心怀不满的广东百姓。不少农民和盗匪都曾参加过这些义军。后

[①] 〔美〕魏斐德著,王小荷译:《大门口的陌生人》,北京:中国社会科学出版社,1988年,第156—157页。

来，太平军迅速攻陷武昌、安庆和南京等重要城市的消息在广州等地也引起了强烈反响。

东莞三合会何六的活动遭到当地绅士首领吕京珪的压制，迫使何六公开造反。咸丰四年（1854）五月十三日，何六据东莞石龙圩起事，二十二日攻陷东莞县城，捉住留城官、署都司莫其亮，莫"不屈，死之"。消息传到省城，正在参加府试的大批士子大惊失色，"多有不试而逃者"，至此，广州戒严。① 这似乎是一个信号，广州地区各股三合会首领都打出了造反的旗帜。洪兵起义爆发了。②

广州地区的洪兵突然遍地出现，广东政府还没搞清楚发生了什么事，广大城乡便迅速陷于混乱之中，如新会县城被陈松年围困时，"四乡拜会之匪甚炽，山谷渔户悉为妖氛，红巾之徒昼提大戈，束红手记，出入乡间无忌，善良丧气，莫敢枝梧。匪徒夺人谷船，掠邻乡甲仗，（族）正、（族）长委蛇坐视而已"。三江有阿妈相者拜会，"其党五六百人，有监生职员十余人，或畏祸而从焉，或逐利而趋焉"。③ 不久，陈吉占领顺德县城，清远、肇庆陷落，李洪英占领了香山县的大部分，何六占领了增城，甘先则盘踞于白云山，徐兆表竖旗于开平县。不久，李文茂等人号召各路洪兵围攻广州城。

当时广东到底有多少股起义军，难于确计，但围困广州的人数当不下于20万。所有义军战士都头裹红巾，旗号也是红色，所以又被称为"红兵"（洪兵）。他们组成一个松散的联盟，公推势力最强大的首领李文茂为盟主。其实，李文茂对别股洪兵的影响是有限的。李文茂的攻城部署是：陈显良部约3万人从东面，甘先从北面，李文茂自己从西面攻城，林洸隆则控制城南的珠江河面。李文茂还同陈开商定，让他的10万多人马也参加攻打广州。李又约请刚刚洗劫了东莞和增城的何禄（即

---

① （清）陈殿兰辑：《冈城枕戈记》卷1。
② 光绪《广州府志》卷82。
③ （清）赵沅英：《新会围城记·孽人乱乡》。

何六）率部 1 万余人，协助陈显良从东面攻城。

两广总督叶名琛这时的处境真可谓山穷水尽。尽管咸丰帝下令从邻省调兵来援，但是这些援军进入广东后，步履维艰，时时处处都要遭遇洪兵，对叶名琛来说，是远水救不了近火。为了稳定军心，鼓舞士气，他把指挥部设在俯瞰广州全城、雄视江面的观音山镇海楼。在这座楼上，"他指挥了许多关键性的战斗，目睹了无数次恶战。这是他戎马生涯中的光辉顶点"[①]。据记载，当时广州有八旗兵5000人，绿营4000人，潮勇2000人，以及来自广州周边的募勇4000人。与洪兵的力量对比是1.5万对20万。由于各部兵勇所讲的方言不同，风俗习惯各异，互相很难合作。叶名琛的办法是让不同的部队防守不同的地段，任命他们原来的军官为指挥官，而不是把他们混编后组成新队。这些指挥官只听叶一人的指示，指挥的又是自己熟悉的部队，故力量相对集中，终于击退围城洪兵。

从战略上看，如果佛山陈开的十万之众也参加围攻广州，那么广州城必陷无疑，因此叶名琛不惜任何代价，坚决拦截陈开。在清军及乡绅团练的顽抗之下，叶名琛的目标达到了。这是广州围城之战中决定性的战斗之一，它打破了陈开同李文茂会师的计划，使广州免遭沦陷。[②]

洪兵的弱点成为叶名琛守城成功的因素。他们人数虽多，但是缺乏训练，纪律松弛，武器落后，补给困难，所以并不占多大优势："省垣北门数百乡，洪匪数万，自七月至十一月与官兵共战九十余阵，不能取胜，盖贼乃乌合之众，并无行伍军法故也。"起初，他们只在攻占的地区收人头税，后来，他们乞灵于劫掠，这就迫使广大平民百姓与之对立。各村庄纷纷响应官府号召，组织团练自卫，阻截洪兵。由于补给困难，各路洪兵首领开始内讧。李文茂即使在自己的队伍内部也并非说一不二，更不用说向其他各股洪兵发号施令了。实际上，与其说是他统领各股洪兵，

[①]〔澳〕黄宇和著，区鉷译：《两广总督叶名琛》，北京：中华书局，1984年，第69页。
[②]〔澳〕黄宇和著，区鉷译：《两广总督叶名琛》，北京：中华书局，1984年，第75—76页。

不如说是他"邀请"各股洪兵首领与他一起行动。①

广东其他各府县也都自身难保,根本无法增援广州。相反,告急文书如雪片般向省城飞来。更糟糕的是,太平军直接间接地牵制了叶名琛的精兵良将。例如,为了镇压凌十八,叶名琛从各协抽调了共1万名精锐,另外有3000多名兵勇被派往湖南与太平军作战。还有一支以提督昆寿为首的清军则被派往粤北的韶州堵御太平军。再者,南京陷落后,清王朝岌岌可危,不断要广东派兵北上讨伐。

广东中路、西路、东路、北路群雄并起,全省形势危急,十月有道上谕称:"群盗如毛,分兵四出剿捕,诚有应接不暇之势。"清廷同时谕令叶名琛一定要守住广州城,"惟省垣根本重地,首宜肃清;北路众股贼匪,亟当设法扫除,以通驿道"。② 叶名琛保住广州后的下一个目标就是北江。在大兵支援下,韶州才得以解围。韶州洪兵随后兵分两路,一路向北进入湖南,参加太平军,另一路则南下英德。因此,产生了北路义军联合太平军进攻广东和南路洪兵再犯广州的危险。

东江地区的起义同其他地区一样,以翟火姑为首的洪兵到处攻城略地,县城纷纷失守,惠州几度被围。后在提督昆寿的布置下,清军与洪兵鏖战两年之久,咸丰六年(1856)夏,翟火姑被迫率领洪兵主力撤往江西参加太平军,东江方告平定。

叶名琛保住广州只是取得了局部胜利。攻打广州城不下的李文茂与陈开等率部沿西江而上。在西江地区,陈开等人攻下广西浔州,后来又占领了附近的梧州、贵县、平南以及其他一些府县,地盘迅速扩大。叶名琛甚至担心洪兵会卷土重来,所以派水师镇守封川,并在西江两岸修筑了许多炮台。洪兵决定继续西进,咸丰八年(1858)初围攻桂林。与此同时,广州却被英法联军攻陷。广东局势再度陷于极度危险之中。

洪兵骤起,叶名琛一度措手不及,随之下决心不再让"乱民"如艇

---

① 〔澳〕黄宇和著,区鉷译:《两广总督叶名琛》,北京:中华书局,1984年,第81页。
② 《清文宗实录》卷149。

匪、三合会等叛乱者对珠江三角洲构成任何威胁。于是，政治反动、白色恐怖开始了。到咸丰五年（1855）夏季，在叶名琛不留俘虏的命令下，仅广州城就斩杀了 7 万多人，死尸堵塞了河流。虽然官方只承认处决了 4.7 万人，但也有记载说全省有 100 万人被杀。① 叶名琛自夸说亲自下令杀了 10 万名"叛匪"。

洪兵大规模叛乱发生后，广东团练总局成立。与镇压太平军的情形一样，清廷下令在籍官员罗惇衍、龙元僖、苏廷魁等三位大员举办团练，广东团练总局把它的势力从花县发展到广州城南。但是，权力的分散又使得罗、龙、苏不能创立一个真正有效的地方组织。在一段短暂的时期内，这几位在籍大员似乎形成了省里的一个新的政治中心。但是，即使是朝廷的谕旨、驱赶外国人的具体行动，也不能消释二十年积累起来的地方主义。② 洪兵遭到镇压的同时，政府权力实际上进一步分散，地方进一步陷于混乱。

洪兵之兴，广州府属惟三水、新会两县，连攻两月不破，新宁县士绅募勇堵御，迫使境内三合会不敢竖旗；肇庆府属惟阳春、阳江两县未有竖旗。两府共失陷 27 座县城。③ 叶名琛能够在广州及东江、西江、北江各处取得胜利，官兵而外，乡勇、团练起了很大作用，但从中却产生了另一场危机。

三、"客勇讨贼"

广东斗祸平息后，恩平士绅吴桐有《甲寅寇警》诗数首，其一、三云：

---

① 《筹办夷务始末》（咸丰朝）卷 19。
② 〔美〕魏斐德著，王小荷译：《大门口的陌生人》，北京：中国社会科学出版社，1988 年，第 194 页。
③ （清）陈坤：《粤东剿匪纪略》，《红巾军起义资料辑》（二），广东省中山图书馆油印本，1959 年，第 371—375 页。

· 被遗忘的战争 ·

其一

怪鹗彻夜乱呼风,蟊贼纷然共内讧;

只道红头能作逆,那知黑爪竟生戎;(时呼土贼为红头,客贼为黑爪)

相仇底事同蛮触,浩劫何期到鹤虫;

蠢尔群凶徒造孽,昭昭天道岂能容。

其三

祸首何人擅主谋,借公只欲报私仇;

匪予族类偏同好,多尔媾婚翻作仇;

鹬蚌同遭渔父害,云天更切杞人忧;

权奸古有秦长脚,今日衡来罪更优。[祸起私绅聘客攻土(贼),余力争不听,亦人事中天数也。]①

诗中所谓"聘客攻土",就是斗祸之直接起因。

太平军兴,咸丰帝"叠次谕令各直省举行团练,并刊刻明亮、德楞泰《筑堡御贼疏》,龚景瀚《坚壁清野议》,颁行各省。数年以来,颇有奉行得力之处,而视为具文者亦复不少。……人自为战,家自为守,使贼党日孤,盗粮渐绝,然后济以兵力,方无顾此失彼之虞。所谓以民助兵,以堵为剿,制贼之法,未有善于此者"②。团练、募勇成为政府应对危机的一大法宝。叶名琛在洪兵甫兴起时即大量募勇。但战争旷日持久,政府财源逐渐枯竭,叶名琛便以功牌、官衔和官职为诱饵,鼓动士绅们用他们自己的钱财招募族人充当募勇。准许这些士绅率领乡勇同正规军并肩作战。香山县绅士林福盛,因表现十分突出,从一名普通士绅屡保至知府衔。林部打仗得力,与他严勒部众纪律有关。当然,类似情

---

① 宣统《恩平县志》卷16,《艺文·诗》。
② 《清文宗实录》卷199。

第三章 斗祸的导火线：广东洪兵起义

况甚少，更多的则是一心只为自己发财而扰乱地方的募勇。所以，广东局势仍然没有改观。

在此过程中，"客勇"应运而生。其中，鹤山、高要、开平等地的客勇迅速偏离帮助政府镇压洪兵的轨道，将矛头对准了日常生活中的"仇人"——土民。

洪兵方兴，高要武举人、客绅马从龙（一说鹤山籍）立即行动起来，一面组织客勇，一面"请令总督叶名琛，归剿余孽。……客人素与土人不协，常欲借端启衅，图为不轨。及得令，益自恣睢，结寨云乡、大田，佯托官军，诬土著为匪党，肆行杀戮，各邑又潜为勾引，蔓延六县"①。

客民"诬土著为匪党"并不是没有根据，据当时史料记载，参加洪兵队伍的多为土民，客民得到官府的允许和鼓励，组织起来，乘机将对土民的多年积怨发泄出来。时人陈坤说："咸丰四年间，匪徒四起，募雇充勇，客民自恃有功，借剿匪名，泄其积忿，肆掠土乡，占据田土，互相报复。"②

同治二年（1863）十一月，郭嵩焘在谈到斗祸起因时，更明确指出：

咸丰四年红匪之乱，被扰二十余州县，绅民多被裹胁。客民应

---

① 宣统《恩平县志》卷14，《纪事二》。
② （清）陈坤：《粤东剿匪纪略》，《红巾军起义资料辑》（二），广东省中山图书馆油印本，1959年，第400页。按：斗祸发生及其结束以后，土客双方都在推脱自己与"红匪"的关系。实际上，洪兵初起时，客民也多有依附者。绅士赵沅英所在之新会县三江地方，在赵沅英族中争论是否依附洪兵时，"或曰客依三江者，多以接令为便，我盍从客言，源（沅）曰：有主见者不夺于客气，客或图近利，不顾后患，有患则复谋他徙耳；我若有患，将徙何地耶！且我若接令，宵小内启，祸先及客，亦非所以护客也"。见（清）赵沅英：《新会围城记·三江严守》。还有，土民也多有参与防剿洪兵的。如咸丰四年九月，华廷杰同京山巡检卓炳森等"剿贼于大沙墟，贼散走。贼聚大沙墟，谋复攻县城，廷杰令千总何泰安、教谕冯光亮等驻黄旗峰，堵其来路，而自与卓炳森等率精锐千人直进飞鹅岭，驰谕土客各绅民克期会剿。初四日，抵大沙墟，斩七十余级，贼败走。至飞鹅岭，复歼杀百余人，自是贼不敢复聚"。见民国《东莞县志》卷35，《前事略七》。当然，这些现象同时因地而不同，如新会、东莞等地的土客矛盾就不似鹤山等县那么尖锐。

募充勇,因假公义以快其报复之私,所在惨杀,往往占据其田山产业,因以为利。嗣是土、客互相残害,各该州县劝谕弹压,屡和屡翻,垂六七年。……就中鹤山客民与土民构衅最久。①

比马从龙更领先一步的是鹤山客民。据土民说,开始鹤山客家与洪兵冯坤仔部相勾结,"诱鹤山马尹出城杀之",后来,坤仔与客家不睦,"客家乃以诛红巾为名,同官兵讨贼,后知兵伎俩不高,兼贪居民田宅之利,乃树'反清灭红'之旗,曰:'六县同心,天下无敌'云云,抗拒官军,残破乡间,烧杀老幼,所过赤地,恩平遇害尤惨,逾年而乱犹未已。……君子曰:'红贼之乱,白兵拒之,黑兵助白兵以拒之,而皆为民害。黑兵之贼,更有甚焉'。苦哉吾民也。谚又有'鼠贼、蟹贼、蚁贼'之谣,鼠贼者,贪如鼠而外,窃美名也;蟹贼者,横行而无肠肚也;蚁贼者,黑心不义又如白蚁之害物也"②。

所谓"红贼",即洪兵;"白兵",即官军,因"官军麾帜用白,贼遂名白兵"③。至于"黑兵",因为"客家俗称为蚁,其兵亦曰黑兵"④。

另有记载说斗祸最先起于恩平。同治四年(1865)五月,广东举人冯典夔等赴都察院控诉,说"客匪马从龙等自倡乱以来,前后杀土民十余万。……恳请妥为安插"。郭嵩焘奏称:

  伏查肇庆土、客一案原流本末及节次办理情形,均经臣嵩焘会同前督臣毛鸿宾缕悉上陈,不独无叛服剿抚之可言,亦并无是非曲直之可论。其始客民与土人杂居,各自为党,积年不能相睦。咸

---

① (清)郭嵩焘:《肇庆各属土客一案派员驰往办理情形疏(会总督衔)》,《郭嵩焘奏稿》,长沙:岳麓书社,1983年,第24—25页。
② (清)赵沅英:《新会围城记·客兵恣害》。
③ 民国《东莞县志》卷35,《前事略》。
④ (清)赵沅英:《新会围城记·客兵恣害》。所谓"蚁"、"蚁贼"、"黑兵",应是新会等地土民加给客民、客勇的蔑称。

第三章 斗祸的导火线：广东洪兵起义

丰四年恩平土匪围扑县城，知县郭象晋专募客勇以攻土匪，于是开平、高明、鹤山诸客籍群起以剿办土匪为名。或帮同地方克复城池，因以积年仇憾土民之心，乘势报复，肆意屠杀，致成械斗巨案。土、客交相掳杀，至数十万人。①

鹤山、高要祸起，迅速蔓延至开平、恩平等县。那么，土民的反应又是怎样呢？罗香林说：

> 先是道咸之交，广东恩平、开平、增城、新宁及广西武宣、贵县等地的客家，因与土民积不相能，迭相攻击，两粤大吏不敢过问。至咸丰四年，恩平、开平、鹤山、新宁（即今台山）、高要等县的城池，屡为土匪攻扰，地方官无力捍御，乃募客勇防守，屡胜土匪，斩获颇众。两广总督叶名琛，复令鹤山知县沈造舟，统率客勇，搜剿余匪。是时，各地匪首及附匪的无赖，多属本地系人，一闻要剿，便生惊惧，乃散布谰言，谓客人挟官铲土。土众惑之，因遂"仇客分声"，乘势杀掠客民，客民起而报复。寻衅焚烧，遂成形械斗的局势。②

捏称"客人挟官铲土"以号召土民来应对客民的报复，乃是土民一方行动的第一步。咸丰六年（1856），新宁土绅李维屏、陈兆松等人暗地里与开、恩土属联谋灭客，恐众不从，"乃捏称获有客民与开、恩客属约期来宁起事函件，以耸动之，复伪造此等书函，抛弃途中，故使拾获，以相传播，于是土众受惑，起而仇客，……初鹤山、高明等县土客仇斗，土属多红匪，悉用红旗，客属以白旗别之，嗣是开、恩、新等县

---

① （清）郭嵩焘：《前后办理土客一案缘由疏（会总督衔）》，《郭嵩焘奏稿》，长沙：岳麓书社，1983年，第197—201页。
② 罗香林：《客家研究导论》，上海：上海文艺出版社1992年影印，第3页。

启斗,俱土红客白,以相号召,分旗而阵,辨色与御焉。……客村亦各选壮丁与御,而斗事起焉"①。鹤山等县斗祸发生后,新宁土客联合,安定了两年,至此,斗祸爆发,因该县客民人数较多,斗祸较他县尤烈。

对于斗祸,两广大吏不是"不敢过问",而是无暇过问,一是太平军与洪兵叛乱,迁延日久,一是其间又发生了令清廷大伤脑筋的第二次鸦片战争。当清廷不得不回头处理时,事态的发展已经失控。

最后,我们不妨把广西的情况与广东方面做个对比。道光末年,连续干旱,桂平等县发生了抢米骚动以及严重的经济危机。所有这些,与从广东蔓延过来的土匪、"红匪"交织在一起,秩序混乱到极其严重的地步,"使团练得于1850、1851年应运而生。团练一成立,本地的地主就利用它来镇压客家佃户——他们已开始加入一个隐藏的组织,称为'拜上帝会'。社会很快分为两极:本地的地主团练为一方,客家佃户的拜上帝会为一方。于是秘密的、破坏偶像的公社弟兄变成了太平天国的战士"②。广西土客械斗的结果,产生了金田团营,客家男女老少席卷而走。试想,如果不是"上帝"把洪秀全引向"天京",广西的斗祸将不逊色于广东。

---

① 民国《赤溪县志》卷8,《赤溪开县事纪》。
② 〔美〕魏斐德著,王小荷译:《大门口的陌生人》,北京:中国社会科学出版社,1988年,第146页。按:广西加入太平军的多为客家,而广东加入洪兵起义的多为土著。

中编
斗祸的基本情形

关于广东斗祸的基本情形，民国《赤溪县志》的一段话可谓触目惊心：

> 互斗连年，如客民居于鹤山之双都各堡、高明之五坑各堡，及开恩二县之金鸡、赤水、东山、大田、萌底、横坡、沙田、郁水、尖石等处，共二千余村，悉被土众焚毁掳掠，无老幼皆诛夷，死亡无算。而鹤、高、开、恩等县之土属村落，亦被客民焚毁掳掠千数百区，无老幼皆诛夷，死亡亦无算。据故老所传，当日土客交绥寻杀至千百次计，两下死亡数至百万，甚至彼此坟墓亦各相掘毁，以图泄忿，其很（狠）惨殆无人道云。适是时洪杨肇事，各属土贼蜂起，省吏兼筹剿堵未遑，又以土客系属私斗而忽之，无兵到境制止，以致斗事积年莫解，蔓延日广。①

本编就是对这场斗祸造成双方"死亡数至百万"的基本情况做一描述。②

---

① 民国《赤溪县志》卷8，《赤溪开县事纪》。
② 按：在我原来的设计中，曾专设一章"斗祸的社会破坏性"，斗祸的死亡人数会在该章中谈到。现因时间关系，该章未及写。这里简要谈谈我的看法。目前据史料说法，流行两种数字，一为"五六十万"，一为"百万"。我的看法如下：新宁斗祸发生前夕，该县客民人数约30万，土民人数则多于此数。至蒋益澧于同治六年平息该县斗祸、划置赤溪厅时，残余客民人数3万多，

我们还要看到，社会矛盾产生时，如果对立的各方不加克制，势必导致暴力的蔓延，暴力终须有个了结。在暴力升级与最终结束之前，边打边谈，既斗又和，便成为暴力奇观的边缘风景。不管如何，在清政府的强力干预下，谈判与和解，将导致暴力的最终消解。

（接上页）其中包括外县逃难、被安插来的客民、游民，从新安、东莞等县募来之勇，以及从惠潮嘉赶来相帮的志愿者。官府命令非本地籍贯（或住居未满三代以上）者必须定期离开，结果仅余2万余人。实际上，外县人并未驱逐净尽，今日台山的田头、赤溪两镇还有不少人自认其祖先是从鹤山迁去的。（参见徐晓星：《昆山鹤影》，珠海：珠海出版社，2001年，第94页）即使以3万人为准，30万减去3万，新宁客民在斗祸中损失27万。在这27万人中，有逃回惠潮嘉及其他地方者，有被土民虏获的男女及幼儿，其男子则往往有被掠卖为猪仔者，或客民也有自卖为猪仔者，因这几种原因而离去者不会占太大的比例。因为当时新宁县北路西路（陆路）为土民控制区，凡有客民通过，必被掠杀（西路曾有大股客民被截杀）；东路南路为海路，波涛、海盗不计，客民能在何处落脚呢？至于经海路往澳门"卖猪仔"，毕竟相距甚远，其人数也不会太多。我且把这几种人数定为10万，则死亡人数为17万，包括斗祸中的直接死亡者、被围困时因饥寒病疫而死者、逃亡时被截杀者等。至于土民一方，被客民虏获不免，逃亡、卖猪仔等事则少有记载，因被围困后饥寒染疫而死者之事也不见记载。但从双方的战斗力来说，客民远胜于土民则是事实（后来多股官军长期围剿客民，亦屡有吃败仗之事），故新宁土民的死亡人数应不少于17万——土客相加即为34万。新宁一县如此，则他县可以推知。鹤山、恩平、开平等各县（16县）的土客人数虽然较新宁为少（我尚未做具体统计），但总人数肯定要超过许多倍，且鹤山、恩平、开平、高明等县斗祸的惨烈是一样的。如此，做个保守的估计，如果把除新宁以外的各县土客死亡总人数定为新宁县的一倍，则为68万，与新宁县死亡人数相加，此次斗祸损失超过100万人的数字是可信的。至于新宁以外各县的客民流亡者与被安插者，更难确定。兹引一例，以做参考。有记载说，至同治元年（1862），"恩、开及新宁三县客民逃回惠潮嘉原籍及往广西各县者已达数十万人"。见民国《赤溪县志》卷8，《赤溪开县事纪》。实际上，在斗祸结束时，赤溪不计（客民基本留于原地），恩平与高明两地因"求抚"而被安插的客民（含各县逃来聚集者）总数已不超过10万人。上述仅为主观推论，尚有待进一步论证。

至于"死亡百万"的说法，有关史料可参见民国《赤溪县志》《郭嵩焘奏稿》《清穆宗实录》。近人郑权欣《恩平土客之争始末》一文也说："其时双方对峙，互相袭击，家园被毁，国无宁日，疫疠流行，饿殍遍野，双方死亡人数以百万计。"（该文载《恩平文史》第21期）

第四章　斗祸的时间跨度与空间分布

这场惨烈的斗祸起于何时，终于何时，前后延续多少年？蔓延地区是六县呢，八县呢，还是十余县？

这些问题，前人多有答案，亦有前后因袭、将错就错的现象。我在披阅大量史料尤其是有关方志、奏稿之后，认为这场斗祸起于咸丰四年（1854），止于同治六年（1867），延续十三年；斗祸起于鹤山、恩平、开平、高要，蔓延于高明、新兴、新宁、阳春、阳江，浸及于新会、四会、罗定、东安（今云浮）、西宁（今郁南）、电白、信宜、茂名等州县。这些州县在当时行政管辖上属肇庆府、广州府、高州府、罗定州。

至于斗祸余波，影响及于广东全省（包括香港、澳门和今海南省）和广西东部地区；就客家本身而言，影响更波及海外。

一、血雨腥风十三年

现在很多客家研究论著在谈到斗祸的时间和空间时，基本都沿袭罗香林的说法，而罗香林的说法又一本光绪《新宁县志》和民国《赤溪县志》——同治六年为止息斗祸，自新宁析出赤溪厅（民国元年改县），因新宁斗祸发生于咸丰六年（1856），止于同治六年，连头带尾12年，实则为11年。其错误在于，仅仅以新宁县斗祸的发生时间为依据，忽略了咸丰四年开始的鹤山、开平、恩平、高明等县斗祸的情况。

先看目前的流行说法。张卫东在《客家文化》中说：1856年，广东西部客家人同广府系人发生规模空前、惨烈无比的大斗案，"双方迭相攻击，寻衅杀掠，波及粤西鹤山、开平、恩平、高明、高要、阳春、新会、新宁等十数县，持续十二年"①。

谢重光说："土客械斗从咸丰六年（1856）始，至同治六年（1867）止，持续十二年。"②

巫秋玉等在《客家史话》中说："由1856年开始的土客械斗，从鹤山开始蔓延到开平、恩平、高明、阳春、新会和新宁，历时12年。"③

丘桓兴说：这次土客械斗是"由于居住在广东台山（即清代的新宁县）、开平、四会等地的客家人，人口激增，与当地居民的矛盾日益加剧，终于在1856年爆发了持续12年之久的大械斗"④。

这些说法，一般都出自罗香林的一段话："（斗祸）初起于鹤山，继及于开平、恩平、高明、高要、阳春、新会，终至于新宁，而相斗亦以新宁为最烈，其斗案始于咸丰六年（西元一八五六年），终于同治六年（西元一八六七年），相持亘十二年。"⑤而罗香林的说法又源自光绪《新宁县志》和民国《赤溪县志》。

也有学者认为斗祸延续时间为14年的，如郎擎霄称："（土客双方）仇杀十四年，屠戮百余万，焚毁数千村，蔓延六七邑。"⑥他的观点主要是根据民国《赤溪县志》的另一段记载。实际有两点是不准确的，一是14年是连头带尾，实为13年；二是"蔓延六七邑"偏少（下详）。

斗祸之始，是否应该从咸丰四年（1854）"客勇讨贼"引发土客斗祸开始呢？我们完全可以依据当时办理斗祸的清廷档案及主管官员的奏折来确定。同治元年（1862）七月二十八日上谕称："劳崇光奏查明恩平等县土客互斗原委并密陈办理为难情形各折片：广东恩平等县土著与

---

① 张卫东：《客家文化》，北京：新华出版社，1991年，第7页。
② 谢重光：《客家源流新探》，福州：福建教育出版社，1995年，第191页。
③ 巫秋玉等：《客家史话》，北京：中国华侨出版社，1997年，第26页。
④ 丘桓兴：《客家人与客家文化》，北京：商务印书馆，1998年，第11页。
⑤ 罗香林：《客家研究导论》，上海：上海文艺出版社1992年影印，第3页。
⑥ 郎擎霄：《清代粤东械斗史实》，《岭南学报》第4卷第2期，1935年，第122页。

客民互斗，地延八县，事阅九年。"①自同治元年往前推"九年"，即咸丰四年（1854）。

同治二年（1863）十一月，郭嵩焘奏称："咸丰四年红匪之乱，被扰二十余州县，绅民多被裹胁。客民应募充勇，因假公义以快其报复之私，所在惨杀，往往占据其田山产业，因以为利。嗣是土、客互相残害。"②

同治五年（1866）十二月，广东巡抚蒋益澧会同总督瑞麟奏设阳江直隶州，略云："肇属阳江、阳春、恩平、开平距郡甚远，地势险要，而阳江滨临大海，匪艇出没，为害尤甚，如土客械斗一案，起于恩平，蔓延八九县，贻害十余年，皆由道府驻扎太远，未能及时消弭。"③如果说恩平首祸，那么和鹤山、开平、高明一样，应该是咸丰四年。

所以，我们最终可以把斗祸起始时间定于咸丰四年，至同治六年（1867）结束时，前后共计13年。

二、烽火狼烟十七县

关于斗祸的蔓延区域，在时人、后人的有关记述中，多有"蔓延六七邑"、"蔓延八九县"之类的说法，其根据都是从斗祸初起时客家有"六县同心"的旗子推断开来。或者时人在不同阶段有不同的记载，后人引用，取其一而不及其余，故说法笼统而偏少。郭嵩焘认为有十余县："肇庆土客之变，抄掠至十余县，杀气满野，办理诸形棘手。"④如前所述，斗祸起于鹤山、恩平、开平、高要，蔓延于高明、新兴、新宁、阳春、阳江，浸及于新会、四会、罗定、东安（今云浮）、西宁（今郁

---

① 《上谕档》，同治元年七月二十八日上谕。
② （清）郭嵩焘：《肇庆各属土客一案派员驰往办理情形疏（会总督衔）》，《郭嵩焘奏稿》，长沙：岳麓书社，1983年，第25页。
③ 民国《阳江县志》卷1，《地理志一·沿革》。
④ 《郭嵩焘日记》第2卷，长沙：湖南人民出版社，1981年，第116页。

南)、电白、信宜、茂名等州县。共计十七州县。这些州县在当时行政管辖上属肇庆府、广州府、高州府、罗定州。

另外有一些县还不包括在内，如新安、东莞，都曾派出土勇、客勇参与械斗〔如咸丰十年（1860）冬，新安县客绅李道昌、何永扬等率壮丁1000余人到新宁曹冲援助客民〕，新宁等县客民还从惠潮嘉等地招募客勇。

在斗祸蔓延地区，肇庆府属的鹤山、恩平、开平、高要、高明、新兴、阳春、阳江，以及广州府属的新宁县，共九县，乃是斗祸的主要区域（所谓"六县同心"之六县，指的是鹤山、高明、恩平、开平、阳春、新兴六县），这是斗祸发生的核心区域，后文将详细讲述。这里，我们把新会、罗定等州县的情况先简单讲一下。

电白

同治二年（1863）六月，阳江等地客民进攻电白马踏山兜，"练勇逐之"①。电白县客民较多，斗祸后也是官府安插客民的主要地区之一。

信宜、东安

东安县在民国四年（1915）易名为云浮县。东安原属新兴县，明成化十四年（1478）自新兴析置恩平县，万历二十四年（1596）析置东安县，崇祯十一年（1638）析置开平县。②道光《新兴县志》则说东安县是在万历四年（1576）由新兴县属之芙蓉都及其他县割地析置而成的，在民国四年改为云浮县。③

同治三年（1864）二月，官军进剿阳春戴梓贵为首的大股客民，客民不敌，由黄潼河一路退往东安县属之凤洞、长沙及信宜县属之分水、

---

① 光绪《高州府志》卷51，《纪述四，事纪四》。
② 乾隆《新兴县志》卷5，《沿革》。
③ 道光《新兴县志》卷4，《外纪》，民国二十四年重刊本。

· 第四章 斗祸的时间跨度与空间分布 ·

钱排等处。首领之一的曾白面猪潜匿阳春县属之上村，署罗定协副将卓兴访闻得知，亲督大队前往围捕，将曾白面猪擒获，"一面解省审办，一面分兵追捕余匪"。但戴梓贵大股并未剿灭，"现据禀报，该匪因不得西窜，又折回东安之富霖洞、新宁之天党圩，为苟延残喘之计。当檄饬卓兴一军驻扎阳春，以防回窜"①。清廷闻报，颁上谕称："卓兴之军追剿阳江等属分窜客匪，叠有歼馘，并将匪首曾白面猪擒获，而余匪尚复分窜信宜、东安所属各地。信宜久为贼扰之区，甫经葳事，断不可令贼再行煽乱。"②

罗定、西宁

同治二年（1863），郭嵩焘在谈到罗定等地形势时说：

> 高州沿海以东，客匪屯聚，自新宁之曹冲、大湖山，阳春之金堡、企硼、黄薑，高明之五坑，尽属匪巢。迤西北一带以至罗定之排埠、嘉益，西宁之思化等处，皆为股匪占踞。又与广西之岑溪、容县，在在毗连。……水陆险隘，均无重兵。幸赖信宜款服，贼势自相携贰。当亟乘此时进剿广西积匪范亚音、李木火诸股，以期边防稍就肃清，而肇属客匪负隅之势，亦不能不威以兵力，应俟信宜抚局大势稍定，权衡缓急，分别办理。大约卓兴、方耀两军尚足以资攻剿，当以一军由信宜进剿广西之容县，以一军驰赴阳春、新宁剿办客匪。③

---

① （清）郭嵩焘：《官军追剿客匪迭获全胜生擒贼首匪窜散现饬委员察看情形分别办理疏（会总督衔）》，《郭嵩焘奏稿》，长沙：岳麓书社，1983年，第68—70页。
② 《清穆宗实录》卷98。按：信宜等地久为洪兵陈金刚部盘踞，至同治二年（1863），部将郑金杀陈投降，才大致肃清。
③ （清）郭嵩焘：《信宜抚局稍定筹办进剿积匪片》，《郭嵩焘奏稿》，长沙：岳麓书社，1983年，第9页。

由于罗定、信宜、西宁一带当时是洪兵活动之地，官府害怕客民与之联合，故刻意防范。同治三年（1864）四月，罗定州"土寇"戴永英伏诛，籍其家。永英曾与据守信宜的陈金刚联合，同治二年九月，郑金杀陈金刚，向清军投降，永英失势，潜回罗定，"复勾引客匪扰害合水、太平各处"。为时半年多。① 永英之败，与当地乡团的堵御有关，如三年二月，戴永英引客民进掠太平等乡时，练正潘灿率领练丁追剿，"毙贼无算"。②

新会

新会境内土客之间并未发生残杀，倒是开平、恩平等处客民时常意图"犯境"。咸丰六年（1856）三月，新宁斗祸爆发，焚掠那扶等处。先是，恩平、开平等县土民与客民杂居不和，屡相仇杀，官吏不敢过问。至是，新宁县属之曹冲、大龙湾、万顷洋等处客民并起，攻陷海晏、文村等乡。数年以来，新会以西各县几无完土，"其间乡局黠者多停罢守御，暗希媒祸于新会"。同治三年六月，客民在开平、鹤山起事，逼近水口墟。水口距新会石步、田边、天等各乡仅隔一小港。知县沈宝珩与本邑绅士谋以大泽、河村二路防堵。③

关于此事，同治《新会县志续》有较详细的记载：

> 甲子六月，客匪寇开平，径犯邑石步乡，知县许宝珩率同冈州公局绅董何琯等悉力防剿，却之。数年来，客匪滋扰，肇属受祸最惨，乡局黠者停罢守御，希媒祸于会，俟会聚客斗而彼自休兵。琯等坚不为动。至是开平之宅梧股客勾引新兴股客攻陷尖石，恩、开交界百里，寂无炮声，贼遂以其月初四日由开属古儒乡走八十里，劫罗村、石头、龙湾等处，初六、七日复掠鹤山属麦村、郭村、沚

---

① 民国《罗定志》卷9，《纪事》。
② 民国《罗定志》卷7，《人物志》。
③ 光绪《新会乡土志》卷3，《兵事》，光绪末粤东编译公司铅印本。

山一带民居,烽照水口。水口离邑属石步、天等、田边各乡仅隔一小港。贼初猖獗,珨等即请于宝珩,策贼来踪,当无过大泽、河村西南两路。大泽、河村为邑西南屏蔽,石步、天等、田边各乡又为河村屏蔽。留营效力武举何兆升、李其盛、开平把总汤廷振等素著勇敢,……分屯要隘。……其河村一路数十乡,丁壮不下万人,该乡举人关之翰久办乡事,足资捍卫。所短者,枪罐钝绌,丸药稀乏。城局克期赴急,当必无虑。部署甫定,逮初八日,贼果由水口直犯邑界,猛攻石步。本营参将,徘徊房闼,托故不果行。宝珩遂与珨等约,严备城守。行间,军火无暑刻缺缓,而身自亲临布置。之翰等分拨已定,协同本汛外委李海安,督乡团悉力堵御,昼夜不懈,贼致死尺土不得入,其夜五鼓空壁遁。鹤山客济贼粮而侦会西鄙动静者,审大泽、邑城皆有备,诚勿动。①

新安、东莞

前一章说过,东莞勇打仗勇敢,颇为有名,故斗祸开始后,土、客双方都希望从东莞一带募勇助战。咸丰十一年(1861)七月,开平土属"伟烈堂"再募东莞、新安勇数百人,"以舟师击曹冲,败绩,死百余人"②。

同治六年(1867),委员吴福田(客绅)在《查办新宁土客息斗联和善后事宜通禀》中云:"客民等既有客中之主,复有客中之客,当未联和以前,除由恩(恩平)、开(开平)、鹤(鹤山)、春(阳春)、江(阳江)等处逃来外,尚有新安、东莞等处邀来助势者,现有三万余众。"地方政府除将外来者驱除、迁徙外,最后"新定"人口为22590人。③新宁一县客民从新安、东莞招募助战的客勇虽无确数,但亦不在少数。至于客民到惠潮嘉等处邀请同乡前来参斗之事也所在多有。

---

① 同治《新会县志续》卷10,《事略》。
② 光绪《新宁县志》卷14,《事纪略下》。
③ 民国《赤溪县志》卷4,《经政·户口》。

第五章 斗祸中的主战场（一）

接下来的数章是谈广东斗祸中的主战场，除新宁一县属广州府外，其余均属肇庆府，为了让大家有个空间概念，这里不妨先引用道光《肇庆府志》对肇庆各属地理情形的描绘：

> 肇郡地据上游，右控苍梧，会三江之口，制五州之要。首治高要，牂牁为带，羚羊作峡。新兴万山环峙；阳江濒海设防，屹为重地；阳春一江中贯，群溪交流，山谷深奥，向为逋逃薮，今坦易而通衢矣；恩平则龙鼍鼓角，实冠南服；开平虽蕞尔一邑，云宿之山，独鹤之水，胜概称雄；……广宁县两粤之关隘，三面阻山；……全郡形胜惟阳江面巨溟，余或枕江，或倚岭，星罗棋布，望之交错。①

今日，肇庆已经成为风景名区、经济重镇，谁会想到一个半世纪以前这里曾经是一片血腥战场呢？

一、鹤山

鹤山在明末清初为开平、新会和新兴三县地，雍正十年（1732）（一说在雍正九年［1731］），由开平析出双桥、古博、丰都，加上新会、新兴两县的部分土地，置鹤山县。②因县城附近有山如鹤而得名。隶肇庆府。建县之初，由于地理环境差，人烟稀少，稍后移民前来开垦者，

---

① 道光《肇庆府志》卷3，《舆地四·形胜》。
② 民国《开平县志》卷1，《沿革表》。

多有惠潮嘉客民。因而，"民杂五方，则风气各殊；地连数邑，则讥察匪易，加以金钟、黑坑近在县城肘腋，而为新、开、恩、宁咽喉。前事之警不忘，斯未雨之筹宜预已"①。末后一句，竟成斗祸肇兴之谶。

"空山蒙翳"

康熙、雍正、乾隆三朝，惠潮嘉客民有两次迁入鹤山地界的高潮，第一次出现在康熙三十五年（1696）至四十七年（1708），即"十七村"的建立；第二次即所谓"五子下鹤山"时期。

据罗绍纶《十七村纪略》记载：鹤城未建之先，"空山蒙翳，界新、开两邑之间，为瑶蛮土寇藏集之所"，从明成化以来二百余年，"民人未有托居者"。康熙十八年（1679），才在大官田设立营汛，驻营防守，至此，才渐有民人前来耕凿。康熙三十五年，有新会营随征千总赖易胜，潮州大埔县人，见此处人烟廖落，田地荒芜，招得惠潮人民黄、罗、邱、蔡等姓挈眷前来，始建坪山村，"垦荒耕种，虽有粒食，而逼处寇盗，迄无宁日"。稍后，有赖、谢、钟等姓于康熙三十七年（1698）开五凸型村，罗、韩、刘等姓于三十九年（1700）开龙眼村，邱、马、蔡、赖等姓于四十年（1701）开横坑村，廖、萧、黄、罗等姓于四十二年（1703）开南洞村，陈、刘、郑等姓于四十三年（1704）开龙团；又龚、钟、黎等姓于四十五年（1706）开小官田村，胡、邹、李等姓于四十六年（1707）开北芬村，应、曾等姓于四十七年开殷洞等村，这就是所谓十七村的由来，"均在县未析建之先者也"②。

此外，至今鹤山乡中父老仍然流传着"五子下鹤山"的说法，所谓"五子"，就是雍正年间至乾隆初年迁入的五位著名客籍人，即吕子良、谢子庚、黄子成、钟子骞、胡子宁等五人。其中吕子良居小官田，今之方塘、鲤鱼岩、松山下、分水凹、鹿子坑、甘村田、会龙里等吕姓，皆

---

① 道光《肇庆府志》卷3，《舆地》。
② （清）罗绍纶：《十七村纪略》，载道光《鹤山县志》卷11，《杂记》。

为其后裔。月山下、紫莲坪、飞鹅迳、高咀、禾谷坪、横水、竹叶水、芥仔地、蕉坑、彩虹岭等地谢姓则奉谢子庚为始迁祖。① 当时实际迁入者有数十姓，并不止五人，唯此五人为其中著名者也。

客民初入，社会环境险恶。当时贼首有山官七、余亚妹、梁经玉、刘保等，又有李长须、冯亚荣、张洪勋接踵而至，或集昆仑山下，或集横地石山，虽山中不过数百人，而勾引附近匪类，致成大队，出至大官田，与新、开二县道路相去适均，地复平衍宽广，可以容众。同时，土匪可以觊觎周边各县，新会、开平、新兴、恩平、新宁、三水、南海、顺德、高要、高明十县之子女玉帛，"在其掌握中矣"。附近村庄屡遭匪患，痛切剥肤，自不待言。官府兴师征伐，"首恶既诛，而残党犹未尽除"。惠潮来民，垦荒之余，日与对垒，夜宿山林，其间猛兽咆哮，又不免为虎狼所伤，数十年间艰苦万状，险阻备尝。

迨至雍正元年（1723），又有贼首张观珠、张亚长等鸠集残党，巢居石狗湾，屡肆猖狂，官军出兵围剿，稍稍安靖。

鹤山建县伊始，丁口稀少，满目荒凉，广东总督鄂弥达遂委粮驿道陶正中查勘荒地，丈出荒地3.3万余亩。鄂弥达眼见鹤山荒地颇多，又考虑到"粤东山海交错，民俗刁悍，贫苦者多"，容易轻蹈法网，上《开垦荒地疏》，略云：

> 肇庆府大官田地方新设鹤山一县，及附近恩平、开平等县，现有荒地数万亩，以之开垦耕地，安插贫民，最为相宜，……臣等谕令有力商民招集惠潮等处贫民，给以庐舍口粮工本，每安插五家，编甲入籍，……今惠潮二府贫民就居鹤山耕种入籍者已有三百余户，现在陆续依栖，日益增聚，兼闻先到之人安顿得所，无不踊跃趋赴。②

---

① 《鹤城人口源流及繁衍》，载《鹤山文史》1991年，总第15期。
② （清）鄂弥达：《开垦荒地疏》，载《清经世文编》（上），北京：中华书局，1992年，第847页。

第五章 斗祸中的主战场（一）

由于官府"悬示招垦，闻风来者益众"，如双桥各村，多由客民率其妻子前来垦辟。①

鹤山建县时的荒芜与客民开辟之艰辛，在首任知县黄大鹏《莲塘山楼问心文》中有更生动的描写：

> 雍正十年，余自平远调任鹤山新邑，甫抵省，复委署南海事，以闵令病也。未两月，闵令起视事，遂辞趋鹤山。四围青嶂，两泻哀湍，荒埔野田之间，土屋三间，吏人引余入，凡六阅月，坐于斯，卧于斯，听于斯，日则迎门当风，晚则凿墙窥月。一夕闻人大哗，走至询之，知山麓陶君为虎逐也。午夜飓风作发，自昆仑直逼土屋，墙败压足，遂病十月。大兴土木，筑城疏河，……明年初，官署初成，……三省来氓，虽已受廛分，归新阡陌，混于欺隐，虽听民自首，而分界播迁之民，岂尽至公，疆邑肇于方新，虽章程悉定，而奉行不善之处，岂尽能辞。②

由于有这样的自然与社会环境，鹤山县一百余年的发展，客民在其中起了相当大的作用，而土客之间的矛盾更为突出——与他县稍有不同的是，因鹤山新辟时多成片荒地，故客民居住相对集中，后来斗祸中客村与土村的对垒也更为激烈。

雍正十年（1732）鹤山建县时，"实编八千八百七十一丁口"，至乾隆六年（1741），全县丁口增至1.3万余人。其后社会安定，人口增加迅速，虽历经"斗祸"及清末民初的社会动荡，至1935年全县人口普查时，人口已达233833人。③再拿"五子下鹤山"之一的吕子良来说，至20世纪80年代，其裔孙已繁衍为十一个自然村，人口约1870人，另在

---

① （清）罗绍纶：《十七村纪略》，载道光《鹤山县志》卷11，《杂记》。
② 道光《鹤山县志》卷11，《杂记》。
③ 《鹤城人口源流及繁衍》，载《鹤山文史》总第15期，1991年。

美国、巴拿马及东南亚各国侨居者有一千多人。① 可见客民繁衍的迅速。另据道光十八年（1838）《梧冈书院序》碑文称："迨百余年来，涵濡政教，人物富庶，蔚然改观。弦歌之声，村墟相应矣。"② 斗祸发生时，无鹤山人口数字的记载，主观估计接近 20 万。因为洪兵起义与斗祸事件的影响，人口损失巨大，其后出洋者渐多，至抗战前才重新达到 20 多万的数字。

马斌之死

据民国《赤溪县志》记载，鹤山洪兵之兴与斗祸肇端的大致情形如下。

咸丰四年（1854），红巾军兴，恩平洪兵围扑县城，知县郭象晋专募客勇防守，当时高明、开平、鹤山等县及肇庆府城都受到洪兵围攻，官府悉募客勇守卫。其中开平土匪谭亚受、余兆表等纠集沙河、江门等处洪兵入踞长沙，由荻海登岸，图扑新宁县城，知县杨德懿调各堡乡团分防要隘，复谕客绅杨锦澜等招募客勇到城固守。未几，洪兵大鲤鱼、何裯仔等部攻陷鹤山县城，知县马斌被戕，阖署眷役俱及于难。寻该县客绅举人马从龙、张宝铭等奉总督叶名琛谕，饬统带客勇，协助官军收复城池，连破沙河、江门、长沙等贼营，擒获土贼大鲤鱼、何裯仔等斩之，省宪闻报，嘉许客民勇敢，奏奖有差。复令新任鹤山知县沈造舟督同存城千总李其盛统率客勇，搜剿洪兵余众，"时为贼目及附贼者多土属人，闻剿惧之，乃煽布谰言，谓客民挟官铲土，土众惑之，因是仇客分声（各分方音也），乘势助匪杀掠客民，客民起而报复，遂相寻衅，焚掳屠杀，而成械斗矣"③。

鹤山知县马斌之死与客勇"挟官铲土"，拉开了鹤山斗祸的序幕。

---

① 吕觉良口述，陈国鉴整理：《吕子良公及其裔孙开居繁衍概述》，载《鹤山文史》总第 15 期，1991 年。
② （清）陈庆保：《梧冈书院序》，载《鹤山文史》第 20 期（宅梧镇专辑），1995 年。
③ 民国《赤溪县志》卷 8，《赤溪开县事纪》。按：文中称知县为马彬，其他文献为马斌。

第五章 斗祸中的主战场（一）

咸丰四年夏，当红巾军横扫广东东江、西江、北江流域时，各州县纷纷开公局，办团练。鹤山土民与客民也开始分别设立公局，麦村等土民村圩设局于梧冈（属土村），客民设局于云阳。当时土客虽然不和，但对抗的界线尚未显露，故两局目标都在于对付"洪匪"，旬日间即"捆送洪匪百余正法"①。

鹤山洪兵真正形成势力的是冯坤（一作冯坤仔、冯滚仔，疑即前文何稛仔），他先从佛山陈开大营领旗回县，自立大营于沙坪和平社学，复"令双桥都三合会友起义，设营于宅梧梧冈书院，五大乡各立小营"②，其党伙包括选田吴三兴等。先是，吴三兴与堂马老鸦林、靖村余死牛肺、地豆引、荷村天上人及高要白土仔等，"团聚宅梧为巢穴"，往新会石步、恩平那扶地面行劫，因为分赃不均，吴三兴等与白土仔械斗，杀毙白土仔一方十余人，余众四散逃亡，"恶氛渐熄"。此时，忽然有在龙山教读的靖村人余章标，"见顺德附近数县洪匪竖旗，虽翰林进士举贡附廪亦入其伙中，钱银堆积，供给异常，遂怀逆志，垂涎旋里，诱本都土匪，拟吴三兴为大元帅，梁熙烈、李嘉瑞为左右元帅，余章标自为参谋，竖旗谋逆，以宅梧为总营，其余五乡、沙芬、云独、金钩各立子营"，奉冯坤号令。当时因为土客壁垒未立，"不论土客，有甘心从逆而拜会者，有畏迫避祸而强从者"。鹤山红巾军很快发展到数千人，遂整顿队伍，修饰旗帜，沿乡游历，以示军威。③

咸丰四年七月十三日，冯坤率 5000 余人围攻鹤山县城，知县马斌因众寡不敌，城陷，"被匪闯夺，出城不知下落"④。有记载说，冯坤所部红巾军攻入鹤山县城，马斌被执，"不屈，死之"。另有记载称："初，鹤

---

① （清）麦秉钧撰：《鹤山麦村麦氏族谱》。
② 宋森纂：《鹤山县志未成稿十八篇》，稿本，广东省立中山图书馆藏，第 28 页。
③ （清）麦秉钧撰：《鹤山麦村麦氏族谱》。一说余章标自为副元帅，见宋森纂：《鹤山县志未成稿十八篇》，稿本，广东省立中山图书馆藏，第 28 页。
④ （清）陈坤：《粤东剿匪纪略》，《红巾军起义资料辑》（二），广东省中山图书馆油印本，1959 年，第 372 页。

山客家与（冯）坤仔等相结，诱鹤山马尹出城杀之。"① 还有一说：七月十三日，附都"客匪"勾引古都土匪（即洪兵）将马斌困于鹤山古都乡，"围而捉之"，八月二十六日被杀，临死时赋诗云：

> 自标劲节懔秋风，秋草孤坟骨亦香，
> 独有生平无限感，长悬日月照昆冈。②

实际上，马斌是在城里被捉，被杀于坡山海口。据《马明府死难事略》云：

> 明府山阴人，名斌，字莲峰，庚戌科进士，以知县用，补授鹤山县，鹤山兵额仅百余，城倾圮不可守。先是沙坪贼纷起，明府亟谋乡团，诸绅士不应，沙坪贼势日益张，明府不获，已自募人数十为亲兵，帅以巡城。至十一日，营兵亦尽散，禁弗能止，明府知不免，巡城时口占一律云："时势今如此，登楼益自伤，声频惊鹤唳，誓欲息鸱张，天地昏无色，旌旗惨不扬，惟余丹赤在，留待报君王。"迫十三日贼将至，回顾亲兵，则已尽裹红巾矣，于是诏其弟曰："时事至此，尚何言，吾闻城存与存，城亡与亡，有官守者之义也，不可逃，顾两大人尚在，犹留慈憾耳，汝其好为之。"因赠以诗云："尚有双亲在，何堪永别期；劬劳诚未报，慷慨亦徒为。恐负鲤庭训，应伤鹤邑危；高堂烦侍奉，忠孝两心知。"亟挥之去曰："吾职守，分内事，归请两大人，毋以我为念。"遂被执，急以瓷器自戕，不死，自握其阴又不死。贼以好言慰之，并日以酒食进，明府食已，辄瞑目大骂，贼终不加害。闰七月中旬，贼闻新会援兵将至，且鹤邑乡团已集，恐明府从中发

---

① （清）赵沅英：《新会围城记・客兵恣害》。
② （清）麦秉钧撰：《鹤山麦村麦氏族谱》。

第五章　斗祸中的主战场（一）

难，遂遇难于坡山海口。①

马斌之被捉被杀，使鹤山官府陷于瘫痪，土客形势迅速恶化。

咸丰四年（1854）七月，冯坤仔等借陷城、捉杀知县之威风，向各乡派捐派粮，甚至掳掠打单。据《鹤山麦村麦氏族谱》记载：麦村土匪勾引古都洪兵千余到来，向各土村与客村打单。麦村被勒索打单银一万两，经麦氏族长讨价还价，减至五千，复减至二千，附加条件是麦村必须树立红旗。麦村不肯，洪兵复托亲戚朋友来劝，仍然不听，洪兵乃"议用哄吓法，屡次标贴示期攻打，又或登坛点名，来至长冈头，而卒不果至"。麦氏宗族抱定"宁为玉碎，不为瓦全"的念头，百折不回，不肯树旗。

由于洪兵、土匪势力日益嚣张，"四处着人往客家打单"，客家开始组织抵抗。麦氏宗族害怕招惹祸端，"严禁子弟，不许跟随客人打仗，只独立门户，洪、客俱不入党"②。不久，冯坤仔派人扰及鹤山迳口、云乡，向客民勒缴饷糈不遂，客民围而攻之，杀毙多人。冯坤仔十分震怒，向邻县开平同党发函，请求协助报复。二十四日，开平水口洪兵应召前来，扎营迳口外，"客人阴为之备，协谋伏隘，乘夜围而歼之，尸浮满海"③。

随后，事态进一步恶化。七月二十五日，土匪会同古都洪兵先向华村高官仙家打单，官仙力却不肯，结果，财物被掠，房屋被焚，邻近的补磊、肇村同时遭到焚杀劫掠。客民见土匪、洪兵如此"强梁悍暴"，于是团聚于长冈头李阿南家商议对策，并向恩平、开平、新兴、新宁、

---

① （清）陈殿兰辑：《冈城枕戈记》卷1。按：马斌之死，实在亦系咎由自取。先是，有地方绅士执送"洪匪"大牛礼到案，马派人牵出东门外，"钉其手足于城墙之下，凡四日不死，邻居者悯其痛苦，以鸦片烟膏灌之，始气绝"。会党怀报复之心，决定攻城、捉马。见宋森纂：《鹤山县志未成稿十八篇》，稿本，广东省立中山图书馆藏，第28页。
② （清）麦秉钧撰：《鹤山麦村麦氏族谱》。
③ 民国《开平县志》卷21，《前事》。

高明、高要六县客家发出传单，称说"土匪拜会联盟，欲尽灭各属客籍，若不指臂相联，必有唇亡齿寒之祸"。各县客民接闻消息，立即行动起来，连夜"裹粮制梃"，纷纷赶赴长冈头寨，组织堵御。二十七日，杀毙双都洪兵四五百名，"吴三兴、余章标与焉"。客民又乘此胜机与五乡土民绅士在镇江庙讲和，"已有成议"。①

事情到此，或可告一段落。不料，荷村有"贼党数人"，亲到沙坪洪兵总营请求援助，又联络他乡土匪前来报复。闰七月初六日，古都土匪数千到荷村驻扎，"与客家交战，又败，死伤多人，即时大纵焚劫"。土匪不甘心失败，因为麦村与客家为友，"本都土匪邀同越塘冯滚仔往九江大寨，恳求红兵发兵帮助"，意在剿灭客民，踏平麦村，"书立战章，分十一路人马入寇"。这十一路人马共有十余万，包括高明、新兴、恩平、开平、高要、鹤山各处洪兵、土匪，"俱同一气会剿"。②

事有凑巧，警戒颇严的麦村族人从一名"贼匪"身上搜出"书信战章柄据"。得知沙坪一路洪兵数千，由开平县城开来，大船数十只，载军器米粮牛烛等物到古儒圩，与聚集在彼处的土匪会合。他们把这一消息告诉了客民。③

鹤山客民得知后非常紧张。据麦秉钧说，当时"客家畏五乡（土民与土匪）如虎，倚我乡（麦村）为长城。闻开（平）贼势太甚，多有惧色，到乡问计。我乡示以随到随打之法：着客人先期于险要处埋伏，又分兵为犄角之势，屯驻等候，当贼初到、插脚未定之时，人心扰动，即擂鼓进剿，贼（必）匆遽无措"④。客民接受麦村人的建议，果然获胜，焚烧、杀死洪兵与土匪2000余人。其余十路闻风遂止。另有记载说：

① （清）麦秉钧撰：《鹤山麦村麦氏族谱》。
② （清）麦秉钧撰：《鹤山麦村麦氏族谱》。按：该《族谱》所说的"土匪"可理解为附和洪兵的土民武装。
③ 按：麦村系土村，先前与客民友善。当客民最终把矛头从"剿贼"转向全体土民时，麦村也只好以武力相对了。
④ （清）麦秉钧撰：《鹤山麦村麦氏族谱》。

"冯坤贼入鹤山，马武举率客家千余人，佯界牲酒钱银奉贼，伏兵戈刺之，贼走。"① 闰七月十八日，鹤山各路练勇1.4万余人到齐进攻，洪兵奔窜，遂收复鹤山县城。② 练勇主力主要由客民构成。现存《鹤城昭忠祠碑记》载其事云："县城已为客练所收复，土匪俱散。"③

至此，客家"势愈雄，胆愈壮"，打出"六县同心，天下无敌"的旗号，开始向各村派粮，土民居住的五乡被派谷数百担，"大抵随各村力量之厚薄以为差等，然后得寝息无事"。也正是在这个时候，原本因为鹤山县城陷落而逃到麦村藏匿的双都巡检司罗瀛开始出面与客民相见往来。闰七月十九日，罗瀛借助客民的力量克复鹤山县城。知县沈梁为客民"详请奖励，给赏军功顶戴"④。另据咸丰五年（1855）正月上谕引称：

  叶名琛、柏贵奏：署典史冯家学与巡检罗瀛等会合各堡绅士，督率壮勇，分路进攻，毙贼七百余名，杀毙伪元帅宋亚宗等二名，余匪逃入墟内，复被我军四面合剿，乘夜围烧，该匪四散奔逃。统计烧毙、击毙贼匪四千余名，击毙伪副元帅温亚得一名。维时附城各堡义勇先后到齐，合围攻击。城内绅士亦同时夹攻，杀毙贼匪二千余名，即将县城收复。⑤

"六县同心，天下无敌"

有记载说：

---

① （清）赵沅英：《新会围城记·诸乡击贼》。
② （清）陈坤：《粤东剿匪纪略》，《红巾军起义资料辑》（二），广东省中山图书馆油印本，1959年，第375页。
③ 转引自徐晓星：《云乡史事钩沉》，载《鹤山文史》第23期（云乡专辑）。
④ （清）麦秉钧撰：《鹤山麦村麦氏族谱》。以上事迹，麦秉钧在《族谱》中记载为咸丰五年（1855），然其中多有闰七月之事，查咸丰四年（1854）有闰七月，咸丰五年则无。考虑到作者对闰七月前后之事记载较为详细，故我认为上述事情发生在咸丰四年。该族谱虽撰于同治二年（1863），距事发时不远，作者记忆仍有失误。
⑤ 《清文宗实录》卷156。

客家乃以诛红巾为名，同官兵讨贼，后知官兵伎俩不高，兼贪居民田宅之利，乃树"反清灭红"之旗，曰："六县同心，天下无敌"云云，抗拒官军，残破乡间，烧杀老幼，所过赤地，……鹤山新尹来者，佯为效忠迎接，亦受其掣肘，大官以红贼祸剧，未暇治也。①

这里有两点需要澄清：一是"反清灭红"系孤证②，从整个斗祸初期客民的态度来说，"灭红"是实，"反清"、"抗拒官军"则未必，因为反清正是洪兵所要做的；二是"六县同心，天下无敌"、"烧杀老幼"指的是向土民大肆报复之事。

咸丰四年（1854）十一月二十一日，高明县壮勇2万余人屯扎泽河，与客民相敌，刚一交锋，便败下阵来，"畏怯奔窜，追逐被杀者三千余人，另绅士十余名"③。次日，由于五乡土民"实有人在泽河帮仗"，客民将原本针对高明壮勇的矛头转到普通土民身上，开始对土民大肆焚杀劫掠，凡泽河、榕树、板村及土籍小村，"俱为（客）贼蹂躏"。二十四日，客民开到双桥上下三村，"烧房舍百余，杀人六七十，财物一空"。二十五日，客民又将剿洗堂马、靖村等乡，"幸值司官（罗瀛）自县回衙"，力行禁止，四乡赖以保存。原本与客民友善、将客民称为"客家""客人"的麦村，此时开始以"客贼"相称。④

尽管客民开始把矛头对准了土民，但由于前者是官府镇压洪兵的得

---

① （清）赵沅英：《新会围城记·客兵恣害》。
② 我在校对本书清样时见一份《马从龙致九龙客民书》（部分）："……兵强马壮，虎奋龙腾，长驱大进，直取羊城，……羊城州县，唾手而得，将见王业可成，霸业可定，千载一时之会，焉可舍而不图，伏望你等兄弟，如践前盟，同遵旧约，戮力同心，复振鸿图，歼除土著，归为统一，庶嘉应成式，指日可见，斯不失祖宗复仇之志，亦以千万世无疆之业，尚祈决策，切勿延迟。"（见《恩平文史》第21期，第3页。）书中尽管有"王业可成，霸业可图"之语，其目的却是"歼除土著，归为统一，庶嘉应成式，指日可见，斯不失祖宗复仇之志"。故而，其言行仍在焦头烂额的叶名琛的许可范围之内。
③ （清）麦秉钧撰：《鹤山麦村麦氏族谱》。
④ （清）麦秉钧撰：《鹤山麦村麦氏族谱》。

第五章 斗祸中的主战场（一）

力帮手，故官府仍然对其青睐有加。咸丰五年（1855）二、三月间，陈开、李文茂等火烧佛山，经西江入广西，踞浔、梧二州，"自此广东地方，颇得暂安，时督抚大宪札谕各县设立公局，选择公正绅士，委之以命令，分别贼匪首从捆送究办"。三月中旬，鹤山新任知县沈梁，"由广海到来上任，有新兴顾章林、新会冯廷彪与本邑李其盛、马从龙四武举协同到县，以备不虞，沈公闻我乡（四合）节义，感喟赞叹，欲以'狂澜砥柱'四字匾额旌表，以鼓励末俗。"① 四合乡"节义"的主体应该是客民。

鹤山方面的情况随着周边各县土客械斗加剧而恶化。咸丰五年十二月，新兴、开平、恩平、新宁等县土客大械斗，土民败绩，凡尖石、黄村、蕉园、南坑、西楼、高芦坝、书台、齐洞、白村、奄村、良田等村，不可枚举，"尽为客贼占据"。当年这些县份恰值粮食歉收，人民"饥死无算"。咸丰六年（1856）正月十七日，鹤山客民又灭罗村，"墙垣倒塌，宛如平地"，死者百余人。②

鹤山客民势力既能压住洪兵气焰，一般土民更不在话下。这种状况与客民控制了当地政权有关。如新知县沈梁上任，就是由本邑武举马从龙等护送而来，沈梁被客民所控制已不是什么秘密，"鹤山新尹来者，佯为效忠迎接，亦受其掣肘，大官以红贼祸剧，未暇治也"③。

至咸丰七年（1857），鹤山官府对日益强大的客民势力已经无法控制。当年三月初六日，牛蹄乡客民马头四纠党围攻补磊村，所谓理由是"捏以（该村有人）调戏伊女为词"，客民绅士劝阻无效，便请知县沈梁到宅梧缉获马头四，重打四百，派人押回鹤山县城。马头四的儿子蛇仔得到消息后，纠众2000多人，前往宅梧，将尚留在彼处的知县沈梁围住，声言如果不放伊父，至某时辰，定必杀官。客绅畏其凶焰，又恐连

---

① （清）麦秉钧撰：《鹤山麦村麦氏族谱》。按：此处麦氏称马从龙为本邑即鹤山人，一说为高明人，另有记载说他首先起事是在高明县；又说马系高要人。
② （清）麦秉钧撰：《鹤山麦村麦氏族谱》。
③ （清）赵沅英：《新会围城记·客兵恣害》。

累县官，只得邀同五乡绅士请求知县放人，知县迫不得已，只好同意。"自此之后，客贼愈无王法矣。"①

与此同时（初七、初八日间），客民将更合、合水两洞土籍圩场，直至高明城一带，"焚掠殆尽，妇女儿童，不能走动者，被贼捉获无数，虽树木瓦砾，亦无一株一片存者，被害之惨酷，未有若高明之甚者也。一县之中，仅存石沂围、三洲墟，土村只存十九乡而已"②。土民不甘蹂躏，开始组织抵抗。三月十六日，高明更合、合水两洞土籍在更楼圩设立公局，"置炮、筑村、派勇"，准备报复客民，克期打仗，但土民一方由于组织松散，军无斗志，甫与客民接触，便望风远扬。

三月二十七、二十八两日，客民又以"帮仗"（帮官府剿"红"）为名，焚杀靖村、堂马、荷村、沙芬、选田等乡。此时，肇庆知府与新会营参将卫佐邦统兵数千，湾泊高明三洲海口，将客民绅士李天参等数人关押，意在抑制客民的过火行动，并未决定剿办客民。旋即，有消息传来，说西江上游洪兵将要来攻，卫佐邦等随即撤兵回肇庆府城。失去约束的客民开始大肆破坏，"胆益大，心益毒，霸产踞业，视妇女为鱼肉，或抢夺，或淫污，侵掘祖坟，掳人勒赎，拦途截摸，擅杀无辜，无恶不作，无利不搜，虽睚眦之嫌，分毫之欠，无不报焉"。其中也有一些客民绅士出面劝阻，"约束子弟"，但浸成惯性，禁而不止。在这种情况下，土民稍有"身家门户"者，无不播迁他乡，以避锋芒。③

迨至咸丰八年（1858）、九年（1859）、十年（1860），客民"强横肆虐，较前弥甚，横直百里，无村不踩矣"。麦村虽曾经与客民友善，且在土民与客民的矛盾中"素以正道自矢，久为客人推重"，也未能避免扰害，"不但田租债账，或随意交带多少，或恃强吞拍，全无还也"。再拿割山草一事来说，山草本为日用之物，土客之民以往都在同一官山割草，

---

① （清）麦秉钧撰：《鹤山麦村麦氏族谱》。
② （清）麦秉钧撰：《鹤山麦村麦氏族谱》。
③ （清）麦秉钧撰：《鹤山麦村麦氏族谱》。

第五章 斗祸中的主战场（一）

此时客民势大，乃不许土民刈割，平冈、鸭仔石、矮冈、凤山、马喉、深水尾、康田等处，土民所割之草，屡为客民抢夺，割草土民往往空手而归，甚至被殴被掳，"村中为此破费，不知凡几矣。忍辱不堪！"①

土民设局

咸丰十一年（1861），巡检程学基到任，见土民凋残零落，禀请知县王某，并用红白帖禀请上司，在鹤山设立土客总局，其中科派局费，自是不少。程学基"密谕五乡多置军器，以防客匪夜劫"。正月十三日，上庄坪村客民刘姓纠党13人到选田"诈局"，"强悍无状，激变人心"，选田壮勇尽数杀毙，刘姓逃出，立即招集数千人马，围攻选田三日，不克。

选田土民尽管守住阵脚，但是害怕他日一旦被攻破，"势难干休"，便托附都客绅钟兆祥、刘渐鸿二人，请王知县约集本都四十二堡衿老，与选田绅士同集宅梧，"劝息议和，着选田补回刘家，给恤银二千六百两，各书和约存简为据"②。实际上，一纸和约根本无法消弭双方的仇恨情绪。

此后，除双桥"并不设备"外，靖村、堂马、荷村、沙芬等村土民，"暗自会众，阴置炮械"。客民一方，以客绅陈畴、赖南魁、赖金保、谢鹗翔、高登瀛为首，眼见土人置备炮火军器，围筑村庄，知道土民"有联络复仇之志"，于是力禀巡检程学基，协同勒令五乡尽数缴出军器，交官存贮，而五乡坚决不肯从命。

在这种情况下，客绅陈畴等人飞柬传集各堡客籍绅耆，在镇江庙会饮酌议，客绅到会者共计50余人，"设立毒计，欲尽灭土籍"，其计划是，联络外县客民，先削平小村，次堂马、靖村、双桥，又次荷村、选田，又次乃及四合，"任四合铜墙铁壁，亦无患其不破云云"。时六堡无人赴会，陈畴等特派楼村杨亚日携章程一纸，沿乡传达，号令一同举事。

---

① （清）麦秉钧撰：《鹤山麦村麦氏族谱》。
② （清）麦秉钧撰：《鹤山麦村麦氏族谱》。

四月中旬，客民开始行动，劫杀羊盘顶、北堂、芦花坪、流连坑等十余小村。五月十二日，围攻堂马，杀毙10余人，堂马"举族惶恐，阖乡老幼，逃入靖村以保聚焉"。客民百余，遂占据堂马。十四日，客民又攻破补磊村，杀毙土民80余人，妇女被掳者30余人。十六日，靖村联约选田、荷村，夜袭堂马客营，杀毙客民40余名，夺回补磊妇女10余名。在布塘与凤冈岭，客民包截土勇归路，不胜，土勇遂乘胜进攻，烧毁布塘、凤冈岭等村，杀死客绅赖南魁、赖金保并客民10余名。

经此大创，客民招集各县客勇，自十七日至十九日，围攻靖村。土民一方，由选田、荷村发勇救援，靖村得以不破。但靖村土民见客民势大，且己方粮草炮火短少，难以固守，最终弃营逃奔选田、荷村驻扎，所存男妇老弱不能移动者，被客民杀毙约100人，房屋悉遭焚毁。二十一日，客民又攻荷村、选田，围困十余日，未能攻破。时有土人逃难在外者，聚众数百，欲攻开平迳口，以分客民之势，各往宗亲求捐米粮，连攻三日未获奏捷，后得博健梁经通、罗村罗为章鼓舞，"十三姓排年"，设立升平局，发勇协同攻击。四合也雇募外勇数百名。于六月底攻破迳口。七月初一日，局勇入选田、荷村，此后，"路途货物，乃得相通"①。

攻破迳口乃是土民的一个转折点，"斯时义旗一举，各县响应"。旅居香港的富商谭三才在开平设立全胜局，并购买大量"鬼子快炮"相赠。开平土民又立合胜局、定胜局、联胜局、新兴、恩平等县土民莫不立局，并在肇庆设立总局，向客民倾力反击，"团勇所在，皆获战功，匪村悉平"②。

鹤山以宅梧局势力最强，该局曾连破长冈头、小水环、茶田、卜村、梧村、迳马、霖水、洗马潭、华村、塘勾等客村。四合乡麦村于八月二十五日设局，当日即派勇与全胜局合兵，破楼村，又移师与其他各路土勇合剿春山。二十六日，先克冈凹、丰乐，然后直抵牛蹄，与全胜

---

① （清）麦秉钧撰：《鹤山麦村麦氏族谱》。按：迳口被土民攻破后遭烧杀的情况不详。
② （清）麦秉钧撰：《鹤山麦村麦氏族谱》。

局、宅梧局"会勇捣平"。二十七、二十八日，分勇两路，"外勇焚白块，内勇洗平冈、鸭仔石，由是循次荡涤"。北至益隆、水背，西至尖冈、北坑，西北至云河根、竹坑，东北至曾边、叶洞，南至楼村、布象，全为土民占据，客民惟余大坪、云罗等九村。由于死伤过多，勇费耗费难继，土客双方暂时处于胶着状态。

云乡之败

同治元年（1862）以后，由于清廷派大军参与剿客，鹤山、开平、恩平、高明等县客民被迫抱成一团，四处流动作战。

但是，就鹤山本县的情况来说，遗留客民与土民在同治元年、二年两年中仍然互斗不止，后来在广东官府委派试用知县谢玉汉等人的不断调停下，才有联和之意。据同治二年（1863）八月两广总督晏端书、广东巡抚黄赞汤奏称：

> 查鹤山县前有土绅易文运、客绅张宝铭等募勇纠斗，相率构扇，抢割田禾，烧毁房屋，其势汹汹，各不相下，臣深虑其与各路客匪互相勾结，益更蔓延，非特不独广海难以收复，即攻剿信宜，亦多牵制，若不及早解释，必至酿成巨案。当经委令试用知县谢玉汉前往劝导各绅耆约束子弟，嗣后发给札谕数十道，为之开陈利害。该土客人等尚知感悟，半月以来，投戈听命。辰下广海收复，官兵声势较壮，不逞之徒，益加震慑。现据土客绅耆赴省会晤，立议联和，或可永息争端，各安生业。①

土客双方达成和议是数月以后的事情。同治二年十一月，新任署理

---

① 《同治二年八月六日广东巡抚黄赞汤奏折附片》，《广东河南同治咸丰年间奏稿》第三册，稿本，无卷、页。该稿本存南京图书馆古籍部，作者系黄赞汤，黄先任河南巡抚，再任广东巡抚，故书名的任职顺序、年号均有误，疑为图书馆编目者所加。

广东巡抚郭嵩焘等奏称:"鹤山客民与土民构衅最久。县境所属,凡分三都,一曰古劳都,一曰双桥都,一曰附城都。双桥客民素强悍,上年双桥土民约同古劳土民放逐客民殆尽,其余众逃入附城,土民攻之不克。客绅马从龙、张宝铭等节次赴省具控。"郭嵩焘等考虑到"地方未遭残毁,较易安辑",遂传集鹤山土绅古熺、冯仁等,并咨留湖南即用知县李龙章,向双方反复劝谕。同时札委道台衔候补知府某,督同候补知县冒澄等,"专办调处肇属土民事宜"。又调卓兴所部千总李胜一军由史朴调遣,"俾资弹压"。官、军、绅抵鹤山后,史朴等召集土、客两籍绅士数十人,"具结,遵候理处"。随即由史朴等体察情形,严定章程,要求双方遵守。其余各县则以次相机办理。①

但和局不久便被突然入境的大股客民打破,官兵跟踪而入,不久爆发云乡之战,客民惨败。

自咸丰四年(1854)起,至同治三年(1864),云乡各村坚持十年之久,与当地客民顽强防御有关。据记载,云乡客民从壁山佛子坳,经萝卜坑、下迳、瓦窑垄直到上迳鸡公山一线,挖出十余里长、一人深的堑壕,筑有炮台防御。而且客民多数习武,战斗力较强,又得到四十堡客民的支援,固守十年。②

同治三年二三月间,官兵与客民在新兴悦塘、虎尾尖对阵,客败,客首戴梓贵带领剩余的7万余人退入高明县五坑地方。广东巡抚郭嵩焘奏称:"五坑接连老香山等处,皆系客民,足以暂息一时,而田山屋宇,万不足相容,其蓄意在窜回开平、恩平各本籍,而该处土民防堵甚严,是以徘徊新兴、高明之交,不敢自决。"此前,鹤山古劳、附城两都土、客双方订立和议,但双桥都客民亦有附入五坑大股者。郭嵩焘担心,如果五坑大股扰及鹤山,"和局又虞决裂",遂一面要求戴梓贵投诚,一面

---

① (清)郭嵩焘:《肇庆各属土客一案派员驰往办理情形疏(会总督衔)》,《郭嵩焘奏稿》,长沙:岳麓书社,1983年,第24—25页。
② 徐晓星:《云乡史事钩沉》,载《鹤山文史》第23期(云乡专辑)。

第五章 斗祸中的主战场（一）

要求各部及土勇"趁此声威，相机布置，以杜其四处蔓延之路"。①

戴梓贵并不理会投诚建议，而是从五坑进驻鹤山云乡一带，并在此与官兵展开一场大战。同治三年九月，两广总督毛鸿宾奏称：

> 戴梓贵一股，……至七月间，分股潜出高明县属之鹤嘴、高要县属之八乡、新兴县属之森村等处抢掠，均经官军截击，退回老巢。嗣后，屡图勾结，乘间思窜。卓兴于八月二十一日攻破北鹤贼巢，迭有斩获。戴逆知官军愈逼愈近，乃分股出扑大坪、布茅，自率余匪二千余人，窜往开平、鹤山一带。鹤山之云乡客民从中应之，遂盘踞迳口、水心、云乡等处。②

九月初五日，卓兴率军进攻迳口客营，客民抵死抗拒，卓兴挥兵力战，杀客民数十人，夺获器械甚伙，"贼众披靡，向云乡一路逃逸，卓兴乘锐跟追"，但客民预先在山路险处设伏以待。初七日，卓兴前队把总莫善喜等进至山前，伏兵尽起，漫山遍谷，约有七八千人，"凶悍异常"，莫善喜等率军奋力进战，客民枪炮如雨，官兵等"几于势不能支"。正危急间，卓兴亲督后队继至，冒烟冲杀，阵斩"悍贼"数十人，客民始退，卓军乘势猛攻，"自辰至未，力战半日，毙匪不计其数，即将云乡一带大小匪巢数十处全行攻破，余匪四散逃奔"③。

这一仗打得十分惨烈，在云乡河河滩上布满死尸，无法一一掩埋，就集中在山坑中火化，其地后来被称为"烧人坑"。至于云乡各大小"匪

---

① （清）郭嵩焘：《官军进剿客匪连破匪巢余匪窜入高明县境五坑地方现筹办理情形疏（会总督衔）》，《郭嵩焘奏稿》，长沙：岳麓书社，1983年，第98—100页。
② （清）毛承霖编：《毛尚书（鸿宾）奏稿》卷14，《查明客匪戴梓贵下落片》，同治三年九月十七日。
③ （清）毛承霖编：《毛尚书（鸿宾）奏稿》卷14，《查明客匪戴梓贵下落片》，同治三年九月十七日。

巢",被清兵纵火烧成一片废墟,老弱妇孺流离失所,生活极为凄惨。①

云乡之战后,鹤山客民多向高明五坑逃逸。

鹤山斗祸剧烈,损失惨重。在开始阶段,土客双方聚集武装,摧毁对方的村庄,互相残杀,掳掠妇女,抢劫财物,放火烧物,叫作"铲村"。② 被害的一方再聚集力量进行报复,循环反复,残酷非常,造成死的死,逃的逃,田园荒废,村落化为丘墟。

二、开平

顺治六年(1649),开平建县,其地系由恩平县之长居、静德,新兴之双桥,新会之登名、古博、平康、得行等都析置而成。至雍正十年(1732),开平析出县属双桥、古博半都,加上新会、新兴两县的部分土地,置鹤山县。③

与前述鹤山情况类似,开平由于县地原来分属数县,民情容易激动,据道光《肇庆府志》说:

> 开平之地,分自三邑,礼俗既殊,民情各别,雀角之争,萑苻之警,常剧于他县。长沙一寨,以淤泥限四境,人马至此,往往可望而不可近。伏波楼船,虽有长技亦何所施,今幸削平,遗垒尚在。有保障之责者,诚不可一日忘备于此也。④

在开平东北60里,有皂幕山,连峰黛色,参天如幕,故名。又名曹幕山,言其山横列如官曹幕府之状。山阴属鹤山,山阳属开平。⑤ 从现

---

① 徐晓星:《云乡史事钩沉》,载《鹤山文史》第23期(云乡专辑)。
② 徐晓星:《昆山鹤影》,珠海:珠海出版社,2001年,第89页。
③ 民国《开平县志》卷1,《沿革表》。
④ 道光《肇庆府志》卷3,《舆地》。
⑤ 民国《开平县志》卷4,《舆地上·山川》。

第五章 斗祸中的主战场（一）

行《广东省县图集》高明、鹤山、开平地图来看，皂幕山在鹤山的西北、高明的东南，应该是山阴属高明，山阳属鹤山。估计高明、鹤山、开平一带山脉总称为皂幕山。开平县东北的高山有婆髻顶，海拔807米。①

康熙、雍正时期，开平县境东北隅九冈坪等处，官荒甚多。与鹤山情况相似，雍正年间，惠潮嘉客民，应官府招垦，开始结队前来这些荒地开垦。广东总督鄂弥达《开垦荒地疏》略云：

> 肇庆府大官田地方新设鹤山一县，及附近开平、恩平等县，现在荒地数万亩，以之开垦耕地，安插贫民，最为相宜，……查业户每耕地百亩，须佃五人，此可丈出五千余亩，尚未及四分之一，因该处地广人稀，虽有藩库垦荒银两，莫肯赴领承垦。臣等谕有力商民招集惠潮等处贫民，给以庐舍口粮工本，每安插五家，编甲入籍，即给地百亩，复念各佃远来托居，虽有可耕之业，仍恐日后予夺，凭由业户，不能相安，应为从长计议，凡业户田百亩外，并令各佃俱带领地五亩，一律纳粮，永为该佃世业，田主不得过问，庶佃民稍有余资，无偏枯之叹。②

由于惠潮嘉客民大量移垦开平，生齿日繁，置有田亩庐墓，与土民的矛盾日渐突出，尤其是表现在学额问题上。自乾隆二十五年（1760）起，客童多次赴府、道呈请入籍。嘉庆六年（1801），寄籍开平的嘉应州生员曾龙翔、肇庆生员邱陵"以土客互相攻讦，赴督院呈请另开客籍，俾主客相安"。客童曾开桂亦赴礼部具呈，奉谕旨饬本省查办。举人张绶琮暨绅士联呈，吁请知县吴廷扬详请照新宁之例，另编客籍字号，取进新生拨入府学岁科童子试，在县衙"搭盖考棚，自备桌凳，扃

---

① 见广东省测绘局编绘：《广东省县图集》，广州：广东省地图出版社，1982年，第20、21图。
② （清）鄂弥达：《开垦荒地疏》，载《清经世文编》（上），北京：中华书局，1992年，第847页。

门考试，先考土著，后考客籍，文武案土客各列名次"。①

当然，土客矛盾并未因此而凸显，民国《开平县志》称，开平客民"虽他族逼处，然一向相安"。其矛盾的爆发，也是因为洪兵起义的关系："不图生齿日繁，（客民）祸心潜蓄，遽乘红匪之扰，狡焉思逞。"②只是从现有记载来看，开平客民尚未拥有鹤山客民那样以"讨贼"为名而"挟官铲土"的势力。

变起肘腋

鹤山斗祸爆发时，"他县土客尚无事"，随后由于开平歇马梁姓土人曾参加洪兵队伍，"虑官捕治"，加上梁姓因与郑、吴二姓争山地建村有隙，梁姓不敌，"惧为郑、吴所并，思酿土客斗祸以解之，乃贿使土匪迭在塘逢地方伺杀客民，稍与抵抗，即乘机追逐焚掠"③。事情逐渐闹大，高坪、十字路、獭弗一带客村男女多遭诛夷，其逃亡得免者，皆奔集于金鸡与开平赤水等处。据民国《赤溪县志》记载：金鸡、赤水等处客民势力甚强，"闻之大愤，纠众与御，焚毁土民长安、吉安、欧村、雁鹅等十数村居，由是开平土人与客仇斗之事以起，复藉是煽动各县土属联同逐客，时土势强而客寡弱，间有土绅亦以客易剪除、图占其村居田产以自利而附和之，于是恩平、高明等县土属又起而与客为难，视凡说客话者皆引以为敌，而斗祸益烈"④。可以说，开平乃是整个斗祸蔓延的重要一环。

咸丰四年（1854）五月，开平"大饥，米贵，升米钱七十文，人多饥死"。适值洪兵起义，开平土民多有响应者。七月，新会县城被洪兵万余分水陆两路围攻，新宁县城亦有洪兵数千环扑，"几于滋蔓难图"，

---

① 民国《开平县志》卷17，《经政·客籍附》。
② 民国《开平县志》卷21，《前事》。
③ 民国《赤溪县志》卷8，《赤溪开县事纪》。按：此处"开平歇马梁姓"之歇马，后划归恩平。
④ 民国《赤溪县志》卷8，《赤溪开县事纪》。

第五章 斗祸中的主战场（一）

旋即，鹤山洪兵数千突入开平境内，县城不守，知县庆樟及典史林镛等死之。① 当时，开平境内洪兵响应者有东路张江、西路司徒正吉、北路梁福、南路谭寿等，各聚党数千人，谋攻县城，约胥役内应。七月十八日，梁福勾通鹤山洪兵首领冯滚仔（即冯坤仔），纠众千余人，到城外马道立营。知县庆樟闻变，"议防堵，谕四乡设团备救，时贼氛四塞，绅耆罕有应者，势孤援绝"。十九日，城垂破，庆樟仍抱一丝希望，邀城守关镇邦、典史林镛"集署议战守策，旋登堂招胥役，问匪势几何，黄三应曰：'站立者皆从匪，惟高坐堂皇者异耳'"。庆樟见内变，"吞金死，典史、城守亦俱殉难焉"②。城遂陷，洪兵入城，"恣行抢掠"。冯滚仔寻移营古儒墟。鹤山、开平等地客民开始集勇相抗。

八九月间，鹤山、开平客民连败洪兵，势焰气扬，"竟将迳口土著平塘、那陈坑等村焚掠殆尽"，开平东北路斗祸爆发。

先是，客民散居县境各地，土客之间虽然存在矛盾，"然一向相安，不图（客民）生齿日繁，祸心潜蓄，遽乘红匪之扰，狡焉思逞"。当时鹤山县客民有富豪高三者，幼子为洪兵掳杀，高三遂"不惜倾家以图泄愤，附贡生张宝铭资之，推武举马从龙为魁首，从龙以剿红匪为词，请于粤督叶名琛，既得令，挟以诳众，结'六县同心'之约，立寨云乡、大田，同时起事，良莠不分，日肆焚杀，占踞田庐，淫掠妇女，发掘冢墓，官府不容过问，土著未敢讼言，怨深恨剧，誓不两存，而土客之祸深矣"③。马从龙奉有"剿贼"之令，也确实遏制了洪兵的蔓延。只是由于土客之间原本存在矛盾，加上洪兵中多有土民，客民"假公济私"难免。结果，祸端易启，覆水难收。

灾难迅速波及开平。十一月初二日，黄茅嘴、尖石等处客民攻陷棠

---

① （清）陈坤：《粤东剿匪纪略》，《红巾军起义资料辑》（二），广东省中山图书馆油印本，1959年，第373页。
② 民国《开平县志》卷30，《宦绩》。一说庆樟系"仰药殉难"，见同书卷21，《前事》（据《乡土史》及《采访册》）。
③ 民国《开平县志》卷21，《前事》。

红村，杀男妇数百人，生员苏文焕"刳腹而死"。初十日，客民又攻陷蕉园村，杀 800 余人。开平西北路之斗祸骤起。①

开平南路狗脾冲、金鸡水一带，土客比邻，眼见本县东北、西北两路土客斗祸蔓延，土客双方遂于咸丰五年（1855）初在官方主持下集议联和，由阳江镇总兵与松柏司巡检亲临开导，立约讲和，但实际上双方各怀戒备之心，尤其是客绅汤士训等"阳奉阴违"。五月十五日，客勇首领张朝统等客民首先违约，由金鸡水起祸，攻陷锦湖、狗脾冲等土籍村乡，"焚杀无已，村落为空"。二十一日，客民复攻陷墟潭、横冈两村，杀横冈 200 余人，"流毒遂及于长塘"。②开平南路斗祸自此拉开序幕。

客强土弱

咸丰五年，时在京师任官的开平土绅梁元桂，在都察院"诬控"客民谋叛焚掠，请饬粤兵进剿，随奉谕旨，着省吏转府查办。署肇庆府同知李时芳乃以客民保守郡县各城有功，遭土匪仇杀相斗等情上报督抚，省吏遂通饬鹤、高、开、恩等县，严责酿事土绅，并各派兵勇弹压，均无效。③此后，各县土客互斗连年，开平局势亦愈演愈烈。

咸丰五年八月，城北黄龙客民焚掠古儒、大罗村、庞村、游曲水、那假等土村，"居民荡析"，黎村洞及附城东西各乡戒严。④

同年十一月，马冈北潭、张桥等村各姓土勇联团防守。客村獭窟潜引恩平沙田、浴水客勇将袭北潭，被土民侦知，传锣告警，各乡土勇会同恩平附近各土姓围攻客营，破之，乘胜扫灭左右各客村，"是役也，杀匪颇多，匪以是恨，北潭尤甚，日寻干戈，兵祸无息者八越月，赤塘（亦作赤坎）联堡堂关维城、司徒沅等赍军火助之，藉遮西北路匪焰"。⑤

---

① 民国《开平县志》卷 21，《前事》。
② 民国《开平县志》卷 21，《前事》。
③ 民国《赤溪县志》卷 8，《赤溪开县事纪》。
④ 民国《开平县志》卷 21，《前事》。
⑤ 民国《开平县志》卷 21，《前事》。

第五章 斗祸中的主战场（一）

咸丰六年（1856）二月，南路汤屋、筲箕屋客民攻陷赤水墟及象栏、尖冈等村，时土民"被害者以恩平松柏山壁垒自固，多入保（堡）焉"。知县徐廷槐闻长塘土客相斗，遣城守带勇到莲花山弹压，相约双方退兵，无果而返。①

五月，土民一方继续遭到客民的连续攻击。初六日，客民又陷三合里。初八日，滘堤司徒懿璋率土勇赴援恩平松柏山，在芋合迳全军覆灭。

这场松柏山之战乃斗祸初期在土客之间发生的一场著名战斗。当时，随着斗祸的蔓延，恩平东南路、开平南路客民集合大队，进攻那扶、万顷洋，焚劫29乡，打伤那扶营都司杨兆梦、外委潘连标及兵丁多名，随即进攻恩平松柏山。当时开平大夫里、大津里、塘美及各土民小村，皆扼要死守，各路客民蜂拥而至，土客双方搏战五昼夜，土村势将垂破，土绅司徒运森等遣人突破包围，向外求援，因道路梗塞，力不能通，遂止。赤水、长塘及新宁上泽、吉昌等局土勇赴援，又败绩而退。由于情况紧急，司徒懿璋率土勇380余人，进抵芋合迳，此处菁密林深，正行走间，客民伏兵卒发，土勇无备，遂致全军覆没。至十一日，客民攻陷松柏山，土民死者2000余人。

同日，开平客民又对长塘诸村发起进攻。

客民攻陷松柏山的消息传开，开平、新宁、恩平交界之区的土民闻风丧胆。当时新宁横冈一路与恩平及开平赤水、东山相接壤，土客杂处，客民数量超过土众，土民闻松柏山之变，仓皇出走，"三县之民数万，道路流离，襁属弗绝，父母妻子不能兼顾，一切牛马服物发售，亦无有应者，受害之惨，南路为最"。②

六月，赤坎联堡堂及司徒、谭二姓集合土勇3000人，屯营白沙，与客勇屡次交战，弗胜。统带土勇的勇头林老义"号知兵，亦屡挫，人

---

① 民国《开平县志》卷21，《前事》。
② 民国《开平县志》卷21，《前事》。

心震惊"。

咸丰七年（1857）初，马冈、张桥、棠红各乡立合胜局、定胜局，梁鸣銮、梁叶懿等主其事。春二月，司徒、谭两姓联立协胜局，进攻箬箕屋，客民"树栅蓄陂，负险固守，数月不拔"。最终土民以饷绌停罢。九月，开平四堡及长沙、塘萌等村土勇，与客民战于黄龙，土勇大败，客民遂烧古儒圩附近土村10余村，并祸及庞村、关村、游曲水、那槾（即那假）、佛田一带。

迨至咸丰八年（1858）、九年（1859）、十年（1860），客民"强横肆虐，较前弥甚，横直百里，无村不踩矣"①。但在土民一方开始在各地设局抵御后，形势有所改变。

咸丰八年戊午，客民进攻两堡，局绅关定杰于此战中战死。定杰骁勇，两堡倚为长城，客民亦"詟其威名"，及客民进攻两堡时，定杰率勇击退客民，乘胜追至鸦了寨，遭客民伏击，中炮而亡，"堡人丧气"。

咸丰十年初，土绅谭在、谭汝、司徒文显、司徒维表、司徒镕等立元胜局，推谭在为局长。二月，楼冈十八乡立保安局。②

客民进攻丽洞，曹、李两姓力拒，楼冈局勇赴援丽洞，未能成功。是年，以绅民捐输京米加开平永远学额二名。

咸丰十一年（1861），锦湖李秋田、关定烈等立万全局，会同元胜局"剿匪"，横江等次第收复，客民逃遁。七月，"大吏谕令六县土客联和。以讧争数年，伏尸流血，祸无底止，颁谕各县，令随时劝和解散"③。实际并无成效。

谭三才与全胜局

开平客强土弱之势发生逆转，是在开平籍香港商人谭三才倾力支持

---

① （清）麦秉钧撰：《鹤山麦村麦氏族谱》。
② 民国《开平县志》卷21，《前事》。
③ 民国《开平县志》卷21，《前事》。

第五章 斗祸中的主战场（一）

土民之后。

谭三才系开平长塘人，早年在香港经商，积有巨资，其人"有干才，愤客匪毁其乡里，志切复仇，集资购洋枪数十枝，所谓'剪纸尾枪'也"①。谭三才在斗祸中为土民捐资购械募勇，花费十余万，不仅如此，他还亲自带领土勇与客民打仗。咸丰十一年（1861）夏，谭三才与新宁隆平局绅阮文奎等率土勇进攻曹冲失利，乃带勇、械暂回长沙。

月山堡邓屋等地客民攻迫土民，迫使土民逃往鹤山五乡，"流亡不得还家"，月山土绅罗为章、梁经通得知谭三才驻长沙，便向他借用快枪，同时雇募新宁土勇区水保、朱凤登等部，遣勇目罗式训、梁邦栋督攻。七月十二日，罗式训、梁邦栋督勇攻破迳口、邓屋客营，附近客民闻风逃跑，而流亡土民得以复归故土。罗为章等随与罗明辉立升平局，堵御云乡客民，水口邝、谭等姓助以勇费，又与余浩章等立联腾局，分守古儒地方。②

开平土绅因斗祸日急，又值月山一带土民获胜，欲乘机大肆反击，遂约元胜局勇大举合剿客民，设全胜局于苍城，纠集各路乡团协助，统归谭三才调遣。同时，马冈各族设定胜局，与元胜局、全胜局相为犄角。

当时，开平东北路客民以黄龙为大本营，"全胜"等局勇先攻破十字路、大潭口、客塘、大石营、车筒各客村，剪除客营羽翼，然后合兵围攻黄龙，客勇负隅拼死抵抗。九月十八日，局勇攻破黄龙客营。是夜风雨交作，客勇乘机冲出，向鹤山宅梧、云乡等处逃去，局勇乘胜追击，并攻浮水龟、牛蹄诸客寨，皆下之。一路势如破竹，直抵鹤山四合乡地界，"客患以次肃清。其附近被客匪骚扰不能耕种之田，由全胜局收租五年，以抵填日前垫支军饷，三才乃率所部乡团返赤水。"所谓

---

① 民国《开平县志》卷21，《前事》。按：关于谭三才，我在原先设计中，有"斗祸中的种种角色"一章，拟在该章"绅士"一节详加评述，现因时间关系无法完成，这里也不打算展开。
② 民国《开平县志》卷21，《前事》。

"不能耕种之田",即客民被迫抛弃之地或土民被杀而成无主之田。① 在另外一路,合胜局勇攻营背、燕子翼等客村,克之。

十月,定胜局勇攻克水仔口,复尖石,再攻沙田、浴水,克之。十一月,万全局、元胜局率勇攻克狗脾冲、金鸡水等客村。

据《鹤山麦村麦氏族谱》记载:咸丰十一年(1861),各路土民攻破迳口等客营,"斯时义旗一举,各县响应"。开平谭三才设立全胜局,用鬼子快炮,于七月发勇,破黄龙,渐次扫除瓦冈堡,至八月二十五日,直抵楼村、张桥、棠红,设立合胜局。于八月发勇,攻破筲箕坑、型背、白水荫一带。马冈、平地、北函设立定胜局,于八月发勇,攻破沙田、毓水、黄茅嘴、水口仔一带。鹿洞、博健、大冈设立联胜局,于七月发勇,攻破古儒、那社、赤冈头、三田、罗村一带。② 由于谭三才人力、物力的投入,开平土民迅速占据优势。

元胜局"连战连捷"

同治元年(1862)四月,元胜局查获"通匪奸民"郑甲。郑甲系新安人,"浪迹赤坜、恩平间,为匪间谍",忽被局勇"发其奸,共殴杀之"③。

八月,元胜局勇进攻筲箕屋客村,因客民顽强抵抗,屡攻未下。带队勇目遂引军阳攻鱼梁村,而阴伏奇兵于山谷。当筲箕屋客民往救鱼梁时,土勇即从筲箕屋后背杀入,"大破贼营,遂焚其村"④。

开平客民在九月进一步遭到惨败。土勇攻破筲箕屋后,乘胜袭破吊斗庙、汤屋、横山洞诸寨。吊斗庙前环大溪,内筑土垒,系诸客寨中尤为险固者。局绅指挥土勇采取火攻之法:"悬重赏,募善泅者负快枪,乘夜潜渡匪寨,顺风纵火,匪骇,见火光,各自散窜,我军斩获甚众。"

---

① 民国《开平县志》卷21,《前事》。
② (清)麦秉钧撰:《鹤山麦村麦氏族谱》。
③ 民国《开平县志》卷21,《前事》。
④ 民国《开平县志》卷21,《前事》。

· 第五章　斗祸中的主战场（一）·

二十二日，土勇进攻汤屋，见客营偃旗息鼓，寂然无人，不敢入，乃引军沿流而下，"时有局勇谢瑞恩、苏保仔，健儿也，从和尚桥直趋塘美对面沙，助以王贵一军"，连破塘美、大津里、大夫里、黄泥陂等处客村，势如破竹，所有汤屋、新桥头、牛角垅、大潭、横山洞诸客营，悉数踏平，"是役也，洋枪队之力为多"①。

汤屋既破，督兵的谭在等局绅即分派勇目吴迟、盛烂、柴安、王贵、谭苟、梁番禺仔等，各带一军，连破东山甘臂、黄松树、牛凹一带客营。元胜局遂移营东山，休兵十余日，复攻旗鼓岭，因客民防守坚固，未下，遂回营赤水。②

土民并未善罢甘休，在同治二年（1863）正月，赤塂方面增派土勇到赤水，合力再攻旗鼓岭，破客民营垒十余座，"长塘客患始清"③。

攻破旗鼓岭后，谭在即派土勇整队入攻夹水塘、塘仔、山鸡田等客寨，客民顽强抵抗，土勇连攻三月，因客民弹尽粮绝才攻下。土勇又攻上下二烟洞，数日平之。又攻凤凰客营，此处万山丛杂，客民坚守要隘，土勇连攻十余日不下，乃收兵从马尾港进发，先破客垒，再攻凤凰，由深井、石桥、坑口入，乘夜袭击，大破客营，杀毙客民2200余人，其负伤者借道大东坑、小东坑逃走。

大小东坑客营营垒也甚坚固，四天后，大队土勇进攻大小东坑，客民反击，打死土勇40余人。越三日，土勇重新集结，派大军三路猛进，终于攻破大小东坑，"焚其积聚，遂乘胜入深井，客患始平"。因这一系列战斗由元胜局主其事，于是，长塘客田归元胜局收租三年，其数仍未足以偿军费，"再抽民田半租弥补之"④。

由于元胜局"连战连捷"，新宁土民即来邀请助战，并许以雇募之

---

① 民国《开平县志》卷21，《前事》。
② 民国《开平县志》卷21，《前事》。
③ 民国《开平县志》卷21，《前事》。
④ 民国《开平县志》卷21，《前事》。

费。四月十四日，新宁土民因屡攻大燧洞客营不下，新宁总局遂派人来开平募勇进剿。其先，新宁土绅阮文奎一直与元胜局"联会征勇"，攻破开平西路诸客寨，及新宁卫城被客民攻陷，新宁总局害怕本县客民由那仁、迳上西向绕至恩平、开平，则前功尽弃，因此，土绅遣谭振龙驰赴长沙，募土勇600余人归守。当时大燧洞客民聚集达10余万，与卫城客民东西相应，新宁宁阳局见开平元胜局剿客连连得手，乃令局董阮文奎往邀元胜局长谭在等会议，双方拟定，剿灭客民后，"以银一万六千两犒师"，于是，大队元胜局勇移营新宁，会合新宁方面土勇，向两县交界之客营发起进攻。①

六月，元胜局等土勇攻克新宁大燧洞客寨，旋与新宁捷胜局土勇合力，收复被客民占据的大门、深井、新旧富坑一带。至此，新宁、开平两县西路的客民基本被"肃清"。

尾声

同治三年（1864），开平东北路客民再度起事。② 此前，鹤山、开平等县客民由于官军、土民的联合攻击，开始从分散走向联合，四处流动作战，此时进至开平东北路一带。

当年六月，戴梓贵率大队客民攻陷上下古博各土村。初五日，戴梓贵纠集鹤山、高明客民数千人抵迳口。初六日拂晓，客民攻陷犁头咀潘、麦、冯、罗等村。初七、初八两日，又陷月山堡区、简、许、黄、李等村，"所过焚掠屠杀，居民惶遽逃亡，挤沉钱溪渡，溺死者无数"③。

月山堡各村被客民连连攻击，使周边土民大为恐惧，沙冈土民迅即立局防守，土绅张枚珊、张銮坡、谭梓桐、冯星行、梁朝光、吴旭等则

---

① 民国《开平县志》卷21，《前事》。
② 民国《开平县志》卷21，《前事》。
③ 民国《开平县志》卷21，《前事》。

第五章 斗祸中的主战场（一）

设局于长沙，遣土勇守梁金山、五坑迳、龙塘迳。不久，月山堡被客民攻陷，冯星行等率勇驰援，路上遇到骑马客民趋虎坑桥增援，骑马客民望见圆螺山顶冯部旗帜及大队人马，"遽遁"。

冯星行等大队土勇先抵罗姓金龟村扎营，旋分一队，向东经梁姓冲渡、黄姓雅冈、冯姓犀冈而进至水口；又分一队而西，直趋博健、大冈、横冈、金村，时土民已逃走一空，唯罗姓石板村村民未及逃遁，冯星行下令只许妇孺及老弱之男子出走，其余壮丁留守，不久客民率大队前来围攻，冯部与村人竭力抵御，"至药弹俱罄，匪凫水过塘巷战，杀伤相当，卒因众寡不敌，罗万跃登楼上，匪纵火焚之。罗崇叶女，年方及笄，匪裸而剖其腹死。男妇溺于塘者，积尸几满，凡死九百余人。博健梁姓亦被杀数百人"①。

客民复乘胜连攻土村。初十日，陷红花堡谭、麦、郭、李、林、黄各土村，又攻克水口埠，焚烧水口商店400余间，将"恩开盐务总局"招牌扛走。当日，沙冈局勇派队援救，众寡不敌，勇溃，遭到客民追杀，土勇争渡，溺死者甚众。②

水口邝杰元、谭声光等立局，雇安勇200人，扎营于石头。

十七日，客民又从鹤山来攻水口等处，土勇固守，客民不得逞，又闻"鹤山五乡土勇乘匪出迳，劫其营"，遂退回云乡。

当年，适值秋闱乡试，土绅吴尔康、司徒洛、张毓林、许良弼等联合古博都诸土绅赴督抚两署呈报"灾情"，称说客民希图不轨，请派兵严办。十月，广东巡抚郭嵩焘命副将卓兴带兵两营，以水口土勇为向导，驻迳口外蟛蜞塘等处。某日黎明，卓军"直逼云乡诸匪巢，焚毁之"。客民遁入白水带、水心洞内，寻潜回尖石，"官军追扼之，获匪旗、伪印，擒匪目黄焕章、韩元瑞，解省正法"。卓军迁营稔村，戴梓贵遁匿五坑，高要、高明练勇阻断通往五坑的粮路，在兵、勇合围之

① 民国《开平县志》卷21，《前事》。
② 民国《开平县志》卷21，《前事》。

下，客民难以支撑，"大惧乞和，献出子贵，诛之"①。五坑之战，戴梓贵失败，乃是斗祸中的一个重大转折点，我们后面还要讲到。

戴梓贵失败后不久，即同治四年（1865）正月，卓兴开始强行安插客民。由于"卓兴袒护客民"，将客民安插于恩平之那扶、金鸡（现在那扶属台山即清代的新宁，金鸡属开平），新宁之深井、大门，开平之东山、赤水。土民"以仇恨太深、插居不便拒之"，结果杀掠又起。土属举人关朝宗、张毓林、司徒琦与恩平冯典夔、新宁李秉钧等以强插酿祸控卓兴于京，上谕著督抚"查办妥惬，毋再生枝节"。二月，开平客民首领张宝铭被捕，"解省治罪"。②

但是，土客双方并未"妥惬"，直至同治四年六月，开平土民仍有聚众往攻赤水等处客民之事，两广总督瑞麟、广东巡抚郭嵩焘不得不再委郭祥瑞前赴肇庆府属查办。清廷闻知，谕令瑞麟等饬郭祥瑞"体察情形，妥筹办理，冀息争端。倘有不遵约束，恃强抗违，无论为土为客，均著一体惩办，毋稍迁就"③。

本节所述，基本依据民国《开平县志》记事，该志站在土民立场，对客民用语，多有"焚掠屠杀"等，己方则用"攻""剿"等字眼，下面恩平等县也是这种情况。望读者识之。

三、恩平

恩平斗祸的背景

恩平县在秦朝属南海郡，三国吴时分置恩平县；南齐时改称齐安

---

① 民国《开平县志》卷21，《前事》。按：此处黄、韩二人被解省正法有误，二人实际上是被扣留，用以逼迫其他客民缴械，后因二人办事有效，还被发还功名，赏有"微秩"。详后。另外，此处文献记戴梓贵为"戴子贵"。类似情况甚多，如前文冯坤仔有"冯滚仔"等多种写法，下文陈金刚则又被写作"陈金缸"。
② 民国《开平县志》卷21，《前事》。
③ 《清穆宗实录》卷145。

第五章　斗祸中的主战场（一）

县，为齐安郡治；隋开皇十八年（598）改称海安县，属高凉郡；唐朝贞观二十三年（649）改置恩州，又改恩平郡，治齐安县，唐肃宗至德二年（757）改齐安县为恩平县；北宋开宝五年（972）废恩平县，其地并入阳江县（一说事在开宝九年［976］）。至明成化十四年（1478）复析恩平县，清袭其名。

恩平县境多山地丘陵，道光《肇庆府志》称为"万山之会，龙鼍、金鸡实冠南服"①。距城西北数十里，层峦叠嶂，毗连新兴、阳春，虽四环峻岭，隔绝内外，其间山腰山麓，往往形成斜坡，可辟十数亩田土，可种五谷杂粮，足以赡养数口之家。斗祸之前，"地方宁谧"，人多分种其地，各谋生活，衣斯食斯，尚足自给，"自客人乱后，转徙他方，田庐荒废，变为虎豹窟穴。光绪初年，始有信宜县民披荆斩棘，从事开垦，逐渐恢复原状"②。

由于山陵起伏险异，境内经济落后。据宣统《恩平县志》记载：

> 砖瓦等物搬运维艰，居民惟结茅山坑，泥墙草檐，甚有穴居岩处者。日常食品以粗粝和麦豆蜀粟或山芋番薯同煮，或常备粥糜，饥食渴饮，殊少佐膳之物。因离市太远，购买甚难，非独财不易备也。其男子勤苦耐劳，时而樵，时而牧，时而猎，时而采药，时而烧炭，时而耕锄，出作入息，乐业安居，间有老死未与山外人往来者。至于妇女，大率业缝纫，助耕作，赤足露臂，慨然有丈夫风。若男女婚娶，均限于其地居民，以山外人风习不同及往返不便耳。③

这段话显然指的是斗祸结束、客民迁走后的情况。实际上，恩平境内客民为数亦不少，而且土客矛盾很是尖锐，据陈坤说："恩平客民乃

---
① 道光《肇庆府志》卷3，《舆地》。按：金鸡后隶开平。
② 宣统《恩平县志》卷4，《舆地三·风俗·屋制·山农》。
③ 宣统《恩平县志》卷4，《舆地三·风俗·屋制·山农》。

惠、潮、嘉三府州之人，雍正年间流寓广肇二属各州县，开垦住聚，自为村落，佣力营生，土民奴隶视之。"①如此，则客民只要找到机会，便会起而反抗，报复土民。

洪兵叛乱发生，恩平并未直接遭到波及，但是，因为要防剿洪兵，同样导致了该县土客械斗的蔓延。咸丰四年（1854）七月，洪兵兴起，将入恩平境内抢掠，"各乡齐心守卫，十有余日，红匪四散奔逃"。但好景旋即消失。八月初一日，恩平城内即流传着一首蛊惑人心的扶箕诗：

干戈舞动甚猖狂，拜斗拜旗乱朝纲；
二六国将分土地，三八年来灭君王；
颠沛险难谁侧目，困逼流离可断肠；
自昔黄巾如蛇蝎，从今红匪似虎狼；
贼灾祸及良叹息，兵火殃连更惋伤；
草木山川皆不幸，桥门壁水入战场。②

扶箕诗本不足道，但在那个战乱加上迷信的年代，无疑加剧了民心的紧张。八月上旬，杨桥堡聂姓家族便开始"齐集九姓，议定条款，团练谨守，各造军器"。适有开平人何亚凤"起红旗"，"兵火殃连，道路纷传"，尽管洪兵只是骚扰至恩平边界，但因之而起的土民团练武装却成了稍后与"客勇"对仗的组织。

恩平境内的土客斗祸也是从"客勇讨贼"开始的。陈坤说："咸丰四年间，匪徒四起，（官府）募雇充勇，客民自恃有功，借剿匪名，泄其积怨，肆掠土乡，占据田土，互相报复。"③另据《恩平聂氏家谱》记载：

---

① （清）陈坤：《粤东剿匪纪略》，《红巾军起义资料辑》（二），广东省中山图书馆油印本，1959年，第400页。
② 《恩平聂氏家谱》，引自聂崇一辑：《恩平县志补遗》卷2，《事略》，民国十八年铅印本。
③ （清）陈坤：《粤东剿匪纪略》，《红巾军起义资料辑》（二），广东省中山图书馆油印本，1959年，第400页。

· 第五章　斗祸中的主战场（一）·

两广总督叶名琛谕令客人剿灭红匪，不知客人久有仇视土人之意，由鹤山、开平而来，焚劫土人村庄，大小男妇尽为杀戮，夺人妻女为婚，其毒甚于红匪。五年四月，彗星见，主有干戈之象，恩邑虽免红匪之祸，仍不免客匪之惨也。①

恩平土客械斗就此拉开序幕，且为祸滋烈。

恩平斗祸初期概况——咸丰四年、五年

咸丰四年（1854）七月，曾经参与扑灭洪兵谢莲子部的鹤山、开平及恩平客人自恃有功，"视土著如无物，多置军器，口出大言"，暗地里与恩平县城东、西、北客籍鸡啼营、浴水、西坑、尖石、夹水等洞二百余乡联络，"潜谋不轨"。至十月，所有佃耕土著之田的客人抗不交租，土客矛盾迅速恶化。②

十一月某日，土村上凯冈联合乡邻团练，客村鸡啼营与上凯冈毗连，望衡对宇，"中其所忌"，客民便集众出村前往呐喊挑战。上凯冈乡勇自恃人众，于初四、初七两日前往鸡啼营迎敌，被客民击毙数十名。客民乘势攻破横陂村，屠男女老幼六七百人，所有屋宇付之一炬。一时间，斗祸骤起，祸从天降，"哭声震天"③。客民并未善罢甘休，于初八日早四更时候，分数路偷袭上凯冈，黎明时攻陷。复围下凯冈，又陷之。④

由此可见，恩平之斗祸，虽然由于客民挑衅在前，但先行动手的是土民。此后，客民一发而不可收拾，使斗祸在恩平迅速蔓延开来。

十一月初五日，何村客民大举进攻水松塘，周围土村纷纷赶来救援，才得以解围。

---

① 聂崇一辑：《恩平县志补遗》卷2，《事略》，民国十八年铅印本。
② 宣统《恩平县志》卷14，《纪事二》。
③ 宣统《恩平县志》卷14，《纪事二》。
④ 宣统《恩平县志》卷14，《纪事二》。

客民的凶猛攻势在十一月初八日得到些许遏制。当日下午，开平县楼冈及关村伍姓、塘口何姓乡勇增援恩平土民，败客民于乌猪冈，杀客民100余人，生擒不少，"客人之气少挫"。初九日，平安、南塘、沙冈乡勇1000余人，联合楼冈乡勇，分中左右三队，合力围攻鸡啼营，破之，杀死客民300余，夺回被掠军械无算。此后，各乡勇不守纪律，分头抢掠客民财物，逃出的客民联合邻村客民潜回鸡啼营，土勇被杀40余名。于是各土勇之间"互相怨望，四散回乡"。土勇的分裂又为客民所乘，他们在得知土勇散去后，集队将上凯冈夷为平地。浴水洞客民则陷南坑，复陷那梨，又破仕洞十余村。

十一月初十日，小济村被蒲田客民攻破。先是，该村人用草、竹等物环筑围墙。客民知道有机可乘，遂来攻。该村有一位名叫德春的人，伐松造大炮，"客人畏不敢前"，不幸的是，没开几炮，炮膛炸裂。① 初十日早上，客人破闸入，守卫的壮丁初犹巷战，杀客民数十，终于众寡不敌而全数被杀。该村老弱妇女匿于后山，被客民发觉，纵火烧山，被烧死者达400余人。

蒲田客民攻陷小济村后，又攻陷沙塘、新陂，势如破竹，土著望风逃窜。当月中旬，客人还攻陷区村、天村、湖边等数十乡。

恩平斗祸初起，客民显然占了上风，但他们并未满足，更图大举。十二月初一日，蟹钳客民陷牛江渡墟，在隔河土星、转角山搭盖大棚，召集鹤山、高明、开平客民数千人，谋破莲塘，"以鲸吞上下两洞"。看来其目的除了报复土民外，还在于占夺土地财产。

初三日黎明，客人纠众由鹏楼、东边、萌直劫至鹤洲洞、挖鱼窟、担谷、路村，在麻塘斧头岭会合蒲田客人，又陷龙湾、吉乐等村，"所过为墟"。

初四日，高坪客民率队四出劫掠，为土民所乘，"毁其巢"，该村客

---

① 宣统《恩平县志》卷14，《纪事二》。

第五章 斗祸中的主战场（一）

民只好向东逸去。

同日，何村客民又会合邻村客民，攻陷圣堂洞数十土村，复尽掠圣堂墟，所向无敌。眼见土村纷纷被破，客民"因骄生惰"，被塘龙泾、竹头乡土勇突起夹击，客民奔溃，误入天村湖，溺毙300多人。土星、转角营又为莲塘乡土勇所破，并焚蟹钳、牛山、芦塘、草塘四客乡。①

初五日，客民围攻莲塘及马龙塘两村，多为大炮伤毙，失败而去。

初八日，客民纠合大股，分数路出鸡啼营，从下凯冈过海，焚烧平岭及鹏冈，杀乡勇数名。浴水洞客民从大广凹下乌猪冈。午后，伍姓乡勇来援，何姓乡勇又从木梘陂过海堵截，双方在乌猪冈接触，客民不支，被土著乡勇兜杀100余名，"夺回被掠物甚多"②。

客民受挫后，改变策略，但仍然被土民所乘。十八日，蒲田客民纠合数千人，派先锋队直到平安、李拨、渡头堵截援兵，随率大队攻破大江各乡，"恣意焚杀，烟焰冲天"，四乡土勇来援，横冲直撞，客民不能抵敌，为土民掩杀，一路追过斧头岭。此役客民共计被击毙六七百名，生擒不少。③

十二月下旬，何村客民召集大田、萌底同党数千，围攻平塘村，十八乡、上下洞均遭攻击，适值歇马乡土勇来援，恩平平城勇又抵白水塘，两股合力，直捣客民之背。平塘人知外援已到，"开闸夹击，客人大败"。土勇追至长龙，杀客民五六百名。

当月，恩平、开平等县的金鸡水、那扶、东山、赤水、大湖山、湾雷、深井、横陂、那吉、三洞各乡，均为客民所陷。④

---

① 宣统《恩平县志》卷14，《纪事二》。
② 宣统《恩平县志》卷14，《纪事二》。
③ 宣统《恩平县志》卷14，《纪事二》。
④ 宣统《恩平县志》卷14，《纪事二》。按：那扶、深井等现为台山（即清代的新宁）地，东山、赤水等地当时属恩平，现在属开平地，金鸡水即金鸡，当时属恩平，现属开平。本书所述行政区域，主要依据咸丰、同治时期的肇庆府、广州府所辖各州县的情况。其后经清末、民国、当代，行政辖区多有变更，尤其是原肇庆府属开平、恩平、鹤山等，现均属江门市。

咸丰五年（1855）正月初四日，客民大侵平塘，土绅梁石卿"身先士卒"，督梁陈勇赴援，杀毙客民 600 余。

六日，客民复攻平塘，又败，被杀 400 余。后改变计划，进攻南路那吉、横陂，"所过为墟"。同时，为了泄愤，客民开始"发掘土著山坟，改葬其骸骨。害及枯骨，惨无人道"①。客民此举，既是报复泄愤，也有破土民风水的迷信一面。

十四日，客民围攻马龙塘，土民顽强抵抗，直至矢尽援绝，近夜半时被客民攻陷，男女悉被屠杀，计数百人。②

三月初旬某夜，浴水客民复陷土村那梨、大园，屠男女数百人。自是客民改变战术，"每出以夜"，土著被害，比前更惨，"时值饥荒，升米七十二钱，饿殍载道"。③

四月二十九日，大雨滂沱，鸡啼营客民乘机复陷下凯冈，隔河土勇为河水所阻，不能赴援，眼睁睁看着客民大肆抢掠。④

五月初五日，客民纠合大队，又围攻莲塘，造木牛竹马，以为可避枪弹，下置四轮，以利推进。唯莲塘炮台突出，围墙上密开炮眼，可随意直射、侧击，客民推轮前进，悉为炮弹所破，无不粉身碎骨，此后不敢再犯。⑤ 十八日，金鸡水客民聚众攻琅珂、石田，为土勇所败。土勇追过顽鹰石、高灯、远照山。客民又围攻石冈、牛路塘，为地雷所伤，乡勇乘机夹击，追杀十余里，杀毙客民 100 余名。⑥

---

① 宣统《恩平县志》卷 14，《纪事二》。
② 今人梁植权先生认为客民攻破马龙塘之日在（咸丰四年）冬至日。
据称，客民在该村今马龙塘小学旁边的围墙挖开一个洞口，集中力量，奋力进攻。土人则组织 12 位勇士，手提大刀，踞守洞口，客家人进来一个杀掉一个，但客家人不惜流血牺牲，前仆后继，终于攻破难关，打开缺口。他们进村后，刀下无情，大肆屠杀，伤毙者竟达 300 多人，一片狼藉，十分悲惨。"梁植权先生访谈录"，2003 年 2 月 28 日，刘平记录。梁先生曾就此事撰文《马龙塘的"忌日"》，在《恩平文史》和《恩平报》上发表。
③ 宣统《恩平县志》卷 14，《纪事二》。
④ 宣统《恩平县志》卷 14，《纪事二》。
⑤ 宣统《恩平县志》卷 14，《纪事二》。
⑥ 宣统《恩平县志》卷 14，《纪事二》。

· 第五章 斗祸中的主战场（一）·

初期的恩平土客械斗，连绵一年有余，为祸惨烈。由于被洪兵起义搞得焦头烂额，直到咸丰五年（1855）八月，官方才着手过问此事。肇庆知府委员到恩平县追查详情，撤换知县郭某。不久，署知县吴信臣到任，旋即改调他邑，接任者为徐某，但境内斗祸仍然无法平息。五年冬，土勇分三路攻何村，俱败。

恩平斗祸的升级

咸丰六年（1856）初，恩平知县徐某谕令土客联和。客民"阳顺阴违"，流浪在外的土著回乡，多为客民截杀。土民据情禀官，因当时恩平等县还有赖于客民防剿洪兵，故官府对土民的禀报"置若罔闻"[①]。当年为岁试期，客民"贿托邑侯"，要求在肇庆应考文武县试，学使龚宝莲也予以答应。该科恩平客籍进庠者文武六名，土著"咸抱不平"。[②] 从中可见，客民素重文风，在恩平县的学额问题上早已与土民产生矛盾；土客械斗发生后，客民设法在肇庆府参加县试，避免在本县考试时与土民发生冲突；土民在械斗初期受祸较重，又见客民进取较多，既愤又嫉，这就埋下了该县械斗扩大化的伏笔。

恩平械斗的扩大化不仅与其本县的土客矛盾有关，还与周边鹤山、开平等县的土客形势以及广东洪兵起义的爆发有关。站在土著立场上的宣统《恩平县志》作者也承认："先是红匪之叛，恩、开土人为匪胁从者固多，大吏深悉情弊。客难猝发，（土民）请县吁乞剿办，遂概弗许，徒以土客械斗批行解散，客人之祸愈不可收拾矣。"[③] 广东官府正被洪兵叛乱搅得头疼，且有赖于"客勇讨贼"，所以对土著的"吁乞"置若罔闻。

咸丰六年三月，鹤山、开平、恩平客民联合进攻开平县属那扶、万顷洋。起先，客绅马从龙（武举出身）因为洪兵四出攻城略地，请令

---

① 宣统《恩平县志》卷14，《纪事二》。
② 宣统《恩平县志》卷14，《纪事二》。
③ 宣统《恩平县志》卷14，《纪事二》。

于总督叶名琛，叶名琛谕令"归剿余孽"。客人原本与土人不协，常欲"借端启衅，图为不轨"。及得令，"益自恣睢"，结大寨于鹤山云乡、恩平大田，自称官军，"诬土著为匪党，肆行杀戮"，各邑又"潜为勾引"，蔓延数县。至此，客民大举进攻那扶、万顷洋。①恩平与周边各县的土客械斗遂连为一气。

七月，恩平、开平、新兴三县客民云集县境东路，合攻松柏山各土乡，围困七昼夜，"水泄不通"，"援绝村陷"，土民死者2000余人，其中包括绅士14人，"遗尸满溪"。这是恩平发生斗祸以来最为惨烈的一仗，"杀人之多，受祸之酷，未有过于此者，惨极"。②

恩平土绅吴桐在斗祸之后以诗纪松柏山战事云：

其一

万室灰残子莫遗，满村如雨血花飞；
知义奇勇归巾帼，手刃元凶竟出围。（某妾事）

其二

池塘潋滟水偏清，顷刻花残又碎琼；（妇女争赴塘死）
但惜红颜牛背上，投崖不死复重生。（贼以牛驮妇女，一女投岩不死）③

八月，客人攻陷那龙、那笃等处，阳江县游击陈佐光旋复那笃并五堡地方。此后，恩平斗祸稍稍平静。

剧烈的斗祸带来了更大的社会破坏。当年恩平等县发生大饥荒，加

---

① 宣统《恩平县志》卷14，《纪事二》。
② 宣统《恩平县志》卷14，《纪事二》。按：当时有上泽、吉昌等局乡勇一万人，赴援松柏山，被客勇伏击"伤我前锋，遂大溃"，松柏山援绝，遂陷。见光绪《新宁县志》卷14，《事纪略下》。
③ （清）吴桐：《纪松柏山被客祸二首》，宣统《恩平县志》卷16，《艺文二·诗》。

上客民连营扎寨，恩平与阳江等地交通断绝，米价陡升，一升米价值七十文，15岁以上男童卖价仅值一两数钱，或易米一二斗。①

咸丰七年（1857）三月，阳江县游击陈佐光拟复那龙，不克。十一月，英法联军陷广州，掳总督叶名琛，抢去藩库银20万两，自是广州被英法军队占领三年。②广东政局进一步动荡，官方此时根本无力顾及斗祸之事。

咸丰八年（1858）、九年（1859）恩平土客之间斗祸缺乏具体记载。

土客联和、设局与客绅冯保三之死

咸丰九年六月间，广东巡抚劳崇光会商粤督黄宗汉，查办斗祸起因，"知祸起恩平，饬恩平绅士、礼部郎中梁元桂、阳江镇游击陈佐光，会同地方文武，传集土客绅耆，开导和息"③。但双方达成暂时的联和已是次年的事情了。

咸丰十年（1860），恩平客民因毗连各乡土民多搬迁在外，于占据其土地以外，往往越境二三十里劫掳，土民益加"寝不安席，枕戈待旦"。本邑土绅、礼部郎中梁元桂（宣统《恩平县志》记为"主事"）由京回籍，受广东督抚之命，与土绅刘维桢重议土客联和，遍谕客绅出城会议。大田洞客绅冯保三偕殷户黄海东先到，双方协议章程，最后议定：土客各立一局，谕客民还田交租，各管各业。客民满口应允，而"心怀叵测"，土民仍处于劣势。至五月早稻收获，土籍地主促客佃交租，良金客村拒绝，反殴伤催租土勇数名。官绅闻之震怒，"议抽军需，无论土客，每两征银，加抽五两，以为设立土客勇丁之费"。并请阳江镇游击陈佐光派拨兵勇，同在莲塘屯营，攻打良金客民，月余不克，伤亡勇丁甚多，军需又告罄，迫使县府将营勇撤销。由是，良金客人气焰更甚。

---

① 宣统《恩平县志》卷14，《纪事二》。
② 宣统《恩平县志》卷14，《纪事二》。
③ （清）陈坤：《粤东剿匪纪略》，《红巾军起义资料辑》（二），广东省中山图书馆油印本，1959年，第400页。

局中土客绅士均痛恨良金抗命，再筹军需，购三千余斤大炮一尊，运回莲塘。咸丰十一年（1861）正月，土客局勇数千人再攻良金，孰意大炮百发无中者（不知是否系其中客勇的故意行为）。月余弹罄粮尽，又解散。梁元桂见办理无效，离乡返京。这种局面的出现，与客绅冯保三在局中偏袒客民一方有关。据宣统《恩平县志》说："冯保三，廪生，身虽在局，与外客时通消息。客人敢于反复，彼实主其谋。"①

　　恩平土客之间虽然斗事暂休，但境内仍然有土匪在活动。把总吴茂其奉知县之命招勇100余人护城，每人日给仓米三升。有土匪攻平塘，赴援，颇著战绩。②

　　六七月间，高明、鹤山客民屡与土著战，其初互有胜负，其后土民立局，申明赏罚，破之，客民向恩、开逃来。八月，开平土民在马冈墟设立定胜局，攻沙田、浴水、尖冈、九了塘、鸡啼营客民，声势甚大，所攻客村尽被捣毁。

　　九月初旬，客绅冯保三、黄海东仍在恩平城总局对官绅"虚与委蛇"。冯保三探悉高明、鹤山、开平客民败讯后大惊，急命黄海东回大田，调客民速援尖石。又遣人往五坑，招集流亡客民，尽到恩平大田、塱底集中，谋袭恩平城，"以为恢复企图"。讵料客民援军尚未到达尖石，而定胜局勇已破沙田、浴水、范屋、鸡啼营，即在尖石墟屯营。土勇旋又克大沙、夹水两洞，堵截大田、塱底，客民通往五坑之路中断，冯保三派令带信往五坑之人被尖石土勇捉住，"尽悉奸谋，密陈总局土绅"。土绅因与知县面商，增兵守城，客民夜袭数次，均被击退。冯保三"知逆谋败露，夜贿冯德佩，在城基悬下，过河南遁"。不幸被土勇截回，"解县戮之"③。

　　大田、塱底两洞客人闻冯保三被杀，"心胆俱碎"，意图报复。土民

---

① 宣统《恩平县志》卷14，《纪事二》。
② 宣统《恩平县志》卷14，《纪事二》。
③ 宣统《恩平县志》卷14，《纪事二》。

急立三大局，仿鹤山章程：莲塘立奇胜局，攻良金、蒲田、三坑等处；歇马立恒胜局，攻双江桥、金坑、何村及望底；恩城立大胜局，攻大田及沙冈、清湾。由于县府倒向土民一边，土民胆壮，"皆无战不克，客人尽向东南两路逃窜"。至十一月底逃离殆尽，土民则陆续回乡。

十二月初旬，恩城六行立捷胜局，攻南路大槐、那吉、横陂、那龙等处，亦连连得胜，土人泰半复业，客民多向东路那扶、金鸡水、大龙环、大门、深井、大湖山等处逃遁。①

咸丰十一年（1861），开平谭三才购"红毛快枪"数十支，"所向披靡"。恩平土绅梁石卿向谭转购十数支，西路客人不支，向阳春、新兴逃遁。②恩平客民形势日益不支。

客民与洪兵的联合

同治元年（1862）四月，恩平土民在清湾、沙冈立连胜局。恩、开二县土民又联合设立两堡堂、万全局，三局土勇向恩平境内客营攻击两月，"未克寸土"，且连遭败绩。

本来，客民已成败退之势，忽然间又崛起与土民相抗衡，这是怎么回事呢？原来，由于清军在信宜方面加紧对洪兵陈金刚部的进攻，陈部多有不支，客民遂在信宜"收红贼流亡，得马队百余，善战快走"。每与土民接战，客民先发轻骑，绕土勇之背，土勇自乱，所以战则必败。另外一个更重要的原因是，恩平客民开始与盘旋于鹤山、开平、高明和恩平之间的戴梓贵部会合。

起先，新宁西路客民因福同团被官兵击散，以及大窿洞、深井、大湖山、那扶等客村接连陷落，客民先后逃来金鸡、赤水者，为数亦不少，合原有客民计算，尚存30余万人。时恩平大田客绅、廪生黄翼泰、黄焕章等，"不忍睹此无依客众转填沟壑，遂议设泰同团，以徐图

---

① 宣统《恩平县志》卷14，《纪事二》。
② 民国《开平县志》卷21，《前事》；宣统《恩平县志》卷14，《纪事二》。

安置，众悉附从，并在团内挑选精壮，编列队伍，公推黄翼泰为长，以统御之；随有广西客人戴子贵（即戴梓贵）投入团内，参筹一切，御侮攻敌，惟命是听，规画稍备"。于是，泰同客团所至，"各村皆破，杀土人无算，并将前所失陷客村多数收复"。当时，各村遭兵燹后都已变成瓦砾场，不复可居，黄翼泰等客目下令团众家小随行，"不另觅地安置，众颇苦之"。同时，鹤山客绅、廪生陈畴亦招集双都被难客民数万，在高明县属五坑驻扎，"联同御土"①。

为了对付客民，恩、开两县土民在东路石冈村设立两堡堂，募勇攻那扶、金鸡水等处客民。客目戴梓贵此时自称"大王"，以客绅黄翼泰为军师，招集流亡客民数万，"扎营踞险，为恢复计"。两堡堂等土勇屡攻不克，反而被杀土勇1000余人。五月，土勇"粮尽营散"。客民一方更是意气风发，结集大队，攻陷新宁县广海寨城，游击黄连安暨文武官弁概被禁锢，"屠军民数千，盘踞为寨，沟通曹冲，截劫洋船，（土民）多受其祸"②。

七月，客目戴梓贵攻略阳江，破上阳，踞织篢，日陷数十村，"恣意焚杀"，阳江全县惶恐。又值梧州洪兵向高州发展，袭破信宜县城，客民"遂与勾结"，合谋攻击，阳江告急，请兵督抚，督抚檄雷琼协副将卓兴会同阳江镇合力剿办洪兵。卓兴选精兵3000余人，与战数昼夜，洪兵大败，被"擒斩无算"，复高州城，洪兵肃清。广东政府又令卓兴"专办客乱"。时戴梓贵屯营于织篢，兼收洪兵残众，其势益大。卓兴再选精锐，连日猛攻织篢，客民不支，弃织篢、上阳，返回大龙环、大湖山等处活动。③

同时，恩平、开平土民一方，知道自己连战不胜，在于客民拥有马队，决定集中兵力消灭之。八月，两堡堂任命开平谭在、关定烈为管

---

① 民国《赤溪县志》卷8，《赤溪开县事纪》。
② 宣统《恩平县志》卷14，《纪事二》。
③ 宣统《恩平县志》卷14，《纪事二》。

第五章 斗祸中的主战场（一）

带，多购新式快枪，先于要道设伏，后选敢战之勇诱敌，"擒其马贼，夺其轻骑，客人顿失所恃，自是不敢出战，惟深沟列栅，以为固守之计"。谭、关两管带步步为营，立土城迫之，昼夜攻击，又高悬花红赏金，土勇争先冲锋，首破赤水，次克东山。① 此后，恩平、开平等县客民势力渐衰，基本处于守势。

九月下旬，万全局亦破金鸡水等处，客人遂尽聚那扶、大龙环、大湖山、大门、深井。两堡堂、万全局遂联合进攻那扶。先是，卓兴在上阳、织箕与客民对垒，见其弃营夜遁，知必退守那扶等处，遂移营至那龙。恩城六行勇亦屯头站、大槐。又有湾雷、蓝田、大亨勇进攻大湖山、大龙环。广海城兵屯大门、深井。那扶一带客民遂被包围，饥寒交迫，死者无数。其屯大湖山、大龙环之众感染瘟疫，"死者日数百人，垂首丧气，毫无斗志"②。民国《赤溪县志》也记载道：

> （当年）恩平、开平两县金鸡、赤水、东山等客属遭土民侵袭，当时客丁众多，尚能与御，客村旋攻旋复。由于斗祸无已时，人难乐居，稍有资产者，皆纷纷迁眷他去，当时恩、开及新宁三县客民逃回惠潮嘉原籍及往广西各县者已达数十万人。③

而剩余客民因村居遭土民焚毁，无所栖止，亦等于流亡。

同治二年（1863），恩平县境客民依恃以客绅黄翼泰为首的"泰同团"势力强盛，土客对峙，未发生大的战事。

大军压境与恩平斗祸的暂时解决

同治元年（1862）年底，在恩平境内忽然发生新任高廉道英秀被客

---

① 宣统《恩平县志》卷14，《纪事二》。
② 宣统《恩平县志》卷14，《纪事二》。
③ 民国《赤溪县志》卷8，《赤溪开县事纪》。

民拦截之事。十二月二十一日,高廉道英秀赴任,府经历朱维城解饷赴高州,两起人马同行。英秀乘肩舆先行,朱维城与代理恩平知县陶銮押饷在后,行至黄陂地方,客民将英秀及随从等人拥护入乡,以自己受土著欺凌,要求代为伸雪。英秀推托说此事非高廉道管辖。相持之中,那扶营都司塔清阿、恩平知县陶銮亦亲抵该乡开导,最后,客民将英秀等人送出回县。客民本来希望官府能体恤自己所处的困苦境地,以达到"土客联和"的目的,不料,这一和平之举,招来了更大的灾难。同治二年二月,清廷颁布上谕称:

> (地方官所报英秀被阻之事)其中情节,恐有不实不尽,著催令总兵陈佐光速回阳江县城,赶紧筹攻,务将织篔各乡踞匪克日扫荡,以清道路。英秀被阻情形,仍著查明具奏,所失饷银若干,责令朱维城等迅追清款,不准短缺。代理恩平县事陶銮于地方匪徒漫无觉察,致令大员被匪邀截,饷银遗失,实属疏忽,著交部先行议处。广东土客互斗,历有年所,此次复敢踞寨焚杀,截留大员,明目张胆,瞽不畏法,若不赶紧歼除,必致酿成巨患。晏端书身任兼圻,责无旁贷,务当督饬在事各员认真剿办,毋稍玩忽。①

英秀被客民拦截之事与客民求和的愿望适得其反,再者,开、恩土民眼见不敌,"联请省吏檄委总兵卓兴率队来剿"。清廷决计增兵剿客。

同治三年(1864)正月初一日夜,屯聚在新宁县属那扶、大龙环、大湖山、大门、深井等处的客民闻大军将至,尽弃营地,由恩平县属之横陂、石峡遁往恩平西边的那吉、沙冈、清湾、岑洞,复业土人逃避不

---

① 《清穆宗实录》卷58。关于此事,宣统《恩平县志》的记载是,英秀"携眷赴任,并有解卓营军饷官同行,道经邑境大块石峡处,客逆既抢饷银,复掳英道及眷属,后由邑侯与那扶营弁重贿客人赎回。该道携眷返省,面禀督抚宪,立令布政使吴昌寿带兵复广海城,自冬围至五月,外援久绝,城破"。宣统《恩平县志》卷14,《纪事二》。

· 第五章 斗祸中的主战场（一）·

及，"多受其害"。客民连日驱众，直向阳春县属之珠环、太洞、瓦巷等处扫荡，土民闻风而逃。恩、开土勇见那扶客民离开，遂会合于该墟屯营。卓兴在那龙营闻客民劫掠阳春，即拔营追至太洞，兼程赶到阳春城，而客民已劫至黄泥湾，并殃及新兴境内李洞、络洞、天堂等处，卓兴复追至黄泥湾，而客民已陷稔村墟（此处可以通达高明县五坑），并围攻新兴县城，将附城店铺"抢掠殆尽"。卓兴发轻骑数百，星夜赴援，客民不敢接战，急遁入五坑，但该处地狭人众，粮食不敷，客民不得不常常向外行动。①

五月初旬，五坑一带客民组成大队"沿途劫掠"，直至开平水口埠，土民仓皇逃走，被客民要截，溺死大河者数千人。卓兴派轻骑由高明至薛公岩，以挪客民之背，该地客民与五坑联络，集中大队迎战卓兵，客民大败，弃营走尖石墟，卓兵追至，客民复遁回五坑，卓兴分兵包围，水泄不通，"客人无路出掠，人众粮少，人自相食"。客目戴梓贵知势将覆灭，"不得已与黄奕泰自缚负刃，带领悍逆百余到卓营求赦。卓镇严阵受囚，连械解省。戴梓贵恳乞督抚宪开恩安插边地。督抚宪见诛不胜诛，准其所请。令行，卓镇择地分插，以散其众。客人乞安插恩、开、新三邑那扶、金鸡、大门、深井等处。卓镇谕令恩平县刘公查复，客人密贿刘邑侯及当事局先生，悉遵卓令实行"②。

表面看来，恩平斗祸可以结束了，实则不然。

客民围攻恩平县城与恩平斗祸的止息

恩平、开平、新宁等县客民陆续向那扶一带集中，一路上，虽然有

---

① 宣统《恩平县志》卷14，《纪事二》。据民国《赤溪县志》记载，卓兴抵恩平后，"察知泰同客团悉系前遭土人焚杀所逃出之余生，不忍袭击，只派队跟踪弹压，并谕令客团捆送戴子贵到营，余众不究。"见该志卷8。有误，实际上，卓兴确有偏袒客民之心，但在客民"求抚"之前，他必须遵照朝廷"剿客"意旨。
② 宣统《恩平县志》卷14，《纪事二》。按：此处关于戴梓贵投降事，与他处有异，一说戴梓贵与黄翼泰（又作黄奕泰、黄亦泰）意见分歧，黄缚献戴梓贵。

卓兴全军的监护，土客之间仍有互相攻杀之事。土民认为卓兴对客民有袒护之心，不但袭击客民，甚至截杀卓营士兵，卓兴即派兵围剿，土民溃走。卓兴将客民护送至那扶、金鸡一带安插停当，便率领全军出省销差。但土客相斗之祸根并未根除。

卓军去后不久，客民因复业艰难，加上对土民恨之入骨，即开始抢掠复业土民，因邻近土民已无甚产物，便越境三五十里行劫，其锋愈锐。恩、开、新三邑土民立即行动起来，重新立局募勇，仍请谭在、关定烈为管带，设营白沙墟，挑选精勇，日夜攻击，连攻两月，客人大有立足不牢之势。①

毕竟由于客民势弱，五月，客民被迫弃东山、金鸡、赤水，屯聚于大湖山、那扶、大龙环。

十月底，湾雷土勇攻破大湖山、大龙环。客民余众尽聚那扶一隅，四面兵勇迫攻，粮食不继，疾疫又作，死者甚多。

十二月末旬，客民完全放弃那扶等处，遁入恩平西南之那吉、岑洞、清湾。客民老弱同行，无衣无粮，所过之处，野菜摘尽。到达那吉后，仍复"四出劫掠粮米，夜则越境五六十里，剽劫土人，被害甚惨"②。

同治五年（1866），新任恩平知县罗德辅到任。罗站在土民一边，恩平客民再度陷于困境。据宣统《恩平县志》记载：

> 罗德辅，同治五年知恩平县事，公正廉明，并饶胆略。时邑中土客交哄，杀掠甚惨，客人复醵集数万，希图大举，德辅下车即募勇亲征，抵御叛逆，捍卫良民，其祸渐弭，并详准大吏，赀遣客民。分插别处，俾彼此相安。时邑属残破，德辅加意抚循，培养地方元气，政平讼理，吏畏民怀，解组之日，邑人遮道，攀辕饯送数十里。

---

① 宣统《恩平县志》卷14，《纪事二》。
② 宣统《恩平县志》卷14，《纪事二》。

第五章 斗祸中的主战场（一）

光绪二年奉檄回县办匪，积劳病故，人怀其德，建罗侯祠祀之。①

该县志又称：罗氏"清介正直，甫下车，即捐廉募勇守城，谕绅耆再立局募勇"。不久，土勇攻克那吉，客民屯聚岑洞、沙冈、清湾，又出新兴、阳春劫掠，各县告急于肇庆府，肇庆协副将带兵守天堂、黄泥湾，土勇又克沙冈、清湾。客民尽屯岑洞，粮尽，又弃岑洞，入阳春、新兴，意欲由新兴出，被官军截击。回探三洞勇营空虚，即率众复回，所有土勇营盘，悉为所陷，毙土勇 1000 人。②

由于官、土联合，客民只得孤注一掷。五月初五日，客民纠合大队，出攻十八乡，追杀土民至平富冈、大湾肚、五里营，适河流泛涨，无船可渡，土民溺死者数千人。知县罗德辅闻讯，亲自带兵赴援，由西门出三坑，至白水塘山口，断客人归路，与客人大战。平塘村勇开闸冲出。歇马、圣堂、洞乡土勇也赶来增援，四面合击，客民溃败，土勇追击数里，杀毙 100 余人。客民只好退回大田、塱底、三洞。③

初六日黎明，客民又分四路外出抢劫粮米，并围攻恩平县城，罗德辅"亲冒矢石，登陴督勇守御"。客民连攻两月不克，"将附城村乡抢掠而退"。

客民围城及撤围以后，知县罗德辅连连向省府告急。新任广东巡抚蒋益澧派令总兵徐文秀统带湘军一万人，以道台梅启照为参军，水陆兼程并进。蒋又檄阳江镇总兵杨鼎勋、肇庆协副将郑绍忠统率所部听调，并令各军携带米粮，不得骚扰土民。客民闻省兵将到，迅速传齐人众，尽聚于沙冈、那吉、岑洞等处，伐木竖栅，深沟高垒，藉以抵抗。④

实际上，此前，两广总督瑞麟及前任巡抚郭嵩焘已经着手调兵围攻

---

① 宣统《恩平县志》卷16，《职官·政绩》。
② 宣统《恩平县志》卷14，《纪事二》。
③ 宣统《恩平县志》卷14，《纪事二》。
④ 宣统《恩平县志》卷14，《纪事二》。按：在方志记载中，将蒋益澧派来或统带的军队都称为湘军，实际上，蒋益澧自浙江任上赴任广东巡抚，所带湘军为"数千人"。

客民。当时东江一带剿匪之事稍定,由于"肇庆客匪屯踞那吉、塱底、大田一带,时有出窜之势",瑞麟、郭嵩焘遂派记名总兵、肇庆协副将杨青山率军驰赴肇庆,"察看办理"。适值总兵衔、署罗定协副将郑绍忠剿办大坪股匪事定,瑞麟、郭嵩焘饬令郑绍忠全军除留500人驻扎永安搜捕余匪外,其余均调赴肇庆。郭嵩焘等奏报当时的办理情形时说:

> 恩平、开平两处客民屯踞那吉者四五万人,鹤山客民屯踞五坑者二三万人,皆老弱妇女为多,尚不难剿办。而以数十万客民与土民相仇杀,今存者仅十分之一,始终未一抗拒,官兵剿之无名,抚之又苦无术。……嘉应克复以后,询之镇平一县,荒山塘土,数十里无人烟。经派候补知府罗翰隆前往查勘,又派候补知府张崇恪查勘蓝山一带地方,以为安插之地。首先清理新宁客产,以次及恩平、开平,责令按亩估价,以为安插之资。仍须重兵临治,诛锄强梗,余众听从解散,安插其无所归者。其新宁、曹冲客匪,滋扰地方尤甚,亦必得一加惩办。①

瑞麟、郭嵩焘的意见显然是,以大军攻迫客民,意在迫使其放下武器,以便安插他处。蒋益澧接手后,基本也是按照这一思路行事。

五月中旬,总兵徐文秀的先锋部队开到头站,分中左右立三营。六月初旬,徐文秀与梅启照统大兵至,令先头部队进驻大槐,联络头站,扎营七座。梅启照令肇庆协副将杨青山带兵勇至新兴、阳春毗连之恩平境内要道扼守。又令副将郑绍忠带勇3000人,由新兴李洞过双越岭,至塱底墟、大田、麦地,各立一营,分兵扼守。又令阳江镇总兵杨鼎勋率兵至那龙及

---

① (清)郭嵩焘:《办理东江及翁源长宁各属土匪完竣现在筹办肇庆客匪疏(会总督衔)》,《郭嵩焘奏稿》,长沙:岳麓书社,1983年,第320—323页。按:陈金刚部将郑金杀陈败投降后,被清廷赐名郑绍忠,后来,郑绍忠一路青云直上,成为平定广东斗祸的主要将领,光绪初年海南儋州发生土客械斗,亦由郑绍忠率军平定。

第五章 斗祸中的主战场（一）

阳春珠环、太洞、瓦巷等处立营，分兵扼守。六月中旬，各方分布已定，徐文秀令先头部队前进，直逼那吉山口扎营。①

在此铁桶一般的围困之下，客民既乏粮械，又无援兵，兼之"夏雨连绵，内无所掠。粮食将尽，采摘野菜，暑湿交侵，疫疠流行，死者甚众"，心存惶惧，有心求抚。经梅启照等上奏清廷，同意适当采取招抚措施。据同治五年（1866）九月上谕称：

> 瑞麟等前饬徐文秀带兵赴那吉办理客匪剿抚事宜。旋据客匪郑士谦、黄焕漳、韩端沅等先后到营求抚，该将等令其缴械造册，听候安插，两次缴来洋枪、长矛，均属零星抵塞。肇罗道王澍由恩平到营，将黄焕漳等扣留，仍传谕大小客众头目，速缴军械，捆送土匪。探闻那吉等处匪类纷纷退聚沙冈、青湾等处，意图外窜。该督抚已饬郑绍忠扼堵，并饬王澍往大田布置，令梅启照等带新练炮队兵勇，一同驰往恩平策应。所筹均妥，著即督饬梅启照会同徐文秀等察看匪情，相机办理。如该匪众胆敢抗拒，抑或潜图负嵎，自不能不乘势搜剿。设使真心悔罪，缴械输诚，该督抚仍当体朝廷好生之心，妥为筹画安置。男妇数万人，亦断无尽杀之理，惟当将著名巨魁访获正法，使各匪知所畏惧。即土民中有凶悍素著者，亦宜酌量办理，以后方可永远相安，不致再有彼此欺陵之事。②

徐文秀、梅启照眼见被围客民死亡日众，决定禀明督抚，"恳请再施国家厚恩，擒其首要，明正典刑，解散胁从，给以口粮，押赴省外僻地安插，以全其生命"。得到肯定答复后，徐军四路宣传，要客民及早回头。③

---

① 宣统《恩平县志》卷14，《纪事二》。
② 《清穆宗实录》卷185。
③ 宣统《恩平县志》卷14，《纪事二》。

梅启照还编了一首《劝散歌》，歌曰：

> 一打鼓，二打锣，众客民，听我歌：我歌劝散听无讹，各人走散各人好；上宪给你盘钱多，大口八两，小口四两；莫嫌路远怕奔波，汝有田，久不耕；汝有屋，早拆破；莫奈其何，莫奈其何。有地安插是汝福，无地安插动干戈。①

并要兵士于夜间"具锣鼓，于高山绝顶上鸣锣击鼓歌之"。又将歌词传入客营之中传唱，客民之心为之瓦解。

最后，男女客民共4万余人出营求抚，分作四班点验，发盘费20余万两，由官军"押往高雷廉琼及湖南、广西、福建等处分插，至十月末旬始行发尽"②。同治六年（1867）正月初旬，徐、梅率全军出境，分往赤崁、荻海等埠驻扎，五月撤营回省。

至此，恩平境内客民被"驱除净尽，永绝根枝"，邻邑留存者，尚有新宁之曹冲及鹤山、高明、新兴之主山三州、五坑等处。十一月，广东官府出示，将恩平等县客民所遗田塘地宅招充定价，上田每亩银八两，中田每亩银六两，下田每亩银四两，村塘地宅每亩银十两，委道员梅启照为督办。③

---

① 宣统《恩平县志》卷14，《纪事二》。
② 宣统《恩平县志》卷14，《纪事二》。
③ 宣统《恩平县志》卷14，《纪事二》。

第六章 斗祸中的主战场（二）

新宁县的斗祸虽然晚于鹤山、开平、恩平、高明等县，但无论是规模还是损失人数、惨烈程度都是具有代表性的。民国《赤溪县志》记云：

> 赤溪县民即原居新宁籍之客民也，自经巡抚蒋益澧止斗联和，划厅分治，土客相安，垂五十余年于兹矣。然在当日，各县土客因分声肇衅，互相屠杀，卒至两败俱伤，死亡相等，逞忿私斗，宁有幸耶？及今思之，不寒而慄。①

事后50余年尚不相忘当时惨状，可见其伤痛之深。

一、斗祸前的新宁客民概况

新宁在秦时属南海郡地，晋属新会县地，隋时为新会县地。明弘治十二年（1499）始置新宁县，属广州府，清朝因之，县属有六都，即德行、文章、平康为上三都，矬洞、潮居、海晏为下三都。② 同治六年（1867）斗祸止息，析置赤溪厅。

新宁地处边陲，东部多山地，南通巨海，濒海之地颇多鱼盐之利，民风"向称淳实"。但由于宗族势力盘根错节及潜在的土客矛盾，使该县社会矛盾隐藏着危机。据道光《新宁县志》记载县境宗族情况称："民重建祠，每千人之族，祠十数所。小姓单家，族人不满百者亦有祠。"③ 宗族

---

① 民国《赤溪县志》卷8，《赤溪开县事纪》。
② 光绪《新宁县志》卷1，《图说》。
③ 道光《新宁县志》卷1，《舆图》。

势力强大，往往导致民间冲突的发生，道光时期，"渐染浇风，乡村间往往有因争山坟、水圳、洲岛故，遂纠合多人，酿成械斗之狱。岂犷悍之气未化，抑亦依山濒海，官司之威不及加，故无忌惮欤？"①

至于土客矛盾，也要从客民始迁新宁说起。康熙元年（1662），由于台湾郑氏政权扰及粤疆，清廷下诏迁海。三年（1664），又因番禺"蜑贼"李荣等起事，清廷恐迁民仍通海舶，将近海之民继续内迁。失去田园庐舍的迁民无以资生，"渐渐死亡者，十不存其八九，以致迁地空虚，盗贼益肆"。七年（1668），广东巡抚王来任以缩地迁民为非策，疏请展复两迁地界，听民复居，奉旨依议。边界虽复，而各县被迫内徙之民能安然返乡者已经十不得一二。沿海地多宽旷，粤省大吏遂奏请移民垦辟，于是惠潮嘉及闽赣人民，携家赴垦于广州府属之新宁、肇庆府属之鹤山、高明、开平、恩平、阳春、阳江等州县，多与土著杂居，"以其来自异乡，声音一致，俱与土音不同，故概以客民视之，遂谓为客家云"②。

雍正十年（1732），督粮道陶正中至新宁、开平、恩平等县劝令垦民悉数领地开耕，时新宁知县王暠亦以垦辟自任，详报省宪，开畸畛图，准立新户升科，完纳税粮。至乾隆时，惠潮嘉人仍大批来垦。

乾隆以降，广州府、肇庆府属各州县，由于生齿日繁，读书人士难归原籍，各请就近入籍考试，但每每为土著所阻。新宁客童廖洪等大为不平，于乾隆二十九年（1764）赴都察院具控，奉谕旨着广东巡抚图萨布查奏，经部议覆准新宁另编客籍考试，取进文武生员，"于是客童有上进之阶，膺贡举而登仕版者，代有人矣"③。当然，如果没有特殊诱因，这方面的矛盾还不致以激烈的冲突爆发出来，以致有人说："各县土客相处百余年来，向无猜嫌。客民因方言与土有别，因性

---

① 道光《新宁县志》卷1，《舆图》。
② 民国《赤溪县志》卷8，《赤溪开县事纪》。
③ 民国《赤溪县志》卷8，《赤溪开县事纪》。

坚毅，不苟随人，彼此似难融化，然偶或龃龉，一经调停，立可冰释，犹相安也"。①

客家地区流传的一首《迁流诗》有句云："年深异境犹吾境，身入他乡即吾乡。"表明了客民在艰难迁徙中顽强生存的能力。这一点在新宁客民身上有极好的体现。民国《赤溪县志》云：

> 客民习劳苦，繁生育，又善引族属，故所在占籍，皆能自辟村居，繁殖人口，计由雍乾始迁，以迄咸丰初，仅百十余年，鹤、高、开、恩等县不具论，即新宁一邑，客民人口已不下三十万，而所居地虽多僻瘠，以宁邑方舆计之，殆占三分之一焉。②

据《新宁乡土历史》载："客民初来宁邑，所居地，西至大龙湾、燕子阁、三合一带，迄南至横塘、高厚、长塘、马山、大窿洞、寨门、深井、大门、大湖山、那扶一带，北自蟛蟹塘、四九墟、五十墟、枫树园，迤东至小旗山、五指山、赤溪、磅礴、曹冲等处"，傍山结庐，"虽所居地多硗确，然合宁邑方舆计之，殆三分之一云云"③。

二、两年的忍耐与斗祸的最终爆发

咸丰四年（1854），洪兵大兴，鹤山知县马斌被杀，恩平方面则有围扑县城之事，各县岌岌可危，因为广州被洪兵围攻，东江、西江、北江等地，到处都有洪兵攻城略地，广东官府难以分拨兵力，各地往往只能自救。恩平知县郭象晋"专募客勇防守"，鹤山县客绅马从龙、张宝

---

① 民国《赤溪县志》卷8，《赤溪开县事纪》。
② 民国《赤溪县志》卷8，《赤溪开县事纪》。按：该资料系参照《广州府志》《新宁县志》《宁阳杂志》等撰成。客民所居地方仅占三分之一，且多崇山峻岭，偏僻贫瘠，而有人口30万；土民占较肥沃，其人口当超过客民两倍。这是我们在研究该县斗祸时要特别注意的。
③ 民国《赤溪县志》卷8，《赤溪开县事纪》。

铭等奉总督叶名琛谕,统带客勇,协助官军收复城池,新任鹤山知县沈造舟亦"督同存城千总李其盛统率客勇,搜剿余贼"。当时,"为贼目及附贼者多土属人,闻剿惧之,乃煽布谰言,谓客民挟官铲土,土众惑之,因是仇客分声(各分方音也),乘势助匪杀掠客民,客民起而报复,遂相寻衅,焚掳屠杀,而成械斗矣"①。

斗祸在鹤山、恩平、开平等县迅速蔓延开来,与恩平、开平壤地相接的新宁倒是一时偏安一隅,这与当时新宁知县杨德懿的竭力防堵有关。各县相继告急时,曾有开平土匪谭亚受、余兆表等纠集沙河、江门等处洪兵入踞长沙,由获海登岸,意图攻打新宁县城,知县杨德懿调各堡乡团分防要隘,又谕客绅杨锦澜等招募客勇到城固守。稍后,杨德懿调任他处,继任知县洪德方到任后,也努力内防外堵,化解矛盾。

洪德方,字子龄,江苏阳湖(今常州市)人,举人出身,清代名臣洪亮吉之子,咸丰四年(1854)被委署新宁知县,到任后,即接办"红匪善后事宜,极其周详"。五年(1855),新宁因灾大饥,斗米七百余钱,德方捐廉倡赈,并亲往广海莘村一带有积粟之家办籴,在县城设局济贫,"一邑赖安"。至六年(1856)五月,新宁斗祸发生,"因屡谕客绅不听,又为文虔祷邑城隍神祠,甚恺恻,一秉至公。"②

新宁斗祸之缓发,也与新宁本地土客绅士尽力设法避免启衅有关,还有就是新宁客民人数甚众,土民不敢轻举妄动。咸丰四年、五年,新宁土人鉴于鹤、开、恩、高等县土客斗杀,为祸至惨,恐将波及,"故凡居近客村者,皆时会约,和好相安无事"。但是,在忍耐了两年之后,土绅李维屏等制造了一起阴谋,导致新宁斗祸骤起。

咸丰六年初,土绅李维屏、陈兆松等人"潜与开、恩土属联谋灭

---

① 民国《赤溪县志》卷8,《赤溪开县事纪》。
② 光绪《新宁县志》卷18,《宦绩传》。该志又称,洪氏"任后病故,停柩佛山,不得归,邑人在佛山应试,德方犹附乩说客匪奸谋,言之凿凿,真不愧诤臣之裔也"。从中可见,洪氏有偏袒土民之意,且信神信鬼,驭民无方,大失乃父之风。

第六章 斗祸中的主战场（二）

客"。他们担心一般土民不从，乃捏称曾截获本县客民与开、恩客属约期来宁起事函件，"以耸动之"，又伪造此等书函，抛弃途中，故意让行路土民拾获，互相传播，于是，"土众受惑，起而仇客"，各土绅加以利用，在塘底、上泽、六堡设吉昌、均和等局，冲蒌设升平局，潭溪、都斛设隆平、安良等局，海晏设捷胜局，又与开平土属联设元胜局，"各招集积匪土贼千数百名"，以乡丁为向导，于三四月间先后起旗。

光绪《新宁县志》称：

> 春夏间，"逆首"、武举钟大镛、生员郑镕、黄腾芳、傅腾辉、武生余济高等在新宁西路那扶、万顷洋、深井、寨门、大潭、大顶等处纠伙立寨，招集外匪焚杀。中路大龙湾、河洲、小旗山，东路蟛蟹塘、老村、白石坑等处"逆首"、武生钟毓灵、生员吴福祥、叶香等响应。南路曹冲、大隆洞、那琴等处"逆首"杨梓钊、生员陈志光等也起而应之。①

起先，鹤山、高明等县土客仇斗，土民多参加洪兵队伍，"悉用红旗"，客民听募剿"红"，以白旗加以区别。后来，开平、恩平以及新宁等县启斗，"俱土红客白，以相号召，分旗而阵，辨色与御焉"②。土民起

---

① 光绪《新宁县志》卷14，《事纪略下》。按：该志较民国《赤溪县志》撰成为早，偏见尤深。《赤溪县志》的作者曾特别指出："近世人群进化，勇于私斗，当视为国民之耻。曩昔斗事尚足述乎？惟《新宁县志》所载土客械斗事纪，悉以叛逆视客，所用进剿、俘戮、客匪字样，直以王师讨伐自居，使其邑人阅此，多以客族为匪类，竟不知土客启衅，别有其原因在，将恐因是疑误，久相嫉视而仇客之念终无以已。又况当日土客之斗，非自新宁始也，因于鹤山一隅，土嫉客勇、分声仇杀而起，其祸遂延蔓于高、开、恩、阳、新六七县而至不可收拾。苟无兹编以纪之，将事实不明，终多误会，则积嫌相陷之事，宁得免耶？且也土客皆黄农支裔，特因方音不同，致生分别耳。使浏览是编者，藉知蛮触是争，俱伤两败，而其屠戮相寻，死亡山积，为祸之烈，又一至于此。当有痛定思痛，深悔曩日举动之非而慄然以惧者，因惧生悟，则此后土客可期嫌疑悉泯，不分畛域，无虞再滋事故矣。"见民国《赤溪县志》卷8，《赤溪开县事纪》。相对而言，民国《赤溪县志》所述比较客观，故本章记叙新宁斗祸情事，以民国《赤溪县志》为主，另在适当地方以"按"的方式引用光绪《新宁县志》，以见两者详略、观点的不同。
② 民国《赤溪县志》卷8，《赤溪开县事纪》。

旗后，分向各方客村围杀，客村亦挑选壮丁与御，新宁斗祸终于爆发。而且，由于当时新宁客民多达30万人，较周围各县客民势力更强，故新宁斗祸更为惨烈。

其时，新宁客民居于曹冲、赤溪、田头洞、员山头以及冲蒌洞、四九墟、五十墟一带者为东路，居于那扶、长塘、那琴、五堡、大湖山、大门、深井、大窿洞以及马山、燕子角、墩寨水、三合洞一带者为西路。①西路客民所居地广阔，多腴壤，故居民颇富足而殷繁，人口比东路多至十倍。当土民分东、西路前来攻打，西路客众与土民相斗时，各客村往往出兵互相援助，"故能与斗千百次，相持至十余年"。而东路由于"客少援绝"，相斗不到一年，四九、五十、冲蒌、员山头等处客村相继沦陷，仅有曹冲一隅尚能自卫，后来与赤溪、田头联成一气，竟成客民的一个坚固据点。下面就将新宁东西两路土客互斗情形及其演变情况分别加以叙述。

三、新宁西路斗祸概况

新宁县西路那扶、万顷洋及长塘一带客属数十村（有那扶厂下黄姓，零潭温姓，单竹朱姓，坭桥余姓等共80余村）。这些客村都与开、恩二县之金鸡、赤水、东山等处客村毗连。咸丰六年（1856）三月初，土民突然率众来攻，焚掠那扶之厂下、金坑等10余村，打死打伤客民壮丁100余名。十二日，东山局客勇来援，会同抵御，毙土人400余人，为了报复，又焚毁土村20余处。

因为此时鹤山、开平等县土民有联合清军攻打客民之事，新宁清军也开始与土民联合，但因客民顽强，反遭损失。光绪《新宁县志》称：

---

① 按：此处"大窿洞"与前面及下文所引"大隆洞"或"大隆岗"、"大隆峒"为同一地名，因不同文献甚或同一文献所记之异耳。

第六章 斗祸中的主战场（二）

三月十二日，那扶、万顷洋客贼勾连恩、开客贼焚劫那扶等处二十九乡，拒伤那扶营总司杨兆梦、外委潘连标及兵丁十二名。三月二十四日，客匪焚劫白沙黄、马两姓等处，拒伤乡勇二十余名。知县洪德方谕饬邑绅在城设立总局，各乡立分局、团练，有远近救援诸款随行，以客贼愈炽，邑绅告急于督抚，奉准团练防剿。①

从时间上看，新宁西路斗祸系土民先行动手。

五月初八日，客民结队出击，攻打土乡。十一日，土民复纠众来攻，客村各路壮丁咸出，追击至横冈、大朗、挨象、六合等处土村而止，自此土客各营寨积年寻斗，至双方死亡枕藉。②

光绪《新宁县志》称：

五月初八日，客贼攻陷海晏之大门、深井、富坑、李坑、东头、大江、大隆岗数十余乡，踞为贼寨，所有坟茔皆被挖毁。……吉昌堡局绅阮文奎捐资募勇，屯圆岭营，扼守要害，广海各勇会剿大隆尚客匪，弗克，勇目彭得仁等十余人死之。

十一日客贼焚横冈、大萌、挨象、六合、长塘等村。

十二日客贼焚墩寨、那梅、叶屋、清湖、城冈堡、牛角水等村。

十三日，各勇合团攻白水萌客贼，生员马桂英被伤死，土著村庄焚劫殆尽，男妇逃出者被杀无数，尸横遍野，哭声载道。③

又称：

客贼焚劫双迳、新村及水松萌、彭村、冲奕诸村，陈文耀亲督本处勇堵御。城守陈恩光着黄福带兵数十应援。开平赤水客贼

---

① 光绪《新宁县志》卷14，《事纪略下》。
② 民国《赤溪县志》卷8，《赤溪开县事纪》。
③ 光绪《新宁县志》卷14，《事纪略下》。

会同本邑客贼焚陷紫泥坑、横山、厚水、宠坡头等村,杀掳男妇无算,将及潮境白沙地界,黄、马两姓绅士约同邻堡督勇拒敌,焚去横沙、大荫、高坡等处巢穴,贼势稍敛。复分勇屯营北坑、横水、溪草、骨荫、上迳头、蛇山等处,日夜守拒,相持数年,计阵亡勇二百余人。……

又称:

深井、大门诸贼与大湖山相为犄角,自富坑等村既破,遂两路交通四出焚劫,海晏骚然。①

那琴、五堡、寨门一带客民,地近阳江,与东西客属相距较远。咸丰六年斗祸发生后,遭土民逼斗,彼此掳掠焚杀,为祸亦惨。八年十二月,土人招阳江勇1万名,以土目1000人为向导,连月攻击那琴一带,客民无援,数十村庄相继失陷。于是,客众知难与敌,遂相率逃往那扶、金鸡、赤水等处寄居。事后,土民应偿勇费值租谷2万石,将所占客属税田3332亩拨归阳江勇,禀县给照管业,仍未足数,复割土著田466亩又钱6000贯与之。②

光绪《新宁县志》记载此事称:

客贼攻戎属五堡,土人逃居阳江,所有寨门、那琴数十乡,焚劫一空,受害甚惨。

时土人逃避殆尽,邑绅、训导容休光、生员容士鏿招集五堡父老,在阳江会议收复乡土,禀县,准将客田拨与阳江局绅,募勇一万,以土勇一千为乡导,(九年)二月得还故土,应偿江勇租谷

---

① 光绪《新宁县志》卷14,《事纪略下》。
② 民国《赤溪县志》卷8,《赤溪开县事纪》。

第六章 斗祸中的主战场（二）

一万石，伸中税田三千三百三十二亩，先以客田拨交，不敷仍向土田派足。奉大宪示，将客田充公，江勇不肯遵办。阳江厅张秉彝、新宁县邹宗淦同驻琴溪义学，劝五堡缴钱六千贯，另土著田四百六十六亩交江勇，取出客田充公。未几，委员俞恭懋到江局，檄五堡加补二千贯，共八千贯，缴藩库，准江勇承充客田，给照为据。①

当时新宁土民逃往阳江，阳江客民则逃往新宁那扶等处客营。

大湖山、深井、大门一带客属，西接那扶，东连大隆洞，地濒海而民饶富，乡落稠密，多大族居住（如大湖山林、谢姓，深井墟下郑姓，萌尾坪傅姓，泗门岭背叶姓，新旧富坑汤、黄姓，大门、大洞、鹅斗陈、曾姓，牛角龙邓姓等村，俱大族。此外有四季坪、九江堡等，共400余村）。咸丰六年（1856）三月间，该处客绅武举钟大镛、生员郑熔、黄腾芳、傅腾辉，武生余济高等侦知土人有设局募匪图客之举，亦在深井墟设局，编选壮丁。五月初八日，海晏土民率队来攻深井、大门、富坑等处，客民调壮丁抵御，俱遁去。初十日，土民复攻深井、大门，焚掠四季坪、九江堡等村，陷富坑，男妇死70人。十二日，萌尾坪勇目傅二贵、叶观生、曾和养征集壮丁截击，杀毙土勇300余人。十四日，收复富坪。二十八日，文村土目陈官衡、陈鸿业率队围攻大门寨，各乡壮丁赴援，杀毙土勇100余人。二十九日，复追击至海晏边地，毙土300余人，随被土队绕道伏击，客勇被杀200余人。

六月初十日，海晏文村等土勇约一万人分路围攻深井、大门一带，"旗帜遍山谷"，各村客勇俱奋起抵御，杀毙土勇1600余人。是日，土民还分队袭击大窿洞客村，亦被创。

光绪《新宁县志》记载此事称：

---

① 光绪《新宁县志》卷14，《事纪略下》。

初十日，客贼复踞大门、大隆洞一带，毙乡勇一千六百余人。

知县洪德方禀督宪发兵剿办，并将主谋客绅斥革，饬委武弁李捷科、陈日邦、余胜柱等督带兵勇三百并各乡勇剿螃蟹塘三寨，贼分险固守，弥月不下。……

十一月初三日，乡勇攻破螃蟹塘、老村贼寨，余贼尽窜回员山头、曹冲等处。……

三寨相距二十余里，自六月进攻，不能拔，五堡耆民刘琪公等领赏银万两，自招健勇，密订师期，以骁勇数百，携带火器，夜入白石坑山后，分伏左右。黎明，以大队数千从螃蟹塘面前诱敌，贼果空壁来追，伏勇猝发，纵火焚之，值北风骤起，烟焰蔽天，前后夹攻，俘斩二千余人，平其寨。①

咸丰七年（1857）八月初五日，海晏土众会合开平万全堂局勇驾舟来攻大湖山，客民调壮丁在窦门断其归路，杀毙土勇数百。二十七日，海晏土目谭名世、苏宝复募"悍匪"数千，分两路来攻，陷大门客寨，壮丁与御，死600余人。土民即踞大门为寨，将附近客村焚毁殆尽，深井、岭背、金坑等处亦遭焚掠，男妇不及逃避者，全数被害。

十月初二日，土民复围攻大湖山一带，客民男妇被杀及溺水死者2000余人。初七日，深井客目杨庚、石带秀、汤敖谷等率众到大湖山参与抵御，又得那扶客勇来助，土民乃解围遁去。时赤水、东山两局调来援救大门勇队又陆续到境，并以食粮相济，遂即会同追击，收复大门及各村居，毙土无算，招集客民复居。又在大门边地择要建筑炮台、围墙，与深井、大湖山相为犄角，攻守互助，足以御敌。此后土客之间没有发生大的战争，然彼此亦不时伺隙掳杀，互相残害，死亡亦多。②

---

① 光绪《新宁县志》卷14，《事纪略下》。按："十一月初三日……"一段系条目，"三寨相距……"一段系对条目的解说。后文亦多有类似情况。
② 民国《赤溪县志》卷8，《赤溪开县事纪》。

第六章 斗祸中的主战场（二）

大隆洞内外一带客属数十村（有凹下陈姓，坪山陈、章、李姓，虎闸营张姓，蓝厂陈、张姓等共90余村），西连大门，东北与燕子、角墩、寨水、三合洞相接壤，洞内外居民颇繁庶。咸丰六年（1856）五月初八日，海晏沙栏土队突然袭击，该地客民猝不及防，被焚劫20余村。于是客绅生员陈志光、监生庄培后、李照龙、陈宏泰、钟洪恩等筹选勇丁，分上下洞立寨防守。事甫就，初十日，塘底、广海等处土民又大队来攻。勇目翁鹤、陈甲生、范官保等率壮丁截击，毙土勇30余人。二十五日，海晏沙栏土队由撤水迳、鹅薮迳、碌鼓迳、大窿迳四路进逼，客民壮丁分途抵御，击毙土民数百。六月初十日，海晏文村等土队围攻大门，客属亦分队迎战，予以击退，毙土百余。此后土众时来袭杀，迭与抵御，互有死亡。①

三合洞之燕子、角墩、寨水一带客属数百村（有白水萌、大龙湾、坡头、面冈背，俱是朱姓，高凹、黄村、闸门坑，俱邬姓，九龙钟姓，瓦塘刘姓等，共300余村），西与开平赤水、东山客村毗连，东隔土村，路通冲蒌、四九、五十客属。

咸丰六年五月初旬，上泽、六堡、西廓、塘底等处土民纷纷设局图客，客绅生员朱慕濂等急忙组织抵御。先是，西廓土营屯集横冈，攻陷牛过路、清湖等十数客村。初十日，复约同上泽、六堡等土局，集众一万人，分两路进逼，图攻墘厚水、黄村、洞怀等处。当时土勇猝至，人心惊惶，客绅生员朱慕濂、朱联璧等，一面调集壮丁分险固守，一面在各山谷遍张旗帜以为疑兵，土众见之，多徘徊不敢前，随由壮丁发炮，轰毙土勇数十人，土阵遂溃，众人奔逃。十二日，土勇在圆岭屯营，连日围攻白水萌、牛角水、水松萌等村，客民俱击退之。二十七日，上泽、西廓、塘底土队攻陷闸门坑、高凹、塘坪一带客村，男妇多遇害，得逃出者俱避入大隆洞。②

---

① 民国《赤溪县志》卷8，《赤溪开县事纪》。
② 民国《赤溪县志》卷8，《赤溪开县事纪》。

六月初一日，土众焚毁横塘、歪颈鹅、合门坑诸村，客民壮丁死100余人。二十九日，土勇围攻大龙湾、蛇坑诸处，壮丁与御，毙土数十人。

八月初五日，土民又整队来攻，客民壮丁截击，杀毙土民100余人。是时，彼此焚掠掳杀无虚日，客村相继失陷，逃亡得免者皆他去，而未失陷各村民以土众客寡，恐难与敌，亦多迁往东山、赤水、那扶、深井等处寄居，只余大龙湾、白水萌、蛇坑、洞怀等数村，村民抵死固守，与土民相持三四年后，因孤立无援，最终相率他避。至是，三合洞一带客村田园悉为土民占据。①

四、新宁东路斗祸概况

"歃血会盟"

新宁东路赤溪、曹冲、田头洞、磅礴、铜锣一带客属（属潮居都），"素与附近土人相睦"。咸丰六年（1856）四月间，都斛土人设潭溪、安良等局，"募贼勇图客"。客民知斗祸将及，试图通过会盟方法避祸，遂招集邻近土客绅耆在南界庙歃血会盟，其誓文曰：

> 我潮居都土客适相好，无相妨，如先启斗者灭，能让三阵者昌。②

但纸上空文难以抑制斗祸的发生。五月十八日，土民在赤溪火烧寮地方戕毙客民一名，先行动手。都斛土勇亦蠢蠢欲动，订期来攻。在这种情况下，曹冲客绅贡生杨梓钊、监生杨元凤等知道斗祸难免，又怕客民分散居住，势孤力弱，难以抵御，赶紧招集狮山黄、吴、朱姓，大小麻杨、李、邹姓等村客民，悉由僻道趋集曹冲，约400余户，分东、南

---

① 民国《赤溪县志》卷8，《赤溪开县事纪》。
② 民国《赤溪县志》卷8，《赤溪开县事纪》。

营安置居住,"筹策预防,并护送就近土民出境,所有家具亦代雇船悉令载去,无枉害一人"①。

六月初八日,都斛土队果然来攻曹冲,客民"仍泥前盟,退让三次,被杀八名"。翌日,土勇又来攻,客民复被杀2名。

杨梓钊与万兴局

当时,曹冲一带客民连日遭到攻杀,土强客弱,恐难以抵敌,又因曹冲、赤溪东西南三面皆环海,北属土境,迁避无路,惊恐异常,遂集议在东营村设万兴局,推杨梓钊为局董,杨元凤、江天元副之,主持征集丁勇、筹备捍卫等一切事务。此后,曹冲、赤溪一带成为新宁客民的一个重要根据地,前后坚持达11年之久。

六月初十日,曹冲客民侦悉都斛土局出重资募南村技击师王亚柏为队目,统众数千从磅礴迳"来窥曹冲,以图洗灭",亟派勇目唐启扬、江天扬、赖火娇各率壮丁数十名,分往营盘迳、李迳头、董顶诸路伏守;一面派杨元茂、张北寿、杨福信率壮丁二百名向前迎敌。土众大张旗鼓,蜂拥入境,以藤牌队为锋,连接牌山,步步进逼,至石角、禾场地,右路壮丁从山麓潜出,施放抬枪,毙土牌勇十数名,牌山随崩,左路客民壮丁又突前猛击,土队遂向后方却退,夺路奔溃,于时伏兵四出截击,在高冈排击毙土目王亚柏,是役共杀毙土勇数百名。②十月十五、十九等日,土勇又入境图扰,被客勇追击至东坑、丰江等处,杀100余人。

由于曹冲一带客民的顽强抵抗,土民一方难以取胜,来攻次数日少,直至土客双方暂停攻击。至咸丰七年(1857)、八年(1858)后,新宁东西路客民因战败、逃难而避集曹冲者越来越多,曹冲声势"亦暂振"。③

---

① 民国《赤溪县志》卷8,《赤溪开县事纪》。
② 民国《赤溪县志》卷8,《赤溪开县事纪》。
③ 民国《赤溪县志》卷8,《赤溪开县事纪》。

客绅钟毓灵之死与冲蒌失陷

冲蒌洞一带客属200余村，户口殷繁（有牛角龙、杨姓、解元山、榕树冈、河洲钟姓、小旗山、羊坑吴姓、白庙袁姓等共200余村）。咸丰六年（1856）五月初旬，土人升平局忽募队分路来攻，事起仓猝，各客村不及防御，多遭焚毁，转徙他去，唯河洲村客绅、武生钟毓灵设法率壮丁与御，并招集流亡，在河洲立寨固守。同时，钟还约小旗山、五指山一带客村联同设防互助。十八日，客民联合设防诸事尚在进行之中，土民即率大队围攻河洲，河洲客勇在钟毓灵的指挥下，"自辰至申，抵死捍御，卒因无援，被破垒攻入，男妇死者数百人，掳武生钟毓灵到新宁城支解，令人争啖其肉，惨不忍闻"①。

二十二、二十三等日，土民又集队来攻小旗山、朱屋排等村，客勇追击至荫伞、塘鹅洞，毙土众数百。二十六日，土勇又攻陷枫树园村。至是，冲蒌各村客民以土众难御，相率挈眷，东逾百峰山，至员山头、莲花山、虎利等各村寄居，或逃往西路客属三合、那扶、大门、深井者，所在皆有。②

五十洞、四九洞的失陷

五十洞、四九洞一带也是客民聚居之区（有白石坑林姓、螃蟹塘黄、谢姓，老村阁叶姓等，共180余村）。咸丰六年五月初间，两洞客村突遭土众攻逼，"客村无备者多已挈眷他徙"。二十一日，客绅、生员叶香、叶灵芝等在螃蟹塘、白石坑、老屋村筑垒树栅，分立三寨，召集各村壮丁聚守。嗣是，凡遇土来攻，皆能捍御，并可出垒追击，与土相持数月，"毙土无算"。随后，土民再出重赏，添募"悍贼"数千，以土目刘琪统之。

---

① 民国《赤溪县志》卷8，《赤溪开县事纪》。
② 民国《赤溪县志》卷8，《赤溪开县事纪》。

第六章 斗祸中的主战场（二）

光绪《新宁县志》记载此事称：

> 五月二十一二日，中路客贼纠合东路，立寨螃蟹塘、老村，连日焚劫五十、四九墟等处村庄。
>
> 客贼焚劫茵伞塘、鹅洞等村，陷南和、北就诸乡，男女死者数十人。升平局勇赶救，邀于半途，杀贼数十，乘胜捣其寨。
>
> 二十四日，客贼环攻海晏、文村等村，生员陈官衡、监生陈鸿业率勇堵御，乡勇死者百余人。连日又焚劫五十、四九墟，毙监生黄业彩、邝德广、勇目黄杰茂等三百余人。
>
> 二十五日，客贼又从撒水迳、鹅斗迳、碌鼓迳、大隆迳四路进迫海晏，各乡勇毙命者数百人。
>
> 时邑人闻变辄遁，道多流亡，知县洪德方揭示，禁人逋逃。①

十一月初三日，土勇会队来攻，先以贼数百潜入白石山后，分伏左右。黎明，大队从螃蟹塘、老屋村前面逼攻，各寨壮丁冲出抵御，伏贼猝发，纵火焚烧各寨栅，值北风骤起，烟焰蔽天，迷不辨人，土众乘之，前后夹攻，壮丁莫御，三寨悉陷，男妇被掳杀1000余人，其逃出得免者多觅路往新会、佛山、省城及西路客属三合、那扶、大门、深井诸处逃避，亦有往莲花山、员山头者。于是，四九、五十两洞客村皆失。②

从新宁东、西路两路土客斗祸的初期情况来看，有以下几个显著特点。

一是新宁客民数量较多（约有30万人），所以有一定的抵御及反击土民的能力。

二是土民的主动进攻较多，《赤溪县志》称：

> 其间双方交绥攻杀事，时起时止，或一月而十数见，或一年而

---

① 光绪《新宁县志》卷14，《事纪略下》。
② 民国《赤溪县志》卷8，《赤溪开县事纪》。

仅三四见，其故何欤？盖缘其时系土谋灭客，土来攻客者多，客因受攻逼，于（是）自卫乃起与土御，或往击土村，以牵制之。迨土攻稍息，而客之壮丁亦即解甲荷锄，以事耕凿，不向追击。①

三是土民多系募勇打仗，而客民多为自筹防御，这一点与双方的经济实力有关。当然，后来客民也有到惠潮嘉等地募勇、招人相帮之事。

四是此时官兵无暇相顾，土客双方大斗虽止，而"暗相袭击，焚劫掳杀之事，无时无之，亦无地无之"。故要了解双方伤亡惨重状况，不仅需注意记载中的大斗，还要注意到无数零星小斗。

五、曹冲、赤溪成为东路客民的据点

逃难与被难

咸丰六年（1856）秋冬间，冲蒌、四九、五十等洞客村被土民围攻，次第失陷，这些地方的客民翻越百峰山，迁避于员山头、莲花山等客村，寄居者达三万余人。

十月初旬，逃难客民开始编选壮丁，在员山头屯营，准备抵御土民。十六日，土民率队来攻，客民迎战，土民不敌，客民追击至古逻、坦塘等处，杀毙100余人。土民不甘心，又于十八日集合大队来攻客营，客民壮丁与御，被杀600余人。客民不甘坐等围攻，也迭次纠队往击东海及北滘诸土村，"毙土亦无算"。

当时，这些逃难客民因人多地狭，多无村居，只能支帐露宿，因此导致很多人水土不服，疾疫流行，加上土民不时侵扰，众人均认为此处非久留之地，"议迁他处"。但在迁往何处的问题上产生了分歧。有认为宜西迁那扶一带者，有认为应东迁至曹冲者。主西迁者认为，西路

---

① 民国《赤溪县志》卷8，《赤溪开县事纪》。

第六章 斗祸中的主战场（二）

那扶、大门、深井等处客族众多，能与土敌，可取道蓝迳，由三合洞前去。结果主西迁者占据上风，附从者即挈眷同行。

咸丰七年（1857）正月十八日晚，西迁的大队客民行至棋傍山，度蓝迳，天拂晓时，突然遭遇大队土勇围攻，"锣声四应，分头截杀，一时客队莫御，惊号散窜，男女遇害，死四千余人，能得幸免者十仅二三，皆向恩平、赤水客属逃去。计自土客互斗以来，客民被杀之多而且惨者，以此为最云"①。

光绪《新宁县志》记载此事称：

> 十九日，贼首王长贵泛海纠匪，窜曹冲，将丰江、东坑、田头、白石、塘美等一百三十余乡焚劫殆尽，杀掳男妇万人有奇。时曹冲滨海负山，地势险固，初客贼无多，贼首杨梓钊、吴福祥等啸聚余党，凶悍异常，破田头各乡后，结寨联络，互相犄角，更加猖獗，沿滘诸村堡悉被屠掠，惟南村固守独存。②

此次遭遇战甚为惨烈，也给了客民极大的教训，以致多年后，"故老所传：当日客民西迁，因多眷属，扶老携幼，行程甚缓，又因沿途多儿啼声，为土人闻之，被乘夜纠众赶及截杀，致遭此害，嗣后凡客民携眷他迁，须偷度土属地方而去时，有用棉花塞小孩口，或以鸦片烟膏涂口，使醉勿啼，因是闷死者甚多。又或先将小孩抛弃，以免途中担累，为事均惨云"③。

此时，留居员山头、莲花山等处的客民"因客众迁西遇害，人无斗志，亦拟撤营他去"。适三月初旬有曹冲疍民何戴驾船前来。陆续渡载此处客民前往曹冲，前后达5000余人，随为土人闻知，募"贼艇"在

---

① 民国《赤溪县志》卷8，《赤溪开县事纪》。
② 光绪《新宁县志》卷14，《事纪略下》。
③ 民国《赤溪县志》卷8，《赤溪开县事纪》。

海面拦截，遂无船来渡。仍然流窜在员山头、莲花山等处的客民知道孤掌难鸣，事不可为，遂各谋迁避他乡，或由虎利渡海，至香山县斗门、三灶等处，暂图栖止；或另觅间道，向西路大门、深井而去。不久，员山头、莲花山等处所有客民迁避一空。未几，前往香山斗门、三灶暂居者亦先后奔集曹冲。①

曹冲战守策

曹冲僻居一隅，新宁东路客民纷纷来投，人口渐众，在客绅杨梓钊的经营下，内外诸事颇有条理，成为东路客民的一个重要据点。但该处东南面海，北面、西面与土民居地接壤。土民有此肘腋之患，时存"剿灭"之心。

咸丰七年（1857）十一月十六日，有新会人驾艇来曹冲倒卖杂物，警惕性颇高的客民经盘问，"察知系为都斛土人作间谍者"，遂向杨梓钊等报告，杨立即召集局绅商议，决定将计就计，下令鸣锣号召各姓壮丁，订期翌日清早四鼓整队出发，往攻别处土村，该新会艇人听到锣声喊声，信以为真，立即驶回都斛土营报知，土营决定攻其不备，遂布置人马行动。十七日早，曹冲客勇假装出队，走了一段路，"壮丁皆由别道折回，择要潜伏至午间，土人果率众前来，见出与接仗者皆老弱，益不之疑，遂分队直扑曹冲，时潜伏壮丁猝起，分头截击，土阵惊溃，击毙数百人"②。

这一仗打得很成功，此后，大伤元气的土民只是偶尔来攻，而居于邻近田头洞、杨梅、长沙一带的土民亦悉数弃家迁向都斛，村舍一空。至八年（1858）五月，何戴又驾船多艘，到大门、深井接载先前由东迁西之客民3000余人回曹冲，这些新来者"悉就东南营两岸地坦结茅连宇而居"。至此，曹冲客民聚集已达一万余人，"益能自卫，凡土人来攻

---

① 民国《赤溪县志》卷8，《赤溪开县事纪》。
② 民国《赤溪县志》卷8，《赤溪开县事纪》。

第六章 斗祸中的主战场（二）

皆击败之，并时追击至南北滘一带土村，毙土无算"①。

咸丰八年七月，开平土民在谭才（即谭三才）为首的万全局的协调下，"募外县悍贼数千，会合土勇二万余"，分队围攻西路那扶等处客村，袭杀男女无数，客民"各村壮丁益敌忾同仇，奋勇与御，相剧斗三月余，连击破土村二百余区，土营勇贼亦丧亡过半，于是谭才图灭西路客之计画遂归失败"②。土民并不甘心。十月，都斛土民复与谭才订立《洗灭东路曹冲条约》，设伟烈堂，募东安"悍贼"何伦等数百人，集合土勇3000余人，购备洋枪，于初五日屯营大岗村，袭杀曹冲客民10余人，掳去2人。③十二月，东安土勇屡次率众来扰，都被曹冲客民击退，共击毙200余人。当时东安土勇穿的都是白背袄，客民呼为"白背贼"④。

咸丰九年（1859）正月，有香港英兵驾轮船到曹冲勘地，"村人见之，皆惊避"。谭才得知此事，以为客民"畏英夷"，便借口"失案"，请准港督派兵轮来曹冲"捕匪"。当时谭才与英兵约定会同土勇围捕，"订期五月初二日"。不料英兵轮船先一日到曹冲，由角嘴登岸，来攻南营，客勇出御，击毙英兵30余名，擒获10余名，"询知系受诳骗而来，悉纵令驾轮驶去"。此战客民缴获洋枪40余支。次日，都斛土民不知英兵已经打了败仗，率大队土勇分水陆前来夹攻，客勇事先分头潜伏，"猝出截击，水陆俱莫敌，毙土勇无算，并夺获快枪百余枝"。事后，被释英兵回港，港督询知"曹冲客属俱良民，因土图客，瞒请英轮往捕遭害情形，大为震怒"。据传曾将谭才逮办，罚缴英兵恤款后才得了事。⑤七月，土营又招募海盗偷袭曹冲，被击毙100余人。十一月，土营又冒充渔民到田头大塅捕鱼，"图伺杀客民"，又被客勇潜往击毙30余人，于是，"土人伟烈堂营遂撤去"。

---

① 民国《赤溪县志》卷8，《赤溪开县事纪》。
② 民国《赤溪县志》卷8，《赤溪开县事纪》。
③ 民国《赤溪县志》卷8，《赤溪开县事纪》。
④ 民国《赤溪县志》卷8，《赤溪开县事纪》。
⑤ 民国《赤溪县志》卷8，《赤溪开县事纪》。

当年冬，恩平土绅以谭才谋客屡败，便遵照恩平知县刘维桢的劝谕，与客联和，贸易往来，相安半载，未几，因事复斗。①

咸丰十年（1860）冬，新安县客绅、监生李道昌、何永扬等率壮丁1000余人来曹冲援助。

此时，曹冲烟户稠密，居无隙地，加上客民有出外谋耕者，一遇土人攻击，须避回曹冲，"每多遇害"。杨梓钊遂召集局董议决，于十一年（1861）正月，派绅目杨梓楠、唐启裔等率领壮丁，挈同眷属，移驻赤溪，建筑寨垣，分堡防守，保护耕种，由曹冲万兴局统一领导。二月，又派绅目吴福堂、李道昌等率领壮丁，挈同眷属，移驻田头，建筑闸垣，分堡防守，保护耕种。并设万安局，公举吴福祥为董事。经过这一番拓展，"客民托足有所，力能捍御，耕读无惊"。

三月，省吏严谕鹤山、高明、恩平、开平、阳春、新宁六县土客联合，新宁知县曾惠均与典史张治渊、城守陈恩光先到冲蒌、都斛、那扶、深井各局，集土客绅耆议定和款，"皆听命，定盟相好，谕土客各回居复业"。但当时土客彼此相斗已七年，新宁也已五年，村居曾经兵火者，皆断瓦颓垣，无可栖止，又恐回归故里后，再遭杀害，因此"归者卒鲜"。四月，曾知县偕张典史又亲到曹冲万兴局，劝谕与土联和，以产换产，划定疆界，给示为据。至此，东路土客亦相息斗，"贸易往来，双方皆悦"②。

光绪《新宁县志》记载相关形称：

> 十一年七月，伟烈堂再募东莞、新安勇数百人，以舟师击曹冲，败绩，死百余人。

> 十七日，知县曾惠均与典史张治渊、城守陈恩光亲诣升平局集土客绅耆议和款。

---

① 民国《赤溪县志》卷8，《赤溪开县事纪》。
② 民国《赤溪县志》卷8，《赤溪开县事纪》。

第六章 斗祸中的主战场（二）

十一年十二月十三日，客贼劫滘北、上坑等堡三十余村，广海主簿王言、千总黄应祥亲弹压，遇害。

先是，十月冬，知县曾惠均奉札檄土客联和。未几，客贼暗踞赤溪、田头乡立寨，至是复出，扰滘北等村，惠均遣言及应祥前往弹压，被贼戕害，兵民死者三百余人。

赤溪客贼杀塘美村寄住横江、山迳农民三十余人，追杀过海，溺死者甚众。①

十一月，新宁西路客属诸富室如赤水洞、沙田古姓，郁水邱姓，牛角龙、邓姓等，得知曹冲已经开辟，赤溪、田头可图久居，遂函约杨元凤雇大拖船多艘，往大门接载各姓家口数千前来曹冲，不料，出海遭遇海盗陈列仔率众抢劫，搜劫金银20余万，饰物无算，男女被杀及封闭舱内死者2000余人。②

同治元年（1862）正月，都斛土民"复因事与客失和，渝盟寻斗"。考虑到便于和田头万安局筹划防务，调度壮丁，互相援助，杨梓钊等将曹冲万兴局移设赤溪寨内。这年上半年，南北滘土民多次来攻赤溪、田头等处，均被客民击退；客勇也经常出队往击东坑、浮石、田稠等土村，双方互有死亡。③

光绪《新宁县志》称：

同治元年三月初十日，客贼复劫田稠村，浮石六品顶戴赵鸣韶、赵子芳、赵德欢率勇追至田稠后山，遇贼伏突起，死二十八人。

四月，客贼杀塘美乡寄住大坡头农夫二十余人，（其他人）逃

---

① 光绪《新宁县志》卷14，《事纪略下》。
② 民国《赤溪县志》卷8，《赤溪开县事纪》。
③ 民国《赤溪县志》卷8，《赤溪开县事纪》。

走过海，溺死甚众。①

六、西路客民的惨败

客民人心涣散及其后果

咸丰十一年（1861）三四月间，开平、恩平、新宁等县土客经官府劝谕，息斗联和，会设联和局所。新宁西路土客双方遂在那扶、金鸡等处会设联和局，土客双方各举绅董驻局办事。

当时新宁斗祸虽然暂时止息，但仍然潜伏着重新开斗的危机，主要原因在于土民以田换枪的策略和客民的人心涣散。

从土民一方来说，原本以为可以轻易灭客，故设局集中募勇，需费不赀，但连年图客的结果是己方并没有占到便宜，因人口丧失过多，才决定"听和"，暂事休息，"非实意联和也"。联和后，土民将附近客村的土田贱价售于客民，将所得价钱暗置枪械，"以图后举"。

从客民一方来说，原有寄居篱下佃人土地的遭遇，又经过前段斗祸的沉重打击，所以对土地与安定充满希望，对土民之用心则毫无察觉。因此当时出现"买土人田产，拟作世业"的情况。更有甚者，客中"强豪者又思兼并占有，则争夺以起"。这样一来，不但邻族、邻村失和，甚至常常发生客民之间因为争地而互相斗杀之事。原本面对外敌时团结一致的客民内部出现了裂痕。

另外一个导致客民内部分裂的原因是，当时人民"久事战斗，习为强悍"，一经联和，民多失业，不安分的丁勇边依靠盗劫活动过活，这种情况土客双方都有。对此，土绅不究土盗，而是"贿托长官严责在局客绅，协助官兵捕获客盗多名，送县惩办"。以盗劫为生涯的客丁，害怕官绅捕治，便纠结土盗，逃聚良金孔姓客村，四出剽掠，官府即派兵

---

① 光绪《新宁县志》卷14，《事纪略下》。

第六章 斗祸中的主战场（二）

勇前往剿捕，击毙多人。这样一来，客民对在局客绅产生极大的不信任，认为土绅能庇土盗，客绅不能庇客盗，"反助官捕治，致残同类，咎其办理不善，转相怨怼"，客民内部裂痕进一步扩大。民国《赤溪县志》称：

> 缘是之故，客属内部因争土产而各姓不相和，因治客盗而绅丁不相洽，而驻局办事者，又日受土人牢笼，不思设法以弭之，坐令各客村族姓相怨相尤，以至吞噬，而人心日益解体。①

同治元年（1862）八月，新宁、开平两县土民见客民内部失和，人心涣散，不相助恤，又纠募土勇一万余人，"起而图客"，先将常驻联局办事客绅冯保三、汤宗贵掳杀，随即分途侵扰金鸡、赤水等处，客村多半遭焚劫。九月，土勇数千突然开到那扶，一面抢割田禾，一面围攻筲箕笃客寨，客勇与御，相战十余日，击毙土勇数百，土阵不支，拟欲退去。土民一方由于考虑到筲箕笃为那扶一带客村之咽喉要地，咽喉一破，即可长驱入内，所以一方面要前队顶住，另一方面"给重赏及厚恤死者"，又添募土勇3000余人助攻。此后，土勇遂日夜围扑客民村寨，寨内壮丁疲于守御，迭催内村客勇来援，"久无应者"。原因是各客村前此因争买争占土田有隙，隔阂未泯，"不复如前联络"。当筲箕笃请援时，大家不但没有立即出兵，而是围绕土勇此战的目的发生了争论：有的说土民此次是为抢割而来，等割完后可追击之；有的说，诱敌深入，便于截杀，易于扑灭。因意见不合，终于耽误了救援。

至十月初八日，筲箕笃寨被土勇攻陷，男妇死者100余人，其余则逃入内村，土队乘势进攻，"那扶境内客村各村丁因事积嫌，亦复坐视，不相援救，只各自为守，力不能与土御，未月余而那扶一带数百客村遂

---

① 民国《赤溪县志》卷8，《赤溪开县事纪》。

次第失陷，村民男妇悉向深井、大门逃去"①。

汤恩长、福同团与广海之战

同治元年（1862）十一、十二月，赤水、那扶等处被难客民逃至深井、大门等处，日益繁多，大部分人都无屋可居，只好风餐露宿，"流离惨状，不忍目睹"。在这种情况下，众客绅开始讨论对策。客目、监生汤恩长、王登龙、生员曾敬修、刘绍敏、李凤文、叶灵芝、傅东麟等议决设立福同团，一面筹措防御，一面拟另觅地方安置难民。众绅公推赤水新桥头村人汤恩长为团长。福同团随即在各客寨内挑选壮丁，编列队伍，由团长统率，以备防卫。

由于深井等地不敷居住，难民中有愿意东渡曹冲投靠亲友者。十二月晦日，汤恩长率客勇 3000 余人，由大窿洞出发，护送难民前往曹冲，路经临田、泷门、大洋、西村等土村时，土民纠众截杀，客勇奋力反击，杀毙土民 1000 余人。②

同治二年（1863）正月初一日，汤恩长率大队到达广海寨城之前，一面护送难民渡海往曹冲，一面派人到广海游击黄连安、主簿董怀忠处投诉，希望制止土民截杀，同时请求设法安插，不料，"土人闭城不纳，复纠众袭杀客丁多名，客丁大愤，于初二日率队与御，击破城门，入内与土众巷战移时，计格毙土人四千余，于文武官长衙门一无所犯。初四日，奉黄游府、董主簿给谕，同来客众难民入城暂居，并据情申详省宪，请另觅地安置。"③

光绪《新宁县志》记载此事称：

---

① 民国《赤溪县志》卷8，《赤溪开县事纪》。
② 民国《赤溪县志》卷8，《赤溪开县事纪》。
③ 民国《赤溪县志》卷8，《赤溪开县事纪》。按：汤恩长事先派人投诉及"土人闭城不纳"之说，不知确否。也有可能是客民一路追击至广海，见多有土勇守城，遂乘机攻克。

第六章 斗祸中的主战场(二)

二年春正月初一日,客贼攻陷临田、泷门、大洋、榕树仔一带数十乡。初四日,贼首汤恩长、王丁龙攻破广海寨城,男妇死者四千余人。

时客贼围攻寨城,兵民乘堞坚拒,炮石交下,贼不敢前,有监生余德立者,与贼目王丁龙交通,为献城计,诡言于游府黄连安、主簿董怀忠,谓贼假道达曹冲,暂宿城下,无他。连安许之,立和约,禁止兵民,不发炮石。贼遂由城西北隅攀上,城遂陷。知县邹宗淦即禀请大宪拨兵,并募勇三百,饬守备陈盛星带赴那仁等村防堵。[①]

三月十三日,土绅以"客匪踞城犯顺"禀告督抚,官府即派按察使吴昌寿、顺德协副将卫邦佐、汤骐照等带领兵勇6000名开到广海,分水陆驻扎,以土民为导,分队围城。居城客民多有伺隙逃出者,最后留在城中者,有3000余人,由汤恩长统带,此时,汤恩长等人还希望"上官察悉隐情,或时解网施仁,另有安插"。而吴昌寿认为"踞城为大逆",日夜包围,不稍松懈。至七月,城内客民因久困乏食,开城出走,卒遭官兵及土人分头屠杀,男女死千余人。汤恩长带领余众逃往深井、大湖山等地。至此,西路客民之福同团解体。[②]

光绪《新宁县志》记载此事称:

二年二月十四日,宁阳局募开平元胜局勇进剿大隆洞贼寨,平之。时贼踞寨城,复聚匪十余万于大隆洞,吴昌寿谕邑绅先平之,故募元胜局夹攻大隆洞一带贼巢,悉平之,余贼分窜赤溪、大湖山。

五月初五日,客贼阳击甫草,阴攻沙阑,旗尾山、海棠复被焚劫。

---

① 光绪《新宁县志》卷14,《事纪略下》。
② 民国《赤溪县志》卷8,《赤溪开县事纪》。

捷胜局与开平元胜局勇联剿客逆，收复大门、深井、新旧富坑一带。①

广海寨城能被官兵攻下，还与土民攻击、牵制周边客民有关。

西路客民的大批逃亡和死亡

官兵视客民"为匪""为逆"，派大兵围攻广海，客民败北。这一仗使得西路土客态势进一步朝着对客民不利的一面发展。

三月初，土民乘官兵围困广海时，招募开平元胜堂勇数千人，攻入大窿洞，将这一带客村焚毁殆尽，客民多逃往大湖山，也有向东逃往田头者。五月初五日，元胜堂勇又会同新宁土勇袭攻大窿洞西边之大门、深井、富坑一带，这一带村居亦次第失陷，所余数万客民悉数迁聚大湖山。此时，聚居大湖山、岭背、泗门等处的客民加上逃难前来者，为数颇众，"拟坚筑营寨，筹备防守，效死勿去，以徐图收复各处失陷村居"。然而，由于人心不和，斗志松懈，或雇船往省城、佛山，谋归惠潮嘉原籍，或往金鸡、赤水依靠亲族，"先后而去者，计十数万人"②。

到十一月，土民接连向大湖山客寨发起攻击，寨内客民无力抵御，相率逃入大窿洞、牛围、虎坑等处，"男女因遭劫掠及遗弃者多死之"。

本来，西路客民"素团结而强悍，一向攻守互助，奋勇御土，杀敌无算，嗣因同治元年土人复起图客，咸咎当日联和之非策，又兼各族因事争嗾失和，人心解体"。当土民进攻筲箕笃各村时，已失"彼此赴援"之心，坐令那扶一带村寨相继沦陷。及至大窿洞、大湖山迭遭攻击，客民几无还手之力，众客绅、客目知道回天乏术，先多携眷离去，客众也纷纷取道省、佛回归惠潮嘉原籍，或向他县觅居。至此，仍留居大门、深井、大窿洞等处者，人数虽多，又因福同团遭兵击散，"咸以为残局难支，遂

---

① 光绪《新宁县志》卷14，《事纪略下》。
② 民国《赤溪县志》卷8，《赤溪开县事纪》。

第六章 斗祸中的主战场（二）

日思迁避,不复以联谋攻守为事,以故土队所至,村舍皆墟"①。

当时逃回大窿洞、牛围、虎坑等处的客民,还有3万余人,因这一带村居已遭土勇焚毁,栖止无所,"悉就郊野支帐而居,即至鹿场町睡,皆难民托足地",这样一来,客民多为雨淋蒸湿所侵,瘟疫开始肆虐。至同治三年（1864）三月,染疫死者逾2万人。剩余客民因粮食不继,遂各分途潜往开平赤水一带客居地及赤溪、田头。客民于行路中,势孤力单,多有为土人所掳获者,于杀戮外,则择其年轻男子,悉载出澳门,卖往拉丁美洲秘鲁、古巴等埠作苦工,名曰"卖猪仔"。此时,也有不少客民因流离无依,自愿到澳门卖身前往外埠,试图通过这一途径,"作工得资以周给亲族"。这期间被土民掳卖及自卖前往拉丁美洲的客民,为数约2万—3万人。②

至此,号称富庶、人口繁多的西路,"客属千百村居,全数沦亡",而客田千余顷也全数被土民占据。

上述新宁西路土客斗祸,实为整个广东斗祸的一个缩影。一般来说,土民大多死于兵刃,而客民于兵刃而外,兼多有死于疾疫者,原因在于土众而客寡。凡土村遭客民攻陷,其土民可以避入内地,依靠族属,托居无恙。反之,如客村遭土民攻陷,逃出客民多无族属依靠,频年转徙,支帐野居,因而风露感冒,蒸湿侵犯,以至染疫而殁者,所在多有。另一个后果是,客民由于村居失陷,无依无靠,只好分结队伍,剽掠土民,杀灭山谷,以图泄忿,所以,史料记载中,多有指客民为盗为匪者,官兵固然以剿为事（也时常说剿抚兼施）,土民更是借剿为名,逞其斗杀之烈,所以,当时"凡土客互斗地方,皆白骨遍野,骷髅成堆,即方之古战场,亦无兹惨象"。等到同治六年土客最终联和后,新宁、开平两县金鸡、赤水、深井、大窿洞、燕子角等处,由土客绅民先后收拾枯骨、安瘗万人墓者,其枯骨"各以数百石计"。至民国初年,由原新宁县地析出

---

① 民国《赤溪县志》卷8,《赤溪开县事纪》。
② 民国《赤溪县志》卷8,《赤溪开县事纪》。

的赤溪县,其客民仍不时前往大隆洞、燕子角两地万人墓扫祭。①

七、蒋益澧进兵曹冲与土客联和

再回到东路。同治二年(1863)、三年(1864),西路大窿洞、深井等处客村沦陷及福同团失散,先后避集曹冲、赤溪、田头的客民多达2万余人。土民以西路客属全数攻陷,"遂专图赤溪"。三年三月,西路土民招募开平狮子锣村"悍贼"数百为先锋,统率土众,主攻田头,间攻赤溪、曹冲,"计田头被围逼至数十次,相剧战四十余日,濒危者再"。幸赖勇目温叶来、杨朝珍、叶华财、刁贵、唐辛亮等率领三处壮丁,或拼死抵御,或互相救援,最终得以保全。是役,客民"毙贼百余及土众数百,壮丁死者亦五十余人"②。至五月,土队见无法取胜,遂撤队离去。

此后,东路土客处于对峙状态,土民来进攻者渐稀,唯时常出没于磅礴等处,袭杀客民不少。客勇也多次采取行动,于同治四年(1865)三月及五年(1866)二、六、八等月先后追击至古逻、坦塘、丰冈、莘村、浮石等土村,"毙土亦无算"。其中浮石一役,客勇正在渡河时,遭土勇追杀,溺死者数十人。

同治五年九月,浮石土绅赵树藩等因难操胜券,乃捏称"赤溪客属原多红匪余孽,及各属撤回散勇窜聚其间,劫杀土著,声势浩大"等词,请求省宪派兵剿办,同时派令多人具状,分赴各宪衙门呈诉。巡抚蒋益澧初莅任,"不察其中是非,以土则千百控告而客莫诉一词,遂信客为匪,批准剿办"③。

当时土民确有难以抵敌客民之事,据光绪《新宁县志》称:

---

① 民国《赤溪县志》卷8,《赤溪开县事纪》。
② 民国《赤溪县志》卷8,《赤溪开县事纪》。
③ 民国《赤溪县志》卷8,《赤溪开县事纪》。

第六章 斗祸中的主战场（二）

五年春二月，客贼破丰江，杀掳千余人。

四月二十九日，客贼破中礼乡，杀掳百余人。知县饶继惠禀大宪，调兵剿办曹冲、赤溪、田头诸贼。

六月初一日，天未明，客贼袭破浮石乡，乡人与之巷战，互有杀伤，天明贼窜，追至新屋村过滘，水深争渡，溺毙贼无算，浮石男女死三十三名。①

知县饶继惠与土绅赵树藩等分别请兵，后者成功。

十月，蒋益澧委督粮道梅启照、参将尚昌懋统抚标营到新宁浮石驻扎。十一月，又调总兵徐文秀、周廷瑞、李运荣等督带湘军数万（蒋益澧原统湘军为"数千人"，这里的数万湘军大部分应该是绿营及募勇），分屯都斛镇等处，以土民为向导，进逼赤溪、田头。又移咨水师提督任星元札饬副将黄廷标率水师大小船只100余号，自独崖岛驶至角嘴地方，节节湾泊，不时用巨炮向曹冲轰击。②

清军水陆并进，迅速陷曹冲、赤溪于包围之中。十一月二十五日，土民带领1000多名湘勇，逾东坑迳，"故使深入磅磄内地"（磅磄属赤溪客民势力范围）。当时勇目唐辛亮正率领客勇100余人在磅磄洞放哨，突然看见大队前来，疑为土勇队伍，即向前抵御，"误杀副将翁桂秋及湘勇数百名，获马九匹"。总兵徐文秀等得知这一消息后，即布置兵力进攻。十二月初一日，各将统兵到东坑迳、狮山、马子凹等处驻扎营盘，图攻赤溪、田头。又由水师用小船运载大炮到孖洲、神洲山顶驻营，轰击曹冲，攻逼月余，坚守不下。

同治六年（1867）正月十九日，蒋益澧又调提督高连升统兵3000名来塘美，驻营狮山洞。二十二日，清军合兵进攻田头，客勇顽强抵御，击毙副将王东林、贺国辉及兵勇数百人。协镇郑绍忠领安勇3000

---

① 光绪《新宁县志》卷14，《事纪略下》。
② 民国《赤溪县志》卷8，《赤溪开县事纪》。

人，驻营磅礴，进薄赤溪，客勇抵御，亦伤毙安勇 100 余人，客勇先后死者亦数十人。二月，官兵仍屡攻田头，俱不克。

光绪《新宁县志》记载此事称：

> 巡抚蒋益澧愤贼负固，连失三都督，因统大军到县，督诸军进讨，驻营浮石，分行营于狮山冈，令协镇郑绍忠进薄赤溪，移副将徐文秀逼攻田头，前后官军三万有奇，贼出接战，督军亲履行间，不避矢石，旌旗所临，军威大振。①

数万官兵难以取胜困处一隅的客民，原因也很简单，因为客民"俱系杀戮余生，久经战斗，视死如归，又恨官兵不察客情，助土为虐，奋御尤力"②。同时，其防御战术也值得称道：当官兵整队进攻时，客勇以30—40 人为一队，冒死前进，分途截杀，起伏无常，出没不定，使官兵无从策应，屡攻而无功。

同治六年（1867）三月，蒋益澧"愤客民负固，屡次不克"，亲统大军前来，驻营浮石，分行营于狮山。狮山在赤溪西二十余里，冈峦奇丽，四山环拱，其下平旷多田畴，居民耕获其中，月山在狮山西端，圆而顶平，正是驻营之地。③稍事休息，蒋益澧即令徐文秀率勇攻赤溪；移副将周廷瑞、李运荣驻营冲金山顶，进逼田头。每日派霹雳营到圆山顶，开放天花炮，轰击田头。这种霹雳炮弹，一经炸裂，数十丈内房屋人物俱遭毁害，客民经观察发现，这种炮弹外面有火线燃着，内藏火药二三斤，从坠地至爆炸，略有间歇。于是妇女儿童每见炮弹射落，即争先趋前抢获炮弹，摘去火线，将弹缴局，得弹内火药以资用，局方则给予赏钱。所以，田头虽被天花炮轰射月余，却并没有太大损害。

---

① 光绪《新宁县志》卷 14，《事纪略下》。
② 民国《赤溪县志》卷 8，《赤溪开县事纪》。
③ 民国《赤溪县志》卷 1，《舆地上·疆域》。

第六章 斗祸中的主战场（二）

其间，蒋益澧常巡营至冲金山顶，每每向田头堡内俯瞰，他发现，每当战火稍停，堡内即"农满田畴，妇任樵采，耕薪守御，咸有秩序，且堡内时有儿童读书声，暂悟客众非贼，是皆失所之民，守死以图自卫者"。此时，督粮道梅启照又以"耕田不做贼，做贼不耕田"之言劝进。于是，蒋益澧"益悔向为土言所惑，以匪剿之，为有乖措置，亟思安辑，以图补救，乃派委员到赤溪局，劝谕客民毁寨缴械，与土人联和"①。局董杨梓钊等即缮具诉词，交委员转呈蒋益澧，蒋很快作出批示。杨又约同田头局董吴福堂至冲金大营，面谒蒋益澧，陈述委屈始末，"巡抚为之感动"，即令与土民息斗联和，又与各方商定土客分治、以产换产诸事宜。

一场惨烈斗祸至此告终。其中详情将在下文叙述。

附录"蒋益澧批示"（内含杨梓钊等诉词）云：

为出示剀切晓谕事。同治六年三月二十四日，据新宁县客目、贡生杨梓钊会敬修生员吴福堂、钟淑清、吴福祥、陈良玉、叶灵芝、廖崇晖、廖崇高、黄有科，监生杨梓材、庄培后，武生钟龙池，职员钟荣锐等禀称冤：因生等先祖于乾隆初年奉宪报升，携眷来宁竖柱开籍，居住五十洞者一百余乡，居住四九洞者九十余乡，居住冲蒌洞者二百余乡，居住深井、大门者四百余乡，居住三合、赤水三百余乡，居住那扶、那琴、大窟洞者三百余乡。世居六七代，安居百余载，丁口三十余万，烟册可查；粮银七百余两，畸畛图可据；籍额两文一武，生员满百。素荷朝廷覆帱，久沐王化熏陶，无如咸丰六年被土绅李维屏、陈郁良等阴串恩、开土绅，联谋灭客，四面围杀，连年焚毁，客村数千乡焚毁殆尽，客田数千顷占踞霸吞，坟骸挖灭无遗，男妇百杀一存，前之三十余万，兹仅四万

---

① 民国《赤溪县志》卷8，《赤溪开县事纪》。

有奇。逼困曹冲、赤溪、田头、铜鼓，获耕度活仅百余顷。生者荡析离居，含冤莫告；死者坟墓丘墟，抱憾九原。粮不得而纳，试不得而考。

自十一年会邑侯解纲年余，土人死灰复燃，官斯土者，劝谕之方无闻，排解之法莫及。土则万告千控，客则莫获一诉。幸逢宪天亲临诣辨，无微不烛，仁心御下，德政绥民。迫着含冤，哀吁宪前，伏乞止戈为武，宏施格外之恩，不杀为仁，大振好生之德；将产换产，毋使流离，难赤作为他乡饿鬼；以业兑业，毋使失所，残黎转为异域哀鸿。阴骘齐天，公侯万代，沾恩切赴等情到本部院。据此当批：查尔等与土人构难多年，兵连祸结。曩日地方大吏并未实心，一为伸理，以致寻仇日甚，流毒滋深。本部院莅粤以来，即深知其委曲，因念土客皆吾赤子，而秦越一方共处，势不能日久相安，是以不得已而临以兵威，剀切劝谕，将恩平客民迁移别郡，五坑客民则分别其托居年分久暂以为去留。即给川资以壮行色，复予资本以助谋生，并奏请加给客籍学额，俾为上进之阶。从前监禁客目黄翼泰，已为恳恩提释，开复功名。即韩端元、黄焕章辈，亦奉谕旨，准予弃瑕授职，厚给资本，现均入籍番禺，家室团聚。皇仁优渥，尔等当所共见共闻。尔曹冲客民与恩平、五坑事同一律，原思溥恩。

尔等如有屈抑，于中又因何不早为申诉，辄敢称戈肆逆，抗拒官兵，乘我将士初到、出营查勘时，尔等竟敢设伏邀截，横加戕害，并迭出大队扑我营垒，是又谁之过欤？迹其罪状，实难宽恕，本部院仰体上天好生之德，不忍痛加剿洗。尔等果系真心悔过，着于奉批后三日内，派出公正绅耆数人，亲赴本部院大营，听候面谕事宜。事定之日，当照黄翼泰等旧章，酌予超拔；即或抚局不成，亦当派兵送尔回巢，决不作诱杀之举，以示宽大。尔等尽可不必过虑，如能革面洗心，将旧存军械全行缴出，炮台木栅悉数拆毁，凡

第六章 斗祸中的主战场（二）

曹冲、赤溪以内，住经五代以上者，姑准仍留旧居，毋庸他移，听候设官驻兵，妥为弹压，以资保护。其寄居未久之家，务须概行外徙，以杜蘗聚滋事，仍准厚给川资，按地安插，断不令流离失所。如有亲友可依者，亦听自便。果能一一遵行，本部院自当网开三面，曲予衿全。即土人家藏军械、炮台土围，亦必一体勒令具缴、拆毁，与尔等共修和好，永息争端。所请以产换产一事，此时尚难稽查，应暂从缓议。在词除揭示并印发外，合行出示晓谕，仰曹冲、赤溪、田头各村各籍绅民一体知悉，自示之后，须翻然感悟，遵照禀批，逐一遵办，则公道俱在，断不另事苛求，其各凛遵毋违。①

对于蒋益澧的处置，清廷甚表赞赏。同治六年（1867）五月上谕："曹冲等处客匪恃险抗拒，负嵎日久，经蒋益澧亲督官兵节节进扎，屡败贼众，并分兵断其接济，匪党穷蹙畏罪，真心乞抚，现在办理善后，已有头绪。该抚躬历险阻，奋勇督战，剿抚兼施，将十余年巨寇迅速荡平，深堪嘉尚，本日已明降谕旨，将该抚交部议叙。"并说："粤东土客械斗，积衅多年，势难令其同居错处，瑞麟等现拟将曹冲等处以内田庐拨归客民；冲蒌等处田亩拨归被逐土民，俾其各分疆界，画地而居，永绝葛藤，并设官驻兵，编籍乡试，所筹均属周妥，即著将详细章程妥议具奏，其入学考取定额，亦于本日明降谕旨内照请允行矣。"②由于"土客所争，首在田产"，为了避免斗祸止息后土客双方再为田产纠缠不清，清廷同意广东方面在新宁县设立清查抚恤局的决定，以"招集流亡"，安排双方田产交换之事。③

---

① 民国《赤溪县志》卷8，《赤溪开县事纪》。
② 《清穆宗实录》卷202。
③ 《清穆宗实录》卷202。

第七章 斗祸中的主战场（三）

一、新兴

新兴县在汉时属合浦郡临允县地。东晋永和七年（351）在临允县增设新兴县及新宁郡，新兴与临允都属新宁郡，后临允并入新兴县，为新州、新宁郡治。隋初先后废州、郡，以新兴改属信安郡，唐武德四年（621）复置新州，宋为新州、新宁郡，元世祖至元十六年（1279）为新州府，三年后降为散州。洪武元年（1368）新兴县地属新州，二年（1369）州废，改属肇庆府。成化十四年（1478）自新兴县析置恩平县，万历二十四年（1596）析置东安县，崇祯十一年（1638）析置开平县。①

新兴县地势南高北低，东南地区与开平接壤，多山地。侯度宪《新兴舆图说》云："新兴，粤邑也，居万山之中，土地不及大邑之一都，其疆域所置，东西广七十里，南北袤九十里，大约高峰峻岭，峭壁丛箐。民所止居多在邱阿涧谷之旁。……所谓山海之利者，殊寥寥焉。"②道光《肇庆府志》也说："（新兴）苞孕万山，犬牙七邑，……北趋广肇则舍车登舟，南走高雷则易水就陆，是诚四达之冲而扼要之地矣。"③

由于地理条件较差，新兴素以流放之地和容易动乱之区而闻名。姚舜牧《五贤祠祀》云："新州古称蛮烟瘴疠之乡，凡罪触中朝者，时或谪置其地。"④查蛰英《参将顾居临寿序》称："新州，古难治矣。山高而

---

① 乾隆《新兴县志》卷5，《沿革》。
② 乾隆《新兴县志》卷29，《艺文》。
③ 道光《肇庆府志》卷3，《舆地》。
④ 乾隆《新兴县志》卷29，《艺文》。

第七章 斗祸中的主战场（三）

多盗，土瘠而民贫。轮蹄络绎，扼海南北之喉焉。平居则每多逋赋，急则走险，其势然也。……新兴枕连六邑，溪谷险巇，大塱诸山为逋逃薮，盗贼出没靡常。"①

因为资料缺乏，新兴客民分布及斗祸的详细经过不详，下面就零星材料略加梳理。

据光绪《新兴县乡土志》称："初，客匪与土人相恶，于咸丰末年纠合种类，掳人民，焚庐舍，恩平、开平、高明、鹤山、阳春、新兴咸遭蹂躏。"②可见，斗祸初期，新兴县也是斗祸激烈之区。同治三年（1864）三月间，大股客民由间道突出二十四山，肆扰近城各乡，县城戒严。卓兴率大军来攻，双方发生激战。五年（1866）夏，"郑绍忠会卓兴讨客匪，平之"③。当然，这是就总的形势而言的。

咸丰十一年（1861）攻破开平迳口乃是开平、鹤山、新兴一带土民的一个转折点，"斯时义旗一举，各县响应"。开平设局最多，如谭三才设立全胜局，其他各土绅则设合胜、定胜、联胜等局。④新兴县之布茅、棠下设立福胜局，于九月发勇，攻破长田、狗萌，直扫至齐洞、白村、奄村一带。高村、芦村、坝塘三乡设立仁兴局，于八月发勇，攻破尖石、后背北路一带客村。⑤

同治元年（1862），因开平、恩平等县"各处莫不立局，团勇所在，皆获战功，匪村悉平"。客民村庄被毁，开始集结起来，流动作战。而新兴县由于地形复杂，客民仍在顽强抵抗。七月二十八日上谕称：

> 据劳崇光奏"查明恩平等县土客互斗原委并密陈办理为难情形各折片"：广东恩平等县土著与客民互斗，地延八县，事阅九

---

① （清）查莹英：《参将顾居临寿序》，载乾隆《新兴县志》卷29，《艺文》。
② 光绪《新兴县乡土志·兵事录》。
③ 光绪《新兴县乡土志·兵事录》。
④ 麦秉钧撰：《鹤山麦村麦氏族谱》。
⑤ 麦秉钧撰：《鹤山麦村麦氏族谱》。

年。……现在新会已经无事，开平等土民稍知敛迹，阳春客民亦解散，独新兴尚有屯聚。该督业经选调督标官兵及肇协之兵派员统带，以资弹压，如果有固执不悛、有心抗违者，自应示以兵威，俾知震慑，一经驯顺，即当悉心开谕，使之止息斗争，各归乡里，并即豫筹善后之法，以靖地方而安良善。①

同治三年（1864）二、三月间，大股客民横扫新兴县境，大队官兵跟踪追击，在悦塘、虎尾尖等处发生激烈交战，客民失败，剩余7万余人退入高明县五坑。关于这一仗，史料记载较详细，整理如下。

这年年初，恩平、开平、阳春等县客民在官军、土民的围追堵截之下，先是屯聚在阳春之金堡、企礤等处，经署罗定协副将卓兴等领兵进剿，连战皆胜，客民被迫折回东安县（今云浮市）之富霖洞、新兴县之天堂墟扎营屯驻，"由间道突出二十四山，肆扰近城各乡，县城戒严"②。两广总督瑞麟、广东巡抚郭嵩焘定下剿抚兼施之策，一面檄饬卓兴相机进剿，一面派委候补知府史朴携带示谕前往相机招抚。最终由于客民不肯屈服，双方发生激烈战斗。

以戴梓贵为首的大股客民进入新兴之后，尚有数万人众，迫于衣食匮乏，加上对土民的仇恨，"所过村庄，掳掠焚烧，悉成灰烬"，并计划围攻新兴县城，"势颇猖獗"，该县文武官员接二连三省府飞禀告急，瑞麟等檄调署清远营右营守备侯勉忠先往救援，并饬卓兴拔营赶往督剿。侯勉忠移扎新兴县城，"督勇防剿，叠有斩擒"，客民退走白村等处。卓兴由阳春拔营进至新兴县，踏勘地势，并派人查探客营虚实，知新兴东南悦塘一路便于进剿，遂于二月初四日率军进扎悦塘，并饬侯勉忠部移扎车冈，以期前后夹攻。③客民方面眼见大军进扎，知道难免恶战一场，

---

① 《上谕档》，同治元年七月二十八日上谕。
② 光绪《新兴县乡土志·兵事录》。
③ （清）郭嵩焘：《官军进剿客匪连破匪巢余匪窜入高明县境五坑地方现筹办情形疏（会总督衔）》，《郭嵩焘奏稿》，长沙：岳麓书社，1983年，第98—100页。

第七章 斗祸中的主战场（三）

即全体动员，深沟高垒，在山路间密布竹签，并在险要处建设望楼、炮台，"计图负隅久抗"。官军方面也在悦塘等要隘分扎营垒，建立炮台。

二月初七日，大股客民拥出悦塘前面之虎尾尖、文笔岭各山顶，施放枪炮，冀窥伺官军虚实。适卓兴正在布置队伍进击，客民见势，立即悉数退回营地，连日伏匿不出。卓军步步为营，缓慢进逼。卓兴考虑到莲村一路最为扼要，随于十四日领兵前行。客民见官军进逼，且官军筑垒未成，决定来个先下手为强，将客勇分为两队，一队前往挑战，一路埋伏不动。卓兴见客民漫山遍野而来，下令严阵以待，并派小队向前挑战。客民见而退却，官军正追赶间，忽然伏兵四起，拒杀当先壮勇一名，埋伏于山巅的客民亦乘势冲下。卓兴派大队迎击，枪炮齐发，击毙客民多名。客民因武器逊色，难以抵敌，只得奔回营地拒守。

客民见伏击未成，即改变策略。当晚戌刻，客民派队分途攻扑官军驻扎之莲村、悦塘各营。同时在山涧内设伏数千，意欲在官军往援各营时，即以全力攻扑芳园大营。卓兴闻报，知其乘夜出战，必另有计谋，随选派劲旅坚守大营，"潜督亲军衔枚疾趋，绕出贼后"。客民攻扑悦塘营盘正急，不料官军已从后路来攻，内外夹击之下，客民势不能支，被官军"歼毙无数，当场斩取贼目首级四颗，夺获大红旗二面"。其莲村、芳园各营，也将来袭的客民悉力堵住。经此大败，客民退回营地，"坚匿不出"①。

卓兴虽然占了先机，但因客民驻营之地险阻重重，无隙可乘，决定采取偷袭之法，派队伍绕过客民营地之后，乘其不备，据险进攻。二十一日五鼓时分，卓兴亲率全队绕道潜行，令候补把总陈树棠管带土民向导及壮勇30名，由丹蝶山进发；派把总莫善喜、外委林洛率队由富贵村从旁包抄客民后路；并密令把总卓梅、孙周及外委陈来、陈牙等分带劲勇，设伏接应。客民见官军逼近，集队五六千人，蜂拥而出，与莫

---

① （清）郭嵩焘：《官军进剿客匪连破匪巢余匪窜入高明县境五坑地方现筹办理情形疏（会总督衔）》，《郭嵩焘奏稿》，长沙：岳麓书社，1983年，第98—100页。

善喜等接战。卓兴复令外委郑耀光带勇侧击,呐喊杀入。客民见状,惊骇慌乱而溃。戴梓贵亲率善战客勇数千前来策应,由回龙河突出。卓兴麾兵横截,并令外委王维忠带勇从后抄击。客民四面被围,进退无路,夺路狂奔。把总卓梅等伏军四起,一齐冲杀,枪炮回环,客民被杀不计其数。官军"勇气百倍",乘胜攻入客民营地,抛掷火罐火包,各营同时火起。客民且战且退。

正应了雪上加霜的话,此时,侯勉忠及新兴县文武各官也各带兵勇由东路攻来,客民"势益绌,四散逃窜"。各路官军将遍布于古院、回龙、碧塘、布乾、白土、稔村、云河各处纵横30余里之大小客民营地80余座尽行攻破,一路斩杀,客民被毙1000余名,炮伤者不计其数。是役,官军除割取客勇首级346颗外,夺获大铜炮12尊、大铁炮3尊,抬枪、洋枪、百子鸟枪、大旗等项数百件,"伪印"一颗,火药铅子无数。兵勇亦间有伤亡。[①]

经此重创,客民余众由新兴向高明五坑客村逃去。同治五年(1866)夏,郑绍忠、卓兴等军会合,"讨客匪,平之,徙其众于广西。客匪退归五坑,大兵围之,食尽出降,徙其余党于广西"[②]。

二、阳春、阳江

阳春自然概况

阳春在秦时属南海郡地,西晋时境内置莫阳县,南朝梁时改置阳春县,为阳春州治。隋废阳春郡,阳春县改属高凉郡。唐武德四年(621),置为春州,宋熙宁六年(1073),废春州,阳春县改属南恩州,明洪武初,改属肇庆府,清袭之。

---

① (清)郭嵩焘:《官军进剿客匪连破匪巢余匪窜入高明县境五坑地方现筹办理情形疏(会总督衔)》,《郭嵩焘奏稿》,长沙:岳麓书社,1983年,第98—100页。
② 光绪《新兴县乡土志·兵事录》。

第七章 斗祸中的主战场（三）

阳春在今日为名胜之区，从清代以来，文人多有吟诵之作，此举清人李岳《阳春谣》之一首：

> 云浮东流绕云林，云灵山头云阴阴；
> 云灵山头云作雨，云浮水没南陵村。①

但在清代以前，阳春实为烟瘴之地，居民多为瑶、壮先民。道光《肇庆府志》称："岩洞瀑布甲于岭峤，徒以僻寂万山，人不及知，即知亦不易至。古与新、恩同作瘴乡，处谪宦。……自昔苦獞猺，……无几獞猺失业转徙，每不自振，鹰化为鸠，势使然也。"大约到了明代，多有外来客民占籍，"客户伍佰之属，又以党类黠悍，凌藉居人。居人惰弱，不善稼穑，腴地悉推与之。是亦司牧者所当劝课而转移之也"②。

清代阳春客民人数及分布情况不详，但从阳春方言分布情况来说，客民占有相当数量。据宣统《阳春县志》记载：

> 邑人远祖多于前明时代自福建、江西两省迁来占籍，其原籍土著苗裔尚成族聚者，以韦姓为最，古、梁姓次之。声音分二种，土人称之曰"白声"、曰"挨声"。一二三六区及五区凤北堡以下皆讲白声，五区现尧、凤南两堡及四区各堡皆讲挨声。所谓挨声者，以其与正音相近，故名之曰挨。别有一种曰客家声，系于清中叶迁来五区企坎一带居住之民云。③

客家第一人称"我"的发音类似于"挨"，故客家又称为"挨家"，加上"与正音近"，此处的"挨声"应为客家话；至于阳春"客家声"与

---
① 宣统《阳春县志》卷14，《艺文》。
② 道光《肇庆府志》卷3，《舆地》。
③ 宣统《阳春县志》卷1，《舆地·风俗》。

"挨声"的关系，应与迁来客民之来处不同或迁入时间先后不同有关。①

阳春民风因土客杂处而强悍："顽民尚气，稍不胜，轻生诬赖。"②渐积渐累，势必有爆发的一日。阳春一县，也是斗祸激烈之区，由于有关资料不全，下面我们撷取咸丰末年至同治初年的一些情况做些整理。

吴璇守城

阳春东面有新兴、恩平、阳江，西面有信宜、高州。咸丰同治间，恩平等处斗祸迅速波及阳春，而信宜、高州则是洪兵的一个重要根据地。所以，斗祸、洪兵成为当时阳春县府的一个心腹之患。

咸丰九年（1859）九月，信宜洪兵头目李四、杨双四领兵至阳春三甲、双滘一带活动。十一年（1861）八月，李四率部再次"出劫"三甲、双滘，遭到三甲、七甲乡勇联合拒敌，"毙贼无算"。李四、杨双四退出。

咸丰十一年冬，客民首领韩端（即韩端元）、戴梓贵率大队客民入踞阳春县思良都岑洞地方，逼攻上三都之黄泥湾、合水等处地方。其先，恩平、开平等县多客籍寄居，与土人积不相能，地方官不善处理，酿成土客相斗。至当年夏，开平谭三才设全胜等局，购洋枪数百杆，联合各县乡勇与客民大战，客民不能敌，退入阳春思良都之岑洞。当时，客民"有众十余万，推客籍举人韩端、廪生戴子桂（即戴梓贵）为首，领旗书'六县同心，天下无敌'"③。上三都乡勇往攻，客民伐木塞路，乡

---

① 按：此次本书修订期间，笔者专门询问了客家话与潮州话、广府话（粤语、白话）的关系，包括相邻地区不同语言的关系，以及不同地区客家话的差异。其中一位访谈对象是庄冰心女士，她是广东陆河县客家人，在广州读中学、大学，婆家是潮州人，三种方言均熟悉，其中学同学有阳春县客家人、粤北韶关客家人。她强调，相邻地区的客家人与潮州人、广府人多有学习对方方言者（至少能互相听懂）；广东梅州地区的客家话比较正宗，但即使如此，梅州与周围县份的客家话仍有差异；至于阳春与雷州半岛上客家人的方言，与梅州、陆河等地有较大差异（她说只能勉强听懂）；韶关客家话与梅州客家话亦有很大差异。
② （清）阮元：《广东通志》卷93，《舆地略十一》。
③ 宣统《阳春县志》卷13，《前事记》，1949年铅印本。

第七章 斗祸中的主战场（三）

勇轻敌径进，客民采取火攻、伏击二法，"焚岭蚁出，满山遍野，纵横冲杀，勇大败，死者无算"①。至十二月，客民复乘胜分成两路进攻，一由大洞陷黄泥湾，一由瓦盘陷合水，"见人即杀，见屋即焚，惨无人道"，声势浩大。

同治元年（1862）正月中旬，韩端、戴梓贵在攻陷上三都后，率部大举进攻阳春县城，"分劫西河堡、石菉等处"。知县吴璇率武生梁家秀等督兵民撄城固守。

据宣统《阳春县志》记载：

> 吴璇，号紫蕴，浙江新城举人，咸丰十一年莅任，逾年正月，狚匪众号数万，扑攻县城，轰塌城南角九丈余，璇率绅民拒守，一面堵以木板，一面募死士开城击匪，随在城上发大炮毙贼百余，匪不能逞，旋引退，城赖全。匪退，修补城缺，数日工竣，复加筑炮台七座，马道砖堆五百余所，城益完固。②

吴璇守城的成功，还与他事先加固城防，客民来攻时又调各乡绅士率勇来城协守有关。如高冈堡罗座村举人陈守衷就曾率领族人陈安、陈炳华等前来助战。

在吴璇、梁家秀督率守兵及民壮、乡勇的严密防守之下，客民"百计攻城，卒不能近，遂烧东门墟暨雅铺街，退去"。掉转矛头直扫冈尾及阳江之堤坝、恩平之那龙，复返岑洞。③

同治元年四月，客民在岑洞站稳脚跟后，复出上三都，围攻平坦堡、水坑、石堡。当地土民闭堡门拒守，"呼救不至，炮石尽绝，匪蚁

---

① 宣统《阳春县志》卷13，《前事记》。
② 宣统《阳春县志》卷9，《宦绩》。
③ 宣统《阳春县志》卷13，《前事记》。

附登堡，屠杀数百人，无得免者"①。

三甲之战

同治元年，客民虽攻阳春城不下，但在阳春境内仍然四出活动，令官府大伤脑筋，闰八月有上谕称："高州军务并阳春县土客互斗之案，何以尚未肃清，著刘长佑严饬在事员弁迅速剿办。如前此办理未协，即行从严参办。"②时任两广总督的刘长佑只得加紧在高州方面的围剿行动，但仍然一时难以兼顾阳春方面。直至同治二年（1863），阳春客民因土籍绅士刘承辇请兵围剿并设立果毅局防堵而陷于困境。

同治元年七月，洪兵李四、杨双四部再次进至阳春下二都各堡活动。时李、杨所部声势甚大，各堡乡勇无力抵御，或躲避远方，或据险固守，石岩、洞堡、八甲10余团堡悉被攻破，唯王姓镇南一堡固守得免。洪兵在三甲墟"设立红局，为久踞计，搜劫屠杀，所至一空，民不远避，即死亡流离转徙，田庐荡然"③。

李四在阳春活动自如，不料其靠山陈金刚遭遇不测，自己也迅速败于阳春。同治二年八月，信宜方面的洪兵"正元帅"郑金等杀"洪王"陈金刚，向清军投降，陈部失败。阳春双滘人苏义"向受伪职，亦到果毅局请降"，局绅刘承辇准其"杀贼赎罪"。九月，苏义及三甲、七甲乡勇合力围攻李四于双滘墟。适高州"抚匪"吴公谟假称奉高州总局命令来招抚李四，各勇信以为真，吴公谟旋即纵李四逃去。各勇得知真情，"愤甚，将吴公谟及余党七十二人捆送邑局，详请就地正法"④。

李四方去，客民活动复炽，并复有进窥县城之举。不久，官军与客民在三甲墟大战一场。这一切，要从阳春名流刘承辇说起。据宣统《阳

---

① 宣统《阳春县志》卷13，《前事记》。
② 《清穆宗实录》卷41。
③ 宣统《阳春县志》卷13，《前事记》。
④ 宣统《阳春县志》卷13，《前事记》。

第七章 斗祸中的主战场（三）

春县志》记载：

> 刘承辇，字鸣驺，号銮坡，荣玠季子，出嗣伯父荣玠，幼受父兄教，学有根底。咸丰四年，红巾军陷县城，与其兄倾家财募乡勇，奉县主讨贼。义旗一举，阖邑云从，为复城功首。旋倡议修城。同治元年，捷南宫，假旋，值发、犵两匪扰乱全邑，晋省乞师剿办，并与邑绅罗升梧设立果毅局，筹给军饷。躬赴前敌，卒平寇乱。后曾任江西广丰县知县等职。①

同治元年冬，刘承辇自北京衣锦还乡，见县境遍地都是"红匪""犵匪"，旋晋省"谒各宪乞拨兵援剿"。省宪答称，高州、信宜方面正在用兵（围攻洪兵陈金刚部），派兵剿客可以，但饷项不能分拨。刘承辇一口答应由阳春绅民筹助。同治二年五月，两广总督晏端书遂檄饬都司侯勉忠带勇3000人赴援阳江，又札委刘承辇与罗升梧在城内设立果毅局，"付钤记，得具札条陈"。承辇即随同侯军驰抵县城，招募乡勇数千，协助侯军往上游"进剿犵匪"。戴梓贵等不敌，遂悉数退入下二都之企硼、黄蘘屯聚，侯军屯驻马水，"相机进剿"。刘承辇与罗升梧则负责"招徕商贾，筹济军食"。阳春城"遂解严"。嗣后，侯军及乡勇"屡与发、犵两匪逆战，擒斩不下千余人"②。

在侯军、乡勇的追迫之下，客民由上三都退屯企硼、黄蘘，"忿刘承辇请兵驱逐，发承辇父荣玠墓"。刘承辇愤"犵匪之猖獗"，于十月间与知县议，委拔贡刘荣琳往高州禀请提督昆寿分兵来援，谋捣客营，客民益恨，遂有"拥众万余，入陷三甲"之举。

---

① 宣统《阳春县志》卷10，《人物》。
② 宣统《阳春县志》卷13，《前事记》。按：此处及下文所引"发匪""发逆"应为"红匪"，即洪兵。同时，官府直接指称洪兵为"发匪""发逆"亦可，因为以三合会为主体的洪兵起义属"反清复明"性质，"蓄发"便是反清标志。指出这一点，在于避免读者误认本节"发匪""发逆"为太平军，后者在官方文件中常被称作"发逆""粤匪"。

当年十一月，客首韩端、戴梓贵率队一万余人围攻三甲，各乡勇拒战，伤亡 100 余人，退守三甲墟，相持月余，"子药尽，粮食绝，饿毙者塞途"。在这种情况下，土绅刘士志试图以缓兵之计纵土民逃逸，结果适得其反。据宣统《阳春县志》记载：

（刘）从墟闸顶绳缒而下，见韩贼言和，韩贼佯允，士志返，开尾闸，迎贼入，一面放墟内绅勇商民开头闸逃出。时狃匪布满，逃出者皆刺杀至死，血流成河，其冒刃逃生者仅数十人。计屠戮人数二千有奇。方十里内村落为墟。①

三甲之战以土民惨败而告终。客民随即再次将矛头直指阳春县城。同治二年十二月二十四日，两广总督毛鸿宾奏称：

肇庆府属各处客匪勾结发逆四窜滋扰，经官军屡次击败，退屯阳春县属金堡、企㠘一带。十一月二十二日夜三鼓，该匪窜至三甲墟，肆行掳杀，次日进攻潭水营盘，经守备侯勉忠率勇击退。该匪旋分两股，各有数万之众，一绕西山，一由冈尾，两道并进，意图夹扑阳春县城，经该地方文武会同绅士分督勇练，悉力守御，守备侯勉忠亦移营近城二十余里马水地方，相为犄角，两旬有余，迭次进攻，均有斩馘。因贼势甚众，尚未能克日歼除。②

毛鸿宾不得不飞函署罗定协副将卓兴由高州拔营赴援，进驻阳江织簀地方，由于"兵力尚单"，卓部仍观望不前。毛鸿宾复添调署三江协副将方耀带勇 3000 驰往协剿。当时，因广西"土匪未靖"，清廷饬令方

---

① 宣统《阳春县志》卷 13，《前事记》。
② （清）毛承霖编：《毛尚书（鸿宾）奏稿》卷 10，《留方耀剿办阳春客匪片》，同治二年十二月二十四日。

耀往剿，经毛鸿宾奏留，另派试用道唐启荫前往广西。

双捷之战

同治二年夏秋，信宜洪兵郑金击杀陈金刚后，高州洪兵独立难支，所以，广东督抚晏端书、黄赞汤有"高州剿贼叠胜，连破逆巢"的奏折，但清廷仍然不无担心，九月上谕称："阳江、阳春二县，为省城至高州水陆必经之地，一日不靖，则高州之军火饷银，终形梗阻，晏端书等拟将该处各匪先行剿除，自是正办。"① 十一月又有上谕称："广海客匪遁归老巢，著该督抚速饬卓兴得胜之师移剿阳春一路，大彰挞伐，务令刁顽咸知悔惧。仍督令地方官吏剿抚兼施，设法妥为解散安插，俾客土衅端永绝，方为妥善。"② 尽管如此，戴梓贵等在阳春、阳江境内仍在横冲直撞，"勾结发贼，四出滋扰"，迭有陷三甲、窥县城之举，并开始与官兵正面交锋。

同治二年底，在署理广东巡抚郭嵩焘的督饬之下，守备侯勉忠会同地方文武官绅"奋勇"进击，先后将黄泥峡、白木桥、十二排坡、潭水等处村庄收复。署罗定协副将卓兴率部由高州移驻阳江县属织篢地方，复进扎双捷圩河旁。眼见大军压境，客民并未畏惧。

同治三年正月初四日，戴梓贵率领大股客民突然进扑卓兴大营，"漫山遍野，由河东西分两路拥至，势极汹涌"。卓兴见势，即下令各部严阵以待，"欲俟其半渡击之"，并于陆路分兵互相援应。外委陈仕欲占头功，不遵号令，先自带勇渡河，千总黄崇光止之不及，亦相率竞渡，结果反为客民所乘，陈仕不能抵御，遂致败溃。客民继续进扑，外委周忠海战死，千总许加晋身受重伤，阵亡壮勇19名，被伤队勇多名。卓兴前军阵脚大乱，幸亏千总黄崇光督同所部"奋勇扼重堵截，方得收队"。客民乘胜追击，直扑卓兴大营。

---

① 《清穆宗实录》卷78。
② 《清穆宗实录》卷84。

卓兴急忙分兵两队往河西一路迎战，自率大队由河东继进，官兵呐喊而前，客民未能抵敌，大败奔逃。卓军四面包抄，"歼毙无算，其渡河溺死者以千计。追杀至二十里外，尸横遍野，斩取首级二百颗，内有伪营官二名，搜出伪印二颗，生擒十一名，夺获旗帜炮械马匹多件"①。卓兴因外委陈仕不遵号令，轻进取败，律以军法，"立斩以徇"。千总黄崇光虽亦违令擅进，复能"转败为功，尚有可原，将该弁棍责摘顶，以观后效"。

同日，都司蒋朝刚督勇在金缸岭一带堵截，"阵斩贼目一名，生擒二名"。追至樟木湾，"沿途斩戮及落水淹毙者甚多，割取首级五颗，耳记二只，并获器械多件"。

经此重创，客民并未气馁，于初六日分队由双捷河西至卓营挑战，另有客勇数百名突近双捷圩口。卓兴派两路队伍迎战，追杀数里，因害怕客民设伏，旋收队而回。在地豆冈，另一队客民与都司蒋朝刚遭遇，蒋部"生擒贼目二名，歼馘甚伙"。

初七日，客首戴梓贵等亲率大队客民蜂拥而至，卓兴分兵五路迎战，客民面面对敌，力不能支，"大败奔北，自相践踏，死者无数"。卓军追至那旦地方，将客营三座攻破，"巢内辎重举火焚毁，救出龙溪寨被困难民万余口，割取匪首二十七颗，夺获旗帜炮械多件"②。

客民连遭败绩，有复进阳江之意。卓兴即以一半兵力留守双捷，自领余队驰赴麻汕，以遏客民进扑阳江县城之路。正行军间，卓兴得知大队客民正在攻扑驻扎在牛场、沙中桥地方的游击雷秉刚、都司蒋朝刚各营，"炮声不绝，相持甚急"。卓兴即由麻汕抄击客民后路，客民猝不及防，不敢拒敌，纷纷退去。雷秉刚等乘机协力追击。

初八、初九两日，卓军连战皆捷，客民被杀数百名。卓兴乘胜直追

---

① （清）郭嵩焘：《官军追剿阳春客匪连战大捷疏（会总督衔）》，《郭嵩焘奏稿》，长沙：岳麓书社，1983年，第55—57页。
② （清）郭嵩焘：《官军追剿阳春客匪连战大捷疏（会总督衔）》，《郭嵩焘奏稿》，长沙：岳麓书社，1983年，第55—57页。

第七章 斗祸中的主战场（三）

至塘角圩等处，外委庄富发带队冲在前面，"手刃骑马贼目二名"，旋中伏炮阵亡，同时受伤壮勇 18 名。客民实力不敌，营垒被攻毁，卓军"斩获匪首一百一颗，生擒四名，夺获大旗抬枪等件"。客民连遭挫衄，人困马乏，奔回阳春、阳江交界之鸡笼门、金堡、企础等处休整。但卓兴于初十日即带队进抵阳春县属古良、水口等地筹攻。

经过连续数日的大战，客民损失惨重，而卓兴等军也遭到很大打击，客民击毙潮州镇左营外委五品蓝翎周忠海、潮州镇中营外委蓝翎尽先千总庄富发及兵勇甚多。

客民拼死与清军正面交锋，有诸多原因，其中高州方面洪兵失败后余众的加入尤为重要。郭嵩焘等在总结此次战事时说：

> 客匪勾结发贼，屯聚阳春，据险负隅，历时已久。自信宜克复后，高州各处败匪复以该处为逋逃薮，是以愈集愈众。臣等前调卓兴一军专办此股客匪，以口粮欠放甚巨，迁延多日。至去年十一月内，始能移营阳江县属之织篢，其时阳春告急，匪势方盛。卓兴按兵观变，伺隙而动。初四日一战之威，节次扫荡，使贼势不至猖獗。该副将行军素有纪律，每次接仗，谋勇兼资，处之以镇定，收斩不遵军令之外委陈仕，尤为近时将兵者所难及。现在剿办阳春、阳江客匪事宜，应即责成该副将一手经理。其驻防阳江之都司蒋朝刚一军、驻防阳春之守备侯勉忠一军，应并归该副将节制调遣，以一事权。俟剿办略有头绪，必将戴梓贵、李四、白面猪各匪搜除净尽，再行察看情形，遵照前旨，将各老弱良善之客民妥为抚绥。①

金堡、企础之战

卓兴移军驻扎于阳春县古良、水口之后，客民已向阳江县属那旦

---

① （清）郭嵩焘：《官军追剿阳春客匪连战大捷疏（会总督衔）》，《郭嵩焘奏稿》，长沙：岳麓书社，1983 年，第 55—57 页。

地方逸去，卓兴又赶紧督率所部跟踪追击。同治三年（1864）正月十三日，卓兴与署阳江知县徐宝符与都司蒋朝刚等及绅士、前任山东青州府知府谭伯筠等会商决定，由徐宝符等各带兵勇由河边右路进攻，卓兴分拨队勇由龙溪堡左路夹击，自己则率大队居中调度。

客民眼见各路兵勇合围，奋力迎战，左右冲突，但在清军层层包围之下，被杀 500 余名。正酣战间，风雨交作，清军枪炮难施，客民得以"乘间兔脱"。次日午后，客民又集合大队蜂拥而来。卓兴会合阳江官军暨署阳春知县吴璇、在籍刑部候补主事刘承辇等各部练勇，列阵迎击。客民见清军有备，不敢拒敌，爬山越岭，向金堡等处客营逸去。十五、十六日大雨，卓兴无法进兵。候天稍霁，卓兴即与阳春、阳江二县官绅督带兵勇驰往鸡笼门，相机进攻。

客民在金堡、企磡、鸡笼门一带，内踞瓦屋，外搭篷寮，数十里内"棋布星罗，填满山谷"。十七日夜，卓兴使用夜袭战术，派人潜往金堡，用火箭射入客营，登时火发。客民不及提防，跟跄扑救，并分队拒敌，被卓军击杀多名。十九日夜，卓兴再派人往鸡笼门客营纵火，并预拨各勇队分别向金堡、企磡两处"水陆夹攻，首尾相应"。鸡笼门客营夤夜被袭，"同时火起，到处皆燃"，也陷于慌乱，被卓军破栅直入，客民"哗然惊溃，自相践踏，斩馘甚多"。金堡、企磡两处队勇，亦各乘胜进攻。客民遭此打击，心慌意乱，不能复成队股，四散奔突，且战且走。卓军"勇气百倍，直至天晓，所杀不可胜计。当将鸡笼门、金堡、企磡收复"①。

客民自金堡、鸡笼门逃出后，在阳春潭水、坡仔一带扎营。卓兴亦率队进扎潭水。因天雨连绵，路途泥淖，双方都在稍事休整。二月初五日，大队客民"漫山遍野，前来扑营"。卓兴与各练勇分作三路迎战，

---

① （清）郭嵩焘：《官军追剿客匪发贼迭获全胜生擒贼首余匪窜散现饬委员察看情形分别办理疏（会总督衔）》，《郭嵩焘奏稿》，长沙：岳麓书社，1983 年，第 68—70 页。

第七章 斗祸中的主战场（三）

客民停顿，布阵拒敌。

中路战火先发，客目数人，手执大旗，率队冲锋，势甚凶猛。卓军以枪炮迎之，"无不应声而倒"。余众难敌，大败奔逃。卓军左右两队亦同时出击，追杀20余里，至白马径，杀毙客民"不下千人"，一路死尸横陈野，客民余众渡河后，卓军始行收队。

当时，客民有分队逃往凤南、白马、新圩者，又被守备侯勉忠等沿途追杀多名。

战败的客民集中于阳春三甲、双滘等处，据险屯聚。同时沿路密钉竹签，以阻官军进攻之路。初七日，卓兴由潭水进攻三甲，至荆山径口，阻于竹签阵，不得不拔钉前进，进至三甲鸡头塘，与客民栅垒相近。卓兴即督率各军发起进攻，枪炮齐施，客民不敌，逃出三甲圩，向新楼、西岸、山坪逸去，被侯勉忠由庞峒小路绕道截击，擒获"伪先锋"冯新养等5名。

初八、初九等日，卓兴、侯勉忠等军又连攻新楼西岸各处客营，"阵斩伪帅尉黄焕新一名，将贼巢悉行焚毁"。客民即由黄潼河一路向东安县属之风洞、长沙及信宜县属之分水、钱排等处逃遁。

此时，卓兴访闻"匪首"曾白面猪潜匿阳春县上村，亲督大队前往围捕，擒获后，"一面解省审办，一面分兵追捕余匪"。

以戴梓贵为首的客民在阳春、阳江两县流动作战，尤其是金堡、企硼等地，与大队兵勇顽强相抗，让官府大为头疼。此后客民向东安、信宜等县流动，广东官府更是担忧。郭嵩焘等奏称：

> 客匪盘踞阳春县属之金堡、企硼，时阅数年，根深蒂固，又复勾结发逆，扰害地方，攻扑城池，其势已成燎原。现经卓兴会合侯勉忠、蒋朝刚等军及阳春、阳江二县练勇，迭次攻剿获胜，焚毁老巢，擒获匪首曾白面猪，足以少示惩创。但臣等初意，拟于痛剿之后，即将各路土匪分别搜剔，锄其顽梗，以为设法安插地步。乃该

匪复因被剿穷蹙，分窜信宜、东安所属各处。

查信宜久为贼扰，民生凋残，元气本难骤复，且与西省容、岑各县相距匪遥，其间新抚之众观望徘徊，心怀疑惧，一二不逞之徒亦复时相煽诱。虽经屡饬地方官并加派道员会同设法镇抚，而清还占产，解释积仇，一切尚费周章。设使此次客匪相与勾串联合，恐又成屯踞蔓延之势。臣等叠咨广西抚臣并分饬东、西连界各文武一体堵截搜捕，复札饬侯勉忠等军绕出信宜迎头截击。

现据禀报，该匪因不得西窜，又折回东安之富霖洞、新宁之天党圩，为苟延残喘之计。当檄饬卓兴一军驻扎阳春，以防回窜，仍令相机进剿，慑以兵威。一面派委候补知府史朴，携带告示，驰往剀切晓谕，乘其流离颠沛、创巨痛深之余，易于感动，期使服罪畏威，如将土匪戴梓贵等捆送大营，即当会同地方官将现存丁口开造清册，体察各该县情形，设法安置，庶几一劳永逸。①

由于清军在东安、信宜方面的追击和防守，客民复有经由新兴全数逃往高明五坑之举。

上述阳春斗祸与恩平、开平、新宁等县斗祸的一个不同之处在于：阳春本地的土客斗祸似乎不甚惨烈，外县以戴梓贵为首的大队客民入境后，一方面给予当地土民以沉重打击；另一方面，在较长时期里，与清军发生了正面交锋。郭嵩焘在谈到阳春斗祸时称："肇庆府属土、客一案，……同治元、二年受害之惨，以阳春一县为最甚。至三年秋间，客民渐次退出县境。"② 宣统《阳春县志》也说："上三都遭犵匪之祸，民不聊生，流离失所，赖罗绅升榰设法周恤；下二都则迭受西山贼及发匪、犵匪蹂躏，各姓聚族而居者，该（核）计死亡数几过半。田畴鞠为

---

① （清）郭嵩焘：《官军追剿客匪发贼迭获全胜生擒贼首余匪窜散现饬委员察看情形分别办理疏（会总督衔）》，《郭嵩焘奏稿》，长沙：岳麓书社，1983年，第68—70页。
② （清）郭嵩焘：《恳恩豁免阳春信宜两县旧欠地丁银米片（会总督衔）》，《郭嵩焘奏稿》，长沙：岳麓书社，1983年，第319页。

第七章 斗祸中的主战场（三）

茂草，乡村庐舍存者十不一二。乱后田价大贱，斗种钱数百文。"① 为此，经绅士恳请，督抚奏准，"将同治元、二年阳春、信宜两县未完地丁银米一律豁免，以苏民困"。

最后，还要强调一点，阳春客民之败，与土绅刘承辇请兵助饷、率勇助攻有着直接关系。三甲之战后，刘承辇再次"厚集饷项诣卓营，剀切请求"。同治三年（1864）正月，卓兴进攻客民，企磡、黄殭守营之客众悉奔入三甲，刘承辇往来于卓、侯两军商定，卓军由水路进驻潭水，侯军由陆路进驻庞洞，夹攻兜击。客民进扑卓营，刘承辇"督乡勇随卓军击之。卓军张两翼而进，匪尽披靡，斩馘千余级，夺旗帜器械无算"②。

附录李岳《卓将军歌》记阳春斗祸事云：

> 大寨鼙鼓声隆隆，甲光向日摇曈昽，
> 高牙大纛群趋风，将军策马气如虹，
> 父老奔诉如旋篷，以丈击地手画空，
> 吁嗟犵狫横哉纵，脯人之肉抉人瞳，
> 饮人之血剚人胸，生灵百万夷沙虫，
> 荒天蔓草阴蒙蒙，新鬼故鬼藏其中，
> 将军一怒发上冲，登楼东望莽伏戎，
> 排山倒海趋河东，贼骑半渡偏师从，
> 漠阳之水腥且红，浪卷贼入冯夷宫，
> 将军匹马蹑贼踪，翼后阵与长蛇同，
> 一日三捷俘元凶，风驰雨骤腥膻融，
> 京观大筑鲸鲵封，四郊喜气摩苍穹，
> 壶浆夹道来匆匆，前者唱于后喁喁，

---

① 宣统《阳春县志》卷13，《前事记》。
② 宣统《阳春县志》卷13，《前事记》。

将军之德盛而恭，日神之力余何功，
饮一勺水明其衷，号令凛凛逾严冬，
金石与之相铮鏦，耆然安堵销边锋，
摩天峭壁推崆峒，天梯石栈资磨砻，
大书深刻铭其峰，安得妙笔如游龙。①

阳江斗祸概况

阳江在秦时属南海郡，汉为高凉郡地，后汉末置安宁县并为高凉郡治，南朝梁大通时，安宁改为高凉县并为高州治，隋末境内另置阳江县，唐贞观时高凉县并入，初属高州，后属恩州，明洪武初废恩州，阳江县改属肇庆府，清因袭之。同治五年（1866）十二月，广东巡抚蒋益澧会总督瑞麟奏设阳江直隶州，略云："肇属阳江、阳春、恩平、开平距郡甚远，地势险要，而阳江濒临大海，匪艇出没，为害尤甚，如土客械斗一案，起于恩平，蔓延八九县，贻害十余年，皆由道府驻扎太远，未能及时消弭。"②得到清廷批准，同治六年（1867）即由县改州。后屡有改易。

据阮元《广东通志》记载：

> 阳江倚山濒海，气习颇殊，好勇轻生，不循礼法，侨寓多惠潮之人，朋比为奸，铤而走险，枕近场灶，私贩充斥。器用多资他郡，地力可以自给，以故无甚贫甚富之家，文物声名未为盛也。③

另一记载云：

> 邑为濒海尚武之区，技勇甲肇郡，嚣悍之气未克尽除，乡落

---

① 宣统《阳春县志》卷14，《艺文》。
② 民国《阳江县志》卷1，《沿革》。
③ （清）阮元：《广东通志》卷93，《舆地略十一》。

第七章 斗祸中的主战场（三）

之民多以耕锄为业，鲜至县门，畏见长吏，或有官讼，一听人之包揽。又其愚者，好勇轻生，与富家斗，不胜，则服胡蔓草以诬之，今稍稍革矣。①

阳江及高要、阳春等县土客"素本相睦"。当邻近的开平、恩平等县土客分声仇斗时，亦被卷入旋涡，"随高要、阳春二县土客绅士能遇事调解，斗事遂归沉寂"。至于阳江，境内"客民无多"，其居于五堡一带村墟者，于咸丰五年（1855）、六年（1856）已逃避于新宁客属那琴、那扶等处，所以，其境内土客相斗之事在斗祸初期并不彰著。而且，当阳江客民逃往新宁时，有禾义凹林姓各客村因富有资财，不欲迁避，与土民相约，将田产与土民平分，"联呈厅署立案，互相扶助，故当时得免于祸。闻至今林姓各村仍安居无恙云"②。在斗祸之区做到土客相安，真是幸事。

后来阳江境内的斗祸，多由大股客民"流窜"而至引发，时在咸丰六年八月。

据民国《阳江县志》说："先是四年九月，鹤山、高明两县客民与土著互斗，既而客民渐成流寇，蔓延新、开、恩、春四县，至是窜入阳江东境，焚掠那龙、田畔、那笃、乌石、河仔、东平等处，总兵陈佐光率兵剿之，克复那笃、乌石。越数月，又战于那龙，匪势略挫。迨九年，恩平士绅倡议调和，东道始通。"③

在此期间，阳江还遭到信宜方面洪兵张勾七部的多次骚扰，至咸丰八年（1858）六月，阳江各乡举办团练。八月，各乡勇会合阳春兵勇进攻张勾七，败之。

咸丰十一年（1861），鹤山、高明、恩平、开平、新宁、阳春六邑

---

① 民国《阳江县志》卷7，《地理志·风俗》。
② 民国《赤溪县志》卷8，《赤溪开县事纪》。
③ 民国《阳江县志》卷20，《兵防志二·兵事》。

客民在土民的大举围攻下，"流亡失业，潜谋报复"，新宁客民有占据广海寨城之事，广海寨被官兵攻克后，"余众尽窜阳春"。至同治元年（1862）正月，客民围攻阳春县城，阳春营县告急，阳江镇总兵陈佐光委派左营守备林荣桂偕帮带徐桂田率兵200余名驰赴阳春防守，林荣桂等"沿途破贼西进，至则昼夜登陴，多方堵御，驻防数月，城赖以全，由阳春县详请奖叙有差"①。不久，因客民"下窜阳江"，陈佐光又急忙调林荣桂回营，防守北门。

这年春夏间，客民迭在阳春企㠝、金堡、篱坪迳等处徘徊，有意开入阳江县境，由于乡勇严防，"未遽得逞"。稍后，客民因围攻阳春县城不下，转图阳江，客目黄奕泰纠集洪兵戴梓贵等先攻塘口，"扼于乡勇，不得逞"，转攻石梯，陷之，把总仇家骏战死。客民复进至第八墟，外委许德仪战死，旋至河冈、高塃、雷冈、大迳、田寮、合山、北惯、石仑、金村等处，"大肆焚劫，东北百余里，并遭焚杀荼毒，所过乡村，妇孺俱无孑遗，而屠杀那笃人民二千有余，尤为惨酷"。此后客民队伍渐趋西境，"东北各乡遂次第收复"。②

十二月十九日，客民攻占阳江西路大镇塘口。塘口系兵家要道，在阳江城西北90里，与阳春县之企㠝及篱坪迳、百足迳、大坪等处毗连，道路险恶。此前，信宜洪兵由阳春进据塘口，出攻织篢。未几，客民由阳春向阳江流动作战，亦先陷塘口。为此，知县徐宝符在客民退去后择地建筑炮台二座，一在洋桥山后，土名闸门，是为由桐油往马头、蕴河、尾山一带必经之路；一在桐油山上，土名分水坳，盖由桐油往五福厂、仙家洞、八甲一带必经之路。③此系后话。

同治二年（1863）正月初五日，客民再陷程村，进据阳春鸡笼门，筑构营垒，四出攻扰。同日信宜洪兵陈金刚进至县境活动，二月初二日又至

---

① 民国《阳江县志》卷20，《兵防志二·兵事》。
② 民国《阳江县志》卷20，《兵防志二·兵事》。
③ 民国《阳江县志》卷6，《地理六·要隘》。

第七章 斗祸中的主战场（三）

二月初九日，客民分攻新墟、马车、儒峒各乡，"陷之逾月，官军率乡勇收复"。

四月十二日，戴梓贵纠集客民大队陷双鱼城，并连陷附近书村、南堡、白沙等数十村，阳江知县徐宝符偕提标守备李天祥率兵赴援，旋于十八日督同各乡勇收复。客民将矛头转而指向西南重镇上洋。五月十二日，戴梓贵添纠客民韩端等众数万，围攻上洋。驻守上洋乡勇及赴援兵勇六七千人顽强阻击，力战三昼夜，十四日，客民攻陷上洋。① 是役，官兵、乡勇、土民死者4000余人。

六月，客民攻陷冈埠各乡，声势大震。此前，当客民攻陷程村时，即有进窥冈埠之意，冈埠绅民等集团募勇，双方在彭公寨展开了数月的拉锯战。土民一方，因为"财力殚匮，渐不能支"。适有提标兵1000人进驻阳江城，绅民请求官宪拨100余人赴援，由守备李天祥率领，行次十一圹时，彭公寨之土阵已溃，客民大队蜂拥而至，李部因"乡导失人，仓猝遇贼，相距数十武始觉，天祥麾兵力战，手杀数贼，卒以众寡不敌被执，骂贼不屈，贼怒，焚之，死事甚烈。外委廖振高、区振彪亦同时殉难，于是冈埠各乡俱陷"②。另据记载：

> 李天祥，香山人，道光丁酉武举，任香山协左营守备，同治元年，邑境客匪扰乱，天祥奉檄率兵三百人驰至阳江防剿。二年四月收复双鱼城、书村、南堡各乡。六月，客匪陷程村，平冈告急，天祥率提标兵百余赴援，行至十一圹而彭公寨之乡勇已溃，客匪大至，乡导罗超龙因醉失道，猝遇贼，相距数十武，始觉，天祥挥兵力战，手杀数贼。卒以众寡不敌被执，天祥骂贼不屈，贼怒，缚而焚之，死事甚烈。外委廖振高、区振彪同时遇害。③

---

① 民国《阳江县志》卷20，《兵防志二·兵事》。
② 民国《阳江县志》卷20，《兵防志二·兵事》。
③ 民国《阳江县志》卷25，《职官五·宦迹》。

六月某日，客民攻陷白沙、造性、潭塘各乡，欲自端逢渡河，进窥县城。当时各乡避乱者蚁集于端逢河干，望见大队客民开来，纷纷凫水渡河，适逢涨潮，"溺毙无算"。在一片混乱之中，有位名叫朱陈的农民，"素以拳勇称"，率领壮丁数十人奋力迎击，刺毙骑马客目一人，"余众遽退"①。不久，客民仍复集队准备进攻县城，由于阳江总兵陈佐光"以攻为守"的策略，客民企图未能得逞。

陈佐光，字枫垣，南海县伏隆堡人，"生长海滨，谙熟水道"，中道光甲午科武举，由卫千总渐升至护理阳江镇游击。先是，佐光所到地方，缉捕奋勇，而在阳江最久，"战绩最多"。佐光到阳江任游击时，适逢土客构衅，他在阳江数年，专以"剿客"为责：

> 恩、开等十余县客匪始藉口报复，继焚杀村庄，肇属各县，扫地无余，独阳江尚为富实，遂纠党数万，由阳春窜至县境那笃、那龙、东平等村，蹂躏殆尽，富民络绎，挟资货走城中。贼眈眈注视，绅民议以重兵守城，不欲护藩篱而舍心腹。佐光谓："以守为攻，不若以攻为守；我方攻贼，贼何暇攻我，此以攻为守也。"遂掩贼不备，败之，江城赖以无虞。制府劳崇光保举堪以总兵用，遂由龙门协副将署阳江总镇。时发贼陈金缸十余万陷信宜，客匪与勾通，袭据县属之程村、织箕等地，声势甚张，佐光协同文武剿抚互用，卒就肃清。署镇五年，以劳卒于官，年五十九。②

七月初，官府决计进攻上洋，副将廉明统兵2000人，带同上洋团练局绅姚应权等所募电白勇3000人，又令各乡勇随同助战，初八日，客民方面支持不住，溃退而去。③

---

① 民国《阳江县志》卷20，《兵防志二·兵事》。
② 同治《南海县志》卷14，《列传》。
③ 民国《阳江县志》卷20，《兵防志二·兵事》。

第七章 斗祸中的主战场（三）

同治二年（1863）底至三年（1864）正月，出身洪兵的客目戴梓贵"为客匪画策，联合土匪，将由北路扑城"。一时阳江全县濒危。广东官府部署大批清军拦截。当时云集的各路兵勇有副将廉明，提标游击赖建猷，督委侯、郑两守备，各自带领所部兵马赶来会合；又有李熙龄之胜勇，戴光德之英勇，李天祐之东勇及辅勇、电勇等。客民方面则步步为垒，奋力抵抗，双方僵持不下。省宪要求檄卓兴率部回援。此前，即同治元年（1862）夏开始，卓兴与各路清军会攻信宜陈金刚。战事甫一结束，由于阳江方面与客民之战事吃紧，卓兴遂遵令率所部5000人抵达阳江。稍事休整，卓兴即率部与客民战于双捷、轮水等处，由于实力悬殊，客民连战皆败，气势大挫。不久，卓兴会集各路兵勇进攻鸡笼门客民大营，客民再次失利，遂"退窜"出阳江，"邑境以宁"①。

卓兴回援阳江这一战，对客民乃是沉重打击。当客民自阳春进入阳江时，"纠合土匪及信宜之匪，众至十余万，连陷巨乡，蹂躏四境，声势甚张，惟县城及海陵一岛仅完，然县城濒于危者屡矣"。尽管当时境内官军乡勇林立，客民仍能支撑，等到卓兴五千人马一来，形势顿时发生逆转。卓军惯以马队突阵，继以抬枪队进攻，"每战辄如摧枯拉朽，客匪屡败，为之夺气"②。鸡笼门之战后，剩余客民复向阳春等地溃走。

同治元年、二年，客民在阳江境内流动作战，声势浩大，与他们联合洪兵残部力量有关。据记载：

> 同治元年七月，客目戴梓贵侵略阳江，破上阳，踞织簀，日陷数十村，恣意焚杀，阳江全县惶恐。又值梧州红贼入寇高州，袭破信宜县城，客人遂与勾结，合谋攻击，阳江告急，请兵督抚，檄雷琼协卓兴会同阳江镇协办红贼。卓兴选精兵三千，与战数昼夜，贼大败，擒斩无算，复高州城，红贼肃清。复令专办客乱。时戴梓贵

---

① 民国《阳江县志》卷20，《兵防志二·兵事》。按：鸡笼门在此处方志中为"鸡麓门"。
② 民国《阳江县志》卷25，《职官五·宦迹》。

盘踞织篢，兼收红贼残众，其势益大。卓再选精锐，连攻数日，客人不支，弃织篢、上阳，返回大龙环、大湖山等处，四出劫掠。①

此后，阳江境内斗祸止息，至五年（1866）十月，有恩平"就抚"客民过境之事。先是，恩平客民"为官军剿败，困聚曹冲，尚余男妇二万余人，俱愿缴械，各赴高、廉、雷、韶及广西地方自寻生业，当经大吏核准，饬发银米、护票，分别遣散"②。十月，大批客民过境，驻扎织篢墟，引起当地清军戒备。阳江镇总兵李运荣禀称：

有第三起客民男妇万余经过织篢，亲率兵勇护视，已抵五蓝，询其何往，多云愿赴广西，并云银八九两，岂堪久用，待后再作行止。查该客民人数众多，必聚而能散，方免滋事，除肇府外，高、廉、雷三府宜均分安插，择官山之可垦辟者予之，庶不至与土民争，又获安居之乐。③

旋阳江方面接奉督抚批示："该客民必须赶紧分散，以免日久生心。"官府并责成肇罗道王澍及总兵李运荣询明，愿往高、廉、雷者，分为三起，有愿往海南者，即分为四起，皆派员弁兵勇护送安插；如果原领资本不敷，每名再给四两；又饬恩平、阳江各门户认真防守，"无使回窜"。此后，客民队伍陆续离去。

三、高要、高明

高要斗祸概况

高要建县于汉武帝元鼎六年（前111），属交州苍梧郡，三国吴时

---

① 宣统《恩平县志》卷14，《纪事二》。
② 民国《阳江县志》卷20，《兵防志二·兵事》。
③ 民国《阳江县志》卷20，《兵防志二·兵事》。

第七章 斗祸中的主战场（三）

属广州苍梧郡，南朝宋时属南海郡，梁时置高要郡（后曾称端州、信安郡、肇庆府），高要县属之。清代高要县附肇庆府城。清前期时，两广总督署就设在城东门内。高要地控西江咽喉，咸丰同治时期两广洪兵起义，清廷在此用兵甚勤。

高要境内土客杂居，从有关方言中可以看出梗概，据记载：

> 县境高山大川，风气峭直，音亦类之，语有三：曰官语，曰乡语，曰猺语。官语惟城郭之人及乡人有识者能之，猺语近山之人亦喻焉。其余悉以乡语，十里之外即稍异，其音重以急，亦有有音无字、有字而转其音者，然皆明白易晓，与官语相近，游宦行旅皆能以意逆之。①

高要、高明方志等史料中一般把客家称为"猺"，故意把客家等同于"猺"（瑶）、"獞"（壮）等少数民族，与外县史料有意把客家称为"犵""獠""狢"等一样，含侮辱之意。关于"猺"即"客"一说，我在下文的一个注释中还要说明。

从"近山之人"懂"猺语"可知，高要客民亦多居山地，由于社会经济地位的差异，土客之间也存在许多矛盾，往往遇时而发。

咸丰二年（1852），西江"盗贼蜂起，肆出抢掠"，高要各乡有团练之举。新江之上迳、横江、八乡等堡，宋隆之坡垌等村以及高明、新兴、鹤山、三水毗连各乡，联结团防，取名"太平堡"，用以保卫乡里。四年（1854）、五年（1855），高明"猺首"李天参、叶帝福、汤朝桂、陈作球等以剿"红匪"为名，纠集高要、高明、新兴、鹤山、恩平、开平六县"猺匪"数千人，突至太平堡南部地方，"掘祖茔，杀老稚，掠妇女，焚庐舍，踞土田，被害之村，流亡死徙，十室九空。西部之西

---

① 道光《高要县志》卷4,《舆地略二》。

庄、奕庆十余村并受荼毒"。此后,李天参等还打算进攻肇庆府城,因为回龙乡团堡拼死抵拒,"始退窜而去"①。

咸丰七年(1857)三月,"猺匪"劫杀太平堡西南部。

咸丰十一年(1861)冬,恩、开、新、鹤等县客民遭到官兵、土勇的连连打击,在阳春、新兴、高明、高要等县流动作战,有数万之众。在此情形下,高要土绅以"防猺"为借口,禀准肇罗道蔡燮转详大府"设局剿猺"。十月,土局招募团勇驻扎回龙、沙平墟。十一月,土勇由沙坪墟进攻"猺寨",回龙团勇助战,"不旬日连破寨二十余处,猺匪望风而靡,走伏高明城中(时高明城已落入客民手中)。"十二月中旬,"猺首"李天参在外招集"惠潮嘉猺匪数千,船数十号,假官兵旗帜,由金洲、三洲两海口分道而入,欲援城贼之危"。此事被古劳局土绅刘瑶侦知,亲督练勇截船杀"猺",各乡团局闻讯亦各率队赴援。此战,外地招来的客民被击杀数百名,击沉船10余艘,"内匪失援,始无固志"②。

这一年的高要县土客斗祸中,客民遭到惨败,与当地土著团练力量较强有着直接关系,其中土绅何凤飞所起作用尤大。

何凤飞,号梧冈,高要广塘乡人,道光甲午举人,以知县分发云南,署罗次县,调署剑川州,经历丰富,"累权州县篆,皆上官为战守择之,倏忽改委,官无常处,而凤飞不以军书傍午废民事"。这种经历使他得以掌握了相当的应对时局变化的能力。咸丰十一年,云南上司委他回粤催饷,时值客民在肇庆各属流动作战,广东官府"札委留籍督办团练"。大股客民从新兴扑来,"势甚悍"。何凤飞即与知县吴信臣驻勇于八乡,调度守备,又亲往卓兴大营请援。加上古劳局土绅刘瑶在西江上的截杀,客民无法在高要境内立足。随后,何凤飞又参与援

---

① 宣统《高要县志》卷25,《旧闻篇一·纪事》。
② 宣统《高要县志》卷25,《旧闻篇一·纪事》。按:此处的"猺匪"应即是客民,因为高明城陷落(被客民攻陷)及"惠潮嘉猺匪"及下文的"戴梓贵"等均可作为佐证。

剿新兴、高明、东安各县客民、洪兵队伍等事。①此后数年,高要斗祸稍息。

同治四年(1865)初,大股洪兵由阳春、阳江向恩平、开平流动,越新兴而下,其人数约2万人,马队数百,自号"大同军","专以焚劫掳杀为生计"。不久,该部被"叛猺"李天参等"招聚于高明五坑中,倚为奥援,时出骚掠,县界横江、八乡两堡,罹其殃者,殆非一日"②。

高明五坑乃客民戴梓贵、李天参等人占据的最后一块根据地,此地与高要活道、横江、八乡等处壤地相连,自然不免屡"罹其殃"。不得已,高要土绅联合诸村,设一总团,以资防堵。因活道村地居中心,"背山面池,有险可据,乃筑栅浚壕,环以土墙,聚各村人畜于其中,以图固圉"③。

活道村既然成为高要土民抵御五坑客民的一个堡垒,客民当然必欲除之而后快。七月初六日清早,"大同贼、伪军师戴子贵(即戴梓贵)率贼伙及猺匪空巢出,迳趋活道村包围,团勇悉力御之,自巳至申,炮声隆隆不绝。"④傍晚,土勇铅药告竭,客勇越堑破藩而入,尾追至赵氏祠内,杀死在此避难的男妇老幼900余人。

客勇将活道一带村舍"焚毁靡遗"后,在高明南路驻扎。九月,新江团练局遣团长李大巴三统带团勇300名,与客勇战于八乡乌洞口,因客众土寡,土勇败于白仔岭,团长李大巴三战死。客民攻陷八乡后,又乘势分兵银江围,越横石、茶头,将渡江时,驻守于多等坡的百丈堡团勇在此伏击,客勇半渡,土勇以枪击客民前锋,杀一客目,客民暂退。适土人某引导总兵卓兴帅师自新兴来援,由大涧洞间道出,拦腰进击,客勇首尾不应,大败,"官军俘戮无算"⑤。余众退回高明。此后,高明五

---

① 宣统《高要县志》卷18,《人物篇·列传二·清》。
② 宣统《高要县志》卷25,《旧闻篇一·纪事》。
③ 宣统《高要县志》卷25,《旧闻篇一·纪事》。
④ 宣统《高要县志》卷25,《旧闻篇一·纪事》。
⑤ 宣统《高要县志》卷25,《旧闻篇一·纪事》。

坑客民外出活动日益减少，最终被官兵包围。

五坑客民缚献戴梓贵求抚之后，零星客股如朱景旦等在高明、高要境内活动。同治六年（1867）正月初八日，肇罗道王澍"以五坑猺匪伏莽，民不安枕，乃亲诣高村总兵郑绍忠营商办善后法"。客目朱景旦、陈文立等被迫同意招抚，于是文武定议，"已逃者不准还村，未逃者毋容驱逐"。二月，广东官府著令郑部押送剩余客民前往新宁、清远、四会诸县及惠、潮、嘉、韶、琼诸州安插，每男妇大丁给银六两，小丁给银三两，注立名册，存储道署，"日后如有私回者，杀无赦"。自此次遣散后，高要境内"猺患寝息"①。

后来，土民在高要回龙堡沙坪墟武帝庙内设立义勇祠，专门用来祭祀为"捍卫桑梓"而殉难的土民。②

高明斗祸概况

高明县于明成化十一年（1475）由高要县析置而成，清袭之，属肇庆府。其地形"接迤新兴、新会，箐迳薮盗。置县以来，民始毁砦归农。顾邑以上刀耕火种，仅给峒炊，山利悉无所出。邑以下皆沮洳泽国，沙堤不任捍御，雨一日夜，潦起寻丈，田庐与鱼鳖争命。以故民苦耕趋读，君子秀而有文，小人巧而弄法，亦驱之使然也"③。故高明建县历明清两朝，仍处于自然条件差、社会不安定的环境之中。

本节高明斗祸情形，主要分为两个部分，一是《杨琳函件》与高明初期斗祸，二是咸丰六年以后高明斗祸情形。

高明斗祸的发生与初期斗祸情形，在《杨琳函件》里有较为全面的记载。

高明与鹤山、恩平、开平等县情况一样，其斗祸均由洪兵事件引

---

① 宣统《高要县志》卷25，《旧闻篇一·纪事》。
② 宣统《高要县志》卷6，《营建篇一·寺观》。
③ 道光《肇庆府志》卷3，《舆地》。

第七章 斗祸中的主战场（三）

发。最初，高明与他县的一个不同之处在于，该县参加洪兵的土客均有，土客也曾一度联合对抗洪兵。旋即关系破裂，客民依恃官府，以"剿洪"之正统为名，不仅向土民派捐派粮，且有"肆意屠戮"之事，遂引发高明斗祸。① 此处，我们引用《杨琳函件》中的有关叙述，对咸丰四年（1854）、五年（1855）间高明斗祸的情况做些讲解。②

咸丰四年六月，高明土著何丙、梁新等联络本县及外邑土客洪兵1000 余人，突然围攻高明县城，"城守蓝（某）闻风先逃，大失民望，贼遂蜂拥入城"。洪兵入城后，"夺仓谷，分库金，毁官衙，放囚犯，焚劫民居财物，勒单肆毒"。土绅如杨琳等即各率族众子弟"入城攻击"，杀洪兵3 人，伤10 余人。土众方面，督战监生谭汝溪、丁壮谭亚庚则在交战中毙命。因"贼众勇寡"，各土绅复募集壮丁，竭力合攻，何丙等不支，率部退出城外数里屯聚，随即，其内部发生矛盾。

土客洪兵"同而不和"，客籍"伪将军"华仙因故被何丙所杀，客党区五、颜秋林在山塘口别竖旗帜，土客洪兵分裂。各土客绅士乘机集议，在升平堡内设局捐资，团练乡勇400 名，给粮备械，巡缉防堵，使已成分裂之势的洪兵不敢轻举妄动。

问题在于当时高明绅民团练存在着土弱客强之势。不久，客籍绅士以李天参、朱景旦、叶帝福等为首，"歃血结盟"，联络开平、恩平、鹤山、高要等五县客民，请令于总督叶名琛，以剿"红匪"为名，联堡互

---

① 关于这一点，温春来曾指出："红兵起义时期，无论是土著还是客籍的军事组织都得到了政府的肯定和支持。或许这与政府难以独立荡平红兵之乱有关，但官员们没有意识到，在红兵叛乱的背景下，矛盾已深且武装起来的土客双方，正在酝酿着一种震动地方社会的动乱——土客械斗。"见温春来：《咸同年间广东高明县的土客械斗》，载胡春惠、周惠民主编：《两岸三地研究生视野下的近代中国研讨会论文集》，台北政治大学历史系、香港珠海学院，2000 年。我要指出的是，在鹤山、开平等县，洪兵初起时，清政府主要依靠的是客勇。高明的情况是，洪兵中土客都有，镇压洪兵的土勇客勇并存，但客勇同样走上"假公济私"之路。
② 《杨琳函件（咸丰五年某月）》，英国外交部档案：F. O. 931 / 1562（西广总督署档案）。该函件系中山图书馆倪俊明先生、中山大学历史系温春来博士提供，谨此致谢。按：杨琳系"被害"土绅，此函件本身对客民多有攻击，而我们观察斗祸之是非，不能以杨氏立场为标准，稍后，土民对客民的残杀，有过之而无不及。

助。各在山头立寨,竖白旗(以别于红兵之红旗),上书"六县同心、天下无敌"。高明客民设寨于金谷㘵、高㘵、龙塘等处。首领名目有先锋、旗首等。此举在杨琳看来,实系"名为联堡防堵,实则聚党作奸",因为"客籍业少人众,素蓄吞占土著田庄之心"。

果然,客民一方随即对土民展开行动,杨琳述称:

勒单不遂,指为藏匪,劫杀随之,性贪似狼,势猛于虎;劣绅画策,婪老分肥,丁男肆杀,子妇逐赃,斩刈良民,争分烹食,污良家女,掳富家儿,房屋俱灰,土田尽占,合县罹灾,轮门受害,数其凶暴,更□难终。

杨琳所说的这些"罪名"之下,具体情形如何呢?

咸丰四年(1854)八月间,李天参等先向高村焚劫,"杀毙绅耆男妇数十命",土民莫敢撄锋,客民声势渐炽。

不久,客民又将目光转向泽河,"泽河地沃人饶,久为客籍垂涎"。十月中,泽河及周边乡村的客籍农民"以逆租起衅,声言不杀不休"。二十一日,大批客民齐集清平堡,商量如何抗交土民田租,众土绅前往理劝,不料先遭不测,侯选训导何云卿、千总黄俊权及监生麦廷光、刘述修、职员程耀才等十余人俱被掩杀,客民乘势攻陷泽河村,杀毙前普宁县教谕冒邦彦、生员曾贯传、曾希颜、武生曾兆桐、曾逊颜、职员曾文郁等10余名。泽河堡内的土勇闻变赶往救护,"大遭屠戮,计杀老壮妇稚二千余命,年少妇女多被客籍所掳掠"①。

关于此事,我们从光绪《高明县志》中的"何云卿传"中也能看到片段记载:

---

① 《杨琳函件(咸丰五年某月)》,英国外交部档案: F. O. 931/1562。

第七章 斗祸中的主战场（三）

何云卿，号纪之，……弱冠补邑增生。……捐训导，选任新会训导。咸丰四年，红逆踞城（所"踞"为高明县城，因新会县城并未陷落。——引者注），分队掳掠，民不聊生。云卿与更楼堡各绅团练义勇攻破红逆，地方颇靖。又与太平堡及附城绅士谒知县张作彦，谋复城，殊值客匪勾引红逆劫掠泽河，云卿奉谕率勇护救，力战阵亡。①

攻陷泽河后，客民又连陷版村、丁田、榕树等10余村，杀土民数百人。

客民并未就此歇手，又连日在山头巡察，遇有尸亲来寻，"复行屠杀，以致尸横遍野，无敢认敛"。照理，客民的行径会得到官府的打击，但是，由于他们打着"剿红"的旗号，而洪兵正是官府镇压的对象，所以，当时的高明县府不但不以为过，且认为他们是急公好义。据杨琳说：

伊等自知罪不容诛，欲以复城之功，掩其滔天之恶，自随蓝城守协同敝堡壮勇进攻贼巢，杀贼多名，余贼远遁，并请留勇守城。县主方谓彼知公义，不敢复蹈前非，因谕令各乡捐赀出粟，供其口粮，殊伊等倚势作威，只图蚕食，挟官逞毒，大肆鸱张。②

在这样的背景下，客民武装加大了对土民的打击，当时，高明县属西南100余村，仅有数村未经"焚括"；东北数十里，只存五村未受"奸屠"。至杨梅一乡，"被括之后，又复私征，每亩税银八分，以饱虎欲"。有些土民不甘受害，有赴县衙呈控者，但诉状还未呈入，便"祸不旋

---

① 光绪《高明县志》卷13，《列传》。
② 《杨琳函件（咸丰五年某月）》，英国外交部档案：F.O. 931/1562。

踵",从此只得"忍气吞声,甘受荼毒"。

在控制了高明以后,客民又把矛头转向邻县,"因遏籴抢杀之故,酿成要邑(高要)三十六乡之祸,互相寻仇"。咸丰五年(1855)正月二十九日,客民又招集附城等都及各属客民数千人屯聚于高明、高要交界之高涮、龙塘、西迳等处,向各堡派粮派捐,供应口粮,"一有不给,即向绅士持刃吓杀。县主知之亦无如何,只得迭次谕令堡内派捐,充彼支费"。但这种"压迫"遭到了高要土著团练的抵抗。当高明客民前往高要三十六乡行动时,大受挫折,连夜奔逃,及其所过之乡,"犹且肆行劫杀"。

客民队伍很快打到杨琳所在之乡,二月十七日,先攻独冈村,杀毙生员杨容光、侯选县丞杨朝元、监生严仪邦及耆壮男妇数十人。十八日,攻歇乐村,杀毙监生潘邦文、何拔修及耆老男妇近1000人,该村因与拒敌,"故受祸尤烈"。二十一日,攻涮锦村,杀毙耆壮妇稚数十人。数日之内,连陷三乡,其余土村畏惧客民锋芒,只得任由搜刮:"惨遭屠掠后,复连日搜刮,大湖、茶山、梧桐、水尾等处数十乡,或一日连括数乡,或一乡连括数次。"各处稍有反抗者亦即被杀,如杨琳所在之乡,有刘泰阶者,"身首异处"①。

四月,客勇配合官兵收复肇庆府城,官府除酌留部分客勇外,遣散其余。高明一县留城客勇为150名,遣散者达1000余人。被遣散者衣食无着,又盯上土民家产:

> 沿途抢劫,勒索凭空,民命之生,仅存旦夕耳。嗟嗟,率土之滨,莫非王民。生者家室流离,死者尸骸暴露。乡民何辜,遭此惨毒。数难擢发,言实痛心。迹其行为,甚于红逆。……抑思括乡村,吞土田,王章不宥;戮绅耆,淫妇女,天理何容,而伊等竟肆

---

① 《杨琳函件(咸丰五年某月)》,英国外交部档案:F.O.931/1562。

第七章 斗祸中的主战场（三）

行无忌。虽曰天网恢恢，终当有报，而及今不报，恐邑内生灵靡有孑遗矣。①

在这种情形下，杨琳写信向某大吏请求派兵剿客。

从当时土客双方的情况来看，土民产业丰厚，但武力较弱，而客籍正好相反，业少人众，拥有较强的武装，在镇压、防堵洪兵的行动中屡屡成功。他们显然更具有挑衅的动机和实力。史料上常见的说法是，客民自恃有功，借剿匪之名，泄胸中积忿，肆掠土乡，占据土著物业。土民起而报复，于是一发不可收拾，酿成大祸。②这种情形在高明表现得很是明显。

咸丰六年以后的高明斗祸概况——

高明斗祸发生初期，客民显然占了上风。咸丰五年（1855）之前的情况已依据《杨琳函件》等资料做了一些整理，下面谈谈咸丰六年以后的情况——从六年至十一年（1861），高明客民仍然在实力上占据优势；其后，因官兵"剿客"，客民才步步失利，以致各县客民于四处"流窜"不逞之后，退聚高明五坑，导致"五坑之战"。③

咸丰六年（1856），"客匪肆出抢掠，土乡大被滋扰"。

咸丰七年（1857）二月，"客匪攻杨梅、田心等村"。三月十六日，高明更楼、合水两洞土籍，在更楼圩设立公局，"置炮、筑村、派勇"，准备报复客民，克期打仗，但土民一方由于军无斗志，甫与客民接触，便望风远扬。

土民之所以有此举动，是因为在此前的三月初七、初八日间，客民将更楼、合水两洞土籍圩场，直至高明城一带，"焚掠殆尽，妇女儿童，

---

① 《杨琳函件（咸丰五年某月）》，英国外交部档案：F. O. 931/1562.
② 温春来：《咸同年间广东高明县的土客械斗》，载胡春惠、周惠民主编：《两岸三地研究生视野下的近代中国研讨会论文集》，台北政治大学历史系、香港珠海学院，2000年。
③ 关于"五坑"地名，并不见于各方志舆图中。推测系为高明县西南山区一带的总称。

不能走动者，被贼捉获无数，虽树木瓦砾，亦无一株一片存者，被害之惨酷，未有若高明之甚者也。一县之中，仅存石沂围、三洲墟，土村只存十九乡而已"①。土民成为惊弓之鸟，虽有公局之设，却因为组织松散、人心浮动而大败亏输。

三月二十六日，大股客民占据高明县城，"尽屠民众"。更楼、合水乡民悉数逃往高要县境，高明城外附近村庄俱被焚毁。土著男女老少或隐匿县堂，或逃入东、西仓避难。前往宫观庙宇以及躲入民舍者被杀无算。至此，客民遂"霸占土著产业、挖掘坟山、掳掠妇女"。失业土民，多流离外乡。同年秋，高明境内疫病流行，土民多流徙三洲、古劳、省城、佛山、肇庆等处，因饥饿疫病死亡者甚众。②

官方此时曾一度打算插手土客斗祸。几乎在与高明客民占据县城的同时，肇庆知府与新会营参将卫佐邦统兵数千，湾泊高明三洲海口，将客绅李天参等数人关押，意在抑制客民的过火行动，但并未决定剿办客民。旋即，有消息传来，说西江上游洪兵将要来攻，官方便撤兵驶回肇庆府城。至此，高明、鹤山等县客民开始大肆破坏，"胆益大，心亦毒，霸产踞业，视妇女为鱼肉，或抢夺，或淫污，侵掘祖坟，掳人勒赎，拦途截摸，擅杀无辜，无恶不作，无利不搜，虽睚眦之嫌，分毫之欠，无不报焉"③。其中也有一些客民绅士出面劝阻，"约束子弟"，但势成惯性，禁而不止。在这种情况下，土民稍有"身家门户"者，无不播迁他乡，以避锋芒。

咸丰八年（1858），高明、鹤山各村难民无亲朋可依者尽往沙坪筑舍居住，数月内聚集成千万家，遂成大村（今为鹤山市政府所在地）。

咸丰九年（1859）十月，高明客民得知难民有回归三洲墟之事，即

---

① （清）麦秉钧撰：《鹤山麦村麦氏族谱》。
② 温春来：《咸同年间广东高明县的土客械斗》，载胡春惠、周惠民主编：《两岸三地研究生视野下的近代中国研讨会论文集》，台北政治大学历史系、香港珠海学院，2000年。
③ （清）麦秉钧撰：《鹤山麦村麦氏族谱》。

第七章 斗祸中的主战场（三）

出队攻陷三洲，焚毁铺户，复回城郊杀戮土民，土民走入县堂避难，知县周士俊煮粥以待。

高明斗祸发生后，客民的攻势日趋猛烈，地方政权基本陷于瘫痪。这种情形在高明存在了好几年。当洪兵初起时，客勇以军需为名，持刃吓杀土绅，索要口粮，"县主知之亦无如何，只得迭次谕令堡内派捐"。对后来日益加剧的土客斗祸更是束手无策。咸丰七年、八年间，高明斗祸甚至就发生在县衙门附近。被称为"卓荦权奇，材兼文武"的知县周士俊除了向被害土民施粥以外，一筹莫展，客勇对他的命令置若罔闻。

据光绪《高明县志》记载：周士俊，号子英，甘肃皋兰人，进士出身，咸丰八年任高明知县，"下车即悯土弱客强，严驭客而宽待土。……时上中方田尽为客据，然慑其威，输税罔敢逋"。九年十月，客民"焚掳三洲墟，复回附城肆杀，民不聊生，走匿县署大堂及东西仓皆满，士俊甚哀怜之，日饲以粥，导之使逸，多获免者。时三洲墟半烬，商民暂徙官渡贸易，复设措募勇，招商还墟，招民还里，远近咸蒙其惠，会调帘去，犹勉土人以杀贼复仇，恢复田园"①。周知县的态度虽然偏向土民，甚至在离任时有"杀贼复仇，恢复田园"的勉励，但终究无奈客民如何。

至咸丰十一年（1861），新知县陆钟江莅任。此时，总体形势已经朝不利于客民的方向发展。在官兵的围追堵截之下，恩平、开平、鹤山等县客民辗转于阳江、阳春、新兴等县，最终被迫会聚于高明县。这样一来，高明客民势力反倒更加膨胀，陆知县连县城都无法进入，只能暂住阮涌办公。被迫之下，陆知县一面请兵进剿，一面依靠土民对付客民，最终打败客民，收复县城。

据记载，陆钟江，字紫溟，湖北沔阳人，两江总督陆建瀛子，以荫补官，"少年贵介而吏事独见老成"。莅任时，"客贼踞城，设行辕于阮

---

① 光绪《高明县志》卷11，《宦绩》。

涌，以保四境，土籍奉宪剿贼，凡兵事机宜有关禀报，辄为曲折具详，委任而责成功，故绅勇得竭其才力，殄灭巨恶。既复城，即劝课农耕，吁捐荒赋，使民得复业安居。邑人为设位于崇报祠祀焉"①。

这年，面临各方面重重压力的广东政府调整针对土客斗祸的政策，批准兴办团练剿办"客匪"。土绅于是设总局于肇庆，并招集流散土民，在鹤山古劳设立分局。此外，政府又调卓兴等军进剿客民。土客战事发生逆转。各县客民迭遭挫败，高明客民也被迫退居县城、古城、凤岭等要地。十二月中旬，客首李天参到惠潮嘉等州府召集援兵，"假官兵旗号，欲援被困之客民"，被古劳局绅士率土勇击退。

同治元年（1862）八月，官军及土勇收复高明县城，接着又攻克古城、更楼、巢马等处。一说高明为土勇收复，据称：直至同治元年，高明土勇才集结兵力攻打明城（即高明县城），围攻五月不克，用八千斤大炮轰城及用火药炸崩城基，仍未攻进。最后城中客人"粮米俱绝，食及草根、木叶、牛皮俱尽"，方被攻破。此役，客人除逃脱数十、出降数百外，被杀3000余人。②此后，高明客民以及从其他县份败退而来的客民逐渐向高明西南部的五坑险要之地聚集，直至最后势穷力竭而出降，接受官府安插。

高明客籍失败后，首领李天参逃往花县充当门政。光绪元年（1875）被查获，以谋逆未成罪充发乌鲁木齐。

高明斗祸残酷，死伤累累，给当地人民带来了深重灾难。同治年间，鹤山县玉桥文人易其彬作《次高明县》一诗，客观地描述了大乱之后高明乡村的萧条景象，并表现出深深的悲悯之情：

　　　　杀气销边壤，干戈忆往年。

---

① 光绪《高明县志》卷11，《宦绩》。按：陆不久调任香山，甫三月卒，"身后橐无余资，棺衾弗悉，香山士民公赙，其清可想"。
② 徐晓星：《昆山鹤影》，珠海：珠海出版社，2001年，第90页。

第七章 斗祸中的主战场（三）

万山曾鬼哭，十里少人烟。

远旅添耕户，残黎学种田。

一家何主客？搔首总茫然。[①]

[①] 转引自徐晓星：《昆山鹤影》，珠海：珠海出版社，2001年，第95页。

下编
清政府的对策与斗祸的基本平息

咸丰同治年间，在清帝国的大地上演了一幕幕烽火连天、惊心动魄的活剧，其主要舞台之一就是广东。

当清廷穷于内外应付时，对广东土客斗祸更加难以兼顾。但是，斗祸的迁延不息，如鲠在喉，如痈之溃，最后，清廷不得不连年用兵，剿抚兼施，才得以基本平息。

斗祸发生的13年间，清廷及广东政府的对策经历了一个由缓入急、由浅至深的过程。

第八章　内外交困的清政府

在咸同之交的十数年间，"粤东运丁阳九，事衅连绵，艇贼乍平，继以红匪，红匪暂息，继以西师，西师略宁，突来发贼，发贼方灭，乱起客民。漏卮难充，来源易竭，由是广为敛会"①。除了内里的"逆匪""寇盗"之外，外面还有洋人的步步侵逼。

一系列的内忧外患，牵制了清廷对斗祸的处理。

一、"内乱日亟"

咸丰元年（1851），广西太平军兴。同年，凌十八在广东信宜、罗定州起义。直至二年（1852）六月，广东政府才把这场起义扑灭。四年（1854），广东洪兵竖旗。其后，洪兵和入境的太平军成为广东政府着力应对的大敌。

咸同之交，洪兵、太平军主要在广东北路和西路活动。关于北路，署广东巡抚郭嵩焘在同治三年（1864）曾奏称：

> 北江南（雄）、韶（州）、连（州）所属各州县厅，并广属佛冈、清远二厅县地方，崇山峻岭，港汊纷歧，多为藏垢纳污之区。自咸丰四年起至十年止，七年之间，群盗蜂起。其著名巨匪由邻省窜入者，则有石达开、翟火姑、许里光、花旗股匪翟开明等约五六

---

① 同治《南海县志》卷19，《列传》。按：此处的"西师"，指广东洪兵陈开、李文茂部围广州不克，在广西浔州沿西江西上，在广西浔州建立大成国，迁延十年，广东方面连年向广西方面援兵援饷，直至平定；还有就是连年防堵两广交界地区的陈金刚部，"西师"即广东方面为此而派出的官兵。此处的"发贼"，指的是太平天国康王汪海洋部，该部于同治四年（1865）由福建漳州退入广东嘉应州（今梅州）一带流动作战，并攻克州城，最终于次年初失败。

股,由本省串合者,则有陈金缸、练四虎、朱子仪、赖子桂、曾超、周春、梁柱等约十余股,兵端四起,几如蔓草,随剿随生。①

在广东西路及广西一带活动的主要是洪兵,其中陈金刚"大洪国"与本文所述斗祸有直接关系。

咸丰四年(1854)四月,陈娘康于潮阳发难。五月,何六于东莞石龙镇起事。此后,广东境内广州、惠州、韶州、肇庆、高州等府州县相继竖旗响应,"旬日之间,连陷数十州县,西至梧州,北至韶州,东至惠、潮,南至高、廉,贼垒相望,道途梗塞"②。

洪兵与先已活动于西江上的艇匪之流不同,他们以"复明兴汉"为旗帜,建元"嗣统",各有"逆号",如陈开称"安东将军统领水陆各路兵马管理粮饷招讨都元帅",李文茂、甘先称"统领水陆兵马兼理粮饷大元帅",陈显良称"统领水陆兵马大元帅"。③洪兵还与太平军联络(实际上是太平军占领南京,改名天京之后,杨秀清派出大量间谍到上海、浙闽粤等地联络天地会——三合会起事)。六月,叶名琛等奏称:逆匪勾结日众,郡县相继失守,请调兵会剿。咸丰帝发上谕曰:

> 览奏曷胜焦急。江南逆匪潜遣伙党回粤,勾结丑类同谋滋事,各路匪徒窃发,现在贼势猖獗已极,闽楚官兵到粤,尚需时日,该督等务当督率满汉官兵,多募练勇,较之远调客兵尤能得力。④

另外,与广东洪兵起义呼应,广西天地会胡有禄、朱洪英占领灌阳

---

① 《郭嵩焘奏稿》,长沙:岳麓书社,1983年,第104页。
② 同治《南海县志》卷22,《杂录下》。
③ 广东省文史研究馆、中山大学历史系编:《广东洪兵起义史料》,广州:广东人民出版社,1992年,第57页。
④ 中国人民大学清史研究所编:《清史编年》(第九卷咸丰朝,尹福庭执笔),北京:中国人民大学出版社,2000年,第272页。

第八章 内外交困的清政府

县，建号升平天国，胡有禄称定南王、朱洪英称镇南王。

广东洪兵很快就汇合力量，围攻广州城，洪兵的目标是"擒龙拿虎，剐羊拜佛上西天"，即拿下石龙、虎门、广州、佛山，然后挥军西进广西，打下广州是当时的最后一个目标。但是，由于洪兵自身仓促起事的弱点，各部互不统属，加上粤督叶名琛的顽强防守，几十万洪兵围攻广州数月后失败、撤围，分西、北二路离去。

咸丰五年（1855）正月，陈开、李文茂与另一位洪兵首领梁培友率部攻占肇庆府城。四月初六日，广东官军攻占肇庆，陈开等进入广西。八月，洪兵攻占浔州府，改浔州为秀京，建国号"大成"，陈开称镇南王，李文茂称平靖王，梁培友称平东王。

北上洪兵进展曲折，何六、甘先等部相继失败。陈金刚从湘南折回广东后，占领两广交界的怀集、贺县、封川、开建、德庆等州县，建立政权，自称"南兴王"。在随后的数年里，陈金刚转战于广西东部及广东连州、广宁、四会、高要等地。咸丰十一年（1861）初，陈攻占信宜，据为基地，改称"大洪王"。咸同之交，陈金刚的活动区域与广东斗祸的发生地壤地相连，其成败与斗祸有较大的关系，故这里多费一些笔墨。

据记载，陈金刚系广东三水人，"素业箍桶"。咸丰四年（1854）五月红巾遍地，陈金刚竖旗于三水、英德、清远间。后与其党郑金、刘超、麦肾等数万人陷开建及广西怀集、贺县据之，"谮伪号，逼民蓄发，四出攻剽。咸丰十年由岑溪至水汶，信宜李可钟勾串入境，高镇都司杨绍能御之，败绩。二月四日，破信宜城，郡城兵单勇乏，陈辅龙溃勇乘机掳掠"①。广东官府不得不调各路兵勇防堵。

陈金刚称王后，容县范亚音、岑溪陈洪熙、西宁王狂七等都受其封号。除广西容、岑二邑外，广东之阳春、阳江、罗定、西宁、电白、化

---

① 光绪《茂名县志》卷8，《纪述·兵事》。

州等州县均属其势力范围。① 由于两广清军主力专注于围剿陈开的"大成国"及尾追石达开军，无暇顾及信宜方面。从咸丰十一年二月至同治二年（1863）二月，历时两年，陈金刚都没有受到大的威胁。直至同治二年四月，广东提督昆寿至高州督师。七月，副将卓兴、方耀等率部进攻南山，主将郑金蓄意投降，作战不力，以致高亮、麦肾等败死。九月，郑金杀陈金刚，降于方耀。从怀集称王到被杀，陈金刚及其政权存在达 6 年之久。

陈金刚在西江及两广交界之地纵横驰骋，令清廷在兵力、粮饷方面大伤脑筋。当陈金刚占领信宜后，令其党郑金、刘超等扼扎大井、石骨两路，以阻清军进攻之路。经署粤督劳崇光派令参将方耀、卓兴等分路进剿，才略有起色。同治元年（1862）八月以后，清营疫病盛行，陈金刚乘虚攻袭，大败卓兴一军于车田。同时分兵转战于化州、罗定一带，虽经官军击退，"而贼势并未少衰"。②

清廷陷于围剿洪兵的泥潭中，很难顾及土客斗祸，使斗祸有愈演愈烈之势，新宁等地客民甚至有攻占广海寨城之事。同治二年四月上谕云："晏端书等奏高州一带军务及剿办广海客匪情形一折。高州军兴日久，卓兴、方耀两军苦战数年，迄无成效。……实力剿办。……至广海客匪踞城拒守，甘心叛逆，实属罪不容诛。"③

原来并不被清廷当回事的土客斗祸现在已经发展到"罪不容诛"的地步，所以，在同治初年的广东，洪兵与斗祸成为朝廷关注的两大难题。据同治二年五月上谕说：

广东信宜县城被匪陈金缸占据，已阅三年之久；复有那旦匪党李四等纠众万余，与信宜窜出匪股围攻八甲地方，直扑阳春县城；其

---

① 胡珠生：《清代洪门史》，沈阳：辽宁人民出版社，1996 年，第 321 页。
② 《清穆宗实录》卷 52。
③ 《清穆宗实录》卷 63。

· 第八章 内外交困的清政府 ·

新宁县之广海寨及阳江、电白等处，均有匪扰。而陈金缸一股尤为巨憨，现已蔓延高属几遍，与粤西浔、郁所属之岑溪、容县诸匪相连，尤须早为设法剿办。……罟家山古隆村（客民）逆垒，既经官军平毁，著晏端书、黄赞汤饬令吴昌寿督率卫佐邦等速即攻破南塘村，进逼广海寨，并饬守备侯勉忠等军，将阳春、阳江、电白等县窜扰之匪，一并迅速扫除，以免为所牵制。①

官府无法迅速扑灭"匪党众多"的陈金刚，主要有以下原因。

一是由于主力被其他洪兵如陈开之"大成国"、入粤的太平军及广东北路洪兵翟火姑等部牵制。

二是前往攻剿的兵勇长期陷于饥寒交迫之中。有道上谕也承认："高州勇粮积欠至数十万，兵力难支，以致未能痛剿。"②出征兵勇缺粮缺饷，又势必导致军纪败坏。

三是军队积重难返，将堕兵疲，尤其是统兵将领卓兴、方耀各自相轻，不能协调作战，此事在许多档案资料中都有反映，如同治二年七月上谕："陈金缸占据信宜县城已将三载，劳师縻饷，日久无功，现在卓兴、方耀两军，虽经昆寿派员劝解，释怨和衷，而积疲之余，未必即能振作。"③

卓兴与方耀积不相能等因素的合力作用只能使时局更加败坏。正如粤督毛鸿宾所说：

高州陈金缸股匪负嵎日久，前两广督臣劳崇光派卓兴、方耀两军前往剿办，势均力敌，无所统率。闻卓兴打仗奋勇，数著战功，而颇近骄蹇。方耀亦尚勇敢，而性情狡猾，其弟方勋尤为顽

---

① 《清穆宗实录》卷66。
② 《清穆宗实录》卷52。
③ 《清穆宗实录》卷74。

劣。卓兴曾与方耀之父共事，轻方耀为后辈，意存藐视，方耀则以卓兴为一勇之夫，且饷项较足，积不能平，以此大相牴牾。计两军赴高以来，所费饷银已一百余万两，未立寸功，卒至溃退，今积欠又五十万两矣。勇丁不复打仗，但以虚报军情为事，甚或通贼扰民，捆镇道，殴游击，无所不至。卓营犹能勉强约束，方营则直任意横行，地方官绅皆敢怒而不敢言。本年三月奉旨令昆寿督办高州军务，昆寿需银二十万两……①

陈金刚等部被镇压后，广东省内的形势也不容乐观。洪兵失败的一个直接后果是"降匪"的遣散和兵勇的裁撤，据郭嵩焘在一份奏折里说：

> 广东自上年（同治三年）至今，由本省遣散者，陈金缸余党十余万，李复猷余党数千，广西容、岑各股数千，各起裁汰勇丁数亦逾万；由江南北遣散者，江浙各军原募广勇数万，红单船勇数千，资遣降众数千，又由贼中（太平军）逃归者亦不下数万。②

裁撤兵勇与遣散"降匪"的数目之大，且这些人很难"敛手归农"，无疑将引发新的社会危机，斗祸中的客民一方因为官府最终站在了土民一方，他们补充力量的方法之一就是从上述遣散兵勇中吸收力量（即使是洪兵活动期间，双方也多有互相合作之事）。

二、"亚罗"号掀起的风波

在咸丰同治年间，有两位封疆大吏因喜好扶乩、术数与青乌（堪

---

① 毛承霖编：《毛尚书（鸿宾）奏稿》卷10，《缕陈访闻粤东情形折》，同治二年六月十三日。
② 《郭嵩焘奏稿》，长沙：岳麓书社，1983年，第112页。

第八章　内外交困的清政府

舆)等术而导致身败名裂，此二人即陆建瀛和叶名琛。

陆建瀛于道光二十九年（1849）擢两江总督，咸丰二年（1852）底授钦差大臣，奉命前往九江抵御太平军。据记载，陆建瀛"素善六壬"，出师时，"占得吉课，自恃必胜，出师时军容甚盛"。有诗为证：

犀甲楼船气概雄，牙旗高飐半江风；
六壬神课灯前卜，自诩周郎赤壁功。

结果呢？

扁舟黑夜到龙关，千里长江一夕还；
飞渡中流天险失，青旗已过小孤山。①

陆建瀛迷信占卜之类，丢了性命，失了南京，两广总督叶名琛也不例外。由于叶的迷信与刚愎自用，加上一只名为"亚罗"号的船横生风波，从而上演了中国社会的一场大悲剧。

第二次鸦片战争的根本原因在于，西方资本主义国家要求扩大和加深第一次鸦片战争以来所取得的侵华权益，而清廷则抱残守缺，愚昧无知，以其外强中干之躯，去抵挡洋人的坚船利炮，其结果也就可想而知。

按照清朝旧制，来华贸易的外商是被禁止进入省城的。如在广东，允许外商往来的只有城外西关怀远驿、海珠和后来的十三行等地。《南京条约》有允准英国人带同家眷在广州、福州、厦门、宁波、上海等处港口寄居和贸易的条款。后来，英人相继进入福州、上海等城，但在进入广州城这个问题上，遭到广州各阶层民众的强烈反对。由于当时的香

---

① 中国史学会主编：《中国近代史资料丛刊·太平天国》（四），上海：上海人民出版社，1958年，第422页。按：诗中附记："陆建瀛仅有两舟逃回，青旗贼从后追赶。"陆建瀛随即被清廷革职拿问，未几，太平军克南京，陆建瀛被杀。

港总督身兼英国驻华商务监督和全权公使等职，因此，代表英国政府的香港总督与两广总督为此进行了长达15年的交涉，使广州人民反对英人入城成为中英关系史上的一个重要事件。①

英国不满足于第一次鸦片战争获得的利益，有意通过暴力手段获取更多特权。早在1849年1月，英国驻上海领事阿礼国（Rutherford Alcock）曾上书香港总督文翰（Samuel G. Bonham），建议挑动新的战争。阿礼国说：

> 战争过去了，战争的时机又已到来。现在我们又再度在这样的境地上：或者是承受已经扩张了的，但是还是有限度的利益作为最后的结果，或者是我们的政策就是面向那些必然引起改变现状的纠纷，制造那些纠纷，从而试图获得更多的利益。②

英国试图从"修约"和广州入城被阻这两个问题上打开缺口。咸丰四年（1854）夏，英国公使包令（John Bowring）与美国公使麦莲（Robert M. Mclane）、法国公使布尔布隆（Alphonse de Bourboulon）就同至广东，要求与总督叶名琛会见，商谈"修约"问题。身为"钦差大臣"的叶名琛拒不相见，用书面答复说："天朝臣下无权，但知谨守成约。"③这一答复使包令十分失望、怨恨。

叶名琛其人，时人对他的外交行为的评价是："既不屑讲交邻之道，与通商诸国联络，又未尝默审诸国情势之向背虚实强弱而谋所以应之。"不仅昏聩，而且自大，"常以雪大耻、尊国体为言。凡遇中外交涉事，驭外人尤严，每接文书，辄略书数字答之，或竟不答，顾其术仅止

---

① 邓开颂等主编：《粤港澳近代关系史》，广州：广东人民出版社，1996年，第79页。
② 《英国纺织资本利益集团与两次鸦片战争的史料》（下），《经济研究》1955年第2期。
③ 《筹办夷务始末》（咸丰朝）卷9。

第八章 内外交困的清政府

于此"①。这一态度贯穿于其在粤督任上所有的对外交涉。

咸丰六年（1856）九月，广东水师千总梁国太带兵搜查泊于海珠炮台附近的走私船只"亚罗"号划艇，拘捕海盗嫌犯梁明太等12名水手。英领事巴夏礼（Harry S. Parkes）闻讯，立即带人前来，试图带走被捕人犯，遭梁国太等拒绝。

中方的拒绝是有理由的。"亚罗"号曾在香港注册，并购得香港英商通航证，但至此已过期一年，此时已无权悬挂英国旗，实际也没有挂英国旗，纯粹是中国船只。英国驻广州领事巴夏礼却抓住这件事作为发动侵略的借口，捏称水师违约在挂有英国国旗的船上捕人，并拔下英国国旗。当天即写信给英国公使包令，同时照会两广总督，一口咬定"亚罗"号为英国船只，中国官兵到船上捕人，违反了英国的治外法权，要求立即释放所有人犯，并进行书面道歉。②尽管叶名琛做了许多让步，但英法两国还是蓄意发动了一场新的侵华战争（法国肯入伙是因为抱着同样的目的，其借口是同年初在广西西林发生了"马神甫事件"）。③

咸丰七年（1857）十一月十二日，英法联军再次向广州政府发出最后通牒。叶名琛仍然不做防备，亦不准绅士人等前往敌船探听消息。次日，英法联军猛轰广州城，叶名琛避入粤华书院，东固炮台千总邓安邦率领东莞勇1000余人奋勇抵抗，终于寡不敌众而退。十四日广州城陷。

原来叶名琛也有他自己一套主观的想法：他坚信英国和法美之间的矛盾很深，不可能采取一致的行动；各国公使又都不曾奉到政府允许作战的

---

① （清）薛福成：《书汉阳叶相广州之变》，载《庸庵全集》续编卷下。按：对叶名琛在第二次鸦片战争中的评价，这里一般仍沿袭国内旧说。因叶名琛后来被掳，督署档案全部被英国人掠走，故国内目前对叶的评价无甚突破，澳大利亚学者黄宇和据英国外交部所藏叶氏档案，写成《两广总督叶名琛》，对叶多有夸奖。最近得知中山大学业已购回"叶档"缩微胶卷，欲加整理，想必颇有助于推动有关研究。
② 中国人民大学清史研究所编：《清史编年》（第九卷咸丰朝，尹福庭执笔），北京：中国人民大学出版社，2000年，第413页。
③ 咸丰六年六月，法国代理公使顾思（Jean de Courcy）以马神甫在广西西林被杀事，向叶名琛提出抗议，要求赔偿、惩凶。叶名琛据理复照，拒绝其要求。见《筹办夷务始末》（咸丰朝）卷17。

命令，不过是虚声威胁，实际上不敢开战，他错误地把侵略者估计为"彼第作战势来吓我耳，……我不与和，彼穷蹙甚矣"①。又以为不用团练守城，就不会引起英、法军攻城，既可免被"夷人"所要挟，又不致被团练所掣肘。自认为这一套"不战不和不守"的策略是退敌妙计。

　　同时，叶名琛非常迷信，军机进止常常取决于乩语。据传"洋人"当时贿通扶乩者制造乩语说："过十五日可无事"，叶名琛就更加深信自己的办法，等待着"夷人穷蹙乞和"。殊不知还没等到十五日的前一天上午，英、法联军攻进城里，叶名琛仓皇地换穿便服逃匿。次日，广州将军穆克德讷、广东巡抚柏贵竖起白旗投降。②咸丰七年十一月二十一日，英法军队在副都统双喜衙署内将叶搜获，把这个内战内行、外战外行的钦差大臣变成了穷蹙狼狈的阶下之囚。所谓内战内行，据同治《南海县志》的作者在评论叶名琛处置洪兵起义的态度与手段时说：

　　　　叶汉阳智勇深沉，巨细兼综，斩乱丝，碎连环，明镜不疲，能断大事，措置裕如，故寝馈镇海楼者几半年，而会城暨广州各县底定，又半年而全粤乂安，披艰扫秽，奔魑走魅，露台偃伯，亦良帅材也，独师武臣力乎。③

　　英法联军进入广州城后，大肆劫掠广东库银和商民财物，并成立了一个以巴夏礼为首的占领委员会，对广州实行殖民统治。

　　未几，清廷以叶名琛刚愎自用、办理乖谬，著即革职，以内阁学士、刑部右侍郎黄宗汉为两广总督，颁给钦差大臣关防办理夷务，未到任前，以广东巡抚柏贵署理粤督，布政使江国霖暂署巡抚。并称：

---

① （清）薛福成：《书汉阳叶相广州之变》，载《庸庵全集》续编卷下。
② 林增平：《中国近代史》，长沙：湖南人民出版社，1984年，第157—158页。
③ 同治《南海县志》卷26，《杂录下》。

第八章 内外交困的清政府

该督刚愎自用，于咪夷请见，坚持不肯；夷人两次送来五衔照会，又不与将军、巡抚等会商，复谕各绅毋许擅赴夷船，以致该夷忿激，将城内观音山北门内外各炮台占踞，并将该督拉赴夷船，虽据称断不加害，已属不成事体。……该将军（穆克德讷）、署督（柏贵）等可声言叶名琛业经革职，无足轻重，使该夷无可要挟。①

咸丰八年（1858）正月，因为柏贵等为洋人所挟制，上谕令在籍之前户部侍郎罗惇衍、前太仆寺卿龙元僖、前工科给事中苏廷魁，"传谕各绅民，纠集团练数万人，讨其背约攻城之罪，将该夷逐出省城。倘该夷敢于抗拒，我兵勇即可痛加剿洗，勿因叶名琛在彼，致存投鼠忌器之心。该督已辱国殃民，生不如死，无足顾惜"②。二月，罗惇衍等在顺德县开设团练总局，旋移花县。此后，罗惇衍等确有率领团勇进攻广州之事。并不时率团练迎击出城骚扰之英军，有一次曾歼灭100余人，咸丰帝喜忧参半："该侍郎等虽系奉旨办团，而剿夷之举，仍当以民心义愤为词，不可自露带勇打仗之名，免致将来指名报复，又增饶舌。"③并要黄宗汉等"如团练力可制胜，不必阻遏；倘胜负尚未可知，不可轻于一试，并照会该夷，使知构兵之故，与官无涉"。罗惇衍等奏，"六月十一日进攻省城，因该夷防守甚严，不能得手"④。偷偷摸摸地要地方团练抗击侵略，万一取胜，可坐收渔利；一旦失败，又可推脱自己干系，清廷之虚弱、愚昧，混合着狡诈，其情状令人不耻。

咸丰八年三月，英法舰队到达天津口外，向直隶总督谭廷襄提出照会，未得答复。又侦知天津防务空虚，遂于四月七日袭击大沽炮台，将炮台攻陷，乘势进至天津，扬言即向北京进攻。

---

① 《清文宗实录》卷241。
② 《清文宗实录》卷243。
③ 《清文宗实录》卷254。
④ 《清文宗实录》卷258。

英法联军进至天津后，清政府迅速丧失抵抗侵略的信心，立刻派大学士桂良和吏部尚书花沙纳为钦差大臣，前往天津出面议降。五月，中英、中法分别订立《天津条约》。

咸丰九年（1859）四月初二日，调四川总督王庆云为两广总督，未到任前由广东巡抚柏贵兼署，调两广总督黄宗汉为四川总督。本月十九日，柏贵病卒，因新任两广总督王庆云到任尚须时日，调广西巡抚劳崇光为广东巡抚兼署两广总督，未到任前由广东布政使毕承昭署理粤抚、粤督。九月，两广总督王庆云因病解任，以广东巡抚劳崇光为总督。叶名琛被俘之后，广东督抚调任频繁，也从另一方面说明了时局的不稳。

五月，借口"换约"，英国远征舰队到达大沽口外。随即，侵略者向大沽大举进攻，守军立刻奋起抵抗。残敌仓皇地奔上兵船，竖白旗逃出海口。

遭此挫败，英、法政府决定扩大侵华战争。英国仍派额尔金（James Bruce, 8th Earl of Elgin）、法国仍派葛罗（Jear-Baptiste Louis Gros）为对华全权大臣，组成了一支包括英军1.8万余人和法军6300余人的联军，扑向中国。

咸丰十年（1860）七月，联军窥见北塘防务松弛，就在该处登陆时，联军在船上高悬白旗，上书"免战"两个大字，旁写"暂止干戈，两国交话"八个字，用以欺骗守军。清军官兵见敌舰悬此白旗，还以为"夷人"是遵旨进京换约，即便看到英法军队各挽炮车上岸，并不防备。英法联军上岸后，水陆两路大举进攻，并抄后路将大沽炮台占领。僧格林沁军大溃，奔逃通州，天津又告陷落。

英法联军进犯通州，在通州一带驻防的胜保和瑞麟的军队大溃。八月初八日，咸丰逃往热河，留皇弟恭亲王奕䜣出面议降。九月，清廷与英法以及参与"调停"的俄国分别订立《北京条约》。

"亚罗"号掀起的这场风波，以中国的屈辱失败而告终。从广东方面来说，这场战争极大地牵制了清廷的注意力，"西方的蛮夷对中国来说，不再是陌生人，在控制的问题上，他们是政治上的对手，广东的现状是欧洲帝国主义发展到顶峰时将在全中国发生的情况的缩影"。即使是曾经被叶名琛用来对付洪兵、被其继任者用来对付洋人的团练，也逐渐解体。魏斐德（Frederic E. Wakeman, Jr.）评论道：

> 当1859、1860年北方再次爆发战事时，罗惇衍等三大臣仍幻想恢复抵抗运动，但已为时太晚。广东团练总局的财源已枯竭，绅士们似乎不再关心大沽事件。罗惇衍催逼各地方官，苦苦抱怨显贵们拒绝交付他们的份额，甚至列出拖欠者的名单，但这一切都无济于事。各宗族和各乡村不再合作了。人们以愤恨、轻蔑的口吻谈论三大臣，而当团练总局的收税人出现时，各村均武装自卫。①

第二次鸦片战争结束后，广东政府才得以稍事喘息，将大部分注意力转回到洪兵、斗祸问题上来。

三、吏治不良、饷项匮乏对办理土客械斗的影响

吏治与械斗

吏治与民生的关系，实为反映一个王朝盛衰的镜子。咸丰同治时期，大清帝国正处于多事之秋，一方面，因为镇压太平王国，湘淮军崛起，洋务运动展开，出现了所谓"同治中兴"；另一方面，吏治窳败，民生凋敝，内忧外患依然一波连着一波，直至清王朝的终结。就当时广东情形而言，吏治之败坏与能吏之缺乏，与时局演变有着很大的因果关系。

清代官员对于民间械斗的处置存在许多失误，我们在讨论广东土客斗祸时必须注意到这一点。两广总督毛鸿宾曾指出：

---

① 〔美〕魏斐德著，王小荷译：《大门口的陌生人——一八三九—一八六一年间华南的社会动乱》，北京：中国社会科学出版社，1988年，第206页。

咸丰四年红匪构乱，土客乘势互相寻杀。其时一良有司治之而有余，乃上玩下泄，漠视不理，坐令酿祸至今，扰乱十余年，蔓延十余县。迨发逆戴梓贵投入其中，遂更潜蓄异志，大肆披猖，几于不可复制。论者谓广东土客之变，与滇陕汉回之互斗，其仇衅之深与杀戮之惨，皆由于劫运之尚伏而非人力所能挽回。①

所以，广东斗祸的迁延不决，不但与当时的客观形势有关，也与清代官吏历来应对民间械斗的态度与处置方法有关。

首先，官吏处理词讼不力，往往激成械斗。乾隆十六年（1751），福建按察使德舒奏称：

闽省械斗之风，固由民俗凶悍使然，而究其肇衅之由，大都户婚地土细事。地方官遇有词讼，果能秉公剖决，依限究结，原可立为排解，相安无事。听断不公，更或迁延时日，每致两造更逞私忿，酿成大案。是词讼一项，乃械斗开端之渐。②

至光绪初年，粤督张树声也说："穷究本原，其迁流之始，未尝不由当时地方官积习因循，不能遇事公平申理，讼结不解，私相报复，酿成积重之势，驯至今日，即有勤能之吏，亦苦刑政之俱穷；即有条教之颁，亦常扞格而不达。"③

其次，官吏不是以民命为重，而是以械斗为利薮。道光二十年（1840），御史杜彦士奏称：

---

① （清）毛承霖编：《毛尚书（鸿宾）奏稿》卷15，《擒获客匪首逆戴梓贵余众求抚折》，同治三年十一月十四日。
② 《乾隆十六年十一月二十一日福建按察使德舒奏折》，载《宫中档乾隆朝奏折》第2辑，台北：故宫博物院，1982年，第18页。
③ （清）何嗣焜编：《张靖达公（树声）奏议》卷5，《整顿惠州府属地方片》。

第八章 内外交困的清政府

> 漳泉风气最恶者莫如械斗，虽民风之刁悍，实地方官有以启之。如户婚田土细故，控之官，官累月不坐大堂，终年不结一案，于是自行掳禁，仇怨相寻。其因斗致命，偶有报官者，又先索相验之礼，路菜刍粮，非银二三百元不可，银一日不缴，官一日不出，有迟数十日不相验者，于是有腌尸之事。至已经相验，官令胥役，劝其调和，复择其所告之富者，勒派多银，尸属所得，不过数十金，其余尽充官之囊橐。如尸亲不听调处，即多方恐吓，民勉强应命，怨终不释，而斗又兴。其毙命太多者，官虑处分太重，不准入呈，即相验通报之案，亦必出结换案，归于通缉。民习知其弊，故报案者百无一二。①

魏斐德在谈到吏治与械斗的关系时认为，19世纪时，宗族械斗成了广东的地方病。省内不少地方处于"长期混乱"的状态中，其特点就是设防的村庄、高高的围墙、土坝、碉堡和半职业性的战士。大多数这样的争斗都起因于水利或土地，"各族宁愿兵戎相见，而不愿到地方官的大堂上去申诉，因为在那里，他们会遭到勒索，或是接受不可捉摸的审理。交战双方事先很了解他的宗族在军事上会有什么损失，这是一场经过计算的冒险"②。

即使是专职镇压叛乱、平息斗祸的军队也只是以"闹饷"为本事。同治四年（1865）六月，郭嵩焘在致李瀚章的函件中倾诉道："粤俗强悍，将弁兵勇足任征战，直苦积弊太深，群相与视为罔利营生之具，纪纲法度荡无一存（有自军来者，言各营周旋督辕及用事诸公情状，为之浩叹）。"③ 至于队伍开拔后的"扰民"之事，更是不胜枚举。

---

① （清）黄爵滋：《会议查禁械斗章程疏》，道光二十年四月初六日，《黄爵滋奏疏》卷14（使闽任内会奏疏）。
② 〔美〕魏斐德著，王小荷译：《大门口的陌生人——一八三九—一八六一年间华南的社会动乱》，北京：中国社会科学出版社，1988年，第127页。
③ 太平天国历史博物馆编：《清咸同年间名人函札》，北京：档案出版社，1992年，第144页。

再次，广东官吏自身积弊太深，如粤督毛鸿宾接受贿送侍妾、纵容亲信走私等腐败行径，在史料中多有反应。有些主政大吏如叶名琛与柏贵，郭嵩焘与毛鸿宾、与瑞麟，蒋益澧与瑞麟，均积怨甚深，督抚之间互相掣肘。还有些则纯属昏庸之吏，例如有人参广州将军穆克德讷称：

> 于咸丰七年到任后，即称足疾，闭门不出，停止差操，遇挑缺并不看箭，视贿之多寡补放，旗民积怨，恐酿事端，请旨饬查。又有人奏广东布政使伊霖精力颓靡，遇事健忘，时常接见之属员，亦误记姓名，日以饮酒为事，于地方公事，钱粮报销，诸多延误。①

同治四年八月，郭嵩焘在致李瀚章函中谈到一事："有翁源人巫桐者，拦舆具控，详问及，具述民间冤苦之状。三二百人以下之户，生杀皆听命强族，家有千钱无敢固藏者。问以所居乡独然耶？曰通邑皆如此，而县官不问。"② "县官不问"，地方糜烂，上下因循，恶性循环，陷人民于水深火热、莫可告诉之中，故时人抨击道：

> 可恨者君明臣不良，官贪民不安，最贪者惟府县两官，近于临民，便于虐民故也。每年征收粮饷，例外私设甲书，沿乡苛索，官役分肥。每逢听讼，未看词纸，先查粮册，量你家资取得几何，有钱曲可为直，无钱是反为非，听讼不分曲直是非，总总问你要钱多，无钱者困受其冤，有钱者苦遭其剥，有钱无钱，都还你没有好处。县曲不已，控府、控司、控院、控督，均批仰府，府仍转批于县。笙簧一板，纵有冲天翼，乌能出罗网。③

---

① 《清穆宗实录》卷46。
② 太平天国历史博物馆编：《清咸同年间名人函札》，北京：档案出版社，1992年，第149页。
③ 中国史学会主编：《中国近代史资料丛刊·太平天国》（三），上海：上海人民出版社，1958年，第3页。

第八章 内外交困的清政府

这种情况在斗祸中更是多有体现，如斗祸期间的新宁官方："官斯土者，劝谕之方无闻，排解之法莫及。土则万告千控，客则莫获一诉。"①

所以，官吏对于处理械斗不诚不力，或是贪婪推诿，势必导致百姓对官府的不信任，甚至痛恨，又转而寻求自我解决之路。如此循环，势必进一步激化社会矛盾。曾在闽省任官的张集馨述称：

> 各省地方官簋簋不饬者，每于户婚田土案有所染指，闽则非命盗案无可贪婪。民间命案，多半贿和，被害家若已得资，虽凶犯逍遥于市，尸属不复过问。官若传审，则曰："案已了结，何须再讯？"虽严传终不到案。据吴甄甫（吴文镕，官至湖广总督）前辈说，漳州一属，自道光十年起至二十一年止，缉凶之案，共九千余起。前此之案皆顶凶，自缉凶之说行，而解犯至省者转少，每年秋审起数转觉无多。地方州县亦无十年八年之人，非为缉捕处分，即为钱粮分数降调。②

清廷于同治二年（1863）委郭嵩焘署理广东巡抚的原因之一就是希望他能确实整顿该省吏治，据郭在日记中说：

> 同治二年六月二十九日奉上谕：郭嵩焘以三品顶带署理广东巡抚，该省军务吏治急须整饬，晏□□（即晏端书）、黄□□（即黄赞汤）均系五日京兆之员，办理深恐贻误，着郭嵩焘迅速前赴署任，将该省军务厘务及地方吏治妥为整顿，以副委任。③

最后，值得注意的是清朝管理体制僵化，有关处分使官吏讳盗、讳

---

① 民国《赤溪县志》卷8，《赤溪开县事纪》。
② （清）张集馨撰：《道咸宦海见闻录》，北京：中华书局，1981年，第62页。
③ 《郭嵩焘日记》第2卷，长沙：湖南人民出版社，1981年，第116页。

斗成风。曾在斗风、盗风极烈的陆丰县担任知县的徐赓陛说：

> 今一案报而令受申斥矣，两案报而令摘顶戴矣。倘将到任一月之内境内盗案悉数报闻，则席不暇煖而撤参随之矣。故官无论智愚，皆相率以讳，不知盗案一经讳报，则文武佯作不知，置诸度外，其无兵差缉捕可知，盗贼又安得不肆。今盗风如此，固非州县所能了办矣。若令稍宽例文，特饬文武将民间盗案不论据报与否，按月汇册报闻，不加斥谴，……一面详查请办。①

关于这一点，高级官吏如张之洞、于荫霖等都曾注意到，并希望清廷能适当减轻处分。

吏治不良带来的一个恶果就是盗匪横行，而盗匪横行又为械斗提供了充足的"斗勇"。拿广东来说，盗贼公行，历年已久。同治初年任署理广东巡抚的郭嵩焘抱怨道，东、北两江无日不禀报劫案，省城以内每年劫案动至数起，几于人人自危。所以他分析道："体察粤东情形，实以惩办盗匪为尤要，而历年积弊太深，莫可穷诘。"其根源皆由于吏治废弛，"积之久而邪气充塞，正气销靡无余，虽有廉能之吏力求整顿，亦无能一发其覆"。进一步深究吏治之所以纵弛至极，则又由于"处分太繁，案费太多。粤东盗案本与他省绝异，稍严以参限，则在任三月即须罢斥，无得免者。每办一案，招解有费，押送有费，经历各衙门，偶一翻供，事主佐证无凭传讯，仍须发回。各州县不胜其烦，而盗贼反得夤缘开脱。于是相率以讳盗为本计，劫盗横行，匿不详报，渐次连村比寨，公行劫掠"。他认为："现值军务烦兴，人心浮动，尤应从严示警，又经申明上谕办理，而于其间饬派水陆各营捕剿。"② 郭嵩焘的观点得到

---

① （清）徐赓陛：《不自慊斋漫存》卷5，《覆本府条陈积弊》。
② （清）郭嵩焘：《御史潘斯濂所陈两条始终办理情形片》，《郭嵩焘奏稿》，长沙：岳麓书社，1983年，第248页。

清廷的赞同，故在同治中广东有潮州、嘉应等属清剿"匪乡"之事，以与平息斗祸相呼应。

郭嵩焘虽然"忧国奉公，励精图治"，参劾了不少劣吏，但他在任时的处境由于和真正执掌广东权柄的两任粤督（毛鸿宾、瑞麟）意见相左而处处受制。同治五年（1866）二月二十五日，刘坤一在致郭嵩焘的一封函件中劝说道："广东积弊，非旦夕所能更张，如理乱丝，幸勿过急。肇庆一带客匪，嘉应一带土匪，似不仅恃兵威，谓宜妙选贤明守令，苦心辣手，芟莠护苗，而又剿抚兼施，未始不可以收肃清之效。"①但实际上，郭嵩焘在广东任上对于吏治的整顿并没有很大起色。

简言之，吏治的败坏与政府权力的失效，是引发并激化社会矛盾的一个重要因素。同时，也正由于统治机器失灵，广东斗祸发生后，虽然广东督抚走马灯似的来来去去，终究未能及时解决。

饷项匮乏对办理土客械斗的影响

咸丰同治时期，在内部叛乱与外部侵略的双重打击下，很多省份的财政都陷于崩溃状态，广东是其中的一个典型。

与江浙地区一样，清代的广东本是清廷的"财赋之区"。鸦片战争前，广东财政收入除了与其他各省共同的地丁、盐、杂等税项外，还有全国唯一的粤海关关税收入，除各项应拨应解及本省各项支出外，各库常见充盈，每年都有100多万两报部候拨。拿嘉庆二十四年（1819）来说，当年广东额征地丁银105万余两，盐课61万余两，太平关税银12.8万余两，杂税4万余两，粤海关税收138万余两，共收入330万余两，米34.8万多石；当年全省各项额定支出183万余两，米34.4万石，仍有140多万两报部候拨。②所以，后来郭嵩焘谈到广东从前的殷富时还不胜艳羡：

---

① 《刘坤一遗集》（四），北京：中华书局，1959年，第1638页。
② （清）阮元：《广东通志》，卷162—167。

从前国家繁盛之时，苏、广并称。江苏为财赋之原，故解款甚巨；广东则粤海关利擅华洋，夙称殷富，所征关税，除例解内务府广储司公用等银三十余万、部库数十万外，余银存库，缓急皆可支拨。至藩库额征钱粮等银百余万，以之全充本地兵饷等项。不敷之数，则有运库盐课银六十余万，每年由部拨济本省充用，总在五十万两左右。此外别无格外拨款。是以各库常见充盈，广东之富，故与苏省并擅名于天下。①

但是，道光二十年（1840）后，清帝国国门洞开，广东身处内忧外患侵逼的前沿，命运乖蹇，促使原本充盈的广东财政走向窘迫，直接因素有四。

一是鸦片战争。鸦片战争时期，广东是前沿阵地，"海防经费耗散数千万两，各库遂至匮乏"。广东也是战争赔款的主要承担者，战争导致的直接经济损失则达1950万两。有人估计，在第一次鸦片战争中，广东地方政府的财政损失相当于广东全省18年的地丁银收入。②这场战争给予广东以沉重的打击，使其财政支柱发生倾斜。

二是镇压太平军和两广洪兵起义。江浙地区原是清廷财富依赖的根本，太平军占领长江中下游后，江浙解京款项大幅减少，因此，清廷一方面增加广东的上解京饷，另一方面又不断要广东增加指拨对邻省的协饷。③广东本身，虽非太平天国占领区，但从咸丰元年（1851）镇压凌十八起义到同治六年（1867）斗祸平定，却从未停止过用兵。其中，在洪兵活动高潮的咸丰四年（1854）至六年（1856），洪兵攻占府州县城40余个，包围广州达半年，卷入人数达100万以上，其中陈金刚的活动

---

① （清）郭嵩焘：《沥陈广东度支艰窘请缓解协拨各款并现催张运兰一军赴闽疏（会总督衔）》，《郭嵩焘奏稿》，长沙：岳麓书社，1983年，第92页。
② 李春辉、杨生茂主编：《美洲华侨华人史》，北京：东方出版社，1990年，第22页。
③ 廖伟章：《太平天国革命时期清朝广东财政》，载广东太平天国研究会编：《太平天国与近代中国》，广州：广东人民出版社，1993年，第366—367页。按：所谓"指拨"，详下。

第八章 内外交困的清政府

直至同治二年（1863）。另外，石达开部于咸丰九年（1859）转战粤东，汪海洋等于同治三年（1864）、四年（1865）、五年（1866）转战粤东粤北。战事不断，既使兵勇疲于奔命，又使社会生产、内外贸易遭到严重破坏，政府筹饷，十分困窘。

三是第二次鸦片战争。自咸丰七年（1857）至十年（1860），英法联军发动侵华战争，广东首当其冲。战时要募勇办团，军费支出必然增加；在英法联军占领广州的数年间，广州两度封关，停止对外贸易，税收顿形减少；《天津条约》《北京条约》的一项主要条款是清朝赔款共计1600万两，赔款由各通商口岸海关税分摊，广东方面又增加了一项负担。至同治五年，粤海关缴交英法赔款329.88余万两，扣缴美商赔款30万两。上述条约带来的另外一个后果是，开放镇江、九江、汉口等大批口岸，广州外贸额急剧下降。同治三年，福建巡抚徐宗干奏请饬催广东等省欠饷，据称广东欠解31.93万余两，另有应解按月添拨督臣援浙军饷银10万两等。上谕要广东方面拨解，郭嵩焘为此抱怨道：

> 向年广东以兼通湖广、江西，揽数省之利，故为繁盛；福建南界广东，北界江浙，百货流通不出省境，故为俭约。近年内江通商，广东之利源已塞，而福建之建、宁、汀、漳、延、泉等府产茶极旺，径行贩运出洋；洋药销行，向以福建为第一口岸。以此二者之利，闽关课税，数倍从前。是广东由丰而已至于约，福建由约而渐趋于丰。情事较然，共知共见。自咸丰三、四年以来，福建用兵间有止息，广东寇乱繁兴，从无止息之时，其艰难又更甚于福建。①

四是京饷拨解制度的改变。咸丰三年（1853）前，各省税收入库，根据户部规定的项目和定额留支留储，剩余部分于春秋二季报部候拨，

---

① （清）郭嵩焘：《沥陈广东度支艰窘请缓解协拨各款并现催张运兰一军赴闽疏（会总督衔）》，《郭嵩焘奏稿》，长沙：岳麓书社，1983年，第90页。

包括指拨部库（京饷）和指拨邻省协饷两部分。道光三十年（1850）末，太平军兴，至同治二年（1863），清廷发部库存银2000多万两用为军费。至三年（1864），户部已经囊中羞涩，各省只好自筹军费，截留税收，清廷遂于当年改制，由过去税收入库后各省报部候拨，改为在税收入库前向各省指拨，而且无论盈亏，指拨数额必须完成；由于战事蔓延，清廷指令广东等"富省"协拨；随意增加京饷。广东在中央及邻省眼里，不啻为肥肉，故指拨、协拨、增拨数额令原本已经虚亏的广东不胜负担。如咸丰三年至同治元年，仅协拨福建一省的饷额就达123.59万两；咸丰末至同治初，清廷要求广东解京各款，最少时一年也在100万两以上，多时达200万两以上。① 同治三年，毛鸿宾在致刘长佑的函件中诉称："肇庆土客互斗，积怨相寻，……广东号称富强，名实不符，由来已久。"②

对于上述背景下的广东财政，郭嵩焘等在一份题为《沥陈广东度支艰窘请缓解协拨各款并现催张运兰一军赴闽》的奏疏中大叹饷项匮乏之苦经：

咸丰初年，红匪滋事，叠陷郡县，旋复续办洋务，地方残破，征收渐绌，而支用转繁，形愈竭蹶。然尚有捐输之款，有商贾抽厘之款，有溢坦变价之款，动辄百数十万，借资挹注。故虽所入不偿所出，然勉强支撑，亦尚不至穷困。至于近年则不然，关税、盐课提充京饷，一切例拨之款半成具文，无从拨解。如海关应解藩库正额铜斤水脚、粮道库、普济堂等银九万余两，为数无多，积欠至三四年。部拨盐课，积欠至二百余万。仅地丁一款供藩库支放，而又有蠲缓、有民欠。惠、潮各属征收日形短绌，重以信宜之变、肇庆土客之扰，蹂躏十余县，不能开征。统计岁征地丁不过六七成。以此六七成地丁，供常年支放之款，犹不及其半，而又添募勇丁至

---

① 廖伟章：《太平天国革命时期清朝广东财政》，载广东太平天国研究会编：《太平天国与近代中国》，广州：广东人民出版社，1993年，第369—371页。
② 太平天国历史博物馆编：《清咸同年间名人函札》，北京：档案出版社，1992年，第56—57页。

第八章 内外交困的清政府

数万人，支应浩繁。近复因江浙窜匪蔓延江西、福建，筹备边防千余里，东、北两江添造炮船，目不暇给。止此岁入之经费，止此一省之民力，需用日多，筹画日绌。①

收入不足，支出转多，如何支撑弥补呢？广东官府只得于正赋正税之外，大开捐纳捐输的方便之门，新增溢坦变价、沙田等捐，开征厘金、牙帖等税。但在实际办理过程中，也往往多有窒碍，拿捐输来说，有两大难处：一是得人之难。广东所办捐输，"压派之意多而劝导之情少"。省城派之州县，州县派之各乡，"官绅因缘为利，报捐之数多耗于中饱。又当正气销沮之时，一二明理者勉强在事，亦复多方推诿。其肯任事者，经手而或多侵牟，失职而又生谣谤。体察情形，迄无善策"。

二是取信之难。广东吏治不修，为时已久，官民之间"积相猜疑"。虽然广东一会之花销可至巨万，一席之豪举动辄数千，而厘金、捐输却阻滞难行，实在是因为"官民之语言不通而情易隔，而在事者之劝导先无以自喻其心故也。乃至没其筹饷之苦衷，而或訾为罔民之稗政，奔走异地以求避，倚附外人以相持"②。在另一份奏折中，郭嵩焘更是剀切指陈：

至于饷项，支绌尤甚。正项钱粮，则所入不敷所出，而况民欠之累累。厘金一项，从前则协济江、皖，留用无多；目前则商贾不来，征收几绝。不得已而捐输，则臣等不避劳怨，设法筹劝，为时几及一年，所得不过二十万。更不得已而至于借饷，则数年以前，借贷绅商不下数十万，并未还过分毫，久已失信于民，势难再借。应解部款，虽经臣等奏请截留，然亦不敷一月防剿之费。③

---

① （清）郭嵩焘：《沥陈广东度支艰窘请缓解协拨各款并现催张运兰一军赴闽疏（会总督衔）》，《郭嵩焘奏稿》，长沙：岳麓书社，1983年，第92—93页。
② （清）郭嵩焘：《沥陈广东度支艰窘请缓解协拨各款并现催张运兰一军赴闽疏（会总督衔）》，《郭嵩焘奏稿》，长沙：岳麓书社，1983年，第92—93页。
③ 《郭嵩焘奏稿》，长沙：岳麓书社，1983年，第123页。

这些症结的存在，迫使清廷一再以撤换主管官员来改观，最典型的是同治元年的署粤督劳崇光被弹劾一案，闰八月上谕云："该省捐厘事务，劳崇光办理失宜，悉为官吏中饱，地方愈形凋敝。该督（刘长佑）于到任后悉心讲求，认真整顿一切弊端，严行革除，庶饷源有出，而商旅不扰，方为妥善。该省盐务，浸灌湖南等处，销路甚广，而课项愈绌，历年奏销，延不造报，废弛情形，甚属可恶。并著刘长佑尽心整理，毋令贪吏侵蚀。"① 其余被查拿处分的中下级官员更是每有所见。

财政空虚、饷项匮乏使政府丧失了应付内外事变的能力。吏治与军队的弱点反过来又加深了时局的恶化。

拿军队来说，八旗和绿营，与其说是数量的不足，不如说是极差的素质和纪律影响了战斗力；一支素质不高的军队不仅是财政上的漏洞，而且在很多时候往往本身就是制造动乱的因子。孔飞力曾引用胡林翼的奏折分析道："每一支驻防军的固定人员限额与贪污、松弛的检查以及长期的闲散结合在一起，就维持和部署它的代价远远超过所获得的结果这个意义来说，造成了一支确实是过于庞大的军队。从有效地使用军费这一角度来衡量，这对于一个缺少资金的政府是一种巨大的负担。这样，清代军制就给王朝衰落的螺旋形下降增添了势头：军队越糟，它们镇压起义耗费的时间就越长；它们耗费的时间越长，花销就越大；政府越是拮据，帝国行政管理的质量就越差，叛乱的发生率也就越高。"② 郭嵩焘也说："广东兵勇积习，勇于犯上而怯于临敌，工于扰民而拙于杀贼，其势尤难持久。"③ 在这种情形下，有些有远见的官员认为必须打破这种循环，借用明代戚继光的办法募勇，严格遴选和训练，开支少而收效大，这就是湘军等勇军出现的背景。当然，后来，种种名目的勇军又

---

① 《清穆宗实录》卷41。
② （清）胡林翼：《胡文忠公遗集》卷52、56，参见〔美〕孔飞力著，谢亮生等译：《中华帝国晚期的叛乱及其敌人》，北京：中国社会科学出版社，1990年，第133页。
③ 《郭嵩焘日记》第2卷，长沙：湖南人民出版社，1981年，第116页。

第八章 内外交困的清政府

趋于泛滥,造成新的负担。

拿财政空虚与广东军队的关系来说,据郭嵩焘奏称,"本省艰乏情形,尤有所甚惧者,总其大患,约有三端":

> 广东绿营额兵,计数几至七万,而无一营可用之兵。……督之出战,则为罢兵;俾之训练,又成骄卒。此七万余人之额兵,每岁筹放三四成之饷而不可得,何能久与相持。此其大患一也。
>
> 广东旧募之勇,营数既繁,营制亦疏,虚报虚支,其弊莫可究诘。……旧逋甫结,新欠又积,展转腾挪,智术俱穷。卓兴一军现在肇庆办理客匪,欠领口粮亦数十万,尚未知从何筹放。欲勉强敷衍,则一有征调,借欠饷为辞,多方阻抗。欲遂分别裁撤,又无从得此巨款。此其大患二也。
>
> 广东盗贼风行,有出洋之巨艇,有内河之快艇,……今盗贼日积而日多,经费日筹而日绌,不必外寇之至,即内地伏莽,办理已形棘手。此其大患三也。[①]

这些"大患",不但对于洪兵问题,就是对于斗祸问题的解决都造成了种种困难。

同治元年(1862),开平籍港商谭三才购枪设局,"尽歼开平所属客民",恩平、高明、鹤山等县客民并不畏惧,聚众攻击土民,但均见失利。而恩平客民村庄最多,"亦最强",在与土民对抗失利后,"悉其众以窜阳春、阳江"。至二年十一月,据郭嵩焘奏称,仅剩高明之五坑、鹤山之附城都,还有客民"踞险抗拒,至今相持未下"。至于从恩平、开平、新宁"窜踞"广海寨的客民,经藩司吴昌寿带兵克复,余众逃往曹冲,与大湖山客民声势相倚,"而阳春之金堡、企硼、黄强、凤南

---

① (清)郭嵩焘:《沥陈广东度支艰窘请缓解协拨各款并现催张运兰一军赴闽疏(会总督衔)》,《郭嵩焘奏稿》,长沙:岳麓书社,1983年,第93—94页。

等处,尽为客匪屯踞。……阳春之凤凰、冰川,阳江之水西、八图、塘口、织篢,新兴之布夏、布辰、云礼,高明之更楼、中山、恭田等处地方,迭遭杀掠,告急之书日数至"。广东督抚不得不屡屡札饬卓兴一军驰赴阳春,"相机剿办",但卓兴等抗命不遵,"迄今一月有余,以积欠口粮过多,不能拔营前进,昨始凑解银二万两,稍资接济,催令移营。……阳江之蒋朝刚一军,阳春之侯勉忠一军,兵力单薄,勉强自守"。①

各军即使勉强出征,因为饷项的匮乏,往往导致战斗力的严重削弱。同治二年,广东巡抚黄赞汤在一份奏折中诉说了前往"剿匪""剿客"之军的惨状:

> 陈金缸窜据信宜县城,已逾一年。卓兴、方耀两参将,各统兵勇五六千,月需饷银七八万。罗定、西宁、阳春、阳江及肇庆府属,土客互斗,遍地滋扰。省垣所在戒严,防堵兵勇,不下数万,月需饷银亦七八万。自正月间客匪攻陷广海寨城,经刘荫帅奏派吴臬司前往剿抚,所带兵勇,月又需饷银数千。大约每月需银十七八万两。而藩盐二库,涓滴俱无。赤手空拳,有何神术。现在各营业已停饷数月,始犹食淖糜,继则掘草根、剥树皮。今则草根树皮亦且尽矣。饥众嗷嗷,未至哗溃,已属万幸,更何能责之征进。似此日复一日,贼势愈酿愈炽,饷项愈耗愈空,其事殆不可问。前奉谕旨,饬陆路提军昆宫保寿出省督剿,此断不能令其徒手而出。筹画月余,多方凑借,始得勉强启行。在鄙人舌敝唇焦,声泪俱下,而此间之官绅商民睨此厘金,付以目笑。……昆宫保既出,总冀其一月三捷,立奏肤功,然逆匪盘踞已久,蒂固根深,我军即万分神速,亦断非一两月所能蒇事。若不源源接济,则士气一

---

① (清)郭嵩焘:《肇庆各属土客一案派员驰往办理情形疏(会总督衔)》,《郭嵩焘奏稿》,长沙:岳麓书社,1983年,第24—25页。

第八章 内外交困的清政府

惰,仍蹈前车,将刻下罗掘所得者,又掷虚牝。不得已改设章程,令开捐局。①

斗祸的迁延不决,又拖住了政府尽快解决洪兵及太平军余部的图谋。同治二年三月上谕云:

> 粤东本富庶之区,筹解库储,接济他省军饷,均关紧要,若高州贼匪及广肇土客互斗之案不能迅图办结,将征剿靡有已时,饷需必至匮乏。晏端书、黄赞汤身膺重寄,均属责无旁贷,务当通盘筹画,实力整顿,任用敢战之将,俾该省军务日有起色,歼除丑类,绥靖海疆。②

但晏、黄二人在当时也实在没有回天之力。

附表

广东司库自道光三十年起至咸丰三年六月止拨解各省饷银数目

日期	拨解来源	银两数(千两)
1850年10月16日	广东省秋拨实存地丁	50
1850年11月17日	同上	50
1851年2月28日	广东省春拨实存地丁	75
1851年3月1日	同上	75
1851年3月14日	广东省杂项各款	65
1851年3月15日	同上	65
1851年4月23日	广东省秋拨留备地丁	43

---

① (清)黄赞汤:《绳其武斋尺牍》卷1,《覆吴藩万篪方伯书》。
② 《清穆宗实录》卷60。

续表

日期	拨解来源	银两数(千两)
1851年8月20日	广东省辛亥年兵饷	59
1851年11月8日	同上	40
1851年11月11日	广东省杂项各款	70
1851年11月12日	同上	70
1851年11月13日	同上	70
1851年11月14日	同上	70
1851年12月23日	同上	75
1851年12月30日	同上	75
1852年4月14日	广东省壬子年兵饷（广西军需备用粮）	50
1852年5月13日	广东省捐输助饷等银	62
1852年5月14日	同上	60
1852年6月13日	同上	20
1852年8月26日	同上	53
1852年8月27日	同上	53
1852年12月23日	同上	15
1853年7月23日	广东省捐输团练银	11
1853年7月24日	秋季亟拨等银	129
1853年7月28日	广东省许辉租缴停办火药支剩及盐课等（拨往贵州）	56
1850年4月16日	广东庚戌年应征地丁拨（贵州庚戌年兵饷）	40
1851年、1852年	广东省杂项各款解赴贵州协饷	被广西截留
1853年5月8日	司库清查各款（为贵州兵粮银）	27
1853年1月27日	盐饷	25
1853年2月20日	司库各款拨湖北军需银	70
1853年2月22日	同上	70
1853年2月24日	同上	66
—	（拨往江西）	—
1853年6月3日	广东省捐输赴江西军需银	7
1853年7月7日	同上	10

第八章 内外交困的清政府

续表

日期	拨解来源	银两数(千两)
1853年7月30日	杂项各款	16
1853年7月31日	广东省捐输赴江西军需银（拨往福建）	10
自1853年8月4日后	杂项各款	43
1853年9月15日	捐输银	43
合计		1863

注：本表根据F.O.682/68.4.23号；279A3.3号；278A.6.25号；121B.7.1号、7号、8号、12号、13号；327,3,45号制成。年月日是银两自广州起解日期。除"辛亥年兵饷""壬子年兵饷"几批拨往贵州的三批款项，系规定拨解协饷外，其余都是额外拨款。转引自〔澳〕黄宇和著，区鉷译：《两广总督叶名琛》，北京：中华书局，1984年，第93—94页。

第九章 督抚、皇帝对斗祸的反应

在清代地方统治秩序中，民间械斗就像牛皮癣顽症，治之既不愈，不治又留后患。在叛乱等肘腋之患出现时，清廷一意对付，不料械斗顽疾发作，导致"大患"，才不得不掉头应付。反之亦然，即普通民间械斗、民族械斗，处置不当，很容易生成大规模叛乱。

广东斗祸起因久远，一直没有引起清廷的足够重视；等到斗祸发生，清廷因为正值内外交困之际，故在相当时期内未予注意，至咸丰末年来着手办理此事时，因为兵力、饷项、对策等因子的影响，办理起来处处棘手。

一、清朝对付械斗的法律

民间械斗表面看来似乎是民间私事，实际上是国家权力、权威、法律削弱和失控的反映。也正因为没有完善的法律措施、行政网络和一支高素质的官员队伍，清代的民间械斗积寒成冰，滴水穿石，一次次地酿成危及朝廷根基的"大患"。例如，台湾的分类械斗与林爽文起义，两广的土客械斗与太平天国、洪兵起义，西北西南的民族械斗与回民起义、苗民起义，淮河流域的乡村械斗暴力与捻军起义等，都有直接间接的关系。[①] 值得注意的是，学术界对于这些"大患"的本身多有研究，

---

① 这些问题，有些已有触及，如关于分类械斗与林爽文起义的关系，见刘平：《拜把结会、分类械斗与林爽文起义》，《史联》杂志（台北）总第35期，1999年11月；关于土客械斗与太平天国的关系，见邢凤麟：《论太平天国与土客问题》，载邢凤麟、邹身城：《天国史事释论》，上海：学林出版社，1984年；钟文典：《客家与太平天国革命》，《广西师范大学学报》1991年第1期；夏春涛：《客家人与太平天国农民运动》，《东南学术》1998年第5期；王庆成：《客家与太平天国起义》，载丘权政主编：《客家与近代中国》，北京：中国华侨出版社，1999年。当然，有些问题可能涉及深层的民族关系，比如回汉关系、苗汉关系，这里不予展开。

第九章 督抚、皇帝对斗祸的反应

而对于其背景,多局限于民族压迫、阶级矛盾一途。

尽管清廷没有专门针对土客械斗的法律条文,但从它制定的针对民间一般械斗的有关条文,尤其是这些条文具体实施的过程和影响来看它对广东斗祸的态度,是有帮助的。

清朝法律范本为《大清律》和不断增修的《大清律例》。关于民间械斗,《大清律例》没有专条,而是归于"斗殴"条下。此引雍正朝《大清律例》有关条款:

> 斗殴,相争为斗,相打为殴。凶徒因事忿争、执持刀枪、弓箭、铜铁简、剑、鞭、钺、斧、扒头、流星、骨朵、麦穗、秤锤凶器,但伤人及误伤旁人,与凡剜瞎人眼睛,折跌人肢体,全抉人耳鼻口唇,断人舌,毁败人阴阳者,俱发近边充军。若聚众执持凶器伤人,及围绕房屋抢抢家财,弃毁器物,奸淫妇女,除实犯死罪外,徒罪以上不分首从,发边远充军。虽执持凶器而未伤人者,杖一百……
>
> 沿江滨海,有持枪执棍,混行斗殴,将两造为首及鸣锣聚众之犯,杖一百、流三千里。伤人之犯,杖一百、徒三年。其附和未伤人者,各枷号一个月,责四十板。①

实际上,"斗殴"有个人之间的斗殴、群体之间的斗殴。如果持械相斗,后者即可称为械斗,但要和"民间械斗"挂上钩,还要考虑到地理、民俗民情等因素。

上述条文将斗殴与械斗放在一起,容易使有关官员偏重斗殴的结果,而忽略组织斗殴的行为。所以,这部《大清律例》颁行不久,即雍正九年(1731),广东巡抚王传泰奏准定例,将该省乡族械斗之行为,

---

① 田涛等校:《大清律例》,北京:法律出版社,1999年,第443—446页。

按律在本罪上加一等定拟。但到乾隆五年（1740），该专条因朝廷重订律例而停止，至十五年（1750），广东按察使石柱又奏请恢复，得到总督等人的赞同。① 后来，乾隆帝针对许多地方仍然将斗殴与械斗混为一谈的情况颁发上谕称：

> 刑部进呈云南贵州秋审本，朕详加披阅。其中情节，有械斗各伤一命及以金刃伤人者，同一案而分拟情实缓决，殊未允协。……今择其情轻列于缓决，已属宽典，若纠众械斗则为害于世道人心，渐不可长，是以朕于勾到时，遇有械斗各伤一命之案，并予勾决。迩年来，其风稍戢，然尚有未能尽熄者。②

不仅如此，乾隆帝认为械斗尤其是宗族械斗比一般斗殴性质更为严重，故在乾隆三十一年（1766）丙戌颁布的一道上谕称：

> 若倚恃族蕃赀厚，欺压乡民，甚至聚众械斗，牟利顶凶，染成恶俗，其渐自不可长。此等习风，闽广两省为尤甚。迩年来遇有械斗伤人之案，皆究明凶手，尽数抵偿，入于情实，不与寻常斗杀同科。至买凶顶凶之犯，亦令部臣严定条例，尽法惩治，虽较前稍知敛戢，而浇悍之俗尚未能尽除。③

所谓"顶凶"，乃东南地区民间械斗（包括宗族械斗、乡村械斗，或笼统称之为乡族械斗）的一个专门说法。为了下面行文方便，这里不妨先将东南地区民间械斗的一般情形及其相关术语先做些介绍。据邓承修说：

---

① 《录副奏折》，乾隆十五年十一月二十六日两广总督陈大受等奏折。
② 清高宗敕撰：《清朝通典》卷84，《刑五》。
③ 光绪《四会县志》编首中，《诏令》。

第九章 督抚、皇帝对斗祸的反应

粤省械斗之案,始于潮属,蔓延广惠,皆因上下隔阂,词讼曲直不分,冤抑无诉,遂激而械斗。土匪乘间麇集,千百为群,名为"帮枪"。两造悉听该匪指挥,虽有悔祸之心,亦不能自主。焚烧掳掠,鸡犬一空,杀毙逃亡,伤心惨目。地方官讳匿不报,及至糜烂之后,乃从容委员勘视,传集左右亲邻,为之劝息,名曰"议和"。杀伤无论多寡,主谋之人买凶作抵,名曰"顶凶"。委员夫役供应,悉出于斗家。择肥而噬,名曰"勇费"。含糊率结,而帮枪之土匪早已远扬。杀人之真凶从不拟抵。①

上述乾隆帝"买凶顶凶之犯,亦令部臣严定条例"的谕旨,后来得到落实:"受贿顶凶之案如斗殴等项,顶凶之人在场帮殴,或已刃伤人、助殴、伤多、伤重,并受贿赃至逾贯,以及顶认谋故者,应拟情实。其余仅止事后贪贿顶认,并无别项情事,赃数亦属无多,正凶又未漏网者,可以缓决。"②

后来,清律规定:

广东、福建、广西、江西、湖南、浙江等六省纠众互殴之案,除寻常共殴、谋殴。……如审系预先敛费,约期械斗仇杀,纠众至一二十人以上,致毙彼造四命以上者,主谋纠斗之首犯拟绞立决;三十人以上,致毙彼造四命以上,或不及三十人而致毙彼造十命以上,首犯拟斩立决;四十人以上,致毙彼造十命以上,或不及四十人而致毙彼造二十命以上,首犯拟斩立决枭示。……若致毙彼造一家二三命,主谋纠斗之首犯例应分别问拟斩绞立决者各从其重者

---

① (清)邓承修:《语冰阁奏议》,近代中国史料丛刊之第十二辑,台北:文海出版社,1966年,第227—228页。
② (清)刚毅:《秋谳辑要》卷1,《秋谳志略·总类·比对条款》。

论。其随从下手,伤重致死者,应行拟抵者,各依本律例拟抵。①

这些律条在清末时期被上述六省普遍执行。

广东方面,在道光三年(1823)奉准刑部咨,"广东省审办致毙二命以上及火器杀人之案是否械斗分办,各犯有无顶凶,均随案声明等因"②。说明官方已经把械斗、顶凶的性质看得比一般斗殴要重。

但是,从雍正至光绪近二百年的情况来看,清廷有关械斗的法律条文显然与械斗之风的盛行是相脱节的。嘉道以后,东南—南方地区的民间械斗在规模、性质、危害程度方面都与一般械斗大为不同,所以有必要订立处治械斗的专条。光绪年间,广东按察使于荫霖对有关法律及其在广东的执行情况以及订立专条的必要性做了很好的说明:

照例惩办,罪止军流,毫无儆畏。……惟查例载广东省纠众敛费、约期械斗、仇杀人数虽多,致毙彼造一命者,主谋纠斗之首犯,发极边足四千里充军;二命者,实发云贵两广极边烟瘴充军;三命者,发新疆给官兵为奴;四命以上,绞立决;十命以上,斩立决;二十命以上,斩决枭示;其随从下手、伤重致死、应行拟抵者,各依本律例拟抵;伤人及未伤人者亦按各本例分别治罪。

又广东械斗案内,如有将宗祠田谷贿买顶凶、构衅械斗者,于审明后,除主谋买凶之犯严究定拟外,查明该族祠产,酌留祀田数十亩,以供祭费,其余田亩及所存银钱,按族支分散。若族长、乡约不能指出敛财买凶之人者,族长发遣,乡约杖徒各等语。如下手伤重方议抵偿,主谋纠斗不膺重典,而为从伤人及并未伤人之犯照为从减等,罪止满流,即照军器伤人亦止拟军。详绎例文,自以

---

① (清)薛允升:《读例存疑》卷33;《刘坤一遗集》书牍卷之二,《严禁械斗示》,北京:中华书局,1959年,第2800—2801页。
② 《同治二年六月二十五日署两广总督晏端书等奏折》,《广东河南同治咸丰年间奏稿》,第三册。

第九章 督抚、皇帝对斗祸的反应

乡里寻仇，尚非巨患，仅言斗则无焚掳之流毒，仅言械则无枪炮之利器，仅言纠众则无枭匪海盗之丛集，仅言仇杀则无抗官拒捕之重情，是以下手者仍照共殴，主谋者尚多差等。

窃惟今昔情形实多不同，变通之道因时而宜，重典之刑因地而用。近年广东械斗，联村聚众，杀害无辜，焚毁抢掳，抗官拒敌，伤及兵差，形同叛逆。罪坐所由，主纠者似无宽贷之理，而为从之犯，各项匪盗毕萃其中，专以帮斗为生，不过杀人渔利，并非本族本村与彼造衅有不解之仇、切肤之患。枪炮轰击之际，杀伤之多少亦不能自为限制；下手之轻重，更无从推究主名。揆其凶悍情形，实系真正土匪，配所逃回，必更报复滋害。然非当互斗之时，派兵围捕，则真犯决不能拿获，主谋亦无从追究，且使此乡寻斗残害，彼乡未经报复之时，若早发官兵，将肇衅之乡认真围捕，能将首祸、帮凶勒交数名，立置重典，则彼乡怨愤既平，自不致寻仇蔓祸，保全实多。

伏查同治六年刑部奏定章程：天津锅匪数十人以上，持械聚斗，杀伤抢掠，就地正法；拒捕者格杀勿论等语。其所以特从重典者，原为除暴方可安良，况以广东斗匪，数累千百，械必枪炮，较之天津锅匪仅聚数十、仅持刀械者，情节尤为重大，相应详请奏明，另立专条，从严办理；宽免州县处分，责令实禀实办，以儆凶匪而遏乱萌。①

据此，张之洞认为：

粤省械斗，实为诸匪之薮。恶俗不革，内患堪虞，该司所陈系属实在情形。……（请）准将粤东械斗匪犯凡纠众数十人以上，招

---

① （清）张之洞：《请严定械斗专条折》（光绪十一年十二月二十七日）引，王树楠编：《张文襄公全集》卷14，奏议14。

雇匪徒、放火器杀伤人命、掳虐男妇、焚烧房屋、抢毁资财之案，其主谋者、敛钱纠斗者，受雇持械帮斗（者），审明素行不法凶暴显著者，无论杀伤几命，是否系该匪所伤，均照土匪例，不分首从，一律就地正法；情节重者，酌加枭示。向来管事之该族首、族绅、祠长，于聚斗之前数日不行出首、既斗之后十日内不行交犯，即以主谋同论。至斗乡祠产，查系赴他乡寻斗及定地互斗者，除酌留香火资三十亩外，尽数入官，以为义仓社学之用。雇觅无资，则乱源可止。……各属再有斗案，准其请兵围捕，务将主谋纠敛及帮斗真犯拿获究办，抗拒者立予格杀。①

于荫霖和张之洞的建议，得到朝廷批准，但是，由于晚清社会日趋衰败，官不执法，民不畏法，相斗如故。宣统二年（1910），署理两广总督袁树勋奏称：

已故大学士臣张之洞，前在两广总督任内，以械斗定例尚轻奏请照天津锅匪办理，奏准交部议准。凡雇募匪徒，杀人放火，掳生劫财，凶暴昭著者，不分首从，一律就地正法。迄今二十余年，此风未能止息。推求其故，盖因斗案多以罚款赔偿了事，并未深究主谋，严惩帮斗，以致各乡无所顾忌。……况从前所谓斗匪，尚不过盐枭、盗匪涵集，近年情形迥非昔比。三点会之外，又有小刀会、剑仔会诸名目，丑类繁多，遇事粗集。②

从上面的叙述中可以看到，清朝有关械斗的法律并不完善，待到严刑苛法出台后，因为其政权根基已经动摇，执行起来也就形同具文了。

---

① （清）张之洞：《请严定械斗专条折（光绪十一年十二月二十七日）》，王树楠编：《张文襄公全集》卷14，奏议14。
② 《朱批奏折》，宣统二年五月初二日署理两广总督袁树勋奏折。

第九章 督抚、皇帝对斗祸的反应

接下来再看看清代地方官吏是如何根据有关法律处理民间械斗的。

地方官与民事有直接关系，故被称为"父母官"，清代地方官善愚不齐，良劣不等。对于民间械斗，如处理得当，可保一方平安，否则就多一处乱土。道光二十年（1840）四月，黄爵滋在《会议查禁械斗章程疏》中强调"宜选择贤吏，力图整顿"：

> 漳泉各属，案繁累重，其素称难治者，漳郡以漳浦为最，龙溪、诏安次之，泉郡以同安、晋江、马巷厅为最，惠安、南安次之。每一缺出，上司斟酌人地，属员再三恳辞。实缺者少，署事者多，官有苟且之心，民无申诉之路。是以械斗重案，民畏累则不敢报，官有累则不敢办。其始由于上下不信，其敝几于官民相仇。今欲力挽民风，必先痛湔吏习。州县中择其操守坚定、实心爱民者调补，勿拘资格。理词讼以清其源，约书差以绝其扰，时时单车赴乡，问民疾苦，感之以积诚，洽之以恩信，俾各乡之民，人人有一爱民之官在其意中。①

但是，"爱民之官"实在不多，而且，清朝对于"失察"官员的处分较重，迫使官员在处理械斗时避重就轻，实际是放纵了械斗的泛滥。据例载：

> 凶徒聚众械斗，如蜂起一时，并非预谋聚众者，失察之地方官有心故纵者革职；失于觉察，不行查拿者，降一级留任；如能将在场首从各犯严拿全获者，免其处分；若获犯到案不行惩治、代为开脱者，照故出入人罪例议处。又失察私藏鸟枪及私造鸟枪发卖者，罚俸一年……。兹粤东械斗命案，州县虑及处分綦重，

---

① （清）黄爵滋：《会议查禁械斗章程疏》，道光二十年四月初六日，载黄大受辑：《黄少司寇（爵滋）奏疏》卷14。

遂致多方掩饰，分案详报，案情失实，奸民愈为得计，百姓习于战斗，酿祸益深。①

另据规定，凡州县官将械斗之案讳匿不报，或改作共殴、谋殴，分起开报者，俱革职；又承审官将主谋之犯徇纵，不行查拿，辄将顶凶之人定拟完案，即照故出入人罪律参革。治罪定例綦严。②官员们为了逃避处分，只得"多方掩饰"。

那么，械斗发生后，官员们是如何讳饰的呢？其大致情形为，地方官一闻械斗命案，害怕失察处分，"百计图维，巧为规避"。如果迫于例限，不能不详细呈报，便故意将所报之案涂改糊弄。如果是一起死亡数十人的斗案，便改为数十案，"若者争田起衅，若者争山起衅，若者口角微嫌，大率捏作寻常斗殴通报"。如果械斗中有鸟枪火器伤人者，又改作竹铳，说是因为某某沿山捕雀，见亲属与人斗殴，赶去相帮，不料走火，以致伤毙人命，"如此情节，千篇一律。挪移月日，错综其事，具文通详"。化大为小，化有为无，成为官员保住顶戴、规避处分的诀窍。

对此，屡有大员希望减轻对地方官员"失察"的硬性规定，让他们能认真办理。嘉庆年间，粤督那彦成奏称：

> 粤东械斗命案，州县虑及处分綦重，遂致多方掩饰，分案详报，案情失实，奸民愈为得计，百姓习于战斗，酿祸益深。臣等再四熟商，将欲准情而执法，盍先减法以原情，……仰恳圣恩饬下吏部、刑部，将失察械斗处分作何少从轻减，……轻重之处，

---

① 容安辑：《那文毅公（彦成）奏议》卷10，《请变通失察械斗处分》（与广东巡抚百龄会奏），嘉庆十年六月初五日。
② （清）邓承修：《语冰阁奏议》，近代中国史料丛刊之第十二辑，台北：文海出版社，1966年，第228页。

第九章 督抚、皇帝对斗祸的反应

均与详议。①

光绪十一年（1885），张之洞奏称：

> 地方官因无兵力，传首谋则不到，勒凶匪则不交。官法既穷，私忿益炽，以故江河日下，群相效尤。历年大吏及地方官明知其弊，特恐操之过急，激成事端，得办理不善之咎，不得不将就了结。民强官弱，法令不行，实情不敢上闻，严办诸多窒碍。所以积弊至于此极也。②

但是他们的这些主张似乎没有得到朝廷的允准，而地方官在实际执行中也依然故我，上下欺隐，积习相沿，所以，邓承修说："粤省向来斗杀毙命之案层见迭出，皆含糊率结，讳匿不报，未闻地方官有因此获咎者，其玩视庇纵，即此一事，已可概见。"他提出的解决方法是："应请饬下该省督抚严饬各属申明旧例，如遇有斗案，地方官讳匿不报，私和率结，及徇纵主谋买凶顶替等弊，别经发觉，将该管官照例参革，其帮枪之枪匪，把持掳掠，尤为不法，应一并严拿，照强盗得财律治罪，庶官弁不敢视同瘼外，而凶徒知儆矣。"③

尽管如此，还是有一些地方官员能认真对待械斗之案，其方式方法大致有以下几点。

一是分析原因，找出对策。谢金銮《械斗论》云："（械斗）有积怨深仇而斗者，有因端起衅而斗者。其所以斗不同，治之之法亦异。因端

---

① 容安辑：《那文毅公（彦成）奏议》卷10，《请变通失察械斗处分》（与广东巡抚百龄会奏），嘉庆十年六月初五日。
② （清）张之洞：《请严定械斗专条折（光绪十一年十二月二十七日）》，载王树楠编：《张文襄公全集》卷14，奏议14。
③ （清）邓承修：《语冰阁奏议》，近代中国史料丛刊之第十二辑，台北：文海出版社，1966年，第228页。

起衅者,其祸浅,治之宜猛,其置之法也必严;积怨深仇者,其祸深,治之必缓,其置之法也宜宽,此其所以异也。"①

二是勤能为官,敢于任事。李文藻,乾隆二十五年(1760)任恩平知县,后任潮阳知县,"潮阳民好械斗,文藻至,悬铤于堂,有将斗者,令地保驰入城,击以告,立往拘治,众则散矣,自是械斗稍息"②。所以,光有法律还不行,还要靠官吏灵活的处理方法。

三是严格执法。嘉庆五年(1800)三月,广东海阳县(今潮州市)发生一起"伤毙四十四命"的械斗大案,广东政府最后的判决是:林阿混等35人参与共殴,"下手致命,伤重致死","以故杀论均拟斩监侯";其在逃3年后就获之林三贵等5人,"照例改拟斩立决";林哲等"起意科派银两互斗,以致两造伤毙四十四命之多,实属祸首罪魁,均比照聚众共殴、原无必杀之心、殴死三命而非一家者,将率先聚众之人,不问共殴与否,拟绞立决;……孙捷元起意纠伙四十五人,执持刀械,抢割林帼经田禾,……照粮船水手例,拟斩立决"③。

四是加强对地方保甲、乡约、乡族首领的控制。广东方面,雍正四年(1726)即已开始推行族正制度。后来,各任督抚对族正、乡约以及绅士的作用亦多有强调。对于主使械斗的宗族长老、地方绅士则要求严究。左宗棠在一份告示里称:

大族欺小族,大乡欺小乡,其小乡小族因势力不敌,则又结数姓数乡以相抵制。睚眦小忿,报复相寻,视人命若草菅,待乡邻如仇敌。戾气充塞,灾沴随之。夫嫌疑衅隙,尽可凭众调停;曲直是非,自可禀官剖断。其敢动辄纠众械斗者,多由豪恶暗地主唆所致,始则播弄乡邻以有事为利,继则勾通吏役借办案分肥。害人利己,玩法逞

---

① (清)谢金銮:《械斗论》,载陈寿祺等撰:《福建通志》卷56。
② 宣统《恩平县志》卷16,《职官二·政绩》。
③ 容安辑:《那文毅公(彦成)奏议》卷10,《审谳械斗案》,嘉庆十年十月十二日。

第九章 督抚、皇帝对斗祸的反应

凶,实为法所不宥。嗣后地方械斗案件,究主唆之人,究倡首之人,究正凶,究家长,轻则杖毙,重者骈诛,小则拘拿,大则剿洗,务期力挽颓风。怙恶不悛,法所不宥。①

五是针对械斗严重的地区,调派兵勇镇压。械斗事件本属文官管辖,但是,如果械斗事件闹大,文官无力弹压,就只能依靠军队了。乾隆末年,那彦成督粤时曾就此事奏称道:

粤省情形如督粮、肇罗二道,本非兵备,其余南韶、高廉、雷琼三道所管地方,民俗尚不甚强悍,惟惠潮嘉道所管之惠潮二属,民间结盟械斗之案,效尤接踵,当其仓卒起事,文官衙门差役民壮人少,不能查拿,欲移营调兵,则定例不奉总督牌札不准轻动。惠潮距省数百里及千余里不等,文书往返逾旬,往往小事酿成大事,总因格于定例,就地不能调动一兵,以至辗转纠结,滋蔓伤生,及事后缉拿,地方官畏于生事,多听其自送凶手,而为首之恶不除,过时依然械斗。……仰恳皇上俯念惠潮二属凶顽恶习亟宜惩创,准令该道一遇地方有事,即于该处各标营内就近咨调兵弁,协同弹压擒拿。②

许多械斗大案,连乡聚族,勾联土匪会党,其情势非一般文官所能解决,必须调派兵勇才能奏效。陆丰知县徐赓陛曾禀称:

碣石、甲子逼近潮州,民情犷悍,黑红(旗)械斗,虽经惩办,然而分旗小斗,无岁无之。此次竹仔林乡酿事之初,只因争砍树木,互相斗殴,其端甚微,乃并不控官,次日即会乡械斗,

---

① 《左宗棠全集》(札件),长沙:岳麓书社,1986年,第549页。
② 容安辑:《那文毅公(彦成)奏议》卷6。

致毙一命。二十一日又复聚斗,致毙六命,受伤者各数十计,迄今亦无一呈具报,其冥顽藐法,概可想见。(该乡)距县八十五里,卑职于二十午后始得风闻,仅知陈、薛两姓因事互殴。正在派差弹压解散间,乃迭据驰报会乡纠斗、伤毙多人各情。卑职伏查红黑旗互杀多年,积忿匪细,故一经兴斗,势即枭横,其中不逞之徒,纷纷纠约,愈聚愈多,诚非勇役百余人所能镇压。卑职为民父母,义当身先临办,然而窃揆事势,卑职赴乡之后,解散犹易,捕戮较难。当此惠属办乡之际,若再粉饰了事,纲纪何存,是以通禀,仰恳彻办。①

当然,在实际执行过程中,如办理得当,自会收到一定效果,如同治中期广东官府派方耀领兵数千,在惠潮二属清剿"匪乡",曾收到相当成效。但在另一方面,因兵勇常行扰民故技,往往把事情搞得更糟,所以也有官员呼吁"查拿凶犯毋得轻易会营"。例如福建漳泉地方,百姓"嫉役而尤畏兵",各县下乡动辄会营带兵,常有数百名之多,其兵丁又各携无赖多人,所有口粮都取之于乡民,不应者则"比户搜刮,举室一空"。所以,黄爵滋评论道:

> 州县藉其声威,营弁利其沾润,偶有不肯会营者,武弁则觖望不已,兵丁或诟谇寻衅,恶习相沿,几成故事。是寻常缉凶案件,一经会营,无论获案与否,其为扰害,不可胜言。

他认为,以后应通饬漳泉各属,"除大伙械斗,或拒捕已成,必须带兵弹压者,准其会营,酌带兵弁,协同捕拿,官为给赀,仍严禁不准抢掠骚扰外,其余概由地方官轻骑减从,迅往查办,不许轻易会营,

---

① (清)徐赓陛:《不自慊斋漫存》卷5,陆丰书牍,《禀提府宪夹单》。

第九章 督抚、皇帝对斗祸的反应

以杜弊端"①。

在遇到无兵可调时,地方官只好自行募勇处理,这又带来开支剧增的弊端。徐赓陛说:

> 粤之民风素称犷悍,拒捕殴差、负嵎强抗之案,无邑无之。……重大案件,其请命大府者,原因势力之不支,然候奉批行,自上下下,近则匝月,远则十旬,而事变之叠更,固已缓莫能及,迨奉批到县,亦不过以移营拨兵数语循例责成。然营兵之行粮,弁目之薪水,其费且浮于募勇。而且兵民异辖,文武分途,呼唤不灵,调派不服,非但不能得力,反难禁其驿骚。故拨兵虽多,要不过饱食以嬉,聊资观听,仍无裨事机也。无可如何,于是有自行募勇之举。募勇数百,办理兼旬,幸而粗完,费已盈千累百,姑无论已,而事后之审拟招详,层递而上,又必削足就履,务合于本省成案。②

值得注意的是,从另一个角度讲,由于政府无力解决好械斗问题,民间也有采取自我解决的方法。一是"笑破",二是"贿和"。

据李钟珏《圭山存牍》记载:

> 查潮惠两属械斗,历年既久,相习成风,无论小斗大斗,暂斗久斗,必由公亲调处两造耆老,于交界地方,笑脸说开,方始了事,谓之"笑破"。若不经公亲调处笑破,官到则止,官去又斗,结屡具而屡违,即大兵到乡,一时逃散,久仍集斗,竟成牢不可破之局。

---

① (清)黄爵滋:《会议查禁械斗章程疏》,道光二十年四月初六日,载黄大受辑:《黄少司寇(爵滋)奏疏》卷14。
② (清)徐赓陛:《不自慊斋漫存》卷5,陆丰书牍,《覆本府条陈积弊》。

李钟珏当时任职的邑境内有卓、郑二姓相斗，李即请新墟约正王大英、潮州会馆方汉章到乡私相议和，然后，经李"因势利导，密谕甲子局绅张兆炊李儒瑾、刘文炳等帮同调处。当于十七日两姓乡耆在交界处所笑破和好，相约严密子弟，不再生事"①。

"贿和"主要是在大兵压境时，主持械斗之人用钱打通关节，以免剿办。据郭嵩焘说："粤东历来积习，惠、潮等属惩办匪乡，率以纳贿销案，托为募勇办案经费，名曰'打兵费'。"②

但是，从清代的总体情况来看，无论是法律、官员，还是民间自身，不仅未能消弭械斗，其情形反而有愈益失控之势。光绪年间，粤督张树声曾说："穷究本原，盖其迁流之始，未尝不由当时地方官积习因循，不能遇事公平申理，讼结不解，私相报复，酿成积重之势，驯至今日，即有勤能之吏，亦苦刑政之俱穷；即有条教之颁，亦常扞格而不达。"③在这种情况下，一方面是政府力所不逮，另一方面是械斗这类民间矛盾蓄势待发。

二、督抚、皇帝对斗祸的初步反应

广东斗祸起于咸丰四年（1854）、五年（1855）、六年（1856）达到十分惨烈的程度，由于当时清军与长江流域的太平军及两广的洪兵鏖战正急，加上清政府历来在主观和客观上对民间械斗的漠视，故在相当时期内没有对斗祸采取有效的干预措施，使斗祸久拖不决。

在讨论这个问题时，我们先看一段皇帝与属臣关于械斗问题的对话。

咸丰九年（1859）九月初八日，张集馨奉旨赏加三品顶戴，署理福建布政使。张离京赴任前，应咸丰帝召见，有以下对话。

---

① 转引自郎擎霄：《清代粤东械斗史实》，《岭南学报》第 4 卷第 2 期，1935 年，第 121 页。
② 《郭嵩焘奏稿》，长沙：岳麓书社，1983 年，第 231 页。
③ （清）何嗣焜编：《张靖达公（树声）奏议》卷 5，《整顿惠州府属地方片》。

第九章 督抚、皇帝对斗祸的反应

上曰:"福建钱粮难征否?"

对曰:"福建自开国以来,未立鱼鳞册。业户向不过拨,衙门中所载花户,竟不知是何时人,惟凭书吏草帐一本,向花户催征。书吏因缘为奸,钱粮只交六分,牢不可破,是以闽省无十年老州县,非钱粮二参绌误,即盗案四参降黜。"

上曰:"彼处械斗,始于何时?"

对曰:"臣查《漳州府志》,盛于永乐末年,其始则不可考。"

上曰:"械斗是何情形?"

对曰:"即战国合纵连横之意。大村住一族,同姓数千百家;小村住一族,同姓数十家,及百余家不等。大姓欺凌小姓,而小姓不甘被欺,纠数十庄小姓而与大族相斗。"

上曰:"地方官不往弹压么?"

对曰:"臣前过惠安时,见械斗方起,部伍亦甚整齐。大姓红旗,小姓白旗,枪炮刀矛,器械俱备,闻金而进,见火而退。当其斗酣时,官即禁谕,概不遵依。颇有父帮大姓,子帮小姓,互相击斗,绝不相顾者。"

上曰:"杀伤后便如何完结?"

对曰:"大姓如击毙小姓二十命,小姓仅击毙大姓十命,除相抵外,照数需索命价,互讼到官。官往查拿,早经逃逸。官吏营兵将其村庄焚毁,通缉捕拿。亦有日久贿和,不愿终讼者。"

上曰:"命价每名若干?"

对曰:"闻雇主给尸亲三十洋元,于祠堂公所供一忠勇公牌位。臣每笑其勇则有之,忠则未也。"[①]

从这段对话中,可以看出,咸丰帝已经在位九年,对于民间械斗仍

---

① (清)张集馨撰:《道咸宦海见闻录》,北京:中华书局,1981年,第266页。

然不甚了了，在此前后，虽然也有地方官员屡屡呈报广东斗祸事情，咸丰帝的态度只是要求地方上设法解决。

至于广东督抚等官员，他们也认为土客械斗只是民间私事而未予特别注意。恩平是最早爆发斗祸的县份之一，其械斗的扩大化不仅与其本县的土客矛盾有关，还与周边鹤山、开平等县的土客形势以及广东红巾军的爆发有关。站在土著立场上的宣统《恩平县志》作者也承认："先是红匪之叛，恩、开土人为匪胁从者固多，大吏深悉情弊。客难猝发，请县吁乞剿办，遂概弗许，徒以土客械斗批行解散，客人之祸愈不可收拾矣。"①

不仅如此，也正因为"红匪之叛"时，土民多有加入洪兵者，客民为"勇"，正是官方依靠的力量，所以，当客民以剿"红匪"为名而祸及一般土民时，主政者仍然不以为意。所以，宣统《恩平县志》说："初，客人马从龙，高要武举人（一说鹤山人），前因红匪之乱，请令总督叶名琛，归剿余孽。客人素与土人不协，常欲借端启衅，图为不轨。及得令，益自恣睢，结寨云乡、大田，佯托官军，诬土著为匪党，肆行杀戮，各邑又潜为勾引，蔓延六县。"②类似的记载在开平、新宁、高明等县志中所在多有。

广东斗祸起于叶名琛督粤时期，洪兵初起，如疾风狂飙，连下40余府州县城，叶名琛请求清廷调兵，而周围各省都被太平军及本省"寇乱"拖住了后腿，叶名琛只得设法自我解决。所以，叶名琛在当时的任务不是去区别集体械斗和个人仇杀，而是分清什么是械斗，什么是谋反。事实上他也确实做到了这一点："如果他把集体械斗也看成是向他的权力挑战而加以镇压的话，那就很可能把械斗双方都逼反。比如在动乱的五十年代，他就把土客之争同武装暴动区分开来。但是，两种战争同样都引起大破坏，而且前者的破坏性更大，因为这种械斗的目的往往

---

① 宣统《恩平县志》卷14，《纪事二》。
② 宣统《恩平县志》卷14，《纪事二》。

第九章 督抚、皇帝对斗祸的反应

是毁灭整个村庄,不分老少斩尽杀绝。只有这样,胜利者才能霸占对方的田产。如果叶名琛像广西当局一样盲目地支持本地人的话,客家人就很可能群集于秘密会党的大旗下,壮大了起义军的力量。然而,叶名琛首先是对付那些打起旗号公开同朝廷作对的队伍。"① 事实上,他不可能去支持当时的土民(因为有很多人加入洪兵),也不可能完全站在客民一边。他采取的方法是,允许客民募勇"讨贼",对于客民乘机报复土民之举,持默许态度。正因为如此,他在当时不可能有心思、也没有能力去过问土客斗祸之事。

当然,由于以下两个原因,我们目前已经无法具体弄清叶名琛在当时所采取的应对土客斗祸的态度与方法,一是在叶名琛被英法联军俘虏时,清廷对叶名琛的态度来了一个180度的转弯(此前的叶名琛可谓平步青云,从镇压凌十八开始,由广东巡抚擢升两广总督、钦差大臣,授协办大学士,赠太子少保),对其刚愎用事、被俘"辱国"之事指斥有加;二是英法联军进入广州城后,将有关档案掳掠一空,使一般人很难窥见当时叶名琛举措的全貌。这里转引一段记载:

> 直到1856年他基本上掌握了主动权,遏制住义军以后,才把注意力转到西江两岸不断发生的非政治性暴力行动上。他首先派人去调查引起冲突的原因,冲突双方有哪些村庄或宗族,打了多少次仗,有多少人参加,死了多少人,烧毁了多少村庄等。另外,最重要的是查明这战争是暂时的还是长期的。然后,他派按察使沈棣辉率大军开入西江两岸地区,但并非前去作战,仅为慑服冲突双方,帮助他们解决争端,同时把领头人交给官府。②

---

① 〔澳〕黄宇和著,区鉷译:《两广总督叶名琛》,北京:中华书局,1984年,第33页。
② 〔清〕叶名琛:《严禁土客械斗告示》,英国外交部档案,F. O. 2.45号,转引自〔澳〕黄宇和著,区鉷译:《两广总督叶名琛》,北京:中华书局,1984年,第33页。

土客斗祸发生两年，叶名琛一直没有向朝廷奏报有关情况，只是在镇压洪兵的局势稍稍稳定后，才派一支军队去"慑服冲突双方"，但是杀红了眼的土客双方此时根本不听调停，甚至连客民人数众多、忍耐了两年的新宁县也卷了进去。

三年以后，广东土客斗祸的严重情形才传达到朝廷。咸丰七年（1857）九月初三日上谕：

> 有人奏广东客匪肆劫请饬查办一折，据称广东肇庆府属向有外来客民杂处山谷，在恩平、开平、新宁、鹤山、新兴、高明六县者为尤众。咸丰四年，土匪滋事，该匪等借团练为名，纠众数万，焚毁村落，百数十里内，人烟一空，地方官只报土客械斗，容隐不办，恐将来酿成大患等语。匪徒假团练为名，聚众至万，树立旗帜，扰害闾阎，必得及早查拿，庶可散其党与。据奏情形，恐不能以理谕。著叶名琛、柏贵派委明干大员，督同该管地方官，将为首各匪查拿治罪。倘敢恃众拒捕，即著带兵剿办，歼擒首伙各犯，解散胁从，毋使屯聚，以靖地方而弭后患。原折著钞给阅看，将此由五百里谕令知之。①

从这份上谕中可以看出，清政府对斗祸的初步反应仍然局限在一般民间械斗的概念中：第一步是派员"将为首各匪查拿治罪"，第二步是"著带兵剿办，歼擒首伙各犯，解散胁从"。但上谕也只是官样文章，因为清廷及广东政府的注意力很快被"亚罗"号掀起的风波所吸引，粤省兵力大多被洪兵牵制在北路和西路。中路的土客双方仍然斗得不亦乐乎。

---

① 《清文宗实录》卷235；《上谕档》，咸丰七年九月初三日上谕。按：笔者曾经去中国第一历史档案馆查阅有关广东斗祸的档案，因为没有专门案卷，只查到寥寥数条。所以，我把咸丰、同治两朝的《清实录》作为土客斗祸线索发展的基本依据，全部查阅。可惜的是，斗祸与当时的诸多大事相比，微不足道；值得欣慰的是，有关上谕毕竟勾勒了一个大致轮廓，尤其是这里所引，使我们看到清廷对于斗祸的反应是多么迟钝。

第九章 督抚、皇帝对斗祸的反应

从咸丰七年至十年,广东局势风云变幻,督抚调动频繁,主政者多有"五日京兆"之心,一直未能就平息斗祸采取有效的措施。如咸丰九年(1859)四月下旬上谕称:

> 据(署广东巡抚、布政使)毕承昭奏,近来广东省城,民夷尚属相安,其失守之大埔、嘉应两城均已克复。……虽据毕承昭奏称,该督(黄宗汉)亲自督兵,克复大埔、嘉应,现驻龙川、河源一带,就近调度,而黄宗汉既置夷务于不问,又于军务情形,数月不发奏报,其有无心病,尚未可知。现在王庆云到任尚需时日,著劳崇光迅即驰赴广东,将失陷各城,即图克复。①

咸丰九年九月中旬,清廷颁发上谕,授劳崇光为两广总督(此前,劳崇光由署广西巡抚调任广东巡抚),调江西巡抚耆龄任广东巡抚。② 劳、耆两人上任后对斗祸问题才有所关注。

但是,直到同治元年(1862)七月,劳崇光才把斗祸的来龙去脉弄清大概,奏称"查明恩平等县土客互斗原委并密陈办理为难情形",他提出的应对措施也得到了清廷的肯定,兹据上谕覆称:

> 劳崇光奏:广东恩平等县土著与客民互斗,地延八县,事阅九年,前闻该处有因互斗戕害弹压委员等事,寄谕垂询。兹据奏称:土客宿怨深仇,酝酿日久,相持甚坚,又各有所藉口,操之过慼,则其焰愈张;办理稍偏,则祸激益烈。又值各处土匪散勇夹杂其中,清理尤非易易,惟有剀切开导,先禁斗很,俾客籍得以散归,再行分别曲直,严惩首恶,解散附从,一面清还田产,立约联和等语。自系实在情形,著即认真实力办理,饬令各该地方印委各

---
① 《清文宗实录》卷281。
② 《清文宗实录》卷294。

员,并公正绅士,善为晓谕,总以分良莠不分土客一语为持平办理之要。滇省回汉酿祸已深,与粤省客土情形究有区别。滇回异教,本与吾民不类。粤之土客则本皆良民,仇衅有所自开,斗很有不得已,其愚顽甚可悯伤,能得公廉仁恕官绅委曲开谕,俾释干戈而登衽席,小民当未有不乐从者。惟其势已积重难返,且恐其中难免奸宄之民乘机煽乱,益相固结,诚如该督所奏,必先行设法解散,良莠始可得而分。现在新会已经无事,开平等土民稍知敛迹,阳春客民亦渐解散,独新兴尚有屯聚,该督业经选调督标官兵及肇协之兵,派员统带,以资弹压。如果有固执不悛、有心抗违者,自应示以兵威,俾知震慑。一经驯顺,即当悉心开谕,使之止息斗争,各归乡里,并即预筹善后之法,以靖地方而安良善。①

劳崇光一面派兵震慑,一面动员土客绅士联和,其结果是,在咸丰十一年(1861)、同治元年(1862)间,开平、恩平等县客民在土民的攻迫下,大多被"驱逐出境",剩余者被迫与土民一度联和。同治元年十二月上谕称:"至恩平等县土客互斗,经劳崇光派委官绅,悉心劝导,并将顽梗之徒慑以兵威,驱逐出境,其势已渐解散。现惟新兴、阳江尚有客民屯聚。嗣后各地方官果能分别良莠,得其要领,自不至再行构衅。刘长佑于到任后,务当督饬官绅,妥为办理,使小民早登衽席,两造永息争端,是为至要。"②

同治元年以后,被"驱逐出境"的客民抱成一团,在阳江、阳春、新兴一带流动作战,其破坏性愈加严重,政府不得不开始派大军围追堵截。两广总督劳崇光"以头品顶戴驰往贵州查办事件(教案)"后,由刘长佑督粤。刘长佑在粤时间不长,不久即调任直隶总督。他在粤期间,因当时新宁等地客民有攻陷广海寨之举,曾派大军前往查办。

---

① 《清穆宗实录》卷35。
② 《清穆宗实录》卷51。

第九章 督抚、皇帝对斗祸的反应

刘长佑认为："该土客居民仇衅已深，必须慑以兵威，方可逐渐解散。"遂派臬司吴昌寿、副将卫佐邦带兵勇数千，前赴新宁查办。不久，即同治元年十月，以都察院左副都御史晏端书暂署两广总督。黄赞汤也已由京赴粤任巡抚之职。①

同治二年三月，清廷发上谕要求晏端书、黄赞汤"责成该臬司等，分别良莠，持平办理，如敢恃众抗拒，无论为土为客，即督兵进剿，大加惩创，俾凶顽知所儆畏；被胁良民，可以闻风解散。休致臬司张敬修籍隶广东东莞，该县乡勇素称强悍，著晏端书、黄赞汤檄令该臬司迅即调集本县乡勇数百名，相机援应，以助官军所不逮"②。

由于同治元年以前广东督抚的不甚重视，斗祸双方虽然伤亡惨重，但战斗力也随之提高。同时，当时高州一带军务正在吃紧之时，使广东督抚首尾不能兼顾。据同治二年四月上谕说：

> 晏端书等奏高州一带军务及剿办广海客匪情形一折。高州军兴日久，卓兴、方耀两军苦战数年，迄无成效。……实力剿办。……至广海客匪踞城拒守，甘心叛逆，实属罪不容诛。③

眼见晏端书、黄赞汤在广东不甚得力，清廷遂派毛鸿宾任两广总督，郭嵩焘署理广东巡抚，饬令二人上任后将洪兵、斗祸两大难题迅速解决。据同治二年七月上谕称：

> 陈金缸占据信宜县城，已将三载，劳师縻饷，日久无功。现在卓兴、方耀两军，虽经昆寿派员劝解，释怨和衷，而积疲之余，未必即能振作。……郭嵩焘前经谕令由海道赴粤，此时想已起程，即

---

① 《清穆宗实录》卷60。
② 《清穆宗实录》卷60。
③ 《清穆宗实录》卷63。

著赶紧前进。广海寨城虽经吴昌寿率兵围逼,而贼援未断,仍属可虞。毛鸿宾等到省后,务饬该藩司慎密防范,毋稍疏虞。至土客互斗,猜贰已深,兵连祸结,曾无已时,该督抚等务当持平妥办,惩其首逆,散其胁从,以期逐渐相安,永消争衅。①

尽管清廷连连催逼,但由于广东兵勇积弊太久,战事仍难快速解决。在毛鸿宾等上任前,晏端书等有陈述"粤东各路军务情形"一折,据同治二年八月上谕覆称:

> 高州肇罗一带逆氛,日久负固,加以客匪勾结,遂至东奔西突,益肆狓猖,现在昆寿等虽增兵募勇,相机进取,惟积玩之余,难期骤振,且以粤东之勇办粤东之贼,恐有呼吸相通情弊,临阵不肯出力。毛鸿宾新募楚勇,计已成军,即著……迅速赴粤,将高州等处贼匪次第扫荡,务令壁垒一新。……吴昌寿一军已逼广海寨城,并著饬令熟筹良策,迅图攻拔。②

后来,客民踞守半年多的广海寨虽然被数千官兵攻破,但逃出的客民很快就与外围客民"合股",流向他处行动。

从上述情况看,清廷对于广东斗祸的态度大致经历了三个阶段:

一是从咸丰四年(1854)至十年(1860),先是地方政府不把斗祸认真对待,后来清廷得知后也未予特别重视。

二是从咸丰十一年(1861)至同治元年,官方采取了一定的军事震慑与促使土客双方联和的措施,但收效不明显。

三是从同治二年开始,到六年(1867)斗祸被基本平息,官方采取以剿(客)为主、剿抚兼施的策略,虽然剿抚两难(下详),但毕竟基

---

① 《清穆宗实录》卷74。
② 《清穆宗实录》卷75。

· 第九章　督抚、皇帝对斗祸的反应 ·

本平息了这场蔓延 13 年的斗祸。

同治四年（1865）二月二十六日，粤督毛鸿宾在一份奏折中谈到土客械斗形势及官方的态度，可为笔者的上述分析作为旁证：

> 土客之祸，由来已久，彼此恨入骨髓，至有不共戴天之势，是以十余年来，动辄械斗仇杀，地方官少一问其曲直，则指为偏袒，怨谤立起，或公然与官为仇。以是官吏相率隐忍，不敢过问。前督臣劳崇光虽经饬令官绅设法排解，事不旋踵，复又翻腾，其祸愈烈。迨发逆戴梓贵投入其中，客匪之势益大，不但土民大受荼毒，且骎骎势成叛逆，非复官兵之所能制。……据其情状，即律以乱民之诛亦不为过。惟推原其故，怨毒既积及百年，解释难期诸一旦，……此后如有肇衅生事，不论土客，但论是非，严加惩办，以杜祸端。①

三、剿抚两难

当直面斗祸时，清廷发现，解决此事非常棘手。其难处在于：

一是以官兵震慑驱赶、官员主导议和均不起作用；

二是确定要剿办时，不知是剿土还是剿客；

三是决定剿客后，因为兵力、饷项，尤其是兵勇素质、将领不和等因素的影响，战事进展不顺，时常损兵折将；

四是屡剿不果，屡抚不成，剿抚两难。

所以，从咸丰末年到同治六年（1867），清廷对于广东斗祸，或剿或抚，延宕不决，总不能顺利平息斗祸。正如郭嵩焘在同治四年（1865）五月的一份奏折中所说：

---

① 毛承霖编：《毛尚书（鸿宾）奏稿》卷16，《安插就抚客民并土人先抗后遵情形折》，同治四年二月二十六日。

臣尝以为劫运生于人心，人心知悔则劫运立消。人心交相为构，则劫运滋烈，反复谕诫，终不能悟。……而其实土、客一案，早穷于处置之法。构祸至十余年。彼此仇杀至百数十万人，为历来未有之浩劫，此时更无可酿。客民始占土民之业，不完钱粮；土民继占客民之业，亦不完钱粮。高明一县，以剿办客匪为名，数年不能开征。人民互相屠噬，互为傲很，至于此极。每一怀思，心魂俱碎，欲求处置得宜，尤属茫然罔措。……现在饬派委员会同肇罗道、肇庆府，专办连和善后事宜。其果能使相安与否，尚无把握。然欲别筹所以驱遣之方，则虽贤者亦穷于术。①

　　同治元年，劳崇光上《查明恩平等县土客互斗原委并密陈办理为难情形》奏折及附片，提出"分良莠不分土客"的处理方法，清廷颁布上谕表示赞同。其具体内容是，土客宿怨深仇，酝酿日久，相持甚坚，又各有所借口，"操之过蹙，则其焰愈张；办理稍偏，则祸激益烈，又值各处土匪散勇夹杂其中，清理尤非易易"。所以，唯有剀切开导，先禁互相斗狠的阵势，使抱成一团的客籍得以散归故里，然后再"分别曲直，严惩首恶，解散附从"。同时，双方清还田产，立约联和。清廷认为这些都是中肯之见，"自系实在情形。著即认真实力办理，饬令各该地方印委各员并公正绅士善为晓谕，总以分良莠不分土客一语为持平办理之要"。②

　　在清廷看来，土客双方原本都是良民，"仇衅有所自开，斗很有不得已，其愚顽甚可悯伤"。所以，如果有"公廉仁恕"的官绅委曲开导劝谕，便可以使双方"释干戈而登衽席，小民当未有不乐从者"。但同时他们也看到，土客双方仇恨郁积，积重难返，而且，其中难免有"奸

---

① （清）郭嵩焘：《前后办理土客一案缘由疏（会总督衔）》，《郭嵩焘奏稿》，长沙：岳麓书社，1983年，第197—201页。
② 《上谕档》，同治元年七月二十八日上谕。

第九章 督抚、皇帝对斗祸的反应

宄之民"乘机煽乱,愈难化解,故而,劳崇光认为第一步就是"必先行设法解散,良莠始可得而分"。

遵照这一指导思想,劳崇光即从督标及肇庆协选调官兵,派员统带,开赴斗祸发生地区,以资弹压。前引同一上谕要求:"如果有固执不悛、有心抗违者,自应示以兵威,俾知震慑,一经驯顺,即当悉心开谕,使之止息斗争,各归乡里,并即预筹善后之法,以靖地方而安良善。"①

可是,斗祸蔓延区域甚广,兵勇不敷,员弁不力,此散而彼聚,此和而彼斗。同治元年、二年之间,客民因为整体势力较弱,不得不"四出流窜";同时,他们集体行动,战斗力远较土民为强,故常常有攻城略地之举。这种近乎叛逆的行径,使清廷颇为恼怒,如同治二年正月,客民攻克广海寨,清廷于二月发布上谕称:

> 本年正月,客众窜扰西村、双门、临田、大洋等各土乡,复扑入广海寨,肆行杀戮,游击黄连安等不知下落。经刘长佑与晏端书等会商,派令臬司吴昌寿、副将卫佐邦带兵赴新宁剿办,所筹尚妥。刘长佑现由海道来直,著晏端书责令该臬司等,相机妥办,设法解散。倘敢恃众抗拒,即行痛加剿洗。……广东土客互斗,历有年所,此次复敢踞寨焚杀,截留大员(指恩平客民截留英秀事。——引者注),明目张胆,瞥不畏法,若不赶紧歼除,必至酿成巨患。晏端书身任兼圻,责无旁贷,务当督饬在事各员,认真剿办,毋稍玩忽。②

清军用了7个月的时间,水陆围困,用了偌大力气才把广海寨"攻克",客民方面虽然死伤不少人,但主要是因为弹尽粮绝,才由客目率大队"逸去"。

---

① 《上谕档》,同治元年七月二十八日上谕。
② 《清穆宗实录》卷58。

每当官军进剿一时得胜后,官府往往很快又想到要用招抚一法。同治三年(1864)夏,大队客民自阳春"窜入"新兴,经卓兴等军"联营进剿,将古院、回龙等处大小匪巢八十余座尽行攻破,毙匪千余人,余匪向高明县属之五坑逃窜。"七月,清廷的一道上谕称:

> 客匪挟仇相杀,兵连祸结,积十数年,势难一概诛戮,且其攫食求生,情殊可悯,亦与甘心叛逆者有间。办理之法,总当剿抚兼施,胁从罔治,方有了期。该匪等现经此次痛剿,逃窜五坑,而五坑客民复与高明土民相持未下,势将联为一气,固结不解。开平、恩平、鹤山等县,处处均虞窜突。毛鸿宾、郭嵩焘惟当乘此军威丕振、该匪胆寒之时,妥为开导。饬令将贼首戴梓贵速行交出,其余胁从即可分别良莠,网开一面,以期早就廓清;一面严饬卓兴等军,妥为布置,毋任四处蔓延,重烦兵力。土客皆朝廷赤子,若使穷蹙铤走,虽多行杀戮,殊失朝廷剿办之意。①

之所以如此,并非那些朝廷赤子"情殊可悯",而实在是由于当时内外局势糜烂,政府需要抽出手来去对付洪兵、太平军等"叛逆"之众。另一方面,派出的兵勇虽然不敷对付客民,但为数亦甚众,主将卓兴、方耀各有五六千兵勇,其他各协镇也多有兵勇派出,以致各军饷项严重短缺,有时甚至因为兵勇"闹饷"而不能开拔。同治二年二月初五日上谕中引户部奏折称:"广东欠饷最巨。"勒令广东方面"限于三月以前如数解清,倘再逾限不完,即由户部查照新章,指参惩办"。

广东方面是怎么解释的呢?据同治二年三月署两广总督晏端书奏称:

> (署广东布政使蒋志章等禀报)粤东办理军务洋务,历今十有

---

① 《清穆宗实录》卷108。

第九章 督抚、皇帝对斗祸的反应

余年,地方逐渐凋残,经费日形匮乏,藩运各库征收短绌,支用转多,久已入不敷出。现在地丁银米及盐课饷款,每年均止收得七八成,杂欠仅二三成,关税杂项亦俱减色。本省兵饷军饷暨各项放款,纷至沓来,东挪西垫,而应解应放银两,尚积欠至数十百万之多。且高州逆匪未平,广肇境内土客滋事,征兵募勇,月需口粮银十余万两,时虞饷缺兵哗,岌岌危殆。上年奉拨专提京饷,数最繁巨,已先后解过银六十三万两,另解京米价银三十四万两,共银将及百万,皆于艰窘之中,尽力搜索,以应急用。……(各项应缴京饷)皆已先经本省军需因公动用,虽奉驳令赔补,而已无现银实存。①

晏端书向清廷的交代是:"惟有督抚饬藩运二司振刷精神,迅速筹画,不论何项,严行提拨。"从前面的叙述中可以看到,广东督抚频繁调动的一个重要原因就是筹饷不力。

促使官府于得胜一时即求助于招抚一途的另外一个原因是,在围追堵截中,进剿官兵常吃败仗,多有伤亡。如同治五年(1866)底、六年(1867)初的曹冲之战,巡抚蒋益澧率领数万大军,分水陆两路围扑曹冲、赤溪、田头,其主力是他亲自带领的从广西、浙江一路打仗而来的"老湘营"。结果仅副将就损失数员,都司、守备等更多。最后方有土客联和之事。

此处具体以同治三年(1864)初清军卓兴部与客民在阳江织箦地方的战事为例。同治二年(1863)下半年,以戴梓贵为首的大队客民迭次围攻阳春县城,均经守备侯勉忠会同地方文武官绅"奋勇击退",先后将黄泥峡、白木桥、十二排坡、潭水等处村庄收复。稍后,署罗定协副将卓兴奉命由高州移驻阳江县属之织箦地方,复进驻双捷圩河旁。三年

---

① 《署两广总督晏端书奏折》,同治二年三月十五日,载《广东河南同治咸丰年间奏稿》第三册,稿本,无卷页。

正月初四日，戴梓贵等率领大队客民突然向卓营发起进攻，"漫山遍野，由河东西分两路拥至，势极汹涌"。卓兴赶紧部署队伍，"严阵以待，欲俟其半渡击之"，因外委陈仕不遵号令，先自带勇渡河，千总黄崇光止之不及，亦相率竞渡，反被客民乘机截击，导致卓军各路不能抵御，相继败溃。外委五品蓝翎周忠海、蓝翎尽先千总庄富发先后阵亡，并阵亡壮勇 19 名。①

正规军常常打不过饥寒交迫、扶老携幼的"客匪"，迫使政府重走招抚的老路。

即使在战场上得手，客民同意接受招抚，而土民一方又往往出来作梗，导致斗祸重开。因为土民与客民积仇已深，"互相截杀，几无虚日"。当客民接受招抚时，因为武器被收缴，且客民受到官兵的监视、约束，故土民往往乘客民不备时偷袭报复，客民不甘坐以待毙，复起而报复。

即使土客双方勉强接受联和条件，但在议定、实施时仍然容易产生新的矛盾。同治四年（1865）五月十一日，广东督抚毛鸿宾、郭嵩焘接奉谕旨查办土、客一案，毛、郭于五月二十六日将"办理此案始末艰难情形"上奏，语云：

> 窃自土、客区分两籍，已如泾渭之判然不侔；自彼此残杀相加，遂至冰炭之难以再合。本年二月间，安插客民于那扶、金鸡、赤水三处，冀幸暂获粗安，徐图善后。经臣等屡饬肇庆道、府会督委员、地方官设法绥辑，妥议章程，而各该士绅坚持意见，积不相下，议论纷繁，办理尤无善策。②

---

① （清）郭嵩焘：《官军追剿阳春客匪连战大捷疏（会总督衔）》，《郭嵩焘奏稿》，长沙：岳麓书社，1983 年，第 55—57 页。
② 《郭嵩焘奏稿》，长沙：岳麓书社，1983 年，第 218 页。

第九章 督抚、皇帝对斗祸的反应

原来，如同我们在中编有关章节所见，绅士在斗祸中扮演了一个煽动的角色。

当客民遭受官军围剿时，土民往往落井下石，遂其报复之私，使事情更加复杂。同治五年（1866）春，高明五坑客民分踞布辰、那吉等地，因居地狭小，食物匮乏，不得不四出攻掠，"扰及新兴之天堂、腰古，又扰及阳春之合水、黄泥湾"，土民组织堵截，客民"退踞三峒，分扎黄榄、角山等处，其龙径村、栈木坪各处土匪又与客匪合并"。清政府此时颇有投鼠忌器之感，"深虑官兵一加剿办，土人乘之，（客民）又复悉众他窜，不独无从受抚，并亦不能强使受剿。体察情形，终无全策"。郭嵩焘等不得不另筹他策：

> 能使兵力稍厚，乘初窜之时，声明其抄抢劫杀之罪，痛加掩击，令其自行解散，而后清理客产，资给而周恤之，以稍平其怨气，而使之有以自谋其生，是亦勉强排解之一法。现饬各军分三路进扎，仍饬令肇罗道王澍驰赴新兴，妥筹剿抚机宜，以期迅速蒇事。①

土客双方斗得不可开交，有人想到把其中一方（主要是客民）迁往别处一途，实际上也不容易。如同治二年黄赞汤在致广西官绅龙元僖的信中大叹苦经：

> 土客一案，衅端非复一朝，辰下剿抚两穷，莫得要领。徙之广西之说，客亦有献此策者，弟未能决其然否。盖事有二难，而费无所出不与焉。广西兵燹之后，不耕之土自多，然未经亲历其地，不能悬断，其广狭肥硗之数，以质之西省，西省必以为不便，是谋未

---

① （清）郭嵩焘：《办理东江及翁源长宁各属土匪完竣现在筹办肇庆客匪疏（会总督衔）》，《郭嵩焘奏稿》，长沙：岳麓书社，1983年，第320—323页。

定而挠之者百出矣。此一难也。客之与土，挺刃寻仇，势不两立，其实皆系同省，言语通，嗜欲同也，而犹若此。若徙之粤西，则相去益远，能保其必相容乎？客民创巨痛深，必疑畏而不愿。此一难也。否则一劳久逸，讵不甚便。然非常之原，常人惧焉。①

还有，即使和局得成，在如何安插客民的问题上也令清政府大伤脑筋（详见第十章）。

所以，综观上述情形，广东斗祸之始终，使清政府一直处于剿抚两难的境地，各主管官员在奏折中不时有所表露。

如同治三年（1864）十月二十九日，刘坤一奏称："东省外匪虽未全股出境，而情形尚松。唯肇郡客匪，剿抚皆穷，恐成养痈之患。本司谨遵宪谕，转饬卢守、唐副将等多派快足，分投确探。"②

如同治四年（1865）五月，郭嵩焘奏称："其实土、客一案，早穷于处置之法。构祸至十余年。彼此仇杀至百数十万人，为历来未有之浩劫，此时更无可酿。……人民互相屠噬，互为傲很，至于此极。每一怀思，心魂俱碎，欲求处置得宜，尤属茫然罔措。"③同治五年（1866）四月，郭嵩焘复云："数十万客民与土民相仇杀，今存者仅十分之一，始终未一抗拒，官兵剿之无名，抚之又苦无术。"④此处的"始终未一抗拒"一语，当指的是客民没有如同洪秀全那样正式走上反叛的道路。一般的抗拒官兵之事，则时时皆有。

值得注意的是，广东斗祸甫定，一般民间械斗仍然盛行。同治九年

---

① （清）黄赞汤：《绳其武斋尺牍》卷1，《覆二品顶戴龙兰簃太常书》。按：黄赞汤说粤省土客"言语通"，显然是昧于事实。
② 《刘坤一遗集》（四），北京：中华书局，1959年，第1557页。
③ （清）郭嵩焘：《前后办理土客一案缘由疏（会总督衔）》，《郭嵩焘奏稿》，长沙：岳麓书社，1983年，第200页。
④ （清）郭嵩焘：《办理东江及翁源长宁各属土匪完竣现在筹办肇庆客匪疏（会总督衔）》，《郭嵩焘奏稿》，长沙：岳麓书社，1983年，第320—322页。

第九章 督抚、皇帝对斗祸的反应

（1870），御史宋德億奏陈广东积弊数端，请仍饬严禁，上谕称：

> 顶凶、掳赎、械斗、盗葬诸弊，本干例禁，若如该御史所奏，广东近来此等风气仍所不免，总由地方官平时遇事因循，不能实力整顿，以致刁民挟仇寻衅，转以无辜论抵，良民被掳勒赎，匪党肆行无忌；或以口角微嫌，酿成巨案；或以挖掘坟墓，结讼经年。种种恶习，实为闾阎之害，著该督抚剀切晓谕，严行申禁。①

光绪以降，广东斗风益炽，迫使大吏如张之洞等有大张旗鼓、清剿"匪乡"之举。

---

① 《东华续录》，同治九年四月上谕；此处引自民国《东莞县志》卷22，《前事略》。

第十章　斗祸的基本解决

这场发生于咸丰同治年间的广东斗祸，绵延时间长，波及地域广，为了解决这场斗祸，土客双方或控告，或请兵，或屡战屡和、屡和屡战。对清政府而言，其并非不想迅速平息这场斗祸，只是由于主客观方面的原因，使之无力兼顾，待到情形愈加恶化，办理起来又处处棘手。广东方面的大员都曾为平息斗祸做出过一定努力，最后由于广东巡抚蒋益澧在大军压境、屡战无功后采取的"招抚"措施取得了成效，使斗祸得以基本平息。之所以说是基本平息，是因为土客矛盾并未完满解决，在光绪初年的儋州等地，又爆发了一场规模不小的土客械斗。

一、土绅的控告

土绅的控告与客民的"冤抑"

在土客斗祸期间，土民尤其是土绅曾经屡屡上控，由县由府，之省之京，其目的一般都不是要求官方加以客观调解，而是请求官方派兵驱逐、镇压客民。客民方面也有控告的个案，但在后来的大部分时间里，由于长期处于被围追堵截的境地，其控告数量甚少。随着斗祸的蔓延，土民的控告赢得了官方的支持，不时派军队围剿客民。当然，也有个别官员如郭嵩焘对土民的控告持比较客观的态度。就皇帝而言，虽然也有土客双方"皆吾子民"的念头，但在多数情况下都是要求地方官员清剿客民的。

土民的上控始于广东洪兵叛乱暨"客勇讨贼"并延及一般土民之时。但是，土民的最初控告并未引起重视。一是因为洪兵叛乱初期多有土民参加者，而客勇是官方依赖的力量；二是官方认为土客械斗属于民

第十章 斗祸的基本解决

间私事而未予注意；三是太平军、洪兵以及第二次鸦片战争拖住了清政府的后腿。站在土著立场上的宣统《恩平县志》作者也承认："先是红匪之叛，恩、开土人为匪胁从者固多，大吏深悉情弊。客难猝发，请县吁乞剿办，遂概弗许，徒以土客械斗批行解散，客人之祸愈不可收拾矣。"①

下面我们先讲几个土绅上控的事例。

苏潮，号奕韩，开平县棠红乡人，"性颖悟，好朴学，善属文，以咸丰辛亥乡试获解"。曾任广州府新宁县教谕。咸丰三年、四年间，"岁大饥"，又值洪兵叛乱，苏潮语其族众云："饿死事小，缳首事大。"族众听命，"谨受教"。苏潮于是"发藏粟以出赈。不足，以祖尝益之，举族帖然"②。土客斗祸发生，开平籍港商谭三才成立全胜局、伟烈堂等公局"平乱"，先推苏潮董其事，苏潮因为其乡与客村相邻，自己要率领族众与客民相抗而辞之。后来开平土绅屡次"吁请大吏剿匪，皆不省，徒以土客互斗置之"。苏潮遂具文上呈，"中其肯要，而剿令始下。故客乱之平，潮与有功焉"③。另据《郭嵩焘日记》同治四年（1865）五月十一日记载，苏潮在同治四年还参与了土绅冯典夔为首的京控案："其在都察院具呈者：恩平举人冯典夔，开平举人苏潮、司徒准、潘思贤、关朝、张毓林、司徒纬、关梦鲲、劳其秉，新宁举人李秉均、李尧寿、余维夏、余朝瀚。"④该案将在下文谈到。

黄绍汤，字国彦，新宁县矬峒那银村人，"弱冠充邑诸生，性慷慨，有干世才，尝倡建潏海义学及均和义学，于是彬彬多文学士矣"。同治二年（1863），客民攻破广海寨城，直逼那银地界，绍汤督土勇堵御数月，"勇费不足，倾家资以济之，以故匪去无路，退据寨城，那银以上一切地方遂获安居"。绍汤又与各土绅诣请知县邹某"禀吴臬宪（昌寿）

---

① 宣统《恩平县志》卷14，《纪事二》。
② 尝，又作"蒸尝"，指祖宗所遗遗产之一部分，作为祭祀之用，也代指祖产。
③ 民国《开平县志》卷34，《人物》。
④ 《郭嵩焘日记》第2卷，长沙：湖南人民出版社，1981年，第245—256页。

剿贼复城，盖儒士中有志节者"①。后来，吴昌寿率领大军围攻数月，克广海寨城。

同治二年，卓兴奉檄至阳江、阳春剿办客民，当时客民有十余万之众，"自恩平窜阳春，遍扰上三都及阳江边境，侯都司勉忠……力不能及"，屡战无功。"三年正月，邑绅乞师，（卓）兴督兵进剿，一战而匪之精锐悉歼，再战而邑之全境尽复，尾追至恩平五坑（按：应为高明五坑）"。②

不难发现，土绅的不断控告对于官方派兵进剿客民是起了作用的。而且，在官军进攻客民的过程中，土绅率领土勇，起着向导、助攻的作用。

客绅也有上控之事，目前发现的一起客绅控告个案系客民著名首领马从龙（即土民所指控的斗祸的挑动者）。同治二年十一月，郭嵩焘奏称：

> 咸丰四年红匪之乱，被扰二十余州县，绅民多被裹胁。客民应募充勇，因假公义以快其报复之私，所在惨杀，往往占据其田山产业，因以为利。嗣是土、客互相残害，各该州县劝谕弹压，屡和屡翻，垂六七年。……伏思土、客一案，千端万绪，纷纷轇轕，其是非曲直，竟亦无从分辨。……就中鹤山客民与土民构衅最久。县境所属，凡分三都，一曰古劳都，一曰双桥都，一曰附城都。双桥客民素强悍，上年双桥土民约同古劳土民放逐客民殆尽，其余众逃入附城，土民攻之不克。客绅马从龙、张宝铭等节次赴省具控。念其地方未遭残毁，较易安辑，传集土绅古熔、冯仁等，并咨留湖南即用知县李龙章，反复开谕。札委道衔候补知府史朴，督同候补知县冒澄等，专办调处肇属土民事宜。③

---

① 光绪《新宁县志》卷20，《人物传下》。
② 宣统《阳春县志》卷9，《宦绩》。
③ （清）郭嵩焘：《肇庆各属土客一案派员驰往办理情形疏（会总督衔）》，《郭嵩焘奏稿》，长沙：岳麓书社，1983年，第24—25页。

第十章 斗祸的基本解决

此次调处收到一定效果。当时，郭嵩焘等分调卓兴所部千总李胜一军由史朴调遣，以资弹压，并从鹤山开始办理。经反复调解，土、客两籍绅士数十人，"均经具结遵候理处，即由史朴等体察情形，严定章程，使有所循守。其余各县，以次相机办理"。开平、恩平客民因为被土民围攻、驱赶，"势不能使复业"。史朴等就便察看大湖山、曹冲等处尚可安插，随地安插，"所在田山产业，清厘疏剔，变通互易，头绪繁多"。即使如此，郭嵩焘等对于此次调解能否成功尚无把握："其能听从理处、久远相安与否，尚不可知。而推求事理缓急轻重之宜，及其构难始终本末之故，既不能偏助土民以攻客民，专快其私愤，又不能曲谕客民使顺土民，渐化其强梁。但期有所惩创，强事消纳于一时，或冀得所安居，勉思保全于异日。"① 果然，在马从龙还滞留于省城时，开平、鹤山土民已"纷纷控其勾引外匪。同声一词，无从置辩"②。不久斗祸复起，并且愈演愈烈。

正如前面所说，由于客民在斗祸发生的大部分时间里都处于被土民与官军围追堵截的境地，既无经济来源，又是被清剿的对象，他们的意见和"冤抑"很难传达到官方的耳朵里。民国《赤溪县志》在为客绅杨梓钊所作的传记中述称："当斗祸之殷也，正洪杨乱后，天下云扰，客属所居僻，行动俱为土属所扼，故肇衅始末，情实梗塞，而无由上达。当路中于先入之言，误以客属皆匪，屡命将剿之。"③ 对此，客民一方是耿耿于怀的。据赤溪客绅撰写的"巡抚蒋公益澧长生碑记"称：

冤含海岳，怨塞河山；嗟抱屈于频年，欲哀陈而无路。出门十

---

① （清）郭嵩焘：《肇庆各属土客一案派员驰往办理情形疏（会总督衔）》，《郭嵩焘奏稿》，长沙：岳麓书社，1983年，第24—25页。
② （清）郭嵩焘：《前后办理土客一案缘由疏（会总督衔）》，《郭嵩焘奏稿》，长沙：岳麓书社，1983年，第198页。
③ 民国《赤溪县志》卷6，《人物·仕宦》。

里，俨同蜀道之难；避迹千山，莫效秦廷之哭。路则豺狼并列，人如鸟鼠同居。岂料横被流言，诬为不轨；以失所之流亡，谓负隅以自固。变生仓猝，决进退而无由；祸起苍黄，幸穷通之有数。乃蒙我中丞蒋公，德协二天，恩同再造。①

因此，土民与客民在与官方的关系上，客民显然处于劣势地位。

土绅冯典夔"京控案"与郭嵩焘的态度

同治四年四月二十五日，清廷就广东土绅冯典夔等京控一事发布上谕，五月十一日，军机处将该上谕寄达广东督抚：

> 都察院奏广东举人冯典夔等遣抱告以客匪焚掠、恳请妥为安插等词，赴该衙门呈诉。据称客匪马从龙等自倡乱以来，前后杀土人十余万。该匪退守五坑老巢时，势颇穷蹙，而卓兴意存袒护，并不认真办理。迨客匪假意投诚，卓兴辄称恩平县之那扶、金鸡赤水等处与土乡隔绝，禀请安插，带领该匪在恩平县占踞田庄，杀毙商民数百名，抢夺货物，焚毁货船数百艘，将那扶、金鸡赤水土著村庄百余焚毁殆尽，杀戮开平、新宁土民，掳掠妇女不可胜计等语。所控各情，与毛、郭前奏安插客民为土人掳杀数百名之语，又属两歧。
>
> 土、客仇衅已深，处置稍不得宜，必将报复相寻，酿成巨祸。客民等如果焚毁村庄，肆行杀戮，是就抚竟属空言，而土民又岂肯相安无事！卓兴办理此事是否意存偏袒，庇匪虐民？其客民妄肆焚杀各情是否确实？着瑞麟、郭嵩焘督同臬司秉公查办，并将安插客民妥议章程，无致再生枝节。其该举人等呈请改择别处旷土远地分党妥为安插之处，并着斟酌妥筹办法，毋得固执一偏之见。原折均

---

① 民国《赤溪县志》卷7，《纪述·金石》。

第十章 斗祸的基本解决

着抄给阅看。钦此。①

这道上谕中把土绅冯典夔等京控之事交代得很明白。其控词对两广总督毛鸿宾（继任者是瑞麟）、署广东巡抚郭嵩焘在处理客民安插的问题上提出质疑，对卓兴"偏袒"客民更是表示不满。郭嵩焘等对这次京控提出了辩驳，其经过也在一定程度上影响了清廷在此后对斗祸的决策，即提出"毋得听信土民一面之词"。所以，为了把郭嵩焘等对冯典夔等人的控词的反驳理清，这里先把清代京控制度略为解释一下。

清代地方吏治窳败，民间刑讼因为贪官污吏懒政恶政的缘故而多有冤屈，为了让百姓有个申诉的地方，允许百姓到京师呈控，故京控制度是清代法律的一种补充。先是在顺治元年（1644），于都察院设立鼓厅，置登闻鼓，若遇有内、外各衙门，实有贪赃虐害、不公不法或地方重大紧急事情，而六部、督、抚、按不行处治，又不奏闻者，许民人击鼓告状。以使民隐得以上达天听，而对执法行私之官吏有所节制。都察院鼓厅事务虽于康熙六十一年（1722）归并于通政司②，但各省民人赴京呈控案件，仍由都察院或步军统领衙门受理。办理之法分为三种（其间分别由受理衙门先行裁夺）：

一为奏交案件，因案情重大，具折奏闻请旨审拟者；

二为咨交案件，其案较轻，迳由受理衙门将案咨回各该省督抚审办者；

三为因控案不实或所控并非重案，由主管衙门迳行驳斥者。③

---

① （清）郭嵩焘：《前后办理土客一案缘由疏（会总督衔）》引，《郭嵩焘奏稿》，长沙：岳麓书社，1983年，第197页。按：清代的举贡生监在法律上具有高于凡人的地位，无论参与司法、承担赋税都享有一定的优待。例如，为诉讼而向衙门呈控时，准许由家丁、工人及弟侄子孙"抱告"。见张联桂：《学治续录》卷4，以及张晋藩：《清代民法综论》，北京：中国政法大学出版社，1998年，第80页；或者亲自前往京师具控。
② 《大清会典事例（嘉庆朝）》卷759。
③ 胡炜鉴：《清代闽粤乡族性冲突之研究》，台湾师范大学历史研究所专刊（27），1996年，第163页。

京控制度到嘉庆年间得到了进一步重视。嘉庆四年（1799），太上皇乾隆帝龙驭宾天，嘉庆帝亲政，要求广开言路，谕令都察院及步军统领衙门，嗣后遇有各省呈控之案，俱不准驳斥。其案情较重者，自应及时具奏。其案情较轻咨回各该省审办者，亦应视控案多寡，定期将审理情形具折汇奏，并于折内注明各案详情。①

说得好听点，京控制度不失为监督地方吏治的一剂良方。不过，其本身的不足也是显而易见的：一是有能力京控者，都是绅富之家，普通百姓既无力负担路费，更不用说京控期间之拖延不决的花费了；二是由于地理远近的缘故，京控案件数量以北方省份为多；三是受理衙门也不一定奉公守法。其中的第二点，到咸丰初年，因为太平军兴及南方的动荡不安，使南方的京控数量日见稀少。关于第三点，《福建省例》曾经对同治年间的福建京控之弊指陈道："近来京控之案，一经发交谳局，平日则多方弥缝，临结则一味含糊。……奏交之案，十审九虚；刁讼之民，十虚九赦。问官皆自命为和事之人，讼棍皆立身于不败之地。"②

所以，冯典夔等士绅的"京控"本身，实为当时土客械斗情况的一个反映——客民因为田产家园的丧失而失去经济来源，被迫"流窜""焚掠"；土民则占有了客民的财产，加上原本经济基础较好，故有能力京控。但是，控词中显然有不实之处，郭嵩焘等遂逐条加以驳斥。

关于参与斗祸的土客双方孰是孰非的问题，郭嵩焘等认为双方"不独无叛服剿抚之可言，亦并无是非曲直之可论"。因为斗祸之前，客民与土民杂居，有"各自为党，积不相能"的背景。因"客勇讨贼"引发斗祸之后，"土客交相掳杀，各至数十万人"。结果，"客民奔窜流离，蹂躏阳江、阳春、新兴、新宁数县，四处盘旋，终不肯舍其田山庐墓而远去"。但是，孰是孰非，总要给个说法，郭嵩焘等用了个分阶段区别对待的方法，认为：

---

① 《大清会典事例（嘉庆朝）》卷757。
② 《福建省例》，台北：大通书局，1987年，第1032页。

第十章 斗祸的基本解决

论事之缘始,为匪者土民,助官攻匪者客民,客民顺而土民逆。论事之终竟,为匪者乱民,与土(士)绅无与。客民因以土匪为仇而助官,其蓄意已深。因剿匪而戕及士(土)绅,柯蔓无已,其图杀尤惨。迫后窜踞广海寨城,至于抗官犯顺,是土民顺而客民又逆。而总论其大势,则土、客两家同不可以理喻,不可以情感,不可以势压。客民残杀土民,掘毁坟墓,洗荡村庄而以为固然;土民残杀客民,屠灭种类,霸占田产而亦以为固然。使土、客两家稍有一二正派办事之绅士,持平立论,亦不致酿此巨祸。即冯典夔等原呈内称客绅马从龙竖旗倡乱,不顾前后事理之参差,任意指斥,大率类此。其谓该匪退守五坑老巢,卓兴意存袒护,并不认真办理,则于客匪奔窜情形,亦多未合。①

关于卓兴袒护客民一事,郭嵩焘等是这样解释的:土民驱逐客民,起于开平谭三才,各县从而效尤,大都拦截其辎重,占据其田产,惟有高明县属之五坑、鹤山县属之附城,土民久攻不下。同治二年(1863),毛鸿宾、郭嵩焘等发布饬令,劝谕附城客民与古劳土民联和,"委员经理数月,饬传土绅李龙章、古禧,客绅张国勋、马从龙等来省,反复开谕,始能定议"。但和局终因开平、鹤山土民纷纷控告马从龙"勾引外匪,同声一词,无从置辩"而决裂。此后,五坑客民凭山据险,土民未能攻克。其后鹤山双都客产为土民占据,以陈畴为首的鹤山客民万余人以及以黄翼泰为首的恩平、开平客民数万人"四处奔窜无所归",遂相继投入五坑。

卓兴从阳江、阳春、新兴一路追剿客民,直至五坑,虽屡次进攻,"终以匪多山险,未能荡平。"最后,五坑客民因被围困过久,无力支撑,遂有"捆送戴梓贵一犯"之事,卓兴乃定议以那扶、金鸡、赤水三处分地安插,但土民不能相容。卓兴则"持议太坚,办理亦稍激切,致

---

① (清)郭嵩焘:《前后办理土客一案缘由疏(会总督衔)》,《郭嵩焘奏稿》,长沙:岳麓书社,1983年,第198—199页。按:在引文第二、三行中,原文一作"土",一作"士"。

令土民纠众相抗，进退两穷"。结果勉强安插，郭嵩焘等也别无良法。至于冯典夔等所说"五坑为客匪老巢，谓其势已穷蹙，假意投诚，并称卓兴带该领匪占踞田庄"。郭嵩焘等辩称：

> 岂知客民分居各县，乌有所谓老巢，客民各县田庄为土民占尽，自应与以安插之地，乌有所谓假意投诚乎？至其由恩平前赴那扶，土民实亦聚众截杀。客民杀土民数百，土民杀客民亦数百，皆实有之事。彼此各习以为常，亦彼此各据以相龂。土民仕宦者多，情能上达；客民直不能一求见官，以言其情。安插那扶等处之后，客民数万，甫得有所栖息，自当可以相安数年，而土民到处哄聚，相持不下，故生波澜，愈激愈横。其陈畴一股，则尚未有安插之地。日来设法调处，寻求端倪，晓谕弹压，其能勉强抚辑数月之久，相安无事，尚未敢信。此土、客原委及前后筹办安插之大概情形也。①

因为卓兴"力主安插客民"，本为土民所恶，加上在安插时因土民袭击客民及卓部潮勇，卓兴遂有默许客民追杀土民之事。这便是冯典夔等土绅的把柄。由于毛鸿宾确有袒护卓兴之意，上述为卓兴所做的辩护实际上代表了毛鸿宾的意见。正如郭嵩焘在关于该奏折的"自记"中所说："肇庆土、客情形，尽于此奏。督辕一意徇卓兴之私，听其愚弄而已。冯典夔控案，亦由督辕庇护卓兴，畸轻畸重，有以激成之。诛戮强梗，以顺土民之情；清查客产，酌量安插，以平客民之气。独鄙人始终持此一议，而迄不能见之施行。惜哉！"②

---

① （清）郭嵩焘：《前后办理土客一案缘由疏（会总督衔）》，《郭嵩焘奏稿》，长沙：岳麓书社，1983年，第199—200页。
② （清）郭嵩焘：《前后办理土客一案缘由疏（会总督衔）》，《郭嵩焘奏稿》，长沙：岳麓书社，1983年，第197—201页。按：在王先谦编的《郭侍郎奏疏》中，多有郭嵩焘本人的"自记"，交代各种背景及个人情绪，《郭嵩焘奏稿》加以收入。另外，广东官吏之间的矛盾对处理斗祸的影响我们将在下文谈到。

第十章 斗祸的基本解决

客观而言,郭嵩焘与毛鸿宾都对冯典夔等土绅的控词持批评态度。郭在五月十一日收到前述上谕时的日记中记载道:

> 至谓客籍武举马从龙、贡生黄冀泰咸丰四年竖旗倡乱,图占土著田庄,嗣又勾结高州发逆盘踞阳江县之织篑、上洋等处,扼截官军运道,为发逆声援,已未免失之诬。
>
> 其言攻陷广海寨城,掳去参将黄连安、守备李雄彪,经臬司吴昌寿督剿,收复寨城,恩、开难民招集流亡,得还故土,该客匪即逃窜新兴、高明、鹤山等县境,复经副将卓兴剿办,搜获伪印、伪谕轴缴省。该客匪即退保高明县之五坑老巢,黄翼泰将发贼戴梓贵献出,恳求安置,卓兴即称恩平县属之那扶、金鸡水,开平县属之东山、赤水,新宁县属之大门、深井等处与土乡隔绝,禀请安插,突带客匪至恩平县之大田、萌底等处,仍复占据土人田庄,又到恩平县城盘踞南门外,杀毙商民数百,掳夺货财,将河下大小船只数百尽行焚毁;知县刘维桢求其止杀,卓兴称说奉大宪饬令剿洗;肇罗道史朴运解兵饷,不敢入城,退往恩平县属之歇马乡;卓兴即与客匪盘踞城内,旋攻恩平县属之那扶、金鸡水,由那扶分拨勇匪攻开平县属之东山、赤水,新宁县属之大门、深井等处;恩、开绅士往督抚衙门递呈,均被收禁等语,直于事端之原委、用兵之始末,颠倒附会,无复伦序。
>
> 末言广东督抚能仰体朝廷好生之德,自应设法妥办,或迁之远地,如韶州府之英德、广州府之清远等县、广西浔州南宁各府属旷土闲田,散为安插,以断祸根,则直任意处断,知有己而不知有人。彼英德,清远之人独肯听命安插乎?阅之为怃然也。[①]

[①]《郭嵩焘日记》第2卷,长沙:湖南人民出版社,1981年,第245—256页。

另外要说明的是，毛、郭不和，上引奏折主要反映了毛鸿宾的意见，执笔者系郭嵩焘，他对毛对卓兴的袒护等问题是有看法的，所以除了上述记述外，他还在日记中发牢骚称："身任封疆而专为人司章奏，能无莞然。"

毛鸿宾、郭嵩焘对冯典夔京控案的反驳也在一定程度上影响了清廷对斗祸的决策，在后来的上谕中，曾屡次出现"分良莠不分土客"的断语。例如，同治五年（1866）八月的一道上谕称：

广东土客互斗，仇衅已深。此次客匪竟敢明目张胆，筑垒抗拒官兵，实属目无法纪。瑞麟、蒋益澧现已饬令副将徐文秀等，带兵直抵恩平，择要进剿。……该匪等被剿势穷，果能真心悔祸，自当恩威并用，设法安抚，其著名匪首，必须一一殄除，收其军械，毁其营垒，方可相安无事。土民中如有肆意欺凌，不安本分者，并须随时拿办，以儆凶顽。总之，分良莠不分土客一语，已得要领，该督抚当仰体朝廷一视同仁之意，毋得听信土民一面之词，致客籍被胁良民，尽遭惨戮，是为至要。①

当然，此前个别上谕中也出现过"分良莠不分土客"之语，如同治二年十二月上谕称："肇庆各属土客仇杀日甚，又有土匪李四各股搀杂其中。……该督抚惟有持平酌核，分良莠不分土客，劝惩一禀大公，庶衅端日弭，两造渐可相安。"②

但愈到后来，清政府一般还是偏信土民一方的。

从前面一道上谕中可以看出，因为客民"筑垒抗拒"官军的缘故，清廷刻意进剿，但是它也知道斗祸事出有因，此时的客民于逃无可逃之处被迫据险抗拒，所以要求领兵将领适可而止。

---

① 《清穆宗实录》卷182。
② 《清穆宗实录》卷89。

简言之，土绅的不断上控以及客民本身所处境地越来越糟糕，致使客民"流窜杀戮""拒敌官军"，导致清廷基本上顺从土民之意，进而对客民用兵。

二、矛头指向客民

咸丰四年（1854），土客斗祸乍起，席卷鹤山、恩平等县。两年后，由于新宁县的卷入，斗祸进一步升级。又过了一年，这场土客斗祸的严重情形才被清廷知闻。咸丰七年（1857）九月初三日上谕提到"有人奏广东客匪肆劫请饬查办一折"，清廷当时的态度是："据奏情形，恐不能以理谕。著叶名琛、柏贵派委明干大员，督同该管地方官，将为首各匪查拿治罪。倘敢恃众拒捕，即著带兵剿办，歼擒首伙各犯，解散胁从，毋使屯聚，以靖地方而弭后患。"①

但是，清廷及广东官府因为被洪兵起义及"亚罗"号事件引发的第二次鸦片战争拖住了后腿，除了土绅不断上控及"乞师"、官方有时或临时派员调处土客双方外，土客之间一直互相咬住拼杀，结果，毕竟由于土民一方人多势众，经济基础较为雄厚，客民除死伤流亡外，大多被赶出家园，集中在曹冲等零星据点，另有黄翼泰、陈畴数股则开始大规模流动作战，将土客斗祸推进到一个新阶段。

到咸丰九年（1859），高明、恩平、开平、鹤山四县客民渐渐将力量集中到鹤山附城都、高明五坑，新宁、开平、阳江客民则逐渐集中力量于曹冲等地。此时，广东官方已经感受到了斗祸带来的巨大压力，开始把目光转到广东西路。五年前土客械斗初起时，省级大员们的心中顶多只是荡过一丝涟漪。无论就其性质或是轻重缓急的程度，土客之争都不能与匪乱、洪兵或洪杨之叛乱相提并论。尽管土客之间互相指斥对方

---

① 《清文宗实录》卷 235；《上谕档》，咸丰七年九月初三日上谕。

为"红匪"或与"红匪"勾结,但是官员们基本上不用"匪"或"匪乱"之类的字眼,而是用"滋事""构衅""仇衅""械斗"一类词汇,并以同样的词汇上奏皇帝。所以尽管不时有杨琳之类的土绅写信或亲赴衙门诉苦,但官府并不采取派兵弹压、解散械斗双方的武装等较为有效的措施去平息动乱,而是派遣低级官员或谕令土客绅士,约束乡民。但是随着时间的推移,大员们再也不能等闲视之。① 其中的主要原因在于:

(1) 土绅控告造成的压力。土著绅士多,仕宦者众。他们以写信、禀告、赴衙门具控乃至京控等方式,诉说"客匪"的"凶残",请求官府、朝廷主持公道。有的批评矛头直指广东地方官员。粤督瑞麟、巡抚郭嵩焘曾指出:"土民仕宦者众,情能上达。"此言非虚,在地方志或实录中都能够找到很多证据。土绅责难官府,而广东大员们在奏折中亦将责任诿之绅士,"客民残杀土民,掘毁坟墓,洗荡村庄,而以为固然。土民残杀客民,屠灭种类,霸占田产,而亦以为固然。使土客两家稍有一二正派办事绅士,持平立论,亦不致酿成巨祸"②。当然,我们也要看到,在咸丰九年以后,在很多情况下,广东政府还是直接派兵或是从高州等地镇压洪兵的战场分拨军队赶到斗祸之地加以弹压、调解甚至直接镇压客民的。

(2) 朝廷的压力。因为时局的影响,朝廷在长达数年的时间里均未将眼光放到这场斗祸上来。直到咸丰七年九月的一道上谕中才首次提到"广东客匪肆劫请饬查办",朝廷以先入之见把客民称为"匪","着叶名琛、柏贵派委明干大员,督同该管地方官,将为首各匪查拿治罪。倘敢恃众拒捕,即着带兵剿办"。客民在清廷的眼里成了"匪",自然应当剿办。在那以后的奏折及上谕里,尽管也有称为"客民"的,但多数时候

---

① 温春来:《咸同年间广东高明县的土客械斗》,载胡春惠、周惠民主编:《两岸三地研究生视野下的近代中国研讨会论文集》,台北政治大学历史系、香港珠海学院,2000年。
② (清)郭嵩焘:《前后办理土客一案缘由疏(会总督衔)》,《郭嵩焘奏稿》,长沙:岳麓书社,1983年,第198—199页。按:该奏折时间为同治四年(1865)。

第十章 斗祸的基本解决

称"客匪"。因此,清廷屡屡谕令地方官员派兵剿办"客匪"。尽管"客匪"与"红匪"毕竟有所不同①,清廷一方面要求剿办客匪,一方面又强调"土客皆朝廷赤子",要"分良莠不分土客"。总的说来,咸丰九年(1859)以后,尤其是十一年(1861)以后,清廷一意要求以剿客为主,以剿逼抚。

(3)斗祸本身造成的巨大压力。斗祸发展到咸丰九年以后,一者斗祸之区的社会经济秩序被打乱,官府赋税、厘金等项收获无几,流离失所之民造成了新的动乱;二者流动作战的客民队伍阻断了官府镇压洪兵的兵路、粮路;三者客民队伍与官军相抗,屡有打败官军之事;四者由于土民不肯相让,土客双方屡和屡战,斗祸无了期。

在犹豫了两年之后,咸丰十一年,面临重压的官员终于改变态度,开始偏向土民,批准土民建立团练剿办"客匪"。于是,各县土绅设总局于肇庆,并召集流散土民,在鹤山、开平等处设立分局。除鼓励设局外,广东政府还亲自介入,派卓兴、方耀等率部进剿客民。土客战事发生逆转,各县客民迭遭挫败,拿高明、高要等县来说,客民被迫退守高明县城、古城、凤岭等要寨。十二月中旬,高明客民首领李天参到惠潮嘉等州府召集援兵,"假官兵旗号",欲救援被困之客民,被古劳局绅士率众击退。同治元年(1862)八月,官军收复高明县城,接着又攻克古城、楼等处。②最后,高明、高要两县客民与从阳江、阳春、新兴、开平、恩平、鹤山"流窜"而来的戴梓贵、黄翼泰为首的大股客民进入高明五坑险要之地与官军相抗。

那么,官方派兵剿客的情况如何呢?

---

① 如同治三年(1864)三月上谕云:"卓兴之军追剿阳江等属分窜客匪,叠有歼馘,并将匪首曾白面猪尚复分窜信宜、东安所属各地……即著毛鸿宾、郭嵩焘督饬侯勉忠等各军,实力进剿,痛歼丑类。客匪与逆匪究属不同,其应如何剿抚兼施行,妥为安插,总期感威怀德,得以一劳永逸,弭其衅隙,免滋事端,方为妥善。"见《清穆宗实录》卷98。
② 温春来:《咸同年间广东高明县的土客械斗》,载胡春惠、周惠民主编:《两岸三地研究生视野下的近代中国研讨会论文集》,台北政治大学历史系、香港珠海学院,2000年。

当时广东的绿营，分为陆路与水师，各由一名提督统率，最高指挥官为两广总督；此外，总督与巡抚尚有各自直接管辖的督标和抚标。广东陆路提督驻在惠州，其部队分驻韶州、潮州、高州和琼州四镇。咸丰末年同治初年出兵进剿客民的主要是陆路提督所属的卓兴、方耀等部，最后在同治五年（1866）、六年（1867）之间围攻曹冲的主要兵力是巡抚蒋益澧所带领的湘军（抚标）。广东水师提督驻虎门，统虎门、阳江等四镇，虎门沿海两边各设两镇。这些水师在围攻广海、曹冲及高要、鹤山沿西江一线的客民时发挥了作用。

清军进剿客民的陆师在前文中有较为详细的叙述，这里着重谈谈水师的情况。

清军水师与陆师合力发挥作用，不仅是因为客民的一些据点如广海、曹冲、赤溪濒海面水，还因为当时斗祸发生的整个地区以及与斗祸紧密相关的洪兵活动区域高州、信宜等地都是山海交错，水陆俱通。故郭嵩焘于同治二年（1863）在谈到高州战事时说：

> 查高、雷、廉、琼四府，属广东西南边地，自贼据信宜以后，分窜阳江、阳春，与客匪勾联，四府陆路文报遂致阻隔。故必由海道进兵高州，制贼之要害，而固四府之藩篱，以不至惟所窜越。①

郭嵩焘进而认为，水师不仅在高州战事中可以有所作为，在进剿客民时的作用也很重要，只是当时专注高州洪兵，对付客民的水陆军队不敷使用：

> 高州沿海以东，客匪屯聚，自新宁之曹冲、大湖山，阳春之金堡、企硼、黄萤，高明之五坑，尽属匪巢。迤西北一带以至罗

---

① （清）郭嵩焘：《信宜抚局稍定筹办进剿积匪片》，《郭嵩焘奏稿》，长沙：岳麓书社，1983年，第9页。

第十章 斗祸的基本解决

定之排埠、嘉益,西宁之思化等处,皆为股匪占踞。又与广西之岑溪、容县,在在毗连。所设防堵之师,仅范干挺驻扎罗定之勇一千五百,侯勉忠驻扎阳春之勇三千余,朱国雄、梁琼驻扎新宁之勇二千,蒋朝刚驻扎阳江之勇五百余,水陆险隘,均无重兵。幸赖信宜款服,贼势自相携贰。当亟乘此时进剿广西积匪范亚音、李木火诸股,以期边防稍就肃清。而肇属客匪负隅之势,亦不能不威以兵力,应俟信宜抚局大势稍定,权衡缓急,分别办理。大约卓兴、方耀两军尚足以资攻剿,当以一军由信宜进剿广西之容县,以一军驰赴阳春、新宁剿办客匪,其余分防各县之兵,酌量归并裁汰,以期兵有实际,饷无虚縻。①

毛鸿宾等人也有利用水师的观点。时任两江总督、钦差大臣的曾国藩对广东方面利用水师的问题有详细评论,他在同治二年(1863)七月初六日致毛鸿宾的函件中说:

粤事须从军务下手,正与鄙意不谋而合。骊珠既得,鳞爪自不劳而理,拙见尤以水师为要。西江发源云(南)、贵(州),汇流两广,槃薄万里,论者以谓江、河以外第一巨川,即东江、北江亦复岐(歧)港百出,浩汗(瀚)逶迤,动与海浪交错,专恃陆师,断难制胜。今之长龙(舢板),其初式本出于广东,惟楚军立法较密,纪律特严,杨(岳斌)、彭(玉麟)部下风气素正,多出廉耻之将,遂尔远胜粤东水师之旧。窃谓两广军事,高州之扰乱,其偶而南(雄)、韶(州)与浔(州)、梧(州)、肇(庆)、罗(定)之蠢动,乃其常也,陆兵其经,而水师即其纬也。阁下既从军务入手,似宜并讲水师,用杨、彭之纪律,选湖南之将领,挈以俱南,一洗

---

① (清)郭嵩焘:《信宜抚局稍定筹办进剿积匪片》,《郭嵩焘奏稿》,长沙:岳麓书社,1983年,第9页。

彼中水军官兵伙匪明扩暗抢之陋习，必可一振声威，潜移默转。①

从官军进剿洪兵（如高州之战）、进剿客民（如曹冲之战）的基本情形来看，水陆师合力是起了一定的作用的。

但是，官军进剿客民，除了前述饷项等因素外，将领之间的矛盾与兵力短缺也抑制了清军战斗力的发挥，卓兴与方耀的不和将在下文谈到。为了解决将领不和这一问题，清廷决定统一事权。同治三年（1864）二月，上谕饬令"剿客"之军由副将卓兴统一调度：

（毛鸿宾另折奏）官军追剿阳春客匪，连战大捷，卓兴已带队进抵阳春县属古良、水口等情，著即责令该副将乘胜进攻，一律扫荡。蒋朝刚、侯勉忠两军并归该副将节制调遣，方可事权归一。俟此股办有头绪，即将戴梓贵等股匪搜除净尽，其老弱良善、不敢抗拒官兵者，即饬地方文武各员，妥为安抚，以收一劳永逸之效。②

关于兵力单薄的问题，同治二年十二月上谕指出：

肇庆各属土客仇杀日深，又有土匪李四各股搀杂其中。阳江蒋朝刚一军、阳春侯勉忠一军，兵力单薄，仅能自守。卓兴所部，现可起程前赴阳春，相机布置，并委知府史朴等调处肇庆土民事宜，开平、恩平客民，就便察看大湖山、曹冲等处，随地安插。即著照毛鸿宾、郭嵩焘所拟，督饬派出各员弁，酌度情形，或痛加剿洗而使之知畏，或加意抚循而使之知感，分别妥为办理。该督抚惟有持平酌核，分良莠不分土客，劝惩一秉大公，庶衅端日弭，两造渐可相安。广东隐患日积，盗风四起，州县自顾考成，大率讳盗为窃，改重为轻，以

---

① 太平天国历史博物馆编：《清咸同年间名人函札》，北京：档案出版社，1992年，第14页。
② 《清穆宗实录》卷94。

致伏莽倍甚从前，各属降匪及各路裁汰遣回之勇丁，日聚日多；金陵苏杭逆党，亦多有逃回者；肇庆土客游荡无归，肆行劫掠，祸患所伏，诚不可不预为之防。①

所以，尽管清廷基本站在土民一方，派兵"剿客"，由于诸多因素的牵制，仍然无法把斗祸迅速平息。如果从咸丰九年（1859）算起，这一过程也绵延了8年之久。

三、广东官吏与斗祸

地方官吏对械斗的态度

俗话说"清官难断家务事"，比照本书主题，可谓"清官难断械斗事"。无论是从处理与否的态度还是从处理的结果来说，械斗都对为官者的仕途产生影响——主要是负面影响。这种情形到本文所论的广东土客斗祸时可说是发展到了极致。同治四年（1865）二月二十六日，毛鸿宾在一份奏折中谈到地方官吏对土客械斗的态度时说：

> 土客之祸，由来已久，彼此恨入骨髓，至有不共戴天之势，是以十余年来，动辄械斗仇杀，地方官少一问其曲直，则指为偏袒，怨谤立起，或公然与官为仇。以是官吏相率隐忍，不敢过问。前督臣劳崇光虽经饬令地方官绅设法排解，事不旋踵，复又翻腾，其祸愈烈。迨发逆戴梓贵投入其中，客匪之势益大，不但土民大受荼毒，且骎骎势成叛逆，非复官兵之所能制。②

---

① 《清穆宗实录》卷89。
② 毛承霖编：《毛尚书（鸿宾）奏稿》卷16，《安插就抚客民并土人先抗后遵情形折》，同治四年二月二十六日。

为了更好地说明这个问题，我们不妨对清代有关地方官员处理械斗的态度和方法做些叙述和分析。

嘉庆初年，广东政府在编查保甲时就遇到了土客不能相安的问题。广东巡抚那彦成等在查办博罗、永安天地会案件时称："该二邑跬步皆山，民居错杂，有土籍客籍之分，而客籍之中，其祖贯又复不一，族别类殊，势难混一。今欲编查保甲，势不能编客入土，又不便土客分编，显存形迹，致启猜嫌。"①他们提出应该委派"明干之员"分赴各都各约，每户编一小门牌，注明姓名、年岁、行业、弟兄、妻妾、子女及寄居人口，揭于各家门首。由每十户编为一大牌，设一牌长，"牌长若由官选充，则恐其不协人情，且土客之间稍存意见，弊易滋生"，所以，可以让一牌十户之内，土民客民公同保举一人充为牌长，"取具不敢祖土欺客及祖客欺土，众心允服，甘结缴县"。一牌之内，如果发生结盟拜把不法及土客互仇等重大事情，由牌长飞报甲长、约正，再转报县府，即时查拿。②设立保甲制是东南沿海地区应对地方盗贼、结会等被清廷视为不法行为的一个重要措施，那彦成等将之应用于解决土客矛盾，也是用心良苦。

有些官吏则想把处理械斗之事推给宗族领袖即族正，但运作结果不能令人满意，因为正如本书前面有关部分所说，许多族绅族正本人就是械斗的唆使者、资助者或组织者。正如乾隆三十二年（1767）的一道上谕所指出的：

> 今若匪徒犯案，俱责成族正缚送，此等所举族正大半多系绅衿土豪，未必尽属奉公守法之人。现既族居一处，滋事者必有伊子弟，族正转将为之包庇，甚至挟嫌妄举，或将衰病者举出充数，滋

---

① 容安辑：《那文毅公奏议》卷6，嘉庆八年二月初一日奏折（与粤督瑚图礼等会奏）。
② 容安辑：《那文毅公奏议》卷6，嘉庆八年二月初一日奏折（与粤督瑚图礼等会奏）。按：博罗、永安地处惠潮嘉客民向广、肇等府迁徙的路途之中。

第十章 斗祸的基本解决

弊实多。况地方官拘拿人犯，反假手族正，又给以顶戴，岂不开把持官府之渐。行之日久，遇有缉凶拿匪之事，必须向族正索取，竟与世袭土司何异。①

有些官员不死心，后来又有此议。乾隆五十四年（1789），福建巡抚徐嗣曾有鉴于福建宗族力量在地方上有深远影响，遂具折奏请加强福建地方族正缉犯治安的功能，并择其优者，赏给顶戴："如果教约有方，一岁之中，族中全无命盗械斗等案，臣等查明给匾奖励，三年无犯及能将滋事匪徒查缚送官者，臣等即为奏恳圣恩给顶优奖。"②这一提议仍然没有得到清廷允准。

前面在谈到吏治问题时，我们已就吏治不良对械斗产生的负面影响做了分析。同时也要注意到，有些地方官吏在处理械斗问题时是认真务实的。这与他们的为人为官的态度有关。此举两例。

冒芬，号伯兰，江苏如皋人，嘉庆二十二年（1817）援例报捐巡检，分发广东，补开平松柏司巡检，以军功赏戴蓝翎，擢补广东经历，寻补开平县知县。抵任后勤求民隐，时值"伏莽窃发"，开平介于新会、鹤山两县之间，"盗贼充斥，宅梧、大雁山尤为盗薮"。冒芬仿照"古轨里连乡法，精练团勇，严立条约，先后获张大椿、胡须妹、梁阿买、谭阿亲、林阿苟等著名黠盗，悉置之法"。邑境有关、司两姓，聚居赤塪，互争墟场，险些酿成械斗。冒芬"召两姓绅耆峻责之，谕以祸福，皆俯首谢过，事遂寝"。长沙乡梁、谭两姓因为语言冲突，互相召集无赖及斗勇，"列械将斗"。冒芬闻知，赶紧带人驰往该乡，"传集诸父老，痛陈利害。两姓感泣，和睦如初"③。

---

① 台北故宫博物院：《史馆档·食货志·户口事迹》，转引自胡炜鉴：《清代闽粤乡族性冲突之研究》，台湾师范大学历史研究所，第294—296页。
② 《军机处月折包》，乾隆五十四年七月初八日福建巡抚徐嗣曾奏折。
③ 民国《开平县志》卷30，《宦绩》。

徐赓陛在光绪初年任陆丰知县，当地械斗闻名远近，徐的态度是毫不含糊，坚决查办。该县竹仔林乡红黑旗械斗大案发生后，徐赓陛立即募勇200名，驰抵碣石，会同上司加拨的营兵50名，进扎湖东墟，确审形势，直捣竹仔林"匪乡"。当时各乡所雇"铳匪"，风闻官兵将至，四散逃走，仅有靠近竹仔林村之湖东村还藏匿铳匪200余人，"意在觇官兵之强弱、办理之宽严为尝试之计"。徐赓陛当即分派兵勇前往捕拿。当时，有后径乡铳匪首犯张亚秘即混名"独目庇"等人，在湖东村外摇旗呐喊，拒敌官军。徐赓陛即派勇目黄得胜冲锋前进，斩杀张亚秘，余匪始纷纷窜逸，而派去后林乡的兵勇也捕获著匪陈亚传，将余匪逐散。后来，徐赓陛又派人明查暗访，查知此次械斗起因详情：陈姓系陈亚憨主谋，薛姓系薛亚齐即"亚竖"主谋，然两姓各只有一二百家，还不能纠约蔓延至一二十村之多。稍后，黑旗方面有后林村监生陈吉诚即陈思敬及林亚剪为主谋，红旗有湖东墟张德灵等为主谋。双方敛钱集匪，聚众横行。黑旗之会合者有后林村、径林村等8村；红旗之会合者有后陂坑村、湖东村等10村。这些都是出资帮斗纠合成党者，还有一些相距较远，不直接入会而"各出子弟，应雇铳手者"，则有白沙村、东坑村等10村。经徐赓陛查实，黑红旗逞乱之事，从前横亘十余县，流毒十余年，"几至路绝行人，较流寇尤为残狠"。平定至今，不过十年，此时余党复萌，死灰又炽，若不彻底究办，必至酿成巨患，滋蔓难图。此次械斗，三日共斗3次，双方共毙10余命、肢解1人，负伤者各有五六十人。

最后，徐赓陛又是如何处理这些参斗的村庄呢？他认为：

> 拟请将酿事之村分别首从，帮斗之村专办著匪，承雇铳手之村严究首匪，并捕余凶。盖酿事者邂逅致斗，仓卒拒敌，尚非尽出甘心，故首犯固应严诛，而从犯似应量减。帮斗者事不干己，若无著匪从中纠合，必不至千百成群，以身命为儿戏，故应戮其著匪，

· 第十章 斗祸的基本解决 ·

潜（遣）散胁从。至承雇铳手之村，原系嗜杀逞凶，贪财轻死，目无法纪，本可聚歼。况铳匪恶习，每乡必有一二人为首，一闻某村斗杀，即挺身自来求募，与会斗各乡明立合同，一首匪承雇百人或数十人不等，议明每日工食若干，恤伤若干，恤死若干，便纠聚无赖，连袂而来，比及到村，倘遇两造议和息斗，彼反挟持不散，或掳人，或杀人，故酿事端，互挑衅隙，兵连祸结，藉作生涯。故铳手之罪，实浮于肇衅之人；而铳手之魁，尤恶于寻常之匪。①

徐赓陛经派人密访，访得铳手、首匪姓名 10 余人，请求在捕获后，审明录供，禀请斩枭，传首示众。至于从犯，虽然不能尽诛，而著名光棍，如查明有伤毙人命者，当请示正法。同时，徐赓陛害怕各斗匪党羽众多，如果辗转解审，怕出意外，故请求就地办理处决，以儆凶顽。此外，在此次事件中，徐赓陛还查明各匪有名姓者约数十人，已分别派人捕拿，其中不乏逃赴香港、澳门等处者，"拟购定的线，探确踪迹，再行派弁赴省密禀，仰恳给文照会洋官，分别拿解"②。

从徐赓陛处理此案的过程中可知，他是认真负责、勇于承担责任的。显然，如果对械斗处理得当，对于抑制一个地方的斗风蔓延是有益的。

当然，上级官员对于知县一级的官员的监督也很重要。光绪五年（1879）十一月十四日，广东揭阳发生械斗案，该县署知县徐某前往省府请兵。粤督刘坤一得知"该署令不协舆情，其言不可靠，是以严催姚牧及沈令赶紧赴任，察看事宜，另行禀办"③。

还有一种简单粗暴而行之并不十分有效的方法，以同光之际的方耀一军为典型。经方军在同治年间剿办后，惠州等地的会乡大斗在光绪年间已逐渐减少，而会族之斗历年不绝。当时镇标官兵之员额并不缺少，

---

① （清）徐赓陛：《不自慊斋漫存》卷 5，陆丰书牍，《禀报竹仔林乡械斗二》。
② （清）徐赓陛：《不自慊斋漫存》卷 5，陆丰书牍，《禀报竹仔林乡械斗二》。
③ 《刘坤一遗集》（四），北京：中华书局，1959 年，第 1876 页。

而这些兵勇平日或耕种，或贸易，一旦有事召集，大半乌合之众，且多为红黑旗党人，"用以办斗案，自属不便"，所以凡想真正办理斗案，必请方营。方营办法有二，一是"红血"，一是"白血"。据李钟珏《圭山存牍》解释，所谓"红血"，就是"严拿凶犯，有获必诛，惩警犯属，焚拆房屋，此之谓红血"。所谓"白血"，就是"获案之匪，贷其一死，责令重出罚款，在逃者勒令房族具缴花红，按其罪迹轻重，每名多至数百，少亦数十，此之谓白血"。结果，"凡经严办之乡，非败屋颓墙，弥望凋敝，即鸠形鹄面，举目贫寒，然而惩一而众未知警，此灭而彼又忽兴，民穷法穷，而积习终未改变，此可为长太息者也"①。李钟珏甚至秉请按办理新宁土客分散遣处一法，"将历来多事著名蛮横之红旗各大乡勒令迁出邑境，分发高廉雷琼四府户烟稀少之处，四散安插"。

光靠一二贤吏或酷吏显然无法根治械斗之风，光绪年间，广东按察使于荫霖的一段话道出了清代广东地方官员对械斗的总体态度：

> 互斗之村，斗散即止，每不据实具报，而地方文武规避处分，亦不免代为隐饰，习以为常。即或驰往弹压捕拿，该匪等悍然不理，凶斗如故；或迎拒官长，不令入村；或兵役无多，不敢近前，必俟其斗散，然后邀致邻近绅耆，从中排解，责令交匪缴械。于是贿买顶凶，任意搪塞。所缴者，皆破坏无用之械；所交者，皆蠢愚老疾之人。不特必非为首，抑且并非为从，彼主谋肇衅、敛钱纠众、帮斗行凶者，转得逍遥法外，纵使悬赏拿获，而人多斗急，枪炮如雨之际，究竟何人下手伤人，何枪何炮之伤最重，亦属无从质证。照例惩办，罪止军流，毫无儆畏。……地方官因无兵力，传首谋则不到，勒凶匪则不交。官法既穷，私忿益炽，以故江河日下，群相效尤。历年大吏及地方官明知其弊，特恐操之过急，激成事

---

① 转引自郎擎霄：《清代粤东械斗史实》，《岭南学报》第4卷第2期，1935年，第117—118页。

第十章 斗祸的基本解决

端,得办理不善之咎,不得不将就了结。民强官弱,法令不行,实情不敢上闻,严办诸多窒碍。所以积弊至于此极也。①

这种情形造成的后果是十分严重的。清代闽粤宗族械斗(乡族械斗)、台湾分类械斗、两广土客械斗以及西北、西南地区的民族械斗,正是最初由于地方官态度暧昧与办理不善,才造成了各类大规模叛乱的爆发。

广东督抚的矛盾对平息斗祸的负面影响

咸丰同治年间,广东政治形势与全国政局的演变有着密切的关系,其间,广东督抚面对发生在省内外的一件件大事,或勤或惰,或失策,或成功,后人自有评说。这里,我们选取一些有代表性的督抚在处理斗祸问题上的表现做些分析。

咸丰四年(1854)广东洪兵起义之后,紧接着发生了土客斗祸,至咸丰七年底(1858年1月),这期间主政广东的是两广总督叶名琛和巡抚柏贵。

叶名琛,字昆臣,湖北汉阳人,道光十五年(1835)进士,改翰林院庶吉士,十六年(1836),散馆,授编修。十八年(1838),授陕西汉中府遗缺知府,寻补兴安府知府,十九年(1839),升山西雁平道。二十年(1840)调江西盐法道。二十一年(1841),署按察使,旋擢云南按察使。二十二年(1842)后,先后升湖南布政使,调江宁布政使、甘肃布政使。二十六年(1846),授广东布政使。二十七年(1847),抵广东布政使任,寻护理巡抚。二十八年(1848)六月擢巡抚。二十九年,因为阻止英国人入城,加恩赏男爵,准其世袭。三十年(1850)三月,署钦差大臣、两广总督。咸丰元年(1851)十月,布置进剿凌十八,因功赏

---

① 张之洞:《请严定械斗专条折》引,王树楠编:《张文襄公全集》卷14,奏议14。

加太子少保衔。二年（1852），平定凌十八，加恩赏加总督衔，寻署两广总督、擢两广总督。四年（1854）五月、六月间，洪兵起义，寻围逼省城，偕将军穆特恩等督同文武战守兼筹。五年（1855），授协办大学士留任两广总督。十月兼署广东巡抚。十二月，擢体仁阁大学士，仍留总督任。六年（1856）九月，因肇庆府城被洪兵占据，派广东按察使沈棣辉及高要县知县黄庆萱等先后进攻，擒斩洪兵三万有奇，克复府城，"寻以英人要求无厌，名琛未即应，又未设备，英人因突入省垣，绐名琛入洋船，开驶而去。……九年，英人归其尸"①。

从上述简历中，可以发现，叶名琛的仕途是很顺利的，他的成功，与他对内的军政措置得当有关。这一点，咸丰帝曾经多次予以肯定，咸丰五年（1855）冬，叶名琛被授予协办大学士，咸丰帝在上谕中称："卿责重兼圻，宣绩阃外，与襄赞纶扉何异。朕虽未与卿谋面，第往返批答，不啻千里论心。"②

叶名琛的悲剧，与他顽固迷信、不谙世界形势分不开。所以，如果把近代史上"内战内行，外战外行"的始作俑者之名冠予叶名琛，应该是可以的。③

咸丰初年，叶名琛在英德、清远等地作战，并在高州罗镜墟最终平定凌十八起义军，这些经历增长了叶名琛的军事才干。四年，广东洪兵起义爆发，因为周边省份的兵力物力都被太平军缠住，不仅如此，清廷还要广东支援他省，广东方面也要防御太平军。在这种情形下，叶名琛

---

① 蔡冠洛：《清代七百名人传》（名宦祀），"叶名琛"，第308—313页。
② 《清文宗实录》卷184。
③ 国内史学界长期以来都把对叶名琛的评价与他在第二次鸦片战争中的失策挂起钩来，认为他"既不愿与英国侵略者打交道，又不去了解敌情，讲求对策。他只一味敷衍和迷信。在英军向广州进犯时，他相信乩语，断定英军天黑后自会撤退，下令不可还击"。参见陈旭麓：《近代中国八十年》，上海：上海人民出版社，1983年；林增平：《中国近代史》，长沙：湖南人民出版社，1984年。澳大利亚学者黄宇和则利用当时被英军掠走、现存于英国外交部的"叶名琛档案"开展研究，在多方面给予肯定，见〔澳〕黄宇和著，区鉷译：《两广总督叶名琛》，北京：中华书局，1984年。按："叶名琛档案"已经被中山大学复印，正在整理之中。我希望相关研究的进一步深化能得到这些档案的帮助。

第十章 斗祸的基本解决

独力支撑，他采取的措施之一就是募勇。

叶名琛因为正规军兵力不足，不能单独对付洪兵，开始使用雇佣军——募勇。

> 据黄宇和说，由于募勇同正规军并肩作战，前者的胡作非为一定影响后者。叶名琛约束募勇的办法是，把他们的地址和职业都记录在案，使他们知道，如果行为不端，他们的家属就会被牵连受罚。但叶名琛发给募勇的薪饷比正规军高得多。一旦某个特定任务完成之后，就把他们解散，以避免日久天长而形成一种同清政府对峙的力量。在有关报告中，常常可以看到在解散某支募勇的同时，又招收了同样数目的新兵组成另一支募勇。当然，也有特别善战、打仗必不可少的募勇，但这些队伍一般都是目无军纪的。在这些情况下，叶名琛认为首先要考虑打仗，所以不解散他们，但犯了军法的人要重办。这种处分经常是暂缓执行的，如果这些人痛改前非，转变成遵守纪律的士兵，就无需处罚。同其他各省相比，广东的募勇对政府较为尊重，作战较勇猛。这个事实，似乎可以说明叶名琛使用募勇的办法要高明一些。①

黄宇和的这段叙述是以"叶名琛档案"为基础的，如果可信的话，则有以下两点值得注意。

一是本文前面所引有关客民应募为勇、参与"讨贼"的论述是可信的，客绅马从龙等确实曾向叶名琛请令。

二是在旋即发生的土客斗祸里，因为土民多有参加洪兵者，客民多有应募为勇者，叶名琛未能对客勇"公报私仇"的行为及时加以制止，以致斗祸不断蔓延。

---

① 〔澳〕黄宇和著，区鉷译：《两广总督叶名琛》，北京：中华书局，1984年，第50—51页。

所以,叶名琛镇压洪兵"有功"带来的一个后果就是斗祸的扩大化。

继叶名琛之后任两广总督的黄宗汉因为陷于第二次鸦片战争的旋涡之中,在处理斗祸时基本无所作为。继任者耆龄、晏端书等员虽然对斗祸有所顾及,但因任职时间短等原因,也未能充分展开。同治二年后,针对高州洪兵陈金刚部及广、肇二府土客斗祸,广东官府用兵甚急,而当轴者毛鸿宾与郭嵩焘,及稍后的瑞麟与蒋益澧,都曾为解决斗祸做出过努力。

同治二年(1863)五月,清廷命署两广总督、都察院左副都御史晏端书"来京供职",以湖南巡抚毛鸿宾为两广总督。上谕称:

> 授毛鸿宾为两广总督,……粤东系财赋之区,饷源所出,洋务厘务军务,头绪纷繁,关系紧要,该督任大责重,不可无相助为理之人,黄赞汤自简任巡抚以来,尚未见有所设施,其人近于巧滑一流,而毁誉参半。著该督于到任后留心察看,黄赞汤是否能实心任事。①

次月,任两淮盐运使不满两月的郭嵩焘被清廷"着以三品顶戴署理广东巡抚,并着迅速前赴署任"。郭嵩焘后来作为一名洋务健将而闻名,在署广东巡抚两年多的时间里,在政务上也略有建树。问题是,郭氏有洞见、预见时事的眼光,但因性格直率而不流俗,使他成为那个时代中最具争议性的人物,"时代的主流容不了他,他亦不肯随俗浮沉,屡经挫折后,只好投闲置散,壮志不酬,含恨死于长沙"②。

毛鸿宾与郭嵩焘大致同时到任,二人原本交好,毛且钦佩郭的文采。郭嵩焘初抵广东任上时也曾说:"(今后)与督臣毛鸿宾从事日多,

---

① 《清穆宗实录》卷六八。
② 〔美〕汪荣祖:《走向世界的挫折——郭嵩焘与道咸同光时代》,长沙:岳麓书社,2000年,"弁言"第2页。

第十章 斗祸的基本解决

相奖以笃实,相守以忠信,必不致各存意见。"①

毛鸿宾被清廷授为粤督后,即保举郭嵩任粤抚,可谓有德于郭,后来,据曾国藩说:"彼此争权,迨后至于切齿。"原因在于毛知悉郭有文采、能理财的一面,而不了解郭的性格,加上督抚同城,一山难容二虎,行事意见相左,以致二人相互之间衔恨甚深。在处理斗祸的问题上,两人在统兵将领卓兴身上产生严重隔阂。

毛鸿宾到任后,对办理高州战事和广、肇土客斗祸的主要将领卓兴信任有加,连连保举。同治三年(1864)七月,毛鸿宾在《密保总兵卓兴片》中称:

> 广东补用副将、琼州镇中军游击卓兴,现年三十五岁,揭阳县人,由勇目出身,叠次随剿廉州、潮州各府贼匪,并解四会、广宁等县城围,复调赴广西浔州攻剿艇匪及赴福建漳州剿贼,克复府城,洊升今职。咸丰九年钦奉谕旨赏给格艮吐巴图鲁名号。该员谋勇兼备,胆识过人,弱冠从军,战无不克,且秉性刚正,操守清廉,故驭军极严而士卒皆乐为之用。向来潮勇最为蛮悍难驯,惟该将部众六千余人,无一不恪遵纪律,所过之处,实能秋毫无犯,尤为通省绅民所感悦。(同治二年,肇庆客匪勾结发贼于阳春、新兴、恩平、高明一带四处滋扰。)……该员督师进剿,屡挫凶锋,近复冒险进兵,大张挞伐。察其才具,实有古名将之风,粤省武职各员,罕有能出其右者。现在南韶连镇总兵勒福因病陈请开缺,……亟宜旌拔。②

在五坑之战后,毛鸿宾又荐举卓兴:"卓兴谋勇兼资,朴实耐劳,盛暑严寒,奔驰不懈,……已荷恩擢南韶连镇总兵,可否赏加提督衔,

---

① 《郭嵩焘日记》第2卷,长沙:湖南人民出版社,1981年,第116页。
② 毛承霖编:《毛尚书(鸿宾)奏稿》卷13,《密保总兵卓兴片》,同治三年七月十八日。

并赏给该员三代一品封典，以旌贤劳。"①

实际上，在其他官员看来，卓兴身上是有较多缺点的。一是军纪并不如毛鸿宾所说的那么好，二是与其他将领不和，三是在处理斗祸时可能确有偏袒客民之事。

关于第一、二点，同治二年五月的一份上谕说：

> 闻卓兴、方耀积不相能，致贼益肆。提督昆寿，人甚正派，办事和平，现在前往督办，统一事权。……高州卓兴、方耀两军，剿贼未见功效。方耀所部尽属潮勇（卓营也是），闻其肆意杀掠，无所不为；方耀之弟方勋，势更凶恶。昆寿计已抵营，著即申明纪律，严饬方耀等奋勉杀贼立功，如有不遵约束，骚扰居民者，该提督即治以军法，毋稍宽纵。②

此前，广东巡抚黄赞汤在致广西方面主管团练的龙元僖的信中说："方、卓二将，诚如尊谕，现已为之调和，释嫌敦好。"③但卓、方二人并未真正"释嫌"。

关于第三点，站在土民立场的《开平县志》《恩平县志》《新宁县志》等固然不论，赵沅英在《新会围城记》中也说：

> 庚申（咸丰十年），卓游击者名兴，制军命御贼，卓求给足军粮以行，带兵几千，多用连环鸟枪，既探贼来消息，坚阵以守，令贼近营，枪乃齐发，遂杀贼几千，贼大败走，不敢下广州，以累功加副将衔。然遇客贼多挫折，甲寅乙丑往讨客贼，受客贼赂，欲土

---

① 毛承霖编：《毛尚书（鸿宾）奏稿》卷15，《擒获客匪首逆戴梓贵余众求抚折》，同治三年十一月十四日。
② 《清穆宗实录》卷68。
③ （清）黄赞汤：《绳其武斋尺牍》卷1，《覆二品顶戴龙兰簃太常书》。

第十章 斗祸的基本解决

客相和，重为民害，民与卓为仇。①

所谓卓军"遇客贼多挫折""受客贼赂"以及土绅所说"袒护"客民之事，当与卓兴系潮州府揭阳县人有关（一说卓为兴宁人，如此，则卓自己即客家人，因为兴宁在清代为纯客住县），与客家聚居相对集中的惠潮嘉地区在地理、风俗等方面相近或相通有关。②

当然，评价卓兴也要具体分析，实际上，如同本书中编有关章节所述，卓兴在针对客民的战事上还是大刀阔斧开展的。即便是后来的军纪，也颇有起色。毛鸿宾、郭嵩焘曾奏称："该副将行军素有纪律，每次接仗，谋勇兼资，出之以镇定。收斩不遵军令之外委陈仕，尤为近时将兵者所难及。"③有些地方志对其军纪与战术更是表扬有加：

> （卓）兴行军整暇，驭众严明，尝在双捷驻营，绅士携牛酒往犒，兴设筵留饮，谍报客匪大至，兴谈笑自若。及匪距最近，始起入帐中处分，迄复就坐，酒未数巡，而挟首级报功者已纷阗营外矣。先锋陈某以骁勇称，一日不俟命出战，捷归，兴数以违令，斩之。士卒行路苦渴，不敢索民家勺水，或取道旁一蔗，必挂钱林

---

① （清）赵沅英：《新会围城记·附录》。按：甲寅、乙丑分别为咸丰四年（1854）、五年（1855）。

② 按：本书此次修订时，笔者专门向有关人士咨询了卓兴所属"族群"的情况，一是上海兆祥邮轮集团公司董事长庄兆祥先生（揭西县人），他帮我询问了揭西棉湖镇有关人士（后者并提供了卓氏族谱资料），确认卓兴为潮州人（不是指地理、行政区划上的潮州人，而是以潮州话为母语者）；一是笔者直接致电揭西棉湖镇政府有关人士，确认卓兴为潮州人，非客家人。如此，情况得以明了：卓兴生于道光九年（1829），系潮州府揭阳县霖田都棉湖草厝巷（后改为卓厝巷）人；1965年，揭阳县西部析置揭西县，揭阳棉湖镇划归揭西；揭西县坪上、上沙、河婆等9镇系纯客镇，棉湖等镇则以潮州人为主。此外，卓兴在同治元年（1862）任罗定协副将，二年平定高州、信宜洪兵后加总兵衔，后升南韶连镇总兵加提督衔（此数年间，地方文献记载其官衔，时而总兵，时而副将，笔者不一一指出），五年改任潮州镇总兵，七年因病卸任，在潮州城营建"卓府"（今潮州市中山路"建威第"，属文保单位）；光绪五年（1879）病卒。

③ （清）郭嵩焘：《官军追剿阳春客匪连战大捷疏（会总督衔）》，《郭嵩焘奏稿》，长沙：岳麓书社，1983年，第57页。

间而去,论者以为有古名将风。官至总兵,未几告病归。江人思其德,奉祀于金鸡阁旁忠勇祠。同治十年,绅民复立景义社,置祀田,岁于重九祀之。①

郭嵩焘因为地位次于毛鸿宾,在与毛的联衔会奏中,两人的态度都是站在卓兴一边的。当同治四年(1865)四月、五月间发生土绅冯典夔等京控案,指责广东政府庇护卓兴之时,毛、郭会奏称:

(五坑之战时)卓兴屡次进攻,终以匪多山险,未能荡平。迨该客民捆送戴梓溃一犯,卓兴乃定议以那扶、金鸡、赤水三处分地安插。当时臣嵩焘以客民产业十倍于此数处,指名安插,原不为过,然此议倡之自官,必将有任其咎者,盖亦预知土民之必不能相容也。卓兴持议太坚,办理亦稍激切,致令土民纠众相抗,进退两穷,勉强安插,明知不能相安,而其势舍此别无办法,臣等亦无从禁制。……卓兴力主安插客民,本为土民所恶,又以迅速定局,近于操切。而以此责其庇匪虐民,恐亦未足以服卓兴之心。②

但郭在私下里则对毛不时表示不满。

应该说,郭嵩焘对卓兴并无多大成见,主要是对毛鸿宾的意见。郭在上述奏折的"自记"中称:"督辕一意徇卓兴之私,听其愚弄而已。冯典夔控案,亦由督辕庇护卓兴,畸轻畸重,有以激成之。"③此前在《官军追剿客匪发贼迭获全胜生擒贼首余匪窜散现饬委员察看情形分别办理疏(会总督衔)》一折的"自记"中,郭嵩焘对毛鸿宾袒护卓兴

---

① 民国《阳江县志》卷25,《职官五·宦迹》。
② (清)郭嵩焘:《前后办理土客一案缘由疏(会总督衔)》,《郭嵩焘奏稿》,长沙:岳麓书社,1983年,第199—200页。
③ (清)郭嵩焘:《前后办理土客一案缘由疏(会总督衔)》,《郭嵩焘奏稿》,长沙:岳麓书社,1983年,第197—201页。

第十章 斗祸的基本解决

一事更是大发牢骚："肇庆土客一案，卓兴阳持剿客之义，而阴与之比。督辕一意私徇卓兴，交相为利而已。此等奏案，把笔唏嘘。督辕辄多加铺张之词，能无感喟！"①

我们应该看到，毛鸿宾与卓兴，在办理土客斗祸之事上，态度是积极的，方法也有值得肯定之处。如同治三、四年间，在安插客民问题上，毛的态度是，"此后如有肇衅生事，不论土客，但论是非，严加惩办，以杜祸端"。卓兴负责护送客民队伍赴安插之地，常常遭遇土队骚扰，卓兴采取的方法是"来则严拒，去不穷追"。②

另外，郭嵩焘的行为处事也确有意气为先、容易招致非议的一面。

如与广西的矛盾。同治四年三月，时任广西布政使的刘坤一为军援之事发牢骚道："东省不唯不发子药，其语更难入耳，以后毋庸再往请领，祇取辱焉，即下欠之三千斤，亦饬刘金友无须守候矣。"③广东筹饷压力已如前述，郭嵩焘在日记中也说："广东之患，在于富名太著。凡言事者，语筹饷必盛举广东。"④

如与继任粤督瑞麟的关系。同治四年二月上旬上谕：两广总督毛鸿宾降调，以漕运总督吴棠署两广总督。下旬又谕：以广州将军瑞麟暂署两广总督。⑤毛鸿宾调任后，郭嵩焘与新任粤督瑞麟的关系仍然屡有抵牾。主要表现在以下几点。

一是郭认为瑞麟用将不当。同治四年，"方耀防堵平远数月，闻贼至而先期避去，致全军溃散，经臣与毛鸿宾奏参。镇平贼退，郑绍忠跟踪收复，数日而贼反扑，致损锐气。卓兴住省两月，索旧欠二十万

---

① 《郭嵩焘奏稿》，长沙：岳麓书社，1983年，第70页。按：此类"自记"系郭嵩焘在自行选定的奏疏篇目后所加（这些篇目形成了王先谦编定的《郭侍郎奏疏》的基本框架），所在多有，多为真情流露。
② 毛承霖编：《毛尚书（鸿宾）奏稿》卷16，《安插就抚客民并土人先抗后遵情形折》，同治四年二月二十六日。
③ 《刘坤一遗集》（四），北京：中华书局，1959年，第1583页。
④ 《郭嵩焘日记》第2卷，长沙：湖南人民出版社，1981年，第116页。
⑤ 《清穆宗实录》卷129、卷130。

以行,由老隆调赴兴宁,径报率勇归家,已而复称各勇均经招回。瑞麟概不查问。作辍自由,上下相蒙,一意包含,养成尾大不掉之势"①。

二是郭认为瑞麟作战无能。同治四年十一月,郭嵩焘致李瀚章函云:

> 始兴防堵情形深所未解。粤以郑绍忠、曾燮堂、任松楼、曾挚民四营专防北江,皆良将也,鄙人亦颇主张之,未可厚非。始兴江口之宜防,亦屡函告存斋,并远丐楚军会办,此吾志也。……窃观今日之大老(粤督瑞麟)所以用心有二:一则以邻为壑,丐其速击;一则宁竭资奉之,丐其投诚。②

三是郭认为瑞麟专权。郭曾奏称:"长乐失守,惠州戒严,沿江盗贼蜂起,经司道等会商请臣驻扎惠州,借资镇压,乃蒙督臣面斥司道,责臣越职侵权,有意陵冒,臣实茫然。"并因此"大触忌讳,为公为私,均难理测。(瑞麟)且至对众宣言:'抚臣欲加整顿,一参卓兴而卓兴反,一参方耀而方耀反,此二人憾抚臣方深,一出省且举兵围之索饷。'"另外,郭嵩焘认为瑞麟对武将"一意交欢"以及粤省风气败坏,与瑞麟的幕僚徐灏有关:"查瑞麟慈柔宽裕,狃于见好。如去年九月,旗营因积欠哗噪,立时筹放数千金;本年五月哗噪,又筹放数千金,始终不惩儆一人。……仍乞严饬瑞麟,先将该署幕友徐灏摈退,稍清其流,无任盘踞把持,败坏风气。"③

郭在日记中更写道:"毛公(鸿宾)以傲狠为能,此又以阴凝为力,两俱不可共事,而毛君优矣。"④相比之下,郭认为毛还略好一些。瑞麟系慈禧亲信,郭氏不识,为自己去位埋下一个伏笔。

---

① 《郭嵩焘奏稿》,长沙:岳麓书社,1983年,第244页。
② 太平天国历史博物馆编:《清咸同年间名人函札》,北京:档案出版社,1992年,第155页。
③ 《郭嵩焘奏稿》,长沙:岳麓书社,1983年,第245、246页。
④ 《郭嵩焘日记》第2卷,长沙:湖南人民出版社,1981年,第251页。

第十章 斗祸的基本解决

当然,为了给郭嵩焘一个面子,清廷有时对郭、瑞二人的负气之争就来个各打五十大板的做法。同治四年十月上谕:

> 前因郭嵩焘奏广东军务约有数误,请将督署幕友徐灏摈退,当经降旨交左宗棠查办。兹据奏称:卓兴、方耀于贼匪退窜之后,屡次追剿迟误,并广东省办理军务贻误各情,所延幕友亦未能得人各等语……。瑞麟、郭嵩焘以督抚大员同城办事,自当和衷商酌,乃瑞麟于郭嵩焘商办之事,未能虚心体察;郭嵩焘因瑞麟未经允从,负气上陈,所见殊小。均著传旨严行申饬。倘经此次训诫之后,不思公忠为国,力改前非,必将瑞麟、郭嵩焘重治其罪。瑞麟幕友徐灏既不得力,即著驱逐出署,不准在广东逗遛(留)。①

使郭嵩焘最终去位的个人因素是他与闽浙总督左宗棠关系的恶化。左宗棠当时负责闽粤交界的太平军余部的围剿,军情紧急,屡次向广东方面催款,而广东方面自顾不暇,加上其他因素,导致左对郭多次参劾。郭在公开、私下也往往反唇相讥,如在同治四年十二月致李瀚章函云:"左帅诃斥粤人不少假借,即私函往复无所不用其诋诃。鄙人亦视粤人无一不足诋诃者,而藐躬独所不任,受悠悠之怨谤,处之怡然。左帅非悠悠者,尤所不愿受古人亡羊补牢之喻,亦姑求所以自治耳。"②两人的关系在汪荣祖所著《走向世界的挫折——郭嵩焘与道咸同光时代》有关章节中有较完整的记叙。③兹不赘述。后来,经左宗棠保举,湘军战将、浙江布政使蒋益澧调任广东,取郭而代之。郭去位后,长期闲居于老家,直至光绪元年(1875)才重新起用,先任福建按察使,旋任出使英国大

---

① 《清穆宗实录》卷157。
② 太平天国历史博物馆编:《清咸同年间名人函札》,北京:档案出版社,1992年,第164页。
③ 〔美〕汪荣祖:《走向世界的挫折——郭嵩焘与道咸同光时代》,长沙:岳麓书社,2000年,第九章"粤东攻防与左郭交恶"。

臣,为清朝首位驻外使节。

郭嵩焘去位后,左宗棠还怕他与自己所荐的蒋益澧过不去。这一点在同治五年(1866)十一月郭嵩焘致李瀚章函中可见:

> 左君遍致友朋书,极力表彰蒋君,以发鄙人之短,且忧及鄙人□□蒋君。义山诗云:"不知腐鼠成滋味,猜意鹓雏竟未休。"人心世事如此,能无浩叹?屈原哀楚之将亡,征其由曰:"兰芷变而不芳兮,荃蕙化而为茅。"左君行径,岂独友朋道丧而已![①]

实际上,此前此后郭嵩焘对蒋益澧确实是有所"訾议"的。如同治五年七月郭嵩焘致李瀚章函云:

> 蒋公(益澧)新政有骇听者二事:一保举一二员,至檄饬司道查其劣迹详办;一前后获犯未经讯结者数十人,皆纵遣之。粤东友人书未知确否。而左君与人书,报称蒋君盛德,谓必有益于粤,而以鄙人訾其倾轧,忧蒋君之不能永誉。详其语意,盖疑鄙人有所訾毁也。彼蒋君者,何足当吾之訾毁?而欲使含忍为左君讳过,则固不能。[②]

同治六年(1867)九月,郭嵩焘致李瀚章函又云:

> 蒋生(益澧)骛名已甚,乃欲托之笔墨,以自壮其忠悃。左季高(宗棠)专意作伪,其所成就大都此种。外间传言瑞君(麟)与将军(时广州将军为庆春)、都统、监督(指粤海关监督师继瞻)联名揭其十款。中有一款逼毙巡捕蔡书台,则粤中早有书见告,闻之怆然。粤俗强陵弱、众暴寡,视为固然,蒋生无故拥兵数千,肆

---

① 太平天国历史博物馆编:《清咸同年间名人函札》,北京:档案出版社,1992年,第168页。
② 太平天国历史博物馆编:《清咸同年间名人函札》,北京:档案出版社,1992年,第164页。

第十章 斗祸的基本解决

行强暴,未尝不可震慑粤人。惜其倒行逆施,一以无道济之耳。左季高附会揄扬,规以自解,终竟何益?①

尽管郭嵩焘与两任粤督关系不洽,常常流露出自己不能专权的感伤,但从他与两任粤督的许多联衔奏章中,可以发现,他还是尽心尽责于协调处理土客斗祸的。郭嵩焘本人对斗祸也是经常关心、察访。此举二例。郭嵩焘在同治二年九月十二日的日记中称:"与沙鉴堂太守论土客之变甚悉。"②在同治四年六月初六日的日记中称:

> 郭毓六自那扶归,叙述客民惨毒情绪,并有意劫留之,至于挥刀自刺。客绅黄焕章、陈伍聪、杨元椿等皆引去,是日乃回至恩平。现在客民头目,文者黄焕章,武者韩端元。黄曾充书办,在那扶所部客民皆称之大人。③

这些仔细察访,使他得以了解斗祸中客民队伍的具体情形,以便布置。

最后补充一点,郭嵩焘与两任粤督不和,除了他自身性格及人际关系的因素外,清代政治结构中的督抚同城也是一个原因。郭嵩焘曾感叹道:"天下岂有两政并出,而能有裨于民生国计者哉!"④同治五年(1866),他在离任时对该问题向朝廷做了剀切指陈:

> 巡抚例归总督节制,督抚同城,巡抚无敢自专者。……与总督分省之巡抚,军政民事一听主裁,与总督同城之巡抚,军政既不得与闻,民事又须受成总督。一则虚列其衔,一则两操其柄,是从前

---

① 太平天国历史博物馆编:《清咸同年间名人函札》,北京:档案出版社,1992年,第178页。
② 《郭嵩焘日记》第2卷,长沙:湖南人民出版社,1981年,第131页。
③ 《郭嵩焘日记》第2卷,长沙:湖南人民出版社,1981年,第174页。
④ 《郭嵩焘致李瀚章函》(同治四年九月),《清咸同年间名人函札》,北京:档案出版社,1992年,第152页。

督抚同城,名存而实去者,仅一巡抚;自顷数年,则督抚之名实两乖,而巡抚乃尤为失职。……各直省吏治人心之敝,闽粤为尤甚。细究其由来,数十年瞻顾因循,酿乱保奸,实以督抚同城之故。以言其事既如彼,以言其效又如此。历来同城督抚,互怀猜忌,相为敌雠,独于公事,一切雍容坐视,以求免于嫌怨。承平日久,循例守职,亦庶几可以寡过。处多事之时,承积疲之俗,而多所牵制,苟安无事,以谓之和衷,朝廷独焉赖之?自古中材多而贤人少,皇上委任疆吏,但使中材,足以自守,其间一二贤者,弛张有时,自可相维于不敝。督抚同城,则贤者永不得有为,中材亦因以自废,此臣所谓急宜变通者也。……广东督抚两标及两署书吏分别裁并,营政、吏治、关税、盐务四者未尝不可整饬。权分则情多乖,责专则事易集,不独于地方补益甚巨,其裨于国家之经费亦必多矣。①

作为"贤者"的郭嵩焘对督抚同城之弊的议论,乃 40 年后清末"新政"改革的主要内容之一。

上述围绕郭嵩焘展开的对同治初年广东政局军情的讨论,说明土客斗祸的迁延不决,既与种种客观因素有关,也与广东主政大员自身的素质与相互之间的矛盾有着密切的关系。

四、蒋益澧与斗祸的基本解决

蒋益澧其人

同治五年二月,清廷颁布上谕,"命署广东巡抚郭嵩焘来京,以浙江布政使蒋益澧为广东巡抚"②。

---

① (清)郭嵩焘:《请酌量变通督抚同城一条疏》,《郭嵩焘奏稿》,长沙:岳麓书社,1983 年,第 331—333 页。
② 《清穆宗实录》卷 170。

第十章 斗祸的基本解决

蒋益澧,字芗泉,湖南湘乡人。咸丰三年(1853),太平军攻陷岳州,蒋益澧由文童随大军复城,以功叙从九品。四年(1854),随克湖北黄梅,晋县丞,赏戴花翎。十二月,官兵进规九江,取道白水港,太平军乘其半渡击之,益澧偕道员罗泽南等分途迎剿,败之,又败之于小池口。五年(1855)三月,进攻广信,驻军城西乌石山,益澧以所部驻山石为犄角,太平军见营垒未定,悉众来攻,益澧严壁以待,"俟其怠,纵击之,斩渠数人于阵,直逼城下,诸军蚁附而登,服其城"。七月,进兵义宁州,入州故有二道,一由坑口达西门,一由乾坑入鳌岭,达北门,罗泽南侦知鳌岭三峰相连,形胜可据,潜师直进,而先命益澧驻乾坑,太平军以二千人来攻,复分七八千人出坑口,抄官军后,林箐深密,伏敌莫测,益澧谓诸将曰:"今以数百人当七八千贼,不死战,尽殒于贼矣。"①部众振奋,益澧挥兵直前击之,太平军败北,益澧追北十余里,会师于鳌岭,乘胜急攻,拔之,捷入,以知县升用,加同知衔。九月,复蒲圻,克武昌,益澧皆在事有功,擢晋知府,赏换花翎。

咸丰七年(1857)十一月,益澧进兵讨平广西"艇匪",加按察使衔。八年(1858)四月,巡抚劳崇光以益澧剿敌屡胜,疏请留于广西,以道员补用,允之。九年(1859)八月,因为恃功蔑视同僚,被学政李载熙疏劾,有"贪鄙任性,偾事殃民"等状,疏入,咸丰帝以益澧尚有战功,革去布政使,以道员留于广西差委。十月,湖南巡抚骆秉章疏言:"蒋益澧少年气盛,阅历甚少,自以身经百战,颇习兵事,每论戎机,于僚属多所凌忽。臣早经虑及,然广西一省除益澧所部,实别无兵勇可以调拨。"巡抚曹澍钟亦疏称:"益澧年轻性急,间有过当,于伤病士卒,未能优恤,致有刻薄寡恩之谤,……请宥其罪,仍以道员留省。"清廷允之。②咸丰十一年(1861)七月,授广西按察使,进驻平南,会

---

① 《清史列传》卷50,《大臣画一传档后编六·蒋益澧》。
② 蔡冠洛:《清代七百名人传》(名宦祀),《蒋益澧》,第1066—1070页。

总兵李扬升水师攻浔州,复之,以功开复布政使原官,并赏三代一品。

同治元年(1862)正月,清廷授蒋益澧浙江布政使。蒋益澧与太平军战斗经年,有复杭州之功,后护理浙江巡抚。五年(1866)正月,清廷命办理广东军务,兼筹粮饷。二月,授广东巡抚。六年(1867)二月,"五坑客匪倡乱,督军剿平之,客目黄焕章等投诚,分别遣散,安插于高廉各府及贺县、贵县等处,偕总督瑞麟,疏请将客民读书子弟另编客籍,每二十人取进一名,均如所请,六月因病请开缺,优诏给假调理。"十一月,总督瑞麟疏劾蒋益澧任性妄为,列款入奏,清廷命闽浙总督吴棠查办,吴棠奏称:

> 蒋益澧久历戎行,初膺疆寄。到粤东以后,极思整顿地方,兴利除弊。惟少年血性,勇于任事,凡事但察其当然,而不免径情直遂,以致提支用款,核发勇粮,及与督臣商酌之事,皆未能推求例案,请交部议处。①

经部议,蒋益澧被降四级调用,上谕改为降二级,以按察使候补,发往左宗棠军营差委。同治七年(1858)二月,授山西按察使,以病给假回籍。八年(1859)正月,开缺。十三年(1874),因边疆有警,"命来京陛见"。十月入都,十二月暴病身亡。旋据太常侍少卿周瑞清疏言:

> 益澧谋勇兼备,调度有方,治军严明,秋毫无犯,有古名将之风。臣籍隶广西,见闻所及,知之最详。粤西之危而复安,实赖该员之力。合省士庶,颂德歌功,亿万人如出一口,奏乞优恤。

奉旨开复原官,照巡抚例赐恤,生平政绩,宣付史馆立传。②

---

① 《清史列传》卷50,《大臣画一传档后编六·蒋益澧》。
② 《清史列传》卷50,《大臣画一传档后编六·蒋益澧》。

· 第十章　斗祸的基本解决 ·

光绪元年（1875）、三年（1877），两任浙江巡抚杨昌浚、梅启照等奏称蒋益澧生平事迹，请求予谥，得予谥"果敏"。这位屡立战功、又因与人难以相处而屡遭弹劾的蒋益澧总算种得"善果"。

蒋益澧"剿抚兼施"与斗祸的基本解决

同治五年（1866），就广东境内而言，令清廷最为头疼的太平军汪海洋、李世贤部已被消灭，此前，高州信宜方面的洪兵大股也被消灭。但是，当时存在的军事问题仍然不容忽视，尤其是其将面临的土客斗祸——客民队伍历年战守，聚集于恩平之那吉、高明之五坑、新宁之曹冲、赤溪等地，不仅与土民对垒，也时常拒敌官军。所以，清廷对蒋益澧赴粤抚之任寄予厚望。同治五年三月上谕称：

> 蒋益澧奏赴程起粤（按：原文如此。应为"起程赴粤"。）日期并拟酌带亲兵前往一折。广东民俗强悍，降众散处，伏莽遍地，抢掳各案，层见叠出。西江土客，械斗成风，蔓延日甚。该抚到省后，务当整顿营伍，讲求吏治，并选择贤能地方官，实心经理。中外通商各要口事宜，尤须与瑞麟和衷商酌，体察时事艰难，以期顾全大局。提督高连升所部，多系降众，将弁中亦鲜能事之人，于地方办理土匪事宜，未能应手。该抚拟于酌带亲兵数百人外，再添带部勇数营赴粤，藉资分布。著即照所拟办理，俟粤东通省肃清后，再行酌量裁撤。粤东饷源枯竭，蒋益澧以该省前曾协济浙江军饷，并筹发该抚一军接浙饷银三十余万两，现拟暂由浙省筹银一二十万两，移济广东目前之急。著马新贻即行设法，迅筹接济，不得稍分畛域。卓兴、方耀所部勇丁，业已陆续裁撤，所欠之饷，务须设法核实清理，不得任其虚冒。①

---

① 《清穆宗实录》卷173。

同治五年、六年间,广东政府办理土客斗祸主要集中于曹冲、赤溪、那吉、五坑等客民"负固"之区。那吉、五坑等地的战事与平定,前文已有铺叙,这里我们将以曹冲、赤溪、田头为重点展开。

署两广总督瑞麟与广东巡抚蒋益澧对当时土客械斗的总体战略是"添调兵勇、先剿后抚"。蒋益澧的进兵首先是指向那吉等地。这一思路得到了清廷的赞许:

该匪等被剿势穷,果能真心悔祸,自当恩威并用,设法安抚,其著名匪首,必须一一殄除,收其军械,毁其营垒,方可相安无事。土民中如有肆意欺凌、不安本分者,并须随时拿办,以儆凶顽。总之,分良莠不分土客一语,已得要领,该督抚当仰体朝廷一视同仁之意,毋得听信土民一面之词,致客籍被胁良民尽遭惨戮。是为至要。①

同时,清廷要蒋益澧亲自率队进兵那吉等地——由巡抚率兵前往平定斗祸,这在斗祸发生的十余年间是不曾有过的。同治五年八月上谕称:

广东土客互斗,仇衅已深。此次客匪竟敢明目张胆,筑垒抗拒官兵,实属目无法纪。瑞麟、蒋益澧现已饬令副将徐文秀等,带兵直抵恩平,择要进剿,即著该督抚督饬诸军,分由大田、坳底、大槐等处,探踪前进,并添派劲旅,由黄坪取道那龙,以次助攻,仍先断贼接济,期于有胜无挫。梅启照炮队练成,著即饬令督带前往那吉等处助攻,以资得力。蒋益澧察看贼势,如果狡悍难制,即行出省调度,用收一劳永逸之效。②

---

① 《清穆宗实录》卷182。
② 《清穆宗实录》卷182。

第十章 斗祸的基本解决

当月，实授广州将军瑞麟为两广总督（前为署理）。①

本来，徐文秀等部在恩平等县与客民作战时，蒋益澧应该遵照清廷谕旨，亲往督战，但是，此时新宁方面的情形使他改变了前往恩平的主意。

当时新宁土客互杀，虽然土民人多势众，但在战事上很难占据上风。如在八月，"客贼破五福村，环村掳女子数人"；在九月初五日，"客贼陷莘村，生员麦兆镜死之，杀掳三百余人"②。在此情况下，土民再次掀起一股控告、"乞师"之风。据民国《赤溪县志》记载，同治五年九月，新宁浮石乡土绅赵树藩等"知己力不足图客"，便隐瞒真情，捏称固守曹冲、赤溪等处的客民"原多红匪余孽，及各属撤回散勇窜聚其间，劫杀土著，声势浩大"等词，请求省宪派兵剿办，又叫其他人持内容相同的控词，分赴各宪衙门呈诉。当时总督瑞麟"素知土人与客人因分声相仇杀，不为所耸惑，惟巡抚蒋益澧初莅任，不察其中是非，以土则千百控告而客莫诉一词，遂信客为匪，批准剿办"③。尽管上谕有"毋得听信土民一面之词"，但蒋益澧此时觉得"暴力还得靠暴力来解决"，所以难免"不察其中是非"。

而且，当时恩平那吉等地的战事已经基本结束，蒋益澧决定调派大军围攻新宁曹冲、赤溪等处。十月，蒋益澧委督粮道梅启照、参将尚昌懋先统抚标营到新宁浮石驻扎。十一月，调总兵徐文秀、周廷瑞、李运荣等督带湘军数万④，分屯都斛、镇口等处，进逼赤溪、田头。由于曹冲、赤溪背山面海，蒋益澧知道仅仅依靠陆师还不够，又移咨水师提督任星元札饬副将黄廷标率水师大小船只100余号，自独崖岛直下角嘴，"节节湾泊，时用巨炮轰击曹冲，水陆并进"。

---
① 《清穆宗实录》卷183。
② 光绪《新宁县志》卷14，《事纪略下》。
③ 民国《赤溪县志》卷8，《赤溪开县事纪》。
④ 按：这是民国《赤溪县志》卷8的说法，"数万"军队都是湘军值得怀疑，如徐文秀部应属广东绿营。

但是，令蒋益澧意想不到的是，他的战阵尚未布置完毕，便遭到客民一次重击。十一月二十五日，土人"诱导"湘勇1000余人越过东坑迳，"故使"深入客民据守的磅礴内地。当时客民勇目唐辛亮率壮丁100余人在磅礴洞警戒，突然看见大队前来，怀疑是土勇队伍来攻击，即向前"抵御"，误杀副将翁桂秋及湘勇数百名，获马9匹。①

遭此败绩，蒋益澧令总兵徐文秀等各将迅速统兵到东坑迳、狮山等处驻扎营盘。十二月初布置停当，准备向赤溪、田头发起攻击。又由水师用小船运载兵、炮到孖洲、神洲山顶驻扎，用大炮轰击曹冲。但攻击月余，未获寸功。②延至同治六年正月十九日，蒋益澧不得不增派援兵，调提督高连升统兵3000人至塘美，驻营狮山洞。二十二日，蒋益澧令各军向田头发起总攻。客民不但坚守住阵地，且在反击中击毙副将王东林、贺国辉2人，并击毙兵勇数百人。

在另一路，协镇郑绍忠率领安勇3000人攻赤溪，也被打死安勇100余人。

二月，官兵仍不时进攻田头，俱不克。③

有记载说，1949年前的田头地区人口不足万人，碉楼林立，随处可见。田头墟不过几千人，建有城墙、护城河，西、北两大门筑有不少明碉暗堡。东边山顶还有两座碉楼居高临下，虎视眈眈。田头墟设防相当严密，分为两道防线，第一道防线护卫墟镇，第二道防线远离墟镇十几公里，在通往墟镇的东南西北四个出口各筑一座碉楼：长沙村海滩碉

---

① 民国《赤溪县志》卷8，《赤溪开县事纪》。按：这段记载可能是《赤溪县志》的曲笔。"诱导"当为引导，土民"故使"则没必要，也不敢，因为湘军自恃为善战之师，初时可能并不把客民放在眼里，轻敌冒进，才有此败。至于100余客民杀死数百湘勇，恐有后续增援力量加入，因为磅礴与曹冲、赤溪等地相距甚近，否则"战果"令人生疑。
② 民国《赤溪县志》卷8，《赤溪开县事纪》。
③ 民国《赤溪县志》卷8，《赤溪开县事纪》。按：此时的客民俱系"杀戮余生，久经战斗，视死如归，又恨官兵不察客情，助土为虐，奋御尤力"，故当时士气强盛。此外，客民战术使用得当，当官兵整队进攻时，客勇以三四十人为一队，"冒死前进，分途截杀，起伏无常，使官兵无从策应，致多失败"。

第十章 斗祸的基本解决

楼,扼南海通往内陆的水道;狮岗村背扶碉楼,镇守铜鼓通往田头的山门(该碉楼今存);北闸村山顶碉楼,把守通往赤溪的去路;冲金横塘村碉楼,固守通往斗山镇的去路。① 从这一防守布局来看,田头碉楼应为"斗祸"期间遗留,后来在晚清及民国时仍在发挥作用。上引资料称,这些碉楼曾被"山绿"(土匪)、"土绿"(地霸)盘踞占领过。

官军锐气屡挫,使蒋巡抚大失颜面,遂亲统大军来攻。同治六年(1867)三月初,蒋率军抵达前线,驻营浮石,又在狮山分设行营。蒋下令分两路进攻:一路由总兵徐文秀率领,攻赤溪;一路由副将周廷瑞、李运荣率领,驻营冲金山顶,进逼田头。

周廷瑞一路的战术是派霹雳营连日从圆山顶轰击田头,所用"天花炮",十分厉害,可造成大面积杀伤。据后人回忆,这种炮的口径都在10厘米以上,形状与虎门炮台的古炮相似,当时田头人称之为"大狗",是用火药直接装入炮管,并加入一层沙土压实,再放进一个与大炮口径相符的圆铁球炮弹,装上火线,然后点燃发炮。客民也有对付的方法:炮弹落下至爆炸,有短暂间歇,妇女儿童每见炮弹打来,即争先趋前,摘去火线,将炮弹缴局,局绅给以赏银,得弹内火药以资用。

清军为了显示炮轰的声势,有时在晚间竟将铁锁链装入炮管作为炮弹。这种炮弹打出来像一条火龙,带着呼啸声横空而过,十分吓人。

一位后来定居于海南省的老人回忆道:

> 有一次,我的祖母(当时才二十岁),在田头背夫山给自卫队做饭,一大锅粥还未煮好,就被这种铁锁链炮弹连粥带灶摧毁。当我的曾祖父领着我的祖父等几名自卫队员赶到现场,原以为祖母必死无疑,忽然发现祖母躲在柴草堆里一动不动。原来,铁锁链打来时,刚好她在炉灶下边的低处取柴火,铁锁链从她头上呼啸而过,

---

① 林峰:《侨乡碉楼话沧桑》,载《赤田风情》(《田头侨刊》增刊),1994年。

一阵狂风似的把她刮倒在地。①

这场拉锯战又持续半月余,田头等处并未遭到毁灭性打击。蒋益澧决定改剿为抚。促使他改变主意的有以下四点。

一是在战事期间,蒋益澧时常巡营,当他来到冲金山顶,瞭望田头堡内,"每战事甫休,即农满田畴,妇任樵采,耕薪守御,咸有秩序,且堡内时有儿童读书声"。心中颇有触动。此时督粮道梅启照又以"耕田不做贼,做贼不耕田"之言进。

二是数万大军围攻田头、赤溪、曹冲等处已经数月,不但未能撼动客民根基,而且,客民还"迭出大队扑我营垒"(蒋益澧语),令官军屡屡损兵折将。故这场战争持续至何日方休,尚不得而知。

三是如同民国《赤溪县志》的作者所说,蒋益澧对自己听信土民的一面之词感到后悔:"益悔向为土言所惑,以匪剿之,为有乖措置,亟思安辑,以图补救。"②

四是清廷早有谕旨,"分良莠不分土客",可以剿抚兼施。战胜之后之抚固然光彩,战而不胜而抚也不是太丢面子。

在客民一方而言,他们属劫后余生,能够停战息兵,别开生路,自然是求之不得,何况他们早有请求官方调停之意(如截留高廉道英秀请求调停)。

在这种情况下,蒋益澧于同治六年三月下旬派出委员到赤溪局,劝谕客民"毁寨缴械,与土人联和"。局董杨梓钊、吴福堂等即缮具诉词,于二十四日交委员转呈蒋益澧。"诉词"一方面"称冤",一方面将斗祸因果剀切指陈:

(新宁客民)世居六七代,安居百余载,丁口三十余万,烟册

---
① 陈房郁:《铁锁链当炮弹与田头赤溪人》,《田头侨刊》1996年第10期。
② 民国《赤溪县志》卷8,《赤溪开县事纪》。

第十章 斗祸的基本解决

可查；……咸丰六年被土绅李维屏、陈郁良等阴串恩、开土绅，联谋灭客，四面围杀，连年焚毁，客村数千乡焚烧殆尽，客田数千顷占踞霸吞，坟骸挖灭无遗，男妇百杀一存，前之三十余万，兹仅四万有奇。……迫着含冤，哀吁宪前，伏乞止戈为武，宏施格外之恩；不杀为仁，大振好生之德。将产换产，毋使流离，难赤作为他乡饿鬼；以业兑业，毋使失所，残黎转为异域哀鸿。①

蒋益澧接到这份"诉词"后，立即作出批示。其要点有：

其一，说明自己为何要出兵，他说："土客皆吾赤子，而秦越一方共处，势不能日久相安，是以不得已而临以兵威。"

其二，以恩平及高明五坑客民的安插、被监禁的客目黄翼泰、韩瑞元、黄焕章等被开释并"授职"之事，劝谕客民于"奉批后三日内，派出公正绅耆数人，亲赴本部院大营，听候面谕事宜"。事定之日，当照黄翼泰等旧章，酌予超拔。

其三，如果客民能"革面洗心，将旧存军械全行缴出，炮台木栅悉数拆毁"，各客民可或徙或留。

其四，凡土民家藏军械、炮台土围，亦必一体勒令具缴、拆毁，与客民"共修和好，永息争端"②。

虽然客民有求和之意，但蒋益澧的批示中限客民在三日内派绅到营"听候面谕事宜"，还是令诸位客绅感到恐慌，因为当时"各绅以客民受逼屡抗官军，恐宪威莫测，无敢往者"。延至四月初旬，蒋益澧又派委员侯振纲（嘉应州人）带谕来赤溪，促令派绅到营参谒，众绅仍然疑惧，无敢往者，最后还是杨梓钊"不以生死为念"，先具供状交侯委员带呈，又于初八日约同田头局董吴福堂同到冲金大营，面谒蒋益澧，最

---
① 民国《赤溪县志》卷8，《赤溪开县事纪》。
② 民国《赤溪县志》卷8，《赤溪开县事纪》。

终确定"与土人息斗联和"①。

"以产换产"与划设赤溪厅

客民愿意放下武器只是土客联和的开始。同治六年四月十六日,蒋益澧发布《谕土客联和告示》,通告土客绅民"释嫌、缴械、联和、以产换产"。这份告示详细陈述了斗祸的起因、危害、官方态度与办理意见,虽然不乏偏见,但内容翔实,不妨照录于下:

照得土客本非异类,同为圣世蒸民,百余年来邻乡比室而居。揆之乡党邻里之意,至为亲密,纵不能同关休戚,亦何至遽肆伤残。岂期衅起鸡虫,斗同蛮触,经年累月,祸结兵连,逞一朝之忿以称雄,结数代之仇而莫解。绅者既不严加约束,官吏复不妥为调停,相率因循,竟成痼习,为日愈久,酿害愈深,毁田园庐墓而快其凶残,掠子女玉帛而居为奇货,抢掳斗杀,无所不为,诰诫文词,几同虚设。

本部院上年奉命来粤,稔知尔等积怨深仇,已如牢不可破,若非沉舟破釜,彻底清厘,断不能挽此颓风,使之相安无事。是以遴派文武大员,酌带兵勇,先赴恩平,续诣五坑,次第查办。各客民均已遵谕分别遣留,惟曹冲客民抗谕称戈,戕我将士,可恶已极。本部院用是统军挞伐。现已据输诚悔罪,准其汤网宏开。业经奏请设官驻兵弹压,以期久安长治。

其营制规模未定以前,暂行拨兵入寨保护,且于土客接壤处所,划分界限,逐处竖立石碑,毋许再有侵越争竞。凡曹冲、田头、赤溪、磅礴、铜鼓以内田庐均割归客民耕管;其客民旧有之冲蒌、五十、四九、那扶、深井、大窿洞、三合等处田亩,亦已委员会同新宁县督同公正绅耆,确切清查,拨给从前田头、赤溪、磅礴

---

① 民国《赤溪县志》卷8,《赤溪开县事纪》。

第十章 斗祸的基本解决

等处被逐土民耕种,俾令饘粥自谋,不致流离失所,从此各安耕凿,重敦睦让之风;共处州间,同享升平之福。

本部院苦心孤诣,开诚布公,原欲使尔等痛革前非,胥归和好。在土民当思客民此次已为官兵痛加惩创,人亡财竭,尽足以吐其不平之气;在客人亦当知抗官犯顺,罪恶弥天,今不予加诛,复割土人田头等处田庐,资其糊口,又复设官驻守,以资保卫,并奏请增学额以培士气,亦可谓仁至义尽。尔等务须仰体本部院一片血诚相待之意,切勿轻蹈前车,自贻伊戚,合亟出示晓谕。

为此示谕土客绅耆四民人等一体遵照:当思鹬蚌争持,几曾得利;虎狼相噬,两败俱伤。与其费无益资材,视人命为草芥,卒至身家败丧,自底灭亡,曷若含忍须臾,毋相倾轧。咏梓桑而动念,宜深恭敬之忱;共井里而联欢,应识扶持之谊。本部院将以两造之从违,判一时之良歹。迷津可渡,自新者请听指南;法网难宽,不悛者定当投北。各宜回首,毋致噬脐。①

"以产换产"是蒋益澧根据当时新宁土客双方事实上的割据状况确定的。详情见下文蒋益澧"分疆划界告示"②。

当时土客双方因相斗多年,人心厌乱,均愿遵示联和,但也有客民对上述方案表示不满者,认为原先新宁县属东西路客村田产甚多,现在所割归者只赤溪、五堡一隅,相抵未及半数,不敷耕种,请另割地方安插,但未获允准。

尽管如此,客民终究没有再做计较,随后即将枪械悉数缴至蒋益澧军

---

① 民国《赤溪县志》卷8,《赤溪开县事纪》。
② 按:"以产换产"的设想在同治四年(1865)毛鸿宾办理恩平客民的安插事宜时即已提出,他说:"现在土民已经解散,客民已经安插,界内客民旧产已为土民占者固须迁让,其有不愿与客民杂处者,饬地方官查明,准其将隔乡无主客产更换安业。"见毛承霖:《毛尚书(鸿宾)奏稿》卷16,《安插就抚客民并土人先抗后遵情形折》,同治四年二月二十六日。但那次安插因斗祸重开而失败。

营验收。

四月十九日，客民又因遭离乱多年，省墓情急，"呈蒋巡抚出示晓谕土客坟墓照旧管有保护"。诸事未定，百业未复，先想到要去扫墓，充分印证了我们在第一章中所说的"客家民俗特征"之丧葬内容。蒋益澧也考虑到这一情节与土客联和成功与否极有关系，即颁布《劝谕坟墓互相祭扫告示》：

> 照得追远报本，为人后之至情；守望扶持，亦同井之大义。自尔等土客构衅以来，日事干戈，几至不遑宴处。凡尔等先人丘陇，多有陷于仇乡，久虚展拜之忱，盖多历年所矣。现在曹冲等处客众悔罪归诚，真心就抚，本部院仰体神武不杀之心，天地好生之德，微特宏开法网，且为尔等讲睦修和。……查土人有祖坟在于客境之内者，客民亦有祖坟在于土境之内者，自宜春秋展视，以遂孝思，但恐乡愚无知，前嫌未释，乘往来祭扫之时，又启彼此纷争之渐，则大负本部院一视同仁、教孝教慈之苦心矣。合行出示晓谕。为此示谕土客绅民：……不得阻拦争执，平日两造坟茔，尤当互相保卫，不许再有侵葬毁废情事。从此各安耕凿，既宅尔宅而田尔田，更俾各保松楸，庶亲其亲而子其子。本部院恩推锡类，尔土客共笃本原。勉之，慎之，毋违。①

客民得到批准后，即陆续前往冲蒌、深井、大窾洞等处展扫祖墓。

在土民一方，他们仍以胜利者的姿态来看待客民"就抚"之事，对蒋益澧军进剿与客民愿意联和之事是这样描述的："巡抚蒋益澧锐志灭贼，督诸军迭攻贼寨垂破，会布政使郭祥瑞来营与议。越二日，遂传令曹冲、赤溪、田头诸寨匪绅面谕就抚、联和、罢兵。匪首吴福祥等穷蹙

---

① 民国《赤溪县志》卷8，《赤溪开县事纪》。

第十章 斗祸的基本解决

归命,诣军门待罪,允其所请。二十日,召土客绅士莅盟释憾。"①但是,土民虽然答应联和,因为害怕重燃战火,还想保留武器。蒋益澧知道这会留下祸根,遂于二十五日发布"催土人缴械告示","严谕土人遵缴枪械":

> 照得民间私藏军械,定例綦严,如有置备枪炮火药等件者,加等治罪。自尔土人与客民结仇肇衅,日寻干戈,于是彼此逞雄,遂至士农习战,人皆带剑,户尽佩刀,巨炮洋枪,视为故物,碉楼寨栅,俨若长城。本为盛世之良民,竟类潢池之弄盗。
>
> 本部院恭行天讨,彼客民已悔罪投诚,所有田头、曹冲、赤溪、铜鼓、磅礴等处客寨炮台,业已一律拆毁,所藏刀矛枪炮,亦皆悉数缴完。本部院复派文武大员入寨搜查,实已寸铁皆销,尺竿尽削,是客众既屈刀而为镜,尔土人当释甲而饮冰。本部院况又派将拨兵,严加弹压,大可相安,更复何嫌何疑。除委文武员弁会同新宁县督饬公正绅耆挨户搜查催缴外,合行出示晓谕。为此示谕尔新宁土著绅民人等知悉:凡尔等向日所藏枪炮刀矛各器械,不过藉为拒敌,原非敢以弄兵,今既化彼凶残,自当同归乐土。
>
> 自出示之日起,限至本月二十九日为止,悉将尔土人所藏军械尽赴本部院大营呈缴,或就近交委员点收,毋许私留一件,再启衅端。敢有不遵,定照私藏违禁军器械谋为不法律,从严究办。本部院不分土客,止论从违。自经此次调处之后,客民有首发其难者,即当尽法惩治;若系土人恃众欺寡,亦当痛加究办。尔等其各凛遵,毋贻后悔。②

随即,蒋益澧委文武员弁前往土村"收查军器,缴出销毁"。土民

---

① 光绪《新宁县志》卷14,《事纪略下》。
② 民国《赤溪县志》卷8,《赤溪开县事纪》。

遵令放下武器,为最终确立土客联和打下了基础。

五月初一日,督粮道梅启照巡行赤溪、田头,见沿村父老儿童夹道跪迎,形多憔悴;又见屋宇多数毁破,"询知系前被土人焚烧及为军营天花炮所炸毁者,大为悯恻"。次日,梅道回营,将客民遭难情形向蒋益澧汇报,蒋答应立即拨款赈济客民,每人给银一两三钱。同时又令客民到浮石,将军营所搭盖蓬厂竹木悉数搬回,用以盖屋居住。

同日,蒋益澧委派各文武镇道大员,督同新宁知县饶继惠、候补同知陈宾,传集土客绅耆,到冲金、分水凹、磅礴等处划界。其东路由分水凹至磅礴尾、苈茜直抵海滨,其西路由分水凹至尾厂、猪母山、冲金咀直抵海滨,北归土,南归客,分立界碑。①

五月初二日,蒋益澧正式发布《分疆划界告示》:

为晓谕勒石建碑分疆划界以垂久远而睦乡民事。照得曹冲客众既经就抚归农,新宁土民亦须讲信修睦,同释戈矛之憾,永消蛮触之争。然而,径界不平,难安耕凿;田园不定,易启猜嫌。本部院一视同仁,两端各扣。清其畎亩,宅尔宅而田尔田;正厥井疆,乐其乐而利其利。

凡自曹冲、田头、赤溪、磅礴、铜鼓以内之田地,均归客众耘耕,永远作为世业。客遗冲蒌、五十、龙洞、那扶、深井、四九等处田庐,悉属土民经管。仍候官为扦踏,待派文武镇道大员督同新宁县饶令、候补知县陈令,传集土绅赵树藩、赵定江,客绅吴福棠、杨梓钊及各耆老村民等指山海以为衡,俨如天堑,历东西以定界,不与人争。其东路则由苈茜、磅礴口、磅礴尾、分水凹直抵海滨为界,其西路则由分水凹至尾厂、猪母山、冲金嘴直抵海滨为界。

先削木以建标,恐丸泥之终改,用是沏诸片石,以冀永垂定章。

---

① 按:此前,蒋益澧下令设立清查抚恤局,认为"土客所争,首在田产。曹冲以内,共田三百余顷,足资生活,现饬新宁县设立清查抚恤局,招集流亡"。见《清穆宗实录》卷202。

第十章 斗祸的基本解决

合亟出示晓谕,为此示谕土客绅耆四民人等一体遵照。业因山以分址,即依界以竖碑。……本部院沐雨栉风,特建伏波之铜柱,愿尔等饮和食德,长为盛世之苍生,土有室而客有家,惟碑可证;我无虞而尔无诈,与石同坚。痛改前非,诞膺后福。特示。①

初四日,蒋益澧回浮石大营,杨梓钊等到冲金营送行,"请迅设文武员驻溪治理,允准照办"。初九日系蒋益澧生日(时年34周岁),蒋为了进一步巩固联和之事,"召集土客绅士在浮石大营会同宴饮,各尽欢而散"②。

十一日,蒋益澧班师回省,土客绅耆到浮石送行,蒋"俱谆以释嫌睦好为诫"。为了防止意外,蒋益澧仍留提督李运荣统兵500名驻赤溪,同知陈宾统兵300名驻冲金,知府李大湖统兵500名驻浮石,"妥慎弹压,以镇人心"。③

蒋益澧在决定"以产换产"等情节的同时,另奏请在赤溪设官分治(奏设赤溪厅),"驻兵弹压,以期永久相安"。并请建遵义书院,"以振士气",均得到清廷允准。

清廷对蒋益澧办理斗祸收尾之事是满意的。同治六年(1867)五月上谕称:

该抚躬历险阻,奋勇督战,剿抚兼施,将十余年巨寇迅速荡平,深堪嘉尚,本日已明降谕旨,将该抚交部议叙,并将出力各员弁照请奖励。……粤东土客械斗,积衅多年,势难令其同居错处,瑞麟等现拟将曹冲等处以内田庐拨归客民;冲蒌等处田亩拨归被逐

---

① 光绪《新宁县志》卷14,《事纪略下》;民国《赤溪县志》卷1,《舆地上·疆域》。
② 民国《赤溪县志》卷8,《赤溪开县事纪》。
③ 民国《赤溪县志》卷8,《赤溪开县事纪》。按:光绪《新宁县志》说蒋益澧留兵1000人驻守,见该志卷14,"事纪略下"。《清穆宗实录》则说"委知府李国贤等带兵八百名驻扎浮石,兼资弹压",见该《实录》卷202。具体办理情形,似应以民国《赤溪县志》为准。

土民，俾其各分疆界，画地而居，永绝葛藤，并设官驻兵，编籍乡试，所筹均属周妥，即著将详细章程妥议具奏，其入学考取定额，亦于本日明降谕旨内照请允行矣。①

蒋益澧驻扎浮石时，虽有奏请设厅之议，但赤溪厅的正式设立是在当年底的事情。蒋益澧走时，因赤溪官制未定，复委候补同知吴福田驻田头，会同李运荣、陈宾等筹办善后事务。七月，蒋益澧先将土客止斗联和并拟设文武官员、酌拨兵丁弹压情形具折正式上奏。十二月，蒋益澧会同总督瑞麟奏请割新宁县属潮居都之赤溪、曹冲、磅礴、铜鼓四堡及深湾、腰古、金头等处，矬峝都之田头一堡及冲金、长沙、大麻、小麻等处，析置赤溪厅，添设直隶同知一员、司狱一员，驻厅治理；并移拨副将一员、都司一员驻厅，统管营兵461名，"均奉旨依议"②。

同治七年（1868）二月，新任赤溪协副将周凤山到厅挑选精壮，入伍充兵。协营成立三月，因厅同知未定委署，先委新宁知县邹宗淦到厅考试，"时流散甫集，应试文童只得百余名，录送学政岁考，取进生员陈锡光等五名"。九月，新委赤溪直隶厅同知黎正春到厅，建筑衙署，规画城池，凡编户口、设书院及清丈田亩诸事，俱次第举办。至此，"新宁土客联和，以产换产，设厅分治，其事大定。"③

至民国元年（1912），又改赤溪厅为赤溪县。

这里我们讲到土客斗祸的基本解决时，主要以蒋益澧的行止为线索，实际上，当时主政广东的两广总督瑞麟也是参与其事的。据记载，同治六年初，"曹冲、赤溪敌众同时滋扰，瑞麟商令巡抚蒋益澧督兵进剿，由狮子山等处分路攻击，敌率党来援，官军挥队钞击，直逼田头寨，环筑炮

---

① 《清穆宗实录》卷202。
② 民国《赤溪县志》卷8，《赤溪开县事纪》。
③ 民国《赤溪县志》卷8，《赤溪开县事纪》。

台,昼夜严攻,敌穷蹙求抚,余党悉平,上嘉奖之"①。但是,瑞、蒋两人关系不洽,不久,蒋益澧即被瑞麟参劾而罢职。

对蒋益澧解决斗祸的评价

郭嵩焘与蒋益澧均为湖南人,而且都是性情中人,前者为文臣,后者为武将。郭嵩焘因处处受制,土客斗祸事宜办理未竟,即被弹劾而去;蒋益澧则办事果决,将迁延13年之久的广东土客斗祸基本解决,但旋即被总督瑞麟疏劾"任性妄为,列款入奏",被降级、开缺。

尽管如此,我们还是应该对蒋益澧的生平行为与基本解决广东斗祸之举做些评价。

第一,蒋益澧的出身、性格与经历是他升迁极速的阶梯、办事有效的动力,也是他迅速跌落的契机。尽管清国史馆《清史列传》及蔡冠洛《清代七百名人传》所撰的"蒋益澧传"均称蒋益澧系文童出身,但实际情况可能并非如此(或者蒋确曾入过县学,旋因故流亡他乡)。据朱孔彰称,蒋益澧"少不羁,不为乡里所容,逃亡四方"②。时人李慈铭记载蒋益澧的早年情况时说:"蒋益澧者,少与其父俱无赖。朱孙诒知湘乡,捕其父子置之立笼,将押毙之,其党潜入署,放益澧出,得免,而其父竟死。"③所以,可能正是由于这种出身,蒋益澧打仗十分勇敢,"积功至广西布政使,年未三十也",在广东巡抚任上解决土客斗祸时,年34岁。

因功升迁极速,蒋益澧便养成一种骄纵之气,尤其是对文官同僚甚为蔑视。据李慈铭称,李载熙为广西学政,蒋益澧屡辱之,尝曰:"若六品官耳,不足为我舆卒。"载熙不能堪,疏劾蒋"冒饷殃民状",疏中有言:"贪鄙任性,偾事殃民。自击退平乐敌众后,并不追剿,反赴修

---

① 蔡冠洛:《清代七百名人传》(名宦祀),《瑞麟》,第1058页。
② (清)朱孔彰:《蒋果敏公家传》,载缪荃孙:《续碑传集》卷27。
③ 金梁:《近世人物志》(近代中国史料丛刊正编),第207页。

荔,致敌蹈虚窥省。迨省城被围,益澧仅以疲病之兵千余人回援。以养勇为名,浮冒钱粮。遇有调发,雇募充数。贺县团勇击敌得力,乃忌其功不用。坐拥厚赀,不发军饷。"①蒋被从布政使降为道员,并受到清廷警告:"倘敢恃恩骄纵,必当予以严惩。"②在护理浙江巡抚任上,"御史陈廷经、编修蔡寿祺劾之,蒋益澧愤甚,左宗棠复书慰之,有曰:'陈蔡之厄,鸡鸣狗吠,不足介怀也。'益澧喜甚,出其书遍示坐客,时予(李慈铭)在浙,亲见之也"③。

同治六年(1867)七月,瑞麟参奏蒋益澧"任性妄为,劣迹彰著","聚勇自卫,袒护同乡。……废制兵,糜帑项,悍然弗恤。"朝廷传旨称:"如果属实,大干法纪。"④随即命闽浙总督吴棠查办。吴棠后来奏称:"蒋益澧久历戎行,初膺疆寄,到粤东以后,极思整顿地方,兴利除弊,惟少年血性,勇于任事,凡事但察其当然,而不免径情直遂,以致提支用款、核发勇粮,及与督臣商酌之事,皆未能推求例案,请交部议处。"⑤吴棠之言,说的是实话,帮的是倒忙。同治六年十一月上谕:"蒋益澧滥支帑项,违例任情,经吏部议以降四级调用,实属咎有应得。惟念蒋益澧数年来转战数省,尚属著有劳绩,著加恩改为降二级调用。"⑥

第二,尽管蒋益澧有骄纵之气,容易得罪同僚,但他在办事成效上还是颇得人心的。费行简对蒋益澧吏治的评价颇高:

> 同治间疆吏大半湘人,皆起自军功而率不修吏治,独益澧廉明果决,课吏爱士。师胡林翼遴乡士之朴诚者,予以厚资,令微服赴郡县,密考牧令政绩,复察得实,即甄别之。汰勇者皆遣归,愿留

---

① 蔡冠洛:《清代七百名人传》(名宦祀),《蒋益澧》,第1066—1070页。
② "咸丰九年六月上谕",《清文宗实录》卷286。
③ 金梁:《近世人物志》(近代中国史料丛刊正编),第208页。
④ 《清穆宗实录》卷207。
⑤ 《清史列传》卷50,《大臣画一传档后编六·蒋益澧》;蔡冠洛:《清代七百名人传》(名宦祀),《蒋益澧》,第1066—1070页。
⑥ 《清穆宗实录》卷217。

第十章 斗祸的基本解决

浙者，给以资，使为虞渔或诸工艺。一时浙境宁谧。及去，亏公帑至二十余万，浙民集资补之。盖胥为公用，而部吏持长短不准报销者也。①

朱孔彰记蒋益澧在浙江任上事迹称：

> 招流亡，务耕作，停关税，减民赋，储财用，实仓廪，毁淫祠，建书院，尤轻财好士，凡善后事宜，百废具举，一时翕然称之。未几，诏授广东巡抚，亦多善政，施实德于民，后以事降官，乞病归。……公天姿豪迈，功名既成，复折节读书，礼下才士。……延杭州二拔贡生在廨讲论，躬师事之。……去浙时，士民炷香于顶，追送如云，至有下泣者。去粤东亦如之。②

光绪元年（1875）四月，浙江巡抚杨昌濬奏称：

> 益澧自统军入浙，连克名城，……克复省城，廓清全境。其行师之略，纪律最严，秋毫无犯，沿途收埋骸骼，资遣难民。每复一城，所得贼粮，赡军之外，皆散诸闾阎，全活甚众。接护抚篆，筹办善后，井井有条，百废具举，是以农商相率来归。首重学校，优其廪糈，增书院膏火，建经生讲舍，设义学，兴善堂。

光绪三年（1877）七月，浙江巡抚梅启照复行疏请赐谥，略言："益澧再造浙江，功既加于粤西，事且艰于闽豫，士民感念不忘，联名

---

① 费行简：《近代名人小传》，《蒋益澧》，第266—267页。另据该传谈瑞麟弹劾蒋益澧之事称："（蒋益澧）至粤，瑞麟方作督，脏私狼籍，益澧将劾之，为幕客山阴沈某所泄，麟乃先弹益澧恣纵。拉后（即慈禧）微时，尝得麟资助，深德之，竟罢益澧。后起为广西巡抚，行卒。身后萧然，浙粤人皆致重赗，盖遗爱人人深也。"
② （清）朱孔彰：《蒋果敏公家传》，载缪荃孙：《续碑传集》卷27。

呈请,奏乞天恩赐恤,以彰忠荩。"后清廷予谥"果敏"。[1]

第三,从上面的情况来看,蒋益澧的性格与行事作风是他解决广东土客斗祸的关键。本来,他也可以兵饷为由,行动迟缓,但他却迅速派兵围攻恩平那吉、高明五坑,迫使客民求抚。本来,当他亲自带领湘军数千、总兵力约3万围攻赤溪、田头、曹冲时,虽有挫折,但未伤元气,对付剩余客民(男女老少总数为3万多),剿灭殆尽,应该不成问题,但他适可而止,使土客双方最终放下武器,并对土客联和以后的每一举措都布置有序。

所以,至少就新宁县来说,事后土民基本没有疑义,而客民得有"再生"之路,对蒋益澧更是感恩戴德。赤溪建厅后,设恩主祠,初名长生堂,一在城内文昌庙后座(清同治十一年[1872]祠附于崇义学社,宣统三年[1911]迁建于此);一在田头堡凌霄阁下座,俱祀清两广总督瑞麟、广东巡抚蒋益澧、按察使梅启照、都统尚昌懋。据称,此四人"办理土客连年械斗案,诣境联和,奏请划界分疆,以产换产,设厅分治,使居民得安居复业,厥功甚伟,故宜立祠合祀,以报恩德。时邑绅杨公梓钊、吴公福堂与有力焉。并附祀之"[2]。

客民对蒋益澧平息斗祸的感戴,还表现在赤溪客绅劳彤华所撰的《巡抚蒋公益澧长生堂碑记》,其中历书客民蒙难、蒙冤之情状后说:

乃蒙我中丞蒋公,德协二天,恩同再造。始则临以兵威,继则烛其微隐。谅其万不得已之情,恕其万无可宥之罪。欢腾蔀屋,庆洽芸生。销锋镝而日月弥辉,赈孤贫而云天戴德。分疆划土,俾释前嫌;排难解纷,用修善好。念土客皆吾赤子,即率土莫非王臣,拯沉溺而登衽席之安,纳孤贫而归仁寿之宇,惠如斯矣,德曷加

---

[1] 《清史列传》卷50,《大臣画一传档后编六·蒋益澧》;蔡冠洛:《清代七百名人传》(名宦祀),《蒋益澧》,第1066—1070页。

[2] 民国《赤溪县志》卷3,《建置·坛庙》。

乎。回忆十年祸结，一旦冰消。化雀鼠之争端，释鸡虫之得失。慈云低覆，济孽海于苍茫；彼岸先登，止狂澜于瞬息。处处荷仁风之扇，家家沐化雨之施。①

以故，蒋益澧解决广东土客斗祸之举是值得肯定的。

五、客民的安插

从同治三年至六年初，土客斗祸因官军的大规模介入，演变成主要是客民与官军的对抗了。其间的数次战役，以客民的"求抚"而告终。客民既然求抚，就得有个安排。让他们与土民重新一地相处必定难上加难，官方不得已，只好择地安插。安插也非易事，其中又有许多曲折，甚至战火重开。

新宁曹冲之战后，土客斗祸基本解决，官方有设立赤溪厅之举，又将客民做了比较妥善的安插。如此，便揭开了客家史上所谓第五次大迁徙的序幕。

五坑之战与客民的安插

同治三年（1864）秋，高明五坑数万客民因被官军围困日久及客民之间发生分裂，戴梓贵被缚献，客绅黄翼泰向官军自首。当时，五坑方面的战事似乎可以告一段落了。据粤督毛鸿宾说："此时罪人斯得（指戴梓贵就擒），在土民万口同声，欢呼载道，或可望有释憾息争之机；而客民等创巨痛深，亦皆归命投诚，帖首求抚，察看情形，似已大戢其凶暴之气而不至再逞。"② 不料，因为客民安插之故，又横生枝节。

---

① 民国《赤溪县志》卷7，《纪述·金石》。
② 毛承霖编：《毛尚书（鸿宾）奏稿》卷15，《擒获客匪首逆戴梓贵余众求抚折》，同治三年十一月十四日。

战事甫一结束,安插客民之事便提上了议事日程。官方意识到,安插"较之剿办尤为棘手,聚之仍虑其生变,散之尤无地可容"。为了能妥善解决,毛鸿宾等表示:"惟有尽心竭力,因势利导,感之以至诚,处之以至公,务在释其前嫌而弭其后患,以求一劳永逸之谋。"①当时便选派道府大员驰赴高明,会同统兵大员卓兴及地方文武,先将客民"查造清册,然后妥议章程,分别办理"。被委派担当此任者有补用道屠继烈、署广州府粮捕通判华廷杰,他们带人驰赴肇庆,会同南韶连镇总兵卓兴、护肇罗道史朴、署肇庆知府宁立悌等,"督同高明、新兴各县地方官绅,公同商酌,妥筹安插之法"。

经查点,当时客民尚余6.5万余人,其中有自愿前往广西投靠亲友种地垦山营生者,经屠继烈等酌给口粮,陆续资送前去。又有陈畴一股,要求在五坑就地安插,得到允许。另有4万余人,"均须别筹安插"。这些客民处境十分艰难:"皆系伤残之余,无衣无食,鹄面鸠形,若非给以资粮,难免转于沟壑。其旧时田产房屋,均为土人所占,既有未经被踞者,自经兵燹,皆成荆棘之场,若非搭盖篷庐,亦不足以资栖止。"②

广东官府的打算是:

> 且土客仇隙太深,若任令客民散处土乡,势必互相吞噬。粤东地广人稠,海澨山陬,居民殆遍,欲求一无人之境,使之安插,实不可得。惟查有恩、开所属之那扶、金鸡、赤水等三乡,皆滨海之地,本系客籍旧居。该处近海有鱼虾之利,山陆有土茶出产。贫民负贩肩挑,亦可度日资生。虽附近尚有土乡,而高山旷野,踪迹少

---

① 毛承霖编:《毛尚书(鸿宾)奏稿》卷15,《擒获客匪首逆戴梓贵余众求抚折》,同治三年十一月十四日。
② 毛承霖编:《毛尚书(鸿宾)奏稿》卷16,《安插就抚客民并土人先抗后遵情形折》,同治四年二月二十六日。

第十章 斗祸的基本解决

疏，似尚可相安无事。①

这一计划在实际办理过程中遇到了许多难题，主要在于以下几个方面。

首先，土民不服，仍存报复之心。同治四年（1865）二月，毛鸿宾等奏称：

> 竭年余之力始将巨逆悍匪歼除殆尽。……臣等以为客民既已悔罪，土民等或可少释余怨，讵料甫定安插之议，而恩平土人即大肆抗违，在愚夫愚妇固囿知物极必反之理，即衣冠中人亦皆阳奉阴违，必欲使客民噍类无遗而后快。据其情状，即律以乱民之诛亦不为过。②

土民此种情绪的表露，主要在于"怨毒既积及百年，解释难期诸一旦"，尤其是各属土民业已占据客产，"虑被清查，故百计阻挠，以遂其贪，尚非有心作乱，敢与官军为敌"。但是，毛鸿宾等观察到："土人贪心未化，如果不能相容，客民亦无束手待毙之理。"结果证明，由于土民逼攻被安插的客民，斗祸复发。

其次，安插经费之难。同治三年，广东财政已形竭蹶。据郭嵩焘奏称，当年欠放各营兵饷已积至30个月之久，银数至300余万两。围攻客民的卓兴所部欠饷30余万，方耀所部旧欠40余万两，尚未清给，新饷又欠至10余万两。侯勉忠已撤之勇欠饷10余万两。此外零星营勇旧欠约10余万两，"日积月累，急难清理"。而且，除北路防剿太平军余部外，分驻肇庆各属围剿客民的卓兴、曾敏行、侯国柱各营共约九千

---

① 毛承霖编：《毛尚书（鸿宾）奏稿》卷16，《安插就抚客民并土人先抗后遵情形折》，同治四年二月二十六日。
② 毛承霖编：《毛尚书（鸿宾）奏稿》卷16，《安插就抚客民并土人先抗后遵情形折》，同治四年二月二十六日。

余人，每月筹放饷银共约16万—17万两，"皆刻不可缓之款。筹画之力已穷，而欠饷仍日益加增"。这就为安插"求抚"的客民带来极大困难：

> 现在客匪求抚人数几至二十万，欲遣回原籍，则田庐尽失，无家可归；欲挑选为勇，则粮饷虚糜，无可调用。安插之费，计非数十万两不可。臣等日夜筹思，勉强支持，无一日不在忧危惧悚之中。①

再次，被安插之地不容许安插。当时，卓兴等决定以那扶、金鸡、赤水三处分地安插客民，当地客乡虽然相对集中，但与土乡错杂，官方"明知不能相安，而其势舍此别无办法"。果然，安插那扶等处之后，客民数万，甫得有所栖息，而土民到处哄聚，相持不下，故生波澜，愈激愈横。关于个中原由，据同治四年五月郭嵩焘在辩驳冯典夔等京控诉状时说：

> 为持平之论，那扶客产原居十分之七八，赤水、金鸡居十之五六。客民始以分散居住，与土民仇杀而终为所并，今以十数万之众，并集于此三处附近。土民心怀惴惴，急谋远徙之，此其实情。……土民踞客民旧有之田产，盈千累万，不一谋清还。

冯典夔等土绅的打算是，将客民远徙清远、英德及广西等处，以便彻底占据客产。实际上，在当时安插客民之始，客民呈请愿赴广西依傍亲友者约七千余人，广东方面"已给资前往"。但广西政府"虑滋别衅，坚执拦回"。而清远一县，"首民"回籍者数万人，"已苦于无可安

---
① 《郭嵩焘奏稿》，长沙：岳麓书社，1983年，第147页。

第十章 斗祸的基本解决

插"。至于英德,"伏匪尤多,谁甘客民之滋扰而听官吏之安插乎?"就客民一方来说:"即使客民俯首听命,亦万无此办法。何况客民之强狠倍甚于土民,谁能甘驱而遣之?"且当时陈畴所率客民约两万余,虽被允准就地安插,实不敷生计,需分流安插。如此情形,令郭嵩焘等大伤脑筋:"其实土、客一案,早穷于处置之法。"①

最后,正是上述原因的存在,导致此次客民安插失败。

同治三年底至四年初,毛鸿宾(及新任粤督瑞麟)与郭嵩焘接连上疏汇报安插客民情事,清廷于三月十八日寄谕:"所陈安插客民情形,尚为妥协。惟土、客仇衅已深,此次卓兴督押客民赴恩平所属之那扶等处安插,而恩平土民即敢肆行掳杀。现虽全数安插,若将来地方官吏抚绥稍不得宜,必又再生枝节。瑞麟、郭嵩焘惟当明定章程,使知遵守,如有寻衅滋事,无论土、客,必将肇衅之人严办,以杜乱萌。"②

但是,"乱萌"在同治四年初开始安插客民时就出现了。

按照土民方面的记载,衅端为客民所肇。正月初二日,卓兴在五坑点验客民,"自请分插客人,派军官为先导,亲自断后"。由水台、尖石直下牛江渡止宿,复经良塘、鸡心石、鹤嘴、白沙路、热水、平塘、禄冈塘、劳三坑前行。一路上,"客人并肩蹑足,阅三日始过尽"。凡宿营之处,"官营居中,逆帐附设四畔,仍敢夜出劫掠土人"。土民以卓镇不能制止客民沿途劫掠,颇有怨言。东路恩、开、新三县立局、募勇、屯税厂,"意欲堵截其过那扶、金鸡"。不仅如此,卓军之兵勇"有单行入市,间被土勇暗杀,以为报复者"。卓兴得知后大怒,"立发轻骑数百,分左右过河,绕税厂之后,土勇自乱四散。客人遂乘势抢掠六行铺户、河下船只,并扫劫附城乡村"。次日,军队及客民向东路那扶、金鸡、

---

① (清)郭嵩焘:《前后办理土客一案缘由疏(会总督衔)》,《郭嵩焘奏稿》,长沙:岳麓书社,1983年,第197—201页。
② 《郭嵩焘日记》第2卷,长沙:湖南人民出版社,1981年,第233—234页。

大门、深井、大湖山等处移动。①

客民则认为实际情况并非如此,衅端实由土民自开。据民国《赤溪县志》说:

> 回那扶者路经恩平唐劳地方,忽被土人截杀客民数百名,并杀护送官兵六名,客民与御,亦杀土人数百。二月初旬,客众到那扶,分居各村及深井、大洞、大湖山等处,谋耕度活。随由卓兴在那扶设营保护,并经毛总督等据情呈奏,准依议办理。讵土人不服,谓卓卿助客,恩平土绅冯典夔等赴京都察院具控。②

毛鸿宾等奏称的情况与《赤溪县志》的说法相符:

> 檄令卓兴督押客民前赴那扶,于今岁正月中旬行至恩平之唐劳地方,讵恩平、开平等县土人设立万全等局名目,雇募土勇,据隘抗阻,使客民不得前进。经地方官竭力开导,该土勇日益嚣张,先后沿路掳杀客民四百余名,劫杀潮勇数名,卓兴尚复隐忍。至初五日黎明,土勇万余复出,扑官军营盘,乘势扑杀客民。卓兴见势益猖獗,若再事姑息,必致酿成大患,因亲督精锐驰援,仍密饬营官等不准擅开枪炮。比及交绥,该土勇等见卓兴亲自督队,同时望风而靡,卓兴亦不穷追。③

安插停当,卓兴率领全军出境销差。但仇恨的种子已经种下。

安插不久,客民因衣食等因,越界生事,土民则集队叠攻那扶、金

---

① 宣统《恩平县志》卷14,《纪事二》。
② 民国《赤溪县志》卷8,《赤溪开县事纪》。
③ 毛承霖编:《毛尚书(鸿宾)奏稿》卷16,《安插就抚客民并土人先抗后遵情形折》,同治四年二月二十六日。

第十章 斗祸的基本解决

鸡、赤水三乡,"互相仇杀"。据肇庆道、府等禀称:"恩平县绅民近因辗转开导,遵照设立联和局,商定清理客产条款,渐有端倪,而开平县属司徒、关、谭各姓,恃有京控一案,力梗和局,忽于闰五月初旬,开平土民聚众往攻客民,旋聚旋散,不遵约束。"①广东督抚不得不派按察使郭祥瑞前往开平赤磡地方,传齐数县土著绅衿,"宣布朝廷德威与祸福利害之理"。随后郭又由恩平县城亲赴那扶,客民集众1000余人,"环立喧嚣,以土勇屡次围攻,拦舆呼冤,力求弹压"。郭祥瑞"严加诫斥,客众亦各散归"。郭祥瑞设想以官方威严震慑土客双方,实则外强中干:"案经十余年,固结纠纷,牢不可破,察看土、客情形,俱属面从心违,断非克期所能解释。"郭祥瑞转了一圈,即打道回省,与郭嵩焘等晤商办法。

正在筹画间,忽有署恩平县知县刘维桢禀称:"土民复攻那扶等乡,愈聚愈众,客民势渐不支,于六月十九日退出白庙,二十三日全数迁赴那吉墟,分窜清湾、沙冈、黄榄角、三洞一带屯扎。"郭嵩焘等哀叹道:"窃自土、客区分两籍,已如泾渭之判然不侔;自彼此残杀相加,遂至冰炭之难以再合。……各该士绅坚持意见,积不相下,议论纷繁,办理尤无善策。"②郭嵩焘又说:

> 查土、客仇雠日深,各率其恣睢险狠之常,无复问曲直是非之义。本年二月间,总兵卓兴强为安插,明知土、客两不相安,犹冀痛深创巨之后,宿怨渐消,但获一二公正晓事之衿者出而调停其间,或可抚绥数年,辑睦无事。讵客民栖息有所,尚不忘未复之旧业而日肆侵凌;土民报复相寻,反深恨尽弃其前功而再谋攘夺。是以两造决计挑衅,各怀致死之心,而土著则挟数县之资财物力,

---

① (清)郭嵩焘:《派署臬司查办土客一案片(会总督衔)》,《郭嵩焘奏稿》,长沙:岳麓书社,1983年,第218页。
② 《郭嵩焘奏稿》,长沙:岳麓书社,1983年,第218页。

酿集而共逞于一隅，客籍不堪其扰，孤立无援，势不得不抛弃田庐，去而他徙。①

郭嵩焘等只得再次派员晓谕"该客民循分守法，毋得别滋事端。……倘仍肆行抢掠骚扰完善之区，势不能不调集兵团，另筹剿办"。一面又飞饬地方文武督率弁兵，将水陆要隘严密防守，"毋俾窜扰而致蔓延"。但事与愿违，客民被迫重新"窜扰""蔓延"。

斗祸基本解决后恩平、新宁等地客民的安插

这里所说的斗祸的基本解决，不仅指同治六年（1867）新宁曹冲、赤溪一路，也包括同治五年恩平那吉、高明五坑斗祸问题的基本解决。

从上面的叙述中我们知道，同治三年（1864）五坑之战后，因为官府安插客民不当（或者说土客双方都不服安插），土客之间又复互相仇杀。这一过程延续了一年多，最终在新任广东巡抚蒋益澧所派大军的围攻之下，客民终于"求抚"。这一次，政府吸取以往安插客民于斗祸之区的教训，将客民远徙他乡。这一着，对所谓客家移民史上的"第五次迁徙"，甚至对今日客家的地理分布都产生了极大的影响。

同治五年（1866）那吉之战，客目黄焕章等准备与官方谈判时，遭瑞麟等扣留，加上此前抓获的客目陈长青等5人，使得客民一方领导层瓦解，剩余客众群龙无首，或"缴出器械"，或"仓皇逃散"，"逃赴五坑等处"。剩余客民有2万余人，瑞麟、蒋益澧等决定将其迁往高廉雷韶及广西等处。据十月上谕谈到安插之事时说：

广东肇属土客结衅，十余年未能办理妥协。……其余男妇二万余名，经瑞麟等给予川资，饬赴高廉雷韶及广西等处安插。自因土

---

① （清）郭嵩焘：《恩平县那扶等处客民逼窜出境现在亟筹办法疏（会总督衔）》，《郭嵩焘奏稿》，长沙：岳麓书社，1983年，第237—239页。

第十章 斗祸的基本解决

客结仇已深，不能不分别遣散，俾免相寻启衅，惟高廉雷韶民风强悍，而广西土匪尚未净尽，尤恐勾结为患。当此安插之始，更宜为日久相安之计。著瑞麟、蒋益澧、张凯嵩（广西巡抚）随时妥商筹办，毋得稍涉大意。①

与前次情况不一样的是，此次客民的迁移路上虽说依然令人担忧，但总体上还是平静的。据民国《阳江县志》记载，同治五年（1866）十月，恩平就抚客民过境，"时恩平客匪为官军剿败，困聚曹冲（应为那吉等地），尚余男妇二万余人，俱愿缴械，各赴高、廉、雷、韶及广西地方自寻生业，当经大吏核准，饬发银米，护票，分别遣散"。当行进到阳江织簀墟时，据总兵李运荣禀称，有第三起客民男妇一万余人经过织簀，李亲率兵勇护视，抵五蓝时，"询其何往，多云愿赴广西，并云银八九两，岂堪久用，待后再作行止"。李担心该队客民人数众多，"必聚而能散，方免滋事"。希望督抚等除肇庆府外，"高、廉、雷三府宜均分安插，择官山之可垦辟者予之，庶不至与土民争，又获安居之乐"。旋奉督抚批示，该客民必须赶紧分散，以免日久生心，并责成肇罗道王澍及李运荣向客民说明，凡愿意前往高、廉、雷者，分为三起，有愿往海南者，即分为四起，"皆派员弁兵勇护送安插。如原领资本不敷，每名再给四两，并饬恩平、阳江各门户认真防守，无使回窜"。②

同时，对于尚留在金鸡、赤水、那扶等处的客民，广东官府也决定迁往别处安插，因为这些地方的客民逼处土乡包围之中，"遭土人伺杀，土强客弱，恐难日久相安，遂筹议遣散"。十月，瑞麟、蒋益澧等委员到境，劝谕客民他迁，"发给资费，大口八两，小口四两"。复派兵勇分途保护，迁往高、廉、雷、琼等府州县及广西贺县、贵县、容县、武宣、平南、马平、雒容、柳城、荔浦、修仁等县，觅地居住谋耕，同

---

① 《清穆宗实录》卷187。
② 民国《阳江县志》卷20，《兵防志二·兵事》。

时准被迁客民在各该县一律编籍考试。至此，开平、恩平及新宁西路一带，"无复有客民足迹。而客属村居田产概为土人占有矣"①。

从客民动迁至抵达被安插之地的情况来看，这次安插是比较顺利的。同时，清廷还采取一定措施，以安抚客民。同治五年十二月上谕称：

> 瑞麟、蒋益澧派兵弹压，剿抚兼施，将客民给赀遣散，分赴高廉雷琼及广西之贺、容、贵等县平南、戎墟等处安插。该客民沿途行走，俱属安静，办理颇为妥协。著瑞麟、蒋益澧、张凯嵩督饬委员并各地方官，妥为经理，务令土客相安，毋任别滋事端。……所有新迁客民，准其附入各该州县，另编客籍，一体考试。……此后土客各民，倘有自分畛域、互启争端者，著各督抚饬令地方官秉公办理，但分曲直，不分土客，毋许稍存偏袒，以期日久相安。②

那些办理此次恩平"剿客"、安插事情的官员也得到了清廷的奖赏："以广东办理土客各匪完竣，赏总兵李运荣从一品封典，副将郑绍忠、沈玉遂巴图鲁名号，道员梅启照花翎，副将徐文秀等加衔升叙有差。"③

至于高明五坑客民的最后安插，其情形也大致相同。据宣统《高要县志》记载：

> （同治）六年正月初八日，肇罗道王澍以五坑猺匪伏莽，民不安枕，乃亲诣高村总兵郑绍忠营商办善后法。猺匪朱景旦、陈文立等诡计乞怜，于是文武定议，已逃者不准还村，未逃者毋容驱逐。二月，著令郑勇押送猺匪于新宁、清远、四会诸县及惠潮

---

① 民国《赤溪县志》卷8，《赤溪开县事纪》。
② 《清穆宗实录》卷191。
③ 《清穆宗实录》卷187。

第十章 斗祸的基本解决

嘉韶琼诸州安插,每男妇大丁给银六两,小丁给银三两,注立名册,存储道署,日后如有私回者,杀无赦。自此次遣散后,猺患浸息。①

最后再谈谈赤溪设厅后的户口问题,因为它不但与整个斗祸有关,也与斗祸之前客民人数最多的县份即新宁县——民国《赤溪县志》说斗祸之前该县客民人数为30万——剩余客民的去向有关。

同治六年(1867)底,赤溪厅设立时,"新定赤溪、曹冲、田头、磅磄、铜鼓五堡共户三千六百二十五,丁口二万二千五百九十(档册)。"② 本来,新宁斗祸甫结束,遗留客民约3万人。经办理新宁土客息斗联和善后事宜的委员吴福田调查,他向政府禀报云:"客民等既有客中之主,复有客中之客,当未联和以前,除由恩(平)、开(平)、鹤(山)、(阳)春、(阳)江等处逃来外,尚有新安、东莞等处邀来助势者,现有三万余众。"官方害怕新设厅治地狭人众,容易滋事,遂发布告示云:"外间无业游民,以依亲傍友为名,潜来聚集者(实为此前赶来助斗之外地客勇),务于三日之内驱逐出境,无使逗留。"③ 这样一来,原本剩余丁口"实有三万余众",因驱逐游民,或迁徙别处,以及新安、东莞等处前来助斗之客勇多有归去者,总人数减去三分之一,故赤溪设厅时,"新定"人口仅为2万余人。

所以,除了政府安插的客民之外,斗祸之区的客民也有被驱赶回原籍的。

还要注意,新宁县客民人数在斗祸前后的比例是30万∶3万,也就是说,有十分之九的客民即27万人在斗祸中死伤失散逃亡。其中不

---

① 宣统《高要县志》卷25,《旧闻篇一·纪事》。按:此处的"猺匪"指的就是客民,参见第七章"高明"一节。
② 民国《赤溪县志》卷4,《经政·户口》。
③ 民国《赤溪县志》卷4,《经政·户口》。

少客民被土民掠卖或被迫自卖为"猪仔",客民今日在美洲和东南亚一带多有分布,斗祸便是其中的一个重要动因。①

安插之地的选择

斗祸之后,斗祸之区的客民除了赤溪厅、高明五坑和鹤山云乡等地外,其余或移(由政府安插)或归(散归原籍)。回归原籍(惠潮嘉等地)者不计,重新安插的客民逐渐繁衍发展,形成今日客家在两广等地分布的格局。为了进一步了解清廷当时做出的决定,这里我们对客民安插之地的选择做一番简要的考察。

当时,清廷主要选择广东的高州、廉州、雷州、琼州(今海南省)四府以及广西东部为安插客民之地。下面先把这些地方的情况做些简要

---

① 广州、肇庆等处民人因受斗祸影响而被拐骗、掠卖、自卖为华工的情形以下面所引数例"古巴华工口供"(同治初年清朝官员调查所得)中可窥一斑:
朱甲先(41岁)供:广东新宁人。我是客家,耕田为业,被本地人欺负,把我拿出卖与大西洋人,是澳门猪仔馆,逼我画合同。
叶伴凤(30岁)供:广东新宁县人。同治二年十月,因地方乱,有猪仔头骗我出洋做工,见西洋官,立合同,给银八圆。
钟南斗(39岁)供:广东开平县人。我因客家乱,走到鹤山,被人骗我到澳门,进猪仔馆打合同一张,收银八圆。
黄兴元(34岁)供:广东恩平县人。同治三年,被人拐到澳门,勒逼出洋,到夏湾拿卖人马当萨司埠糖房。
云林山(26岁)供:安徽宁国府广德州人。在韶关当勇,因送文书到蒋抚台曹冲大营,不识路,被人拐骗到澳门,关入猪仔馆,逼签合同。
蒋礼实(28岁)供:湖南醴陵县人。同治四年,跟蒋抚台当勇,打嘉应州,后来恩平打土匪,因受伤落后,被拐到澳门,进猪仔馆。
陈阿三(26岁)供:广东东安县人。因客家作乱,到省城跟卓兴大人当勇,撤散后被人骗到澳门打工,逼入猪仔馆。
刘阿文(35岁)供:广东新宁县人。我当勇撤散后,有唐阿英骗我说,招人打曹冲,就带我入猪仔馆,不准出来。
以上引自陈翰笙主编:《华工出国史料》,第一辑·二,北京:中华书局,1981年,第767、800、812、824、832、839、856页。
另外,拿今日台山市赤溪镇来说,人口约3万,而马来西亚吉隆坡即有赤溪籍华侨5万多人,霹雳州等处一万多人,美洲约一万人;再拿开平市来说,现有人口76万,而海外开平籍华侨有79万。清代道咸时期有成批华工出国,而形成华工出国浪潮的契机是美洲(1849年加州发现金矿)、东南亚经济的开发,以及咸同时期国内大规模社会动乱的出现——广东斗祸是其中一个要素。

第十章 斗祸的基本解决

介绍。

先要说明，几乎与客家移居广州、肇庆二府之时同步，上述地区也有客家人自惠潮嘉地区移入。据《崇正同人系谱》说："此外则广州属之增城、东莞、新安、番禺、花县、龙门、从化、香山、三水等县，又西江之肇、阳、罗，沿海之高、廉、雷、琼等州县，广西全省各州县，湖南毗连广东各州县，在在皆有吾系，大抵皆在清初康、雍、乾各朝代，由梅州及循州（即韶州古称）之人，或以垦殖而开基，或以经商而寄寓。"① 现代学者巫秋玉等人也认为，在第四次迁徙期中，广西东部各县是粤东客家人的主要移殖区。嘉庆年间，在梧州、桂平、玉林的移民和流动人口占土著一半。平乐府的富川、贺县接纳广州、肇庆的客家移民为主，贺县更多。柳州、武鸣等州县在乾隆后始有粤东客家人移入，另有相当部分客家人迁入武宣、平南、陆川、贵县、藤县等地。另有一小部分客家人再迁至贵州、云南。②

当然，在清中期，高、廉、雷、琼及广西与广、肇二府相比，客家人数要少得多。

道咸之前，廉州府还是一个比较荒凉的地方，据《大清一统志》说，当时的廉州，"土地硗确，无有田农，夷人多采珠，以亥日聚市，黎、疍壮稚以荷叶包饭而往，谓之趁墟。病不求医，惟事巫觋。俗有四民，一曰客户，居城郭，解汉音，业商贾；一曰东人，杂居乡村，解闽语，业耕种；一曰俚人，深居远村，不解汉语，惟耕垦为活；一曰疍户，舟居穴处，亦能汉音，以采海为生，人性俭朴"③。这里所说的"客户"是否系客家还不清楚，但从"解汉音，业商贾"的情况来看，可能性较大，否则以方言辨之，即可直接指为某地人。

关于雷州府，据《大清一统志》引《雷州府志》说："州杂黎俗，

---

① 《崇正同人系谱》卷1，《源流》。
② 巫秋玉等：《客家史话》，北京：中国华侨出版社，1997年，第26页。
③ （清）阮元：《广东通志》卷93，《舆地略十一》引。

有官语、客语、黎语,风俗颇淳,人多向学";"庠序知向学,秉礼见长者,则逊下之里甲,严事官府,征科如期,靡敢捍(抗)法。惟乡村下民,或轻生敢斗,然不能坚讼,向久则释。土旷谷贱,人窳于耕作,不事蓄聚,故雷无万金之产,即称素封者不过免饥寒而已。"①从"客语"及所描绘的民俗特征来看,该府当时已有客家居住。

高州府与肇庆毗连,受清初客家移民南下的影响,该府亦多有客家人,这一点可从茂名方言看出,该县方言有三种:"其城邑及西南北三方与信、化及广、肇相类,谓之'白话';南之东与电(白)相类,谓之'海话'、'东话'(又曰'讲黎');东至电(白)与嘉应、阳春相类,谓之'哎话',父曰亚爹、亚官、亚爸,母曰亚奶、亚娘、亚妈……。"②对照客方言,客家的第一人称为"哎"(音),茂名之"哎话",与嘉应等地相类,应即客家话。同治五年九月至十一月,广东巡抚蒋益澧分三次遣送恩平、开平客民4000余人前往琼州,"亦有安插高州者,八年又有分插茂名者,饬肇罗道王澍驻郡城经理其事"③。

再拿广西来说,在道光年间,"浔、梧一带,土著者少,垦山贸易多广东人"④。另据记载:"广潮嘉应人业烟土者,素往来浔、梧及湖南边界。(烟土)本系违禁之物,土豪地棍藉名抢夺,节节阻滞,千百人结帮而行,犹恐不免,每致失货丧资,必邀接帮送帮之人,重其酬谢,名曰保镖。无赖恶少,遂成群结党,专事其事,亦必雄健有力横行敢死者始克为之。"⑤广东前往广西者,一般被称为"来人","来人"虽然也包括部分广府人,但大多为客家人。道咸之交,广西贵县等地因"来土之争"引发金田起义,当地客家多有引去者。龙启瑞在《粤西团练辑略

---

① (清)阮元:《广东通志》卷93,《舆地略十一》引。
② 光绪《茂名县志》卷1,《舆地·方言》。
③ 光绪《高州府志》卷51,《纪述四·事纪四》;光绪《茂名县志》卷8,《纪述·兵事》。
④ 中国史学会主编:《中国近代史资料丛刊·太平天国》(三),上海:上海人民出版社,1958年,第43页。
⑤ 中国史学会主编:《中国近代史资料丛刊·太平天国》(三),上海:上海人民出版社,1958年,第289页。

第十章 斗祸的基本解决

序》中谈到金田起义前后广西的情况时说：

> 自道光二十一年后，夷务起粤东，粤西邻省毗连，地方大吏于梧州办理防堵，事平后，壮丁失业，滑黠之徒，相聚为盗，烟贩盐枭之属，从而附和。又外郡地多山场旷土，向招粤东客民佃种。数世后，其徒愈繁，客主强弱互易，其桀者或倡为西洋天主教以蛊惑愚民，用是党滋益多，州县官欲绳以法，则恐生他变；欲据实上陈，则规避处分而畏干时忌。逮酿成大患，则破败决裂，不可复治。而斯时之民，甚者或经十余战，次亦迁徙数四。弱者或流离转死山谷，强者则率其父老子弟与贼抗拒，以保聚于锋镝之间。①

这种动荡局面为广西洪兵起义创造了条件，浔、梧一带系主要战区，人口损失颇多。

因战乱而导致人口减少的地区成为广东官府安插客民的目标，除广西外，客家故乡嘉应州因太平军余部活动之后的关系，也成为安插客民的一块地方。同治五年，郭嵩焘奏称："嘉应克复以后，询之镇平一县，荒山塘土，数十里无人烟。经派候补知府罗翰隆前往查勘，又派候补知府张崇恪查勘蓝山一带地方，以为安插之地。首先清理新宁客产，以次及恩平、开平，责令按亩估价，以为安插之资。仍须重兵临治，诛锄强梗，余众听从解散，安插其无所归者。其新宁曹冲客匪，滋扰地方尤甚，亦必得一加惩办。"②

从上述情况来看，清廷为安插客民选择的地方有以下特点：1. 原本人口稀少；2. 因为战乱而导致人口减少的地区；3. 原本有部分客民居住；4. 当地土客矛盾不突出，或当时不突出；5. 在地理上与斗祸之

---

① 龙启瑞：《粤西团练辑略序》，盛康：《皇朝经世文续编》卷82，《兵政八·团练下》。
② （清）郭嵩焘：《办理东江及翁源长宁各属土匪完竣现在筹办肇庆客匪疏（会总督衔）》，《郭嵩焘奏稿》，长沙：岳麓书社，1983年，第322页。

区比较接近。

所以，这一大规模的安插后来被罗香林先生称为客家移民史上"第五次迁徙"之始（其过程延续至民国初年）。民国《柳城县志》有言："客家人此族，为近八十年中因广东土客斗争难以立足，陆续西迁而来者。"①

至于今日，许多客家学者虽然并不触及广东土客械斗这件事情本身，但他们一般都承认这场斗祸对今日客家分布的影响。如王东认为：在今天广西境内的客家人中，其先人绝大多数都是在土客械斗之后，迁入广西的。②

安插之后遗留的问题

安插客民基本结束，并不意味着土客矛盾的消解，一方面是因为斗祸创深痛巨，对土客双方都造成了巨大伤害；另一方面，被安插的客民因为经济、感情等方面的原因，与当地土民重新发生摩擦，其高峰是下文所要讲到的光绪儋州土客械斗。这里主要就安插之后土客矛盾的一般情形做些叙述。

斗祸后，恩平土绅吴桐写了不少纪事诗，抒发胸中"愤懑"，其《土客联和》诗题目下即有"赋此抒愤"四字，其诗云：

其一

格天阁上主联和，争奈纤儿诡变多；

彼尚狼吞兼豕突，我胡休甲且韬戈；

亲仇不雪生奚用，乡井难归恨若何；

最惜鄂王恩报国，誓心天地剑空磨。

---

① 民国《柳城县志》卷4。
② 王东：《客家学导论》，上海：上海人民出版社，1996年，第190—191页。这段话点明了斗祸与客民安插对广西客家的影响，但有两点必须指出，一是广西境内在咸丰以前就存在大批客家人（王在同书中也说："客家人大规模迁入广西，始于清代早期"，见第189页），广西土客之争或称"来土之争"非常普遍；二是广东土客大械斗之中，死伤数字极大，其间及其后，流移广东省内其他地方及海外的客民不在少数，迁往广西的客民只是劫后余生的一部分。

第十章 斗祸的基本解决

其二

治宜剿抚务兼行，剿重当和抚尚轻；
不剿凶顽心曷惮，专和黔赤恨难平；
欲存国体须持法，若顺舆情莫强盟；
碌碌辕驹何主见，总凭贤宰任权衡。①

他在《和犷有感》一诗中对客民更是诅咒有加：

取禾取麦剧纵横，贼抱奸心岂欲平；
狼弗全吞贪曷弭，蜗犹两立势仍争；
不加雕剿终难慭，欲靖鸱张莫罢征；
也识当途恩意好，仇民叛国要分明。（贼连七县，剿王民、据土，非叛而何？）②

吴桐的纪事诗显然是对土客联和感到不满，也是他仇恨客民的集中表露。这种情绪不仅在斗祸之区的土客之间普遍存在，在其他地方也有，这种情绪又浸润及于经济利益，土客之间不免产生新的冲突。

拿高、雷、廉、琼及广西各州县来说，斗祸后被遣散安插到这些地方寄居的客民，以及此前开平、恩平、高明及阳江等县客民因"被土逼斗"而逃出者，因为所居之地贫瘠，便以"旧有田庐悉为各县土著占据，无可换抵，均不甘服"为由，于同治八年（1869）联名呈请广东督抚准援照新宁土客换产成案办理，未能得到批准。至光绪初年，复由寄居广西之客绅黄作梅、冯玉光（均为廪生）会同寄居高、雷客绅钟杰、邓和德（均为生员）等于光绪初年迭次赴京师都察院具诉，请准客民携眷回开、恩等县原籍旧居，"先后奉谕旨著总督曾国荃及张之洞查办。曾督奉谕即严饬开、

---

① 宣统《恩平县志》卷16，《艺文·诗》。
② 宣统《恩平县志》卷16，《艺文·诗》。

恩及阳江等县凡土人占有客产者，须令退还，听客复居。是时，土人愿酌缴产价，转给抵补，客不允。后张督偏听土言，以客复居为窒碍，许土缴价给补，客亦不允。光绪三十三年，寄居广西客绅、守备彭福安等复据案呈请两广总督岑春煊批饬开、恩等县查覆核办。至民国而案遂消灭"①。这一矛盾虽迁延数任总督并跨越晚清和民国两个时代，值得庆幸的是，双方没有演变为武力对抗。

再拿赤溪来说，设厅后，"新宁土人与厅人互相敦睦，但彼此前嫌未尽释泯，亦间因事致起猜疑"。例如，同治八年（1869），双方因互争苈茜、狮山嘴田亩滋事，构讼连年。至十一年（1872），广东政府令赤溪同知杨有成、赤溪协副将周凤山会同新宁知县刘兆霖履勘平分，筑堤竖碑，北归新宁，南归赤溪，各分得田260余亩，其事方寝。②至光绪二十八年（1902），新宁下三乡土民又诬控"厅人勾通孙某乱党起事，图扰新宁"。三十一年（1905），香港新宁籍侨商"电诬赤溪客匪攻陷广海寨城"。这两件诬控案涉及"叛逆"，经广东督抚先后派员到厅，"查无其事"。土民的目的显然是模仿前车，借官府之手予客民以打击。③

宣统三年（1911）八月，武昌革命军起义，世局蜩螗，新宁土民再次谣传"厅人串同鹤山客民攻打新宁，并有嘉应、惠州及其他各县客属来助等语。谣言四起，彼此惊惶，各筹防御"。九月十九日，赤溪都司张政英、都斛把总林楷约同土客绅商到牛山镇自治会开会，解释疑团，以免误会。时驻香港开平、恩平、新会、新宁四邑商会及嘉应属商学会

---

① 民国《赤溪县志》卷8，《赤溪开县事纪》。
② 民国《赤溪县志》卷8，《赤溪开县事纪》；卷3，《建置·学校》。
③ 按：谣言哄传，充分反映了斗祸之后很长一段时间内土客之间的不信任与敌视。这里不妨再举两个例子，一是同治十一年（1872）春茂名客民逃逸之事。当时广西土匪廖三晚"潜伺郡城，署巡道文星瑞计擒诛之。先是去秋大旱，春间又旱，讹言烦兴，近省如化州之壶洞、尖冈、茂名之南塘等处，民人纷纷逃徙，声言贼至，而新、恩客民之插住者，一夕逃走，不知去向"。茂名举人张元亨撰"文巡道送行序略"记此事云："西人之耕犁吾地者，侦得其实，不旬日尽室偕行，居民惶惑，男妇狂北。"见光绪《茂名县志》卷8，《纪述·兵事》。二是发生在恩平县。光绪二十四年十月十八日，"谣传客人反叛，全县虚惊，历数时乃已"。见宣统《恩平县志》卷14，《纪事二》。

第十章 斗祸的基本解决

亦各派代表同日到会,互相调解。及双方会议时,"咸知所传皆非事实,遂拟订合约,以期永安,各签名而散。盖在当日不致因兹误会再酿斗事者,实赖彼此官绅及各属代表热心集会,能互相释嫌疑、共愿公安所致也"①。下为"合约"内容:

立合约人恩、开、会、新并赤溪各属土客官绅商学暨各界代表。为释疑团保公安事,于辛亥年九月十九日假座于新宁牛山镇自治会开大会议,群谓外界所传客人肇争、土人复仇等语,具属谣言,并无其事。然谣言纷起,若不设法消弭,万一互相误会,致酿事变,后祸何堪设想。爰立合约,以释疑团而保公安。兹将条约列后:

一、土客原属同胞,须敦和好,泯畛域,不得妄生意见,造谣生事。

二、无论土客,如有捏造谣言,意图肇乱,须由各该处在座各代表禀官究办。

三、现值时局多故,贼匪蠢动,各该处购备炮械,编练民团,系为自保起见,无论土客,不得妄生疑惑,致酿事变。

四、四邑地滨洋海,贼匪出没无常,如有贼匪窜匿土客界内,一经查确,须由各该处官民协同剿办,不得稍为庇纵,致碍公安。

五、以上各条乃系简章,详细条款,容后续订。

见签人赤溪都司张政英、都斛把总林楷,新宁代表梁汝材、麦箕大、赵以熊……(计29人),赤溪代表杨炳堃、朱玉銮……(计9人),四邑港商代表陈萃生、张柱臣、梁天生、黄奎五,嘉属商学代表黄屏可、李勖程。②

当然,除谣言、构讼之外,还有武装起事者,如光绪三年(1877)

---

① 民国《赤溪县志》卷8,《赤溪开县事纪》。
② 民国《赤溪县志》卷8,《赤溪开县事纪》。

十一月,"新兴客匪余老裕等潜在大人山屯聚,厅丞余祚馨亟饬瑞杰率勇移驻那龙,……(余祚馨)与恩平县兵勇两路夹攻力战,余老裕败之"①。

即使到了民国时期,土客之间仍然时兴波澜。1916年,广东省长朱庆澜曾派员在台山(即清朝时的新宁)、赤溪(此时已改厅为县)勘界立碑,碑文云:

> 查台山、赤溪两县,境虽分辖,地本相连。错等犬牙,疆域之争斯起;讼兴雀角,土客之见未融。曩在前清之时,曾肇曹冲之役,经蒋抚院益澧立碑画界,定案有年,惟是岁月迭更,沧桑屡易,前模渐失,故迹稍湮。近以界务之相持,因而讼端之复起。先经粤海道尹王典章履境巡视,得其大凡,酌定办法。兹复由本省长派令委员陈明德会同台山县知事谭学慈、赤溪县知事王大鲁查勘。依旧界为标准,采新法以测量,计由冲金山嘴以达海滨,画定界线一千二百五十九丈三尺七寸,竖立界石二十八条,台界在北,溪界居南,其间堤岸之修缮,涌道之疏浚,田亩之让与,税则之升科,均经妥定规条,绘具图说,呈明有案。②

六、不平静的尾声:光绪初年的儋州土客械斗

正如前述,客民被安插之后,各地土客之间的感情不和、摩擦与冲突仍然在所难免,其中最典型的事件是发生于光绪四年(1878)、五年(1879)间琼州府(海南岛)之儋州、临高县的土客械斗——这场械斗迫使广东政府再次调派大军前往镇压,平定后又不得不再次择地安插客民。

---

① 民国《阳江县志》卷20,《兵防志二·兵事》。
② 民国《赤溪县志》卷1,《舆地上·疆域》。

第十章 斗祸的基本解决

起事原委

儋州在秦以前为百越之地,汉时置儋耳县,属儋耳郡。唐武德五年(622)改为儋州,明清因之。临高在汉时分属珠崖、儋耳二郡,隋置毗善县,后改富罗县,并在县境临机村置临机县,属儋州;唐开元初改临机县为临高县,属崖州,旋属琼州。清代,广东琼州府(今海南省)孤悬海外,当地汉、黎杂处,加上统治力量薄弱,向为多事之区。

大约与清初客家移民浪潮同步,惠潮嘉客家开始进入海南岛,后来也不断有迁居者,至光绪初年,"儋、临两属老客户口数万,与土民耦居无猜,已数十年,或百数十年之久"①。所谓"老客",又叫"旧客",是相对于"新客"而言的。同治五年、六年间,广东斗祸基本结束,琼州府系清廷安插客民的一个重要地区,仅在同治五年九月至十一月,广东巡抚蒋益澧分三次遣送恩平、开平客民4000余人前往琼州。②据两广总督刘坤一说:"同治五年,恩平、新宁各县客民受抚,奉给资本,发州安插,土人称为新客,并称前到者为旧客。而新客每以旧客所聚之处为安身之地,往往滋生事端,经地方官随时办结。"③可见,被安插而来的"新客"虽然"以旧客所聚之处为安身之地",但很容易滋生事端,"每因细故,辄启争端",故广东督抚曾屡次"札饬该管文武,遇事预为弹压,以期消患未萌"。

至于旧客,他们与居住海南的汉(土民)、黎相处甚久,也常有冲突,并非真的"无猜"。如咸丰八年(1858)七月,琼州府陵水县属红鞋十八村地方,系侾黎(黎族之一部)聚处之地,黎总黄有庆与黎耀村客民李亚六寻仇构衅,在当年夏间,黄有庆"知会各黎村传箭出门,与客民互相斗杀"。陵水知县程宗洛督率兵勇驰往弹压,黎人"恃众抗拒"。署万州营游击吴成龙等带兵往剿,"匪即窜散"。官军退走后,黄

---

① 《刘坤一遗集》(二),北京:中华书局,1959年,第538页。
② 光绪《高州府志》卷51,《纪述四·事纪四》;光绪《茂名县志》卷8,《纪述·兵事》。
③ 《刘坤一遗集》(一),北京:中华书局,1959年,第474页。

有庆与李亚六双方仍互相残杀,报复不休。八月二十三日,陵水黎人又劫上园客乡。程宗洛再次带勇攻剿,杀伤颇多。各俘黎眼见不敌,遂密约崖州赞坡村生黎"四处滋扰"。琼州镇总兵黄开广会商道府,派拨弁兵,驰往陵水;委州判莫绍卿管带潮勇,驰往崖州,分路剿捕;又委代理感恩知县庆瑞接署陵水知县。这时,客民"畏惧解散",而俘黎添纠大艾、高鬃各峒生黎继续抗拒。①

至光绪四年(1878)九月,儋州、临高土客之间终因"籴谷"之事起衅,并迅速蔓延。据粤督刘坤一奏称:

> 兹据署琼州镇总兵何明立、雷琼道王澍、琼州府余培轩先后禀报:儋州属之那大、洛基、天表等墟,向有客民在彼贸易耕种。本年天时亢旱,米价昂贵,讵新客中有等亡命之徒,常在临高县之和舍墟、澄迈县之烂洋墟往来,遂勾结临高土匪,同至天表墟埋伏,希图乘机啸聚。九月初二日,有临高民人到该墟籴谷,因争论价值低昂,互相口角,维时客匪与临高土匪共有三四百人,持械蜂拥入墟,乘间抢掠各铺户财物,杀毙六命,致伤一人,烧毁铺户六间,盘踞墟内。复图攻打那大、洛基等处。②

从事情的表面起因来看,仅仅是气候、米价和口角之争,但新客中"有等亡命之徒",且与土匪勾结,则与新客在当时当地的总体处境有关——土客感情对立与经济地位的低下使新客中的"狡黠"者容易生事。

当然,新客因为有此前斗祸的巨大创伤,并非刻意肇衅。所以,起先,他们(可能包括旧客)希望官方能妥善解决此事。

上述事件发生后,署儋州知州余信芳即会同署儋州营游击方乐,率

---

① 陈坤:《粤东剿匪纪略》,《红巾军起义资料辑》(二),广东省中山图书馆油印本,1959年,第395—396页。按:所谓"生黎",系未编户籍、不缴赋税之黎族部落。
② 《刘坤一遗集》(一),北京:中华书局,1959年,第474页。

· 第十章　斗祸的基本解决 ·

领兵勇驰赴那大、洛基查办，并由道、府饬令原驻临高剿匪的守备李际昌部"移军会办"。九月十一日，余信芳等得知客民已聚集数千人，在距离那大墟五里地方屯聚。因那大墟系出产米谷之区，余信芳赶紧"示谕新旧客绅，约束客众，不准滋事"。

十二日，余信芳等在行进至那大墟时，汛弁王廷珍邀请余等至那大墟内驻扎。此时，突然有客民1000余人，将余信芳、方乐"拦入"那大墟软禁，客籍廪生谢彤恩、武生谢彤封、钟膺扬、温树棠等，"以临高土人欲绝伊等种类为词，逼令余信芳与临高土人讲和"。余信芳被迫答应待查明后办理。至十五日，余信芳与方乐才得以回署。

当余信芳等人在那大墟被扣留之时（或者余信芳只是口头敷衍了事），客民开始向土民动手。据记载：

> 该客匪先于是月十二、十三及十五、十六等日，连攻儋州属之祥发里、军屯、北地等村，杀伤掳掠男妇甚多。其临高县属之莲塘、头社、美灵等村，均被焚劫，并有欲攻临高县城之谣。现在新旧客匪约有数千人，势甚猖獗。①

另据光绪《临高县志》记载：

> 客匪谢彤封、符世扬、许中发倡乱，啸聚数千人，肆扰兰洋、南丰、博文、嘉来、浪波及儋州之那大、田表、乐居等市，劫村庄者百计，烧屋宇者千计，掳杀丁口，被害奇惨。出至冰廉村前，距临城十余里，乡人以死抵御，杀十余贼，乃退。②

事情发生后，土绅卓凤举、王士魁等禀请雷琼道刘镇楚、琼州府知

---

① 《刘坤一遗集》（一），北京：中华书局，1959年，第474—475页。
② 光绪《临高县志》卷3，《舆地·前事》。

府余培轩转禀粤督刘坤一，刘即札委刘镇楚及署琼州镇总兵何明立等即调拨镇标及各营兵 400 名，并委员募勇 600 名，由何明立督带，驰往儋州、临高，相机剿办；儋州、临高两地官员认为 1000 余兵勇还不足以震慑，再请粤督刘坤一加拨兵勇应援。

刘坤一的"剿客"方略

虽然儋州客民与临高土民系因"籴谷"争斗起衅，但客民一方因积怨生仇，先行动手，大干官方忌讳。两广总督刘坤一认为："（客民）并不呈请地方官办理，辄敢聚众滋扰；复将地方文武各官拦入那大墟，串同客籍廪生谢彤恩等，逼令地方官与土民讲和，甚至焚劫乡村，掳杀男妇，实属行同叛逆，若不迅速扑灭，诚恐滋蔓难图。"① 因此，他决定调兵剿客，采取步骤如下：

第一，饬调署南韶连镇总兵郑绍忠挑选精锐安勇 500 名，拣派干练将官、哨弁管带来省；如果海南情形吃紧，即令该部乘轮拖船，驰往协剿。

第二，令署廉州府知府鹿传霖、署钦州营参将莫善喜，察看边防缓急，相机酌拨勇丁 500 名，即坐该处轮拖船，就近前往海南策应，以期迅速。

第三，由省筹拨经费、军火、枪炮，解交琼州道府，以资接济。

第四，令何明立催齐调募兵勇，亲临督办，务将起事客首及"杀人放火各伙党，悉数歼除，毋任漏网。其被胁从之人，亦经出示晓谕解散，概免株连"。

第五，令琼州道、府督率地方官，查明本案起衅根由，秉公妥为办理，以杜后患。

同时，刘坤一还下令将客籍廪生谢彤恩等"详革衣顶拿办"。②

尽管如此，刘坤一内心并不是真的把此次客民起事视为"叛逆"。光绪四年（1878）十一月十三日，刘在致廉琼道王澍的信中说："此次

---

① 《刘坤一遗集》（一），北京：中华书局，1959 年，第 475 页。
② 《刘坤一遗集》（一），北京：中华书局，1959 年，第 475 页。

第十章 斗祸的基本解决

客匪本与土民为仇,并非叛逆。"之所以出兵,是因为客民"焚烧土民乡村、杀掠土民人口如此之多,且劫胁文武官,不听查办,实已形同化外;倘涉轻纵,不独土民决不甘心,该客匪从此益无忌惮,将来必蹈肇庆同治初年覆辙"。当时,省里及廉琼地方官吏对于处理此事的意见颇为不一:"有谓宜驱之入黎峒,使其毙于瘴疠者;有谓宜抚谕黎人不使勾结者;亦有谓宜速进兵毋待来春者;又有谓先在越南客民,现来儋州助恶,宜用轮拖巡船邀截。"刘坤一认为:"此等案件,自应剿抚兼施,而剿实重于抚。至于缓急操纵,则察看情形。"所以,他希望王澍等地方官能妥善处理:

> 务望执事会同何镇军多出告示,晓以顺逆祸福,饬令解散伙党,释放所捉土民,料该匪徒未必受命。倘得宽其胁从,有逃出者,免其擒治,并禁土民不得滥杀,其中必有畏罪自拔之人。如再传出一二首领,面加开导,令其熟审利害从违,自求生路,或亦足以破其执迷。一面督饬各土人齐集团练,各保村庄,使该客匪无所抢掳。一俟安勇及保安勇抵琼,即行分别部署,扼要稳扎,渐逼渐进,使之坐困,但有间隙,便可乘势进攻,倘得一二胜仗,则该客匪土崩瓦解矣。是在预先确探路径之险夷,贼巢之虚实,不可冒昧,亦不可失机。①

王澍在咸同土客斗祸时曾在肇庆府办理调和土客、招抚客民事宜,后任雷琼道多年,"廉明勤谨,吏畏民怀,在任多年,地方情形熟悉,先因积受瘴疠,禀请开缺医调,当经批饬安心调理"。但终因病势难支,诚恐贻误,仍禀请开缺,刘坤一只得另委候补道刘镇楚接署。稍后,上谕覆称:"饬(王澍)将剿捕事宜,会同地方官筹办事后,再行回省。"

---

① 《刘坤一遗集》(四),北京:中华书局,1959年,第1845页。

故王澍仍然抱病在琼视事。

据地方官查知，当时起事客民以林钟父子为首（关于他们的情况，因缺乏资料而难窥详细），共有五六千人，"内有二千数百人颇属凶悍，其余则均是裹胁而来"。与广、肇情况一样，儋、临客民也是居于土乡的包围之中。客民起事后，各土民立即截断一切接济，举办团练，陷客民于困境。另外，客民内部也有裂缝，"闻旧客多愿投诚"，刘坤一即要求王澍等"密设方略，以伐其交"。

即使在种种困难之中，客民仍然坚持了半年之久。

和舍之战

与土民的冲突发生后，儋、临客民便逐渐开始集中起来，一面袭杀土民，一面与陆续到来的清军展开战斗。相持数月，客民知郑绍忠即将率大军抵琼，遂开始分为两大股设防：一在临高县和舍墟，一在儋州那大墟。和舍墟方面又分设左右两寨，"其巢穴为最坚，其党与为最众"，而且与那大客营声息相通，彼此可以互相接应。儋、临两属的其余客民，以和舍、那大为核心，"毗连数十里内，蜂屯蚁聚，棋布星罗"。"和舍、那大两墟，最为坚固，客匪据为巢穴，逆焰颇张。"①

何明立等见此情形，认为必须步步为营，先将和舍客民消灭，再图进攻那大，"使其首尾不能相顾，渠魁庶可歼擒"。何明立随即下令先挑选500名兵勇，及本地土民团练，由署崖州协副将李其昌管带，在靠近和舍客营的加来地方驻扎，并饬各营陆续跟进。适游击江志带领安勇500名行抵郡城，何亦令调赴前线，分扼要隘。

十二月初十日，何明立决定由副将李其昌率勇攻和舍之左，游击江志率勇攻和舍之右，副将滕三元率勇径攻和舍，并与左右两路联络声援。何明立则率亲兵居中策应。当晚传令次日五更出发。届时，清军齐

---

① 《刘坤一遗集》（二），北京：中华书局，1959年，第493、509页。

第十章 斗祸的基本解决

集,分三路进攻。

客民见清军来攻,初则固守壕墙,既而突出拒战。清军刀矛并举,枪炮互施,并将喷筒、火箭逼近射放,左右两寨同时火起,烟焰蔽天。客民拼死力斗,击伤滕三元。李其昌驰至,用双响洋枪击中一骑马客目。客民气馁,在清军攻击下,被打死先锋100余人,生擒7名,夺获骡马多匹。客民被迫退入和舍墟,清军乘机逼近包围。

客民在墟内坚守不出,专用枪炮向外轰击,弹如雨下。双方正相持间,有另股客民数千人,从山谷中突然杀出,意图抄清军后路。何明立等赶紧分兵拦击,由游击江志策马督队,"擒斩执旗贼目多名"。当时,墟内客民见有援兵,精神大振。何明立等见"贼悍巢坚,未可卒破,乃敛军而退"。和舍客民见状,即出寨追击,时何军阵脚未乱,即挥军杀了个回马枪,客民不敌,旋即败退入墟,并力死守。清军亦以日暮收队,"所获生供,即在军前讯明正法"①。此战,清军兵勇阵亡者39名,受伤者21名。何明立见不能迅速获胜,"驰请增兵助剿"。

客民一方,"自知罪无可逭",又因此次战事受创颇深,随即联名递呈,"哀词求抚,情愿一遵约束"。双方暂时停战。此时,刘坤一饬令郑绍忠、刘镇楚等立即委员会同地方官前往客营,"责令捆送头目,呈缴军装,并清还所掳土民人畜财物";"并将杀人放火及残害弁兵各凶犯,悉数解究"。而客民的要求是:"与土人有仇,志在报复,并非抗官,屡求设法安插。"故双方未能达成妥协。

本来,事情至此,广东政府还是可以设法和平解决的。但刘坤一认为:

> 伏查该客匪等,原有新旧之分,旧客与土人相安年久,尚无非为。新客则系同治年间由肇庆之高明、鹤山、广州之新宁曹冲等处迁往安插,身经百战,狡悍异常。此次因与土人构衅,新客攘臂

---

① 《刘坤一遗集》(二),北京:中华书局,1959年,第493—494页。

而起,旧客被其胁从,所破土民村庄,恣意屠戮,凶惨绝伦,并敢拒敌官兵,实属形同叛逆,现虽畏剿乞抚,难保不首鼠两端,倘办理稍从宽贷,不惟土民受害最重,必不甘心,更恐别处客民从而效尤,祸将伊于胡底。①

而且,刘坤一得到的情报也使他决心增兵,以武力平息这场"客乱"。刘当时得到的情报及采取的对策如下:

先闻该客匪前往嘉应等处内地暗招伙党,并购买军火等项,当经严檄通饬查禁。兹闻该客匪在于越南招来伙匪二三千人,及火药等项甚众。如果属实,何以海南文武及水陆营汛毫无觉察?则是轮、拖、巡等船,同于虚设,深堪诧异!伏祈执事(王澍)确查有无此等情弊,以后务须加意防范。盖办此等匪徒,总在断其接济、声援为第一策也。

又闻该客匪如将来接战不胜,即由海船遁走越南。其计若行,不惟终为两粤边患,且越南现有李扬才之乱,倘复加以此股,则越南势不能支,恐该国王及冯军门(指冯子材)不能无责词矣。并望左右与邓镇军,预将海道严密部署,毋任漏网。②

当时官方也有人认为客民为土民所激,"以致投诚之心中变"。应该以招抚为主。刘坤一答称:"客匪狼心未死,前此乞恩,明系缓兵之计,

---

① 《刘坤一遗集》(二),北京:中华书局,1959年,第494页。
② 《刘坤一遗集》(四),北京:中华书局,1959年,第1852页。按:所谓"李扬才之乱",大致情形为:广西籍记名总兵李扬才,此前率领部众,潜入越南起事。他声称越南地区"系伊上祖基业,伊欲复回旧业",遂在原籍灵山县及钦州等处,捏称奉总督札委,募勇出关,招党万余,陆续进发。见《清德宗实录》卷79。此举影响清廷与越南的关系,故清廷闻讯后为之震动,乃于光绪四年(1878)十月下令广西巡抚杨重雅及两广总督刘坤一派遣熟悉越南地形与情况的冯子材进兵越南剿捕。至五年九月平定。清廷进兵之事,也与当时"兵力难支"的越南国王请求有关。见王玉棠:《刘坤一评传》,广州:暨南大学出版社,1990年,第25页。

第十章 斗祸的基本解决

若听少臣言,遽止郑军勿行,此时如何办理!岂不为该客匪所愚,贻土民姗笑。"① 所以他是坚决主张进兵的。

下定决心后,刘坤一重新布置,委令游击卓延龄,率领200人组成的开花炮队,催令莫善喜所派千总莫善积率领的保安勇500名,"驰赴琼州,以壮声势"。另檄令署南韶连镇总兵郑绍忠,于所部各勇内抽调400名,另募勇2100名,计2500名,前赴琼州。又调署海口营参将吴迪文、碣石镇游击黄廷耀、候补守备郑廷宗所管各轮船,"驶往洋面,实力逡巡,以防鼠逸"。卸任雷琼道王澍在任多年,于地方情形极为熟悉,虽然抱病,刘坤一仍然要他会同郑绍忠前往督办,"俟该镇道抵琼,所有水陆各军,统归节制调遣"。并下令新任琼州镇总兵殷锡茂(接替何明立)及刘镇楚察看情形,如招抚客民,即行回郡,专办郡城事务。先前所募勇丁,"量行裁撤,以节縻费"。以后或剿或抚,"概交郑绍忠、王澍酌量办理,俾一事权"。同时要求郑绍忠等:"倘该客匪意存观望,立即督饬各军痛加剿洗。"②

刘坤一的主张与措施得到清廷赞同。清廷对琼州"客乱"迁延不决的状况感到担心,同意加派兵勇。三月十三日上谕称:

> 刘坤一等奏官军进剿客匪尚未得手添募劲勇派员督办一折。广东客匪分屯临高县属之和舍墟、儋州属之那大墟,将土民恣意杀戮,抗拒官兵,并有另股数千出图绕袭。似此叛逆情形,自应痛加剿洗。现在受创乞抚,愿遵约束,难保不首鼠两端,意存观望。前派镇道办理,未能得力,自当调募劲勇,另派大员督办。著刘坤一饬令郑绍忠会同王澍,前往相机妥筹,所有水路(陆)各军,统归节制调遣,以一事权。……此事耽延已数月之久,该督务当严饬该镇道等,迅速蒇事,勿任迟回,致干咎戾。至该省土客构怨,屡肇衅端,

---

① 《刘坤一遗集》(四),北京:中华书局,1959年,第1852页。
② 《刘坤一遗集》(二),北京:中华书局,1959年,第494—495页。

皆由不得其平，致成固结莫解之势。刘坤一务当一面饬令各属文武，遇事持平，妥为安顿，庶免他处客民效尤滋事。①

在清军与客民的暂时停战期间，因客民势孤，土民团练乘机加以掩杀，客民即反戈相击，致使形势进一步恶化。

刘坤一权衡之下，认为应该把矛头对准客民。光绪五年（1879）二月十三日，他在致王澍信中说：

> 承寄示郑镇军书，藉审该处土人情状。弟前批该客匪投诚后，应听官司查办，不准土人乘危掩杀者，正是为此。务望会同传谕土人绅耆，约束子弟，毋再激变。惟该客匪此次屠戮土人，极为惨酷，焚掠房屋、牲畜、资财，更复不少；且先则要胁地方文武，继抗拒官兵，多所戕害。此等穷凶极恶，实与叛逆无殊，若不将首要各犯，尽数查拿正法，不足以示创惩而昭折服。非惟遣散之新客，屡邀宽典，将来忌悍毫无，遇有抵悟，仍萌故态；即准留儋、临之老客，与土人决不相安，枝节丛生，为患伊于胡底矣。林钟父子为起衅渠魁，不可任其漏网。至新客应遣何处，以及老客善后章程，并祈会同镇军并督饬各文武妥善办理，为一劳永逸之计。②

郑绍忠所率大军于光绪五年正月二十三日启行，迟至二月十五日才到达琼州。各营进至加来，旋又移驻相距和舍客营20里之莲塘地方，该处地势最为形胜。郑绍忠向客民发出最后通牒，而客民见官方与己方意见相去甚远，"复狡辩多端，抗不遵办"。郑绍忠等认为"非痛加惩创，不足震慑其心"，遂决定进兵。刘坤一在致王澍的信中也指示道："现在郑军既已到齐，仍须稳扎稳打，不可轻进求速。倘能四面合围，步步逼

---

① 《清德宗实录》卷89。
② 《刘坤一遗集》书牍卷之七，《复王雨庵》，北京：中华书局，1959年，第1852页。

第十章 斗祸的基本解决

近,并饬各路团练,断其接济声援,该客匪等自成坐困之势,而后分别新老,纵间招降,俟有内变,因而乘之,当不难于扑灭。"①

郑绍忠、王澍遵照刘坤一的旨意行事,在得知和舍客营"倚山筑垒,深浚濠堑,为悍党所麇聚",决定采用"滚营递逼之法,直捣中坚,相机剿办"。同时,郑绍忠又采取离间计,派人由间道至客营,"善为开导,俾旧客自拔来归,新客势成孤立"。

清军各营部署甫定,客民也在紧张备战,"往来哨探,计在诱扑我军营垒"。

二月二十九日黎明,郑绍忠派都司颜金、守备冼章带队,"隐从树林两旁抄出贼后"。郑绍忠等亲督各军,直抵和舍墟前,猛力环攻。客民拼死抵抗,因清军前后夹击,枪炮如雨,客民被当场打死30余名,势渐不支,且战且退,清军乘胜追至和舍墟外,剩余客民约六七百人,"各释器械,环跪马前,哀求招抚"。郑绍忠即派兵勇将这批客民押送至墟后,听候分别查办。一面进扎两垒,将和舍营垒一律焚毁,令客民缴出军械,"并将所掳土人妇女幼孩,交出给领"。随即又派人逐一查讯客民,其中有"屡次抗拒官兵之新客"20余人,"即在军前正法"②。又将旧客中之"被胁"者,发给告示,遣令执赴那大各村,遍贴晓谕,以资解散。投诚客目连日陆续造缴各客民清册。

郑绍忠等正在遣散、安插客民之时,那大客营中人,因见和舍客民眷口出而就抚,清军不久便会把矛头指向自己,遂于三月十五日,"率其悍党",并"诱令"兰洋新客,绕出麦万地方,将就抚客民男妇截回。又乘夜潜至山白、桥头、道尧等处,筑垒屯聚,以图抗拒。

山白等处距和舍仅10余里,足以威胁清军。郑绍忠等急忙布置进攻,以都司颜全、守备冼章两军攻其前;以游击郑润材、守备黄忠保两军绕出桥头,攻其左;以游击江志、千总莫善积两军攻其右;以都司陈

---

① 《刘坤一遗集》(四),北京:中华书局,1959年,第1852页。
② 《刘坤一遗集》(二),北京:中华书局,1959年,第506页。

廉养一军往来接应，以扼通往那大之路。

十六日辰刻，清军数路齐出道尧，向道尧等客营发动攻击。客民率队迎敌，枪炮互施，彼此相持未决。适郑润材、江志等分督各军，先后赶到，用抬枪拦腰截击客民队伍，杀死客民七八名，客民遂放弃道尧，退入桥头客营内，坚匿不出。

郑绍忠先下令将道尧客营平毁，又饬令黄忠保、莫善积等部乘胜直捣桥头。客民出营"死斗"，鏖战两时，客民被杀30余名，势渐不支，退入桥头。黄忠保等率军斩栅而入，客民弃营而走。清军追至山白，远远望见东西两客营，各出队二三百人，"排列以待"。

客民此时犯了一个错误，其东营后靠松山，可以居高临下，却无人把守。郑绍忠等即命令各军，"注力东路"，击杀骑马客目一名，伤毙客民六七名。又密派黄忠保等督队，迅速抢占松山，以枪炮下击客营，并抛掷火包，一时间，客营内茅蓬尽毁。客民腹背受敌，"夺路狂奔"，又遭清军追杀，死30余名。山白迤东客营遂陷。其迤西仍屹然不动。郑绍忠知一时难以攻克，即下令各勇分筑营垒，四面环逼。客民知无法久守，屡次突围欲出，都被清军击退。客民见无法突出，只得坚守。郑绍忠择日令各军同时进攻，把总方乘澡执旗向前，被客民枪弹击中殒命。因力量悬殊，客民败北，阵亡80余名，被擒杀7名，并被"夺获贼马两匹，枪械二百余件"。清军一方，阵亡勇丁谢明等8名，受伤勇丁刘辉等23名。①

和舍之战至此告一段落。

那大之战

从和舍、桥头等地逃出来的客民，连夜退向西南方向的儋州那大、兰洋"老巢"。兰洋距番区口20里，该处地近黎界，郑绍忠害怕客民

---

① 《刘坤一遗集》（二），北京：中华书局，1959年，第507页。

第十章 斗祸的基本解决

"铤险窜入"黎界,事情更加难办。遂与王澍等商量,"传出黎总及熟悉黎情之绅耆人等,谕令联络声势,扼要堵截,并赏给银牌猪酒,激以至诚,许以优奖。该黎总等均各唯唯听命"①。如此,客民的一条生路似乎已被切断。

三月十八日后,阴雨连绵,清军不便进攻,即将和舍就抚客民先行遣散渡海,分赴徐闻、遂溪两县,择地安插。

二十七日,天色放晴,郑绍忠等督军由山白进扎风门坳。闰三月初三日,进扎英茶、杨龙等地。是夜,有先经就抚、旋被那大客营截回的客民300余人,因为害怕战事再次祸及己身,由客营逃出,清军查知,兰洋客民已退入番区凹口,"依山为巢"。

郑绍忠等得知这一情况后,立即派守备黄忠保、冼章、千总莫善积等,各出六成队勇,于初四日黎明,进赴兰洋,"觇匪虚实"。清军行至大坡洞,杀守路客民2人。行抵兰洋时,屯驻墟外小垒的客民见清军骤至,即放火焚垒,退入番区。清军奋力追至凹口,击杀客民7人,活捉3人,并夺马匹、枪械等物,因番区生疏,不敢深入,随即收队。

从当时形势上来看,部分客民退守番区,"希图恃险负固",并与那大客营遥相呼应,使清军不能专攻那大。于是,郑绍忠等下令各营"高垒深沟,以遏番区出窜之路"。初七日,清军由英茶出驻儋州南罗。当地有客民约100余人,隐伏树林中,先遣数人诱敌深入。郑绍忠等即派江志等军,从旁袭击,复令郑润材带队合攻。客民毕竟人少,加上腹背受敌,被杀30余人,被捉15人,坠崖死者也不少,并被夺获器械数十件。

此后,清军由南罗进扼莲花山,该处距那大仅10余里。此时,那大客营四面楚歌,新旧客民有分裂迹象,旧客谢丹元等私下派人至郑营求抚。郑绍忠等对症下药,密谕来人返回密告谢丹元等,"约令从中举事,内外夹攻"。闰三月初十日上午,黄忠保、江志、郑润材、莫善积、

---

① 《刘坤一遗集》(二),北京:中华书局,1959年,第507页。

颜金等各路清军进抵那大墟外,谢丹元等望见官兵已近,从四面各炮楼杀出,清军即鼓噪向前,"斩毙悍匪数十名,匪众仓惶失措,悉数窜向石颈而去。我军追杀九十余名,生擒二十七名,当将那大匪巢攻克"①。石颈外围客众多有求抚者。

那大客营被破,与旧客通敌有关,故刘坤一赞赏道:"旧客内应立功,其向化之诚,尚属可嘉。"② 同时指示地方文武:"将就抚各客民,妥为安插,实力保护,毋任土民再事陵逼,以安反测。"③

从那大退出的客民复以石颈为营,石颈背靠由万山,与尚有部分客民驻守的番区凹相去约20余里,两地可以互相联络。

此时,清军不像开始时那么顺手了。石颈、番区凹一带,层峦叠嶂,路径崎岖,客民倚险筑营,"负隅自固"。而且,天气炎热,夏瘴方生,清军兵勇多有染疾者;加上旷日持久,兵勇渐生惰意。

但是,刘坤一知道,拖延下去,事情更形棘手,要求郑绍忠、王澍等督率各军步步进逼客营,"断其接济,遏其应援,使之心腹溃而首尾离,以收聚歼之效"。闰三月二十二日黎明,郑绍忠等率军由莲花山进扎兰洋墟,准备在此择地筑垒。客民决定乘清军立足未稳,打他个措手不及,先派出200余人从番区凹来攻。郑绍忠急忙下令各军并力抵御,以枪炮排击,杀冲锋客民10余人,客民不支,败退回山。清军正在追击之时,石颈、由万山两处客营各出400余人,分为三路来攻。清军亦分三路应之。客民右路先败,被杀30余名;左中两路,亦同时俱溃,被清军追斩10余人,夺获枪械多件。④

同日,清军营垒筑成,"番区之匪,由是不敢轻动"。当晚,郑绍忠

---

① 《刘坤一遗集》(二),北京:中华书局,1959年,第508页。
② 《刘坤一遗集》(二),北京:中华书局,1959年,第509页。按:谢丹元等答应内应,开战时率众杀出,如此,离开坚固的炮楼,置身清军优势火力之中,自取其败,所以,刘坤一认为"尚属可嘉"。
③ 《刘坤一遗集》(二),北京:中华书局,1959年,第509页。
④ 《刘坤一遗集》(二),北京:中华书局,1959年,第514页。

派守备冼章、黄忠保两军,由兰洋进扎连珠山,筑营4座。次日复令莫善积一军,从莲花山进扎筠岭,以接应连珠山各军。

四月初一日清早,郑绍忠亲督江志、颜金两营,进扼红石岭、潺水岭两处,以逼石颈客营。客民出动五六百人诱敌,清军知为计谋,"惟以抬枪遥击之,贼旋引去"。初二日黎明,清军分队进扎松门岭、尖岭,距石颈仅二三里。石颈客营因失去番区之援,其西面之南丰、东面之岑仑,亦被清军牵制,势成坐困,遂坚匿不出。郑绍忠等察看形势,"拟先进剿石颈,次图番区"。初五日,郑绍忠派江志、颜金两军由西路进攻,莫善积、邓镇邦两军由东路进扎,郑绍忠亲督郑润材、陈廉养各军从潺水岭、尖岭直逼云峰岭;一面飞饬冼章、黄忠保,由连珠山出队牵制番区客民,"使之不敢远离巢穴"。

初五日天未明时,清军偃旗息鼓,向云峰岭沿山缘壁而上,"簿进匪巢,匪始惊觉,齐出拒敌"。双方鏖战半时许,客民被杀40余人,余众败退至连台岭。清军随即把云峰岭客民营垒平毁。江志、莫善积两军见云峰岭已破,便向连台岭发起攻击,客民被杀100多人,"弃巢纷窜"。

至此,郑绍忠下令各军合攻石颈。石颈客民在左右两山"高筑炮台,土寨林立,计在死守"。郑绍忠等为了打好这一仗,"许以重赏",饬令都司颜金、千总刘成督率所部,由大坡岭抢攻后山,与正面各军合力夹攻,"枪炮齐施,声震崖谷",客民被杀70余人。客民被迫全数退聚石颈。郑绍忠即命江志、邓润材攻左路,颜金、莫善积攻右路,陈廉养、邓镇邦等往来策应,各兵勇"层递攀缘,蚁附而上,垒石作壁,以避弹丸,前者已伤,后者继进"。

从客民一方来说,此时已无路可逃,不得不拼死相斗。此战自午至申,连战数时,清军杀客民100余人,"夺获旗帜器械无算,余匪翻山越岭,坠崖落涧死者不计其数,我军遂破石颈据之"。此战,清军阵亡兵勇6人,伤12人。[①] 清军破石颈后,即将客民所遗蓬寮100余间及所

---

① 《刘坤一遗集》(二),北京:中华书局,1959年,第515页。

藏米谷概行焚毁。

初六日，郑绍忠督军进捣由万山客营，客民势力不支，乘夜率领眷口，绕道退往番区凹内。因石颈一带被清军攻克，番区客民势成孤立。该地广袤20余里，万山丛杂。客民分筑土垒炮台数十处，掘山断道，准备死守。

初八日午后，郑绍忠派陈廉养、冼章率勇攻凹口之南，黄忠保、莫善积率勇攻凹口之东，江志率勇攻其西，邓润材、颜金率勇直攻中路；又令邓镇邦等带领绥靖勇，督率临高县武举王肇元等土民团练200余人，在岑仑堵守。

初九日黎明，陈廉养等督队出战，客民300余人来拒。因清军火力猛烈，客民不能前，退伏树林之中。陈廉养等命各兵勇砍伐松枝，"牵负而上，填其掘道，大呼陷阵，遂夺两垒"，杀客民40余人。邓润材等军则连破三垒，杀客民60余人。两路合攻，将大小土寨炮台20余座，次第攻克，"擒斩悍匪二百余人"。黄忠保一军则以火箭喷筒，向下注射，番区客营惊乱，但仍然死守东凹口，"轮放枪炮，以图喘息"。在此情形下，莫善积亲率兵勇猛攻，杀客民20余人，破炮台3座。黄忠保等跟进，擒获100余人。时江志、颜金各军，先后驰至，战况益剧。据刘坤一奏称：

> （清军）四面合围，连环进攻，声势甚盛。该匪死伤相继，夺路狂奔。我军破其土垒五座，歼擒二百余人。番区余匪窜入崖内，我军斩取草薪，堆积崖口，纵火焚攻，烧毙男妇悍贼数百人，伏尸枕藉。随即进剿那坪山，该匪不战而走，复追斩百余人，余悉赴水淹毙。我军阵亡弁勇谢莹等十三名，受伤勇丁彭春等三十七名。①

---

① 《刘坤一遗集》（二），北京：中华书局，1959年，第515—516页。

第十章 斗祸的基本解决

战事甫一结束,郑绍忠又下令各军遍山搜查,"获匪党四十余名正法,并查出被掳男妇幼孩,分别传嘱给领完聚"。至此,儋、临两属"客乱"被平定。①

需要指出的是,与同治初年恩平、开平、高明等县情况一样,当官兵围剿客民时,土民、土勇在其中扮演了重要角色。光绪《临高县志》记载:"刘道宪奉调移师万陵,剿办黎匪,而客匪复肆猖獗。事闻大府,复调郑镇军绍忠督兵驰剿。至城面谕绅士林承茂、吴大美、邱如山等与富户捐赀,募勇九百,分守要隘。……以乡勇为向导,……攻至番区岭上,追至江水,杀贼无算。"②

此次战斗中,有"就抚新客"300余人,郑绍忠、王澍等拟遣往雷州安插。其余老客100余村,"均属安堵",因土客斗杀而逃离家园的土民也陆续复业。为了消除隐患,刘坤一檄饬地方文武"清查匪匪,追缴军装,所有就抚各客民回籍,各土民分别安抚保护,毋令再生衅端,并令郑绍忠等督率全军,凯旋回省,仍酌留勇丁数百名,随同琼州镇道查办儋、临两属善后事宜,以定人心"③。

此后,清军及土民、黎民开始搜捕逃散的客民,郑绍忠、王澍同时勒令各地老客,"如有容留儋、临新客者,勒限五日内悉数交出,赴官首报"。经郑绍忠等连日督军搜索,陆续拿获"悍匪"27人,"就地正法"。黎总谭有强等也率众捕杀藏匿的客民70余人,"呈缴首级到营"。各村老客绅耆也陆续交出新客男女老幼300余人,与先前"就抚"的新客遣赴雷州府属之涠洲墩安插。清军又起出被掳土民幼孩男女43名,发交土绅转给各亲属领回完聚。事情大定,郑绍忠等即传集

---

① 按:此次战事,郑绍忠、王澍等进兵未及三个月,即告成功,粤督刘坤一向清廷请奖:"署广东南韶连镇潮州镇总兵记名提督郑绍忠,拟请赏穿黄马褂,并交部从优议叙;卸雷琼道王澍,请交部从优议叙……"见《刘坤一遗集》(二),北京:中华书局,1959年,第516—517页。
② 光绪《临高县志》卷3,《舆地·前事》。
③ 《刘坤一遗集》(二),北京:中华书局,1959年,第516—517页。

土客各绅，会同设局联和。刘坤一并饬令地方官，"逃亡则设法招徕，贫苦则酌给籽种，其有疾病伤残栖托无所者，并即优加抚恤，务使民困渐苏，元气渐复"。

正当刘坤一眼看即将收尾时，忽然接到琼州镇、道、府会禀云：

> 转据琼山、定安二县禀报：有新客一千八九百人陆续逃至该二县交界地方，恳求招抚，经该镇、道、府札委游击张志高、知县吴应廉前往点验，精壮男丁祇二三百人，其余均系预先逃出，辗转山谷之中，冀免玉石俱焚之祸。现闻下令搜查，不惟无人容留，更属无处藏匿，颠连困苦，冒死求生；且称田庐尚在儋、临，请回故居安业等情。①

刘坤一接报后，认为新客与土民嫌隙已深，绝无仍回儋、临之理；该队客民人数尚多，必须妥为安插。因海南距省遥远，难以遥控，刘坤一即派署抚标右管游击余大胜，"授以机宜"，令其乘坐轮船驶往琼州，与郑绍忠等妥善处理。

余大胜抵琼（海口）后，适郑绍忠亦由儋、临率军抵琼。经查，该队新客称高、廉、雷三府尚有亲属可依。郑、余等决定将该队新客分为三起，"悉由轮船装载内渡，遣往高、廉、雷三府属，交该地方官量行区处，务与土民彼此相安；并按大小口酌给银两，以示体恤。该新客莫不感激涕零，俯首听命。该镇道等随即遣弁护解起程，造具花名清册，移送高、廉、雷各道府查照"②。

余大胜的另一任务是密询各州县官对此次战事效果的看法，"均称以后可保无事"。最后，郑绍忠留下安勇500名，派都司冼章管带，分

---

① 《刘坤一遗集》（二），北京：中华书局，1959年，第538页。
② 《刘坤一遗集》（二），北京：中华书局，1959年，第538—539页。

第十章 斗祸的基本解决

驻儋州那大、临高和舍,"以资镇压"。①

此次战事进展顺利,其安插情形,从刘坤一的奏疏中看来也算顺手,但实际情形可能并非如此,据刘坤一在光绪五年(1879)八月初五日的一封私人函件中称:"客匪亦经荡平,第内渡尚千数百人,颇难安插。"②即使勉强安插,客民亦不安心久居,"未久而潜回故里,为匪如故。以后土客之衅遂成"③。在这种情况下,广东政府于当年夏复委雷琼道刘镇楚总理其事,谕令绅士林承茂、郑国光等在临高县城设总局,李恒春、杨元珍等在和舍设土客永安局,"盘查奸究,并劝相和"。光绪六年(1880)以后平静数年。九年(1883),"贼风复炽"。至十年(1884)、十一年(1885)中法战争发生、海防吃紧之时,客民又集大股啸聚于儋州四方山、田表及临高之兰洋、九紫坡等地,"昼则阳事耕耘,夜则分途劫掠,在澄、临交界之间恣意抢夺,村市、行旅苦之。然行踪诡秘,尚不敢公然逞志"④。

至光绪十一年七月,客民首领黄邹保(一作黄招宝)、林乾华等率党执持枪械,在和舍墟威逼官长局绅,"遂有不能弹压之势"。八月,该股客民在那白墟、浪坡墟等地连续抢劫,"明目张胆,在澄、临交界土村地方肆虐,受害尤多"。不得已,时任雷琼道的王之春派两营官兵前往弹压,"军威所至,匪党敛迹"。但官兵撤去后,"异志复萌",又在澄、临交界地方纠党横行。至十一月,临高客民甚至在九紫坡"联盟拜会,祭旗起事"。众至二三千人,不久又有儋州客民温河清率众二三千人来会。此事再次惊动广东官府,粤督张之洞派兵追剿,"擒斩无算"。不久,又加派冯子材部进剿。十二年(1886)二月,"贼首"黄邹保不得不率众数百投降。被抓获的林乾华等被"就地正法"。另一以陈钟明

---

① 《刘坤一遗集》(二),北京:中华书局,1959年,第539页。
② 《刘坤一遗集》(四),北京:中华书局,1959年,第1868页。
③ 《张文襄公全集》卷17,奏议17,《请派大员剿办琼州客黎各匪折》,光绪十二年八月十日;另见光绪《临高县志》卷3,《舆地·前事》。
④ 光绪《临高县志》卷3,《舆地·前事》。

为首的客股也遭到失败。

张之洞再次决定将儋、临起事客民安插于高州。渡海之前，黄邹保、温河清等"畏罪潜逃"，不久被获，解送冯子材大营，"骈首示众"。① 要注意的是，自光绪五年至十二年，儋、临客民不时举事，与他们勾联黎民或者窜入黎峒有关。张之洞奏称：

> （黎民）从前出掠，不过附近内山而已。近七八年来，客匪游勇散入其中，奉惠州客民陈钟明、陈钟青为总头目，合生黎、熟黎、客匪、游勇为一伙。名为黎而不尽真黎，遂敢离巢数百里，大肆劫杀。其军火盐米皆由客民接济。每牛一头，易枪一支。火器既具，党羽益多，得以抗拒官军，习为战斗。岁必出巢两三次，该处官军未尝认真痛剿一次，不过零星分防，尾截零匪，幸其回巢，以为了事。大率客匪以黎峒为负嵎，藉黎人为声势；黎匪以客匪为向导，藉游勇为附从。客黎纠结，全琼遂无安枕之日。②

不论如何，一场风波总算平息。

光绪四年、五年间及十年、十一年、十二年间，儋州等地土客械斗以及清政府发兵剿客，平定后重新安插客民，对琼州（海南岛）及雷州半岛客民的重新布局产生了较大影响。

---

① 光绪《临高县志》卷3，《舆地·前事》。
② 《张文襄公全集》卷17，奏议17，《请派大员剿办琼州客黎各匪折》，光绪十二年八月十日。

结 语

2001年7月，美国夏威夷大学的蓝厚理（Harry J. Lamley）教授在给我的一封长信中指出：

> 把土客相互隔开，觅地安插客民，可能是当时解决该问题的上策，如此，土客之间才能"联和"。但是，大规模安插客民以后的结果又怎么样呢？西方传教士的记载表明，粤省南部诸府的客家迁民仍然不断与土民发生冲突。这种对立并不限于广东或华南。当我在1960年代中期移居檀香山时，我发现这种对立依然存在。大多数夏威夷华人来自临近澳门的中山（即清代的香山县）。尽管他们的家乡没有直接卷入那场土客之战，但这些中山人却对客家人充满仇恨，绝不容许其子女与客家人通婚。

我们知道，清末民初，广府人、客家人之间遗恨绵绵，感情上时有抵牾，甚至在学者群体中也爆发了一场舌战，并导致客家研究的发轫。半个世纪后，至少在海外，仍然有蓝厚理教授所说的那种土客感情隔阂。从20世纪60年代至今，又是近40年过去，土客状况又怎么样了呢？在2001年我参加的两次会议上，我向有关人士做了初步了解——8月，中国社会科学院历史研究所召开"清代政治变革与社会发展"国际学术讨论会；10月，在武汉召开"族群理论与族际交流"国际学术研讨会。在前一次会议上，我向新加坡三一神学院教授、总理顾问钟志邦先生（客籍）咨询目前新加坡客家人与广府人之间的关系。他说，现在双方相处甚好，没有什么界限，并有通婚之事。在武汉会议上，我向一些客家研究者以及客籍学者询问现在广东土客之间的关系，他们的回答也都认为目前广东土客双方不存在什么矛盾，并有互相通婚之事。这种状况应当是一件好事。当然，这个问题的最终答案应该在科学的田野调查之后得出。①

署广东巡抚郭嵩焘在办理那场斗祸时曾哀叹道：

  总而言之，土、客积怨已久，无可解释。而客民之怀毒也深，土民则气泄言嚣，以诡诈为能而机已浅；客民之伏谋也险，土民则营私争胜，以占踞田产为利而计已疏。客民之发难也惨，土民则以百倍客民之众，乌合麕集，临事各不相顾，而力已穷。故残忍嗜杀者客民也，而土民又一以无道施之。臣尝以为劫运生于人心，人心知悔则劫运立消，人心交相为构则劫运滋烈。反复谕诫，终不能悟。②

这场"劫运"是清王朝当时社会条件下的产物，它给土客双方带来的痛苦是漫长而持久的。在今天土客已经"相安"的时期，总结历史惨痛教训、昭示后人和平相处，仍然是必要的。何况，民间械斗依然是目前中国一个不容忽视的重大社会问题。

我期待着在适当的日子里对目前广东等地的土客关系做一次比较全面的调查，以深化本书主题，并为本书写出一个完整的结论。

---

① 在本书出版之前，2003年正月，笔者前往台山、开平、恩平、鹤山、高明等地调查，广府人对于客家人已经没有什么好坏印象（客家人被迁出安插外地之事已久）。台山田头、赤溪与鹤山云乡客家人对于广府人依然有戒备心理，至少不主张通婚。

② （清）郭嵩焘：《前后办理土客一案缘由疏（会总督衔）》，《郭嵩焘奏稿》，长沙：岳麓书社，1983年，第200页。

附录 蓝厚理（Harry J. Lamley）教授致刘平论械斗问题的信函

刘平博士：

因事耽搁复信，很抱歉。随信寄去我早期一篇关于械斗问题的论文，以及两篇我后来写的文章。在后两篇文章中，我试图区别绵延不绝或范围广大的械斗与部族之间或南欧乡村常常出现的范围有限或是更为排外的血族仇杀。如你所知，我更关注的是闽粤地区的宗族械斗。然而，我另有一些文章是探讨土客冲突之类的族群械斗或分类械斗的，主要以清代台湾为视角。

关于你提的问题，回答如下：我不知道罗伯兹（J. A. G. Roberts）博士及其地址。另外，我知道几年前香港大学有位研究生写了一篇关于广东土客冲突的博士论文，但我不知道具体题目，也不认识作者。（前者即牛津大学关于土客战争的博士论文［1968年］，后者即现在澳门大学工作的郑德华博士及其博士论文，我在本书"前言"中已经有所交代。——刘平按）

你希望我就你的文章提些建议，现答复如下。首先，我当然鼓励你对19世纪中期广东土客冲突进行深入探讨，而不仅仅是把它作为一场普通的大规模械斗。当然，械斗导致了其他类型的有组织暴力。当武装起来的客家人攻占了一个清军据点时（即同治二年初客家人攻陷广海寨之事。——刘平按），官方便直接或公开卷入其中了。此后，这场冲突不再只是"民间"性质的事情了，而是变成了一场叛乱，一场战争，或是其他什么称呼，清政府则站到了土著人一边（这种情况也许一直存在，因为客家人在广东政治中没有多大影响）。但重要的是必须记住，这场械斗养成了"永远"不能忘却的严重敌对与记忆,并有可能重蹈覆辙——械斗或武装冲突实为公众仇杀中最具暴力而且耀眼的部分。所以在研究大规模的土客冲突时,人们不仅要关注敌对方面的准备情况,包括指挥者、钱款、武器的保障、准军事训练等,也要追寻引发这类特殊冲突形式的动机(如争夺田产、水源等)。清朝官方资料显示,械斗之爆发,并不是"偶然"发生的,而是"计划"在先的。

我要重申,重要的是必须记住,械斗基本上是无休止的,或者说是永久存在的。客家武装被击败后,土客相互之间的憎恨与对立并未消失。把土客相互隔开,觅地安插客民,可能是当时解决该问题的上策,如此,土客之间才能"联和"。但是,大规模安插客民以后的结果又怎样呢?西方传教士的记载表明,粤省南部诸府的客家迁民仍然不断与土民发生冲突。这种对立并不限于广东或华南。当我在1960年代中期移居檀香山时,我发现这种对立依然存在。大多数夏威夷华人来自临近澳门的中山(即清代的香山县)。尽管他们的家乡没有直接卷入那场土客之战,但这些中山人却对客家人充满仇恨,绝不容许其子女与客家人通婚。

因此,研究19世纪的土客冲突,确实应当拓宽视野——从清政府采取措施,把贫穷的客家移民自北方山区南下安置到珠江三角洲地区(作为开始部分),到械斗之后遗留的许多问题。我不敢肯定你会在这样一个大标题下完成所有工作。还有,从世仇(feud)角度研究这场冲突会使你再现历史原貌,且更有创见。所以,不仅仅要利用更为权威的清朝官方资料,运用社会史和文化史来观察参与械斗的各方也应该成为你的研究的一个组成部分,还要了解当地客家人与土著人社区的情况,这就需要运用地方史料和私人著述。还有,我还发现,地方械斗往往卷入当地社会的各色人等,从富家大族到贫民小户,再到城乡边缘人群。械斗之发生,基本上是由经济条件及敌对情绪所决定的,但随着时间的推

附录 蓝厚理（Harry J. Lamley）教授致刘平论械斗问题的信函

移，文化与宗教的差别也成为加深仇恨的力量。

所以，我希望你时时记住，既要了解一场械斗的时间跨度与空间分布，也要尽可能地洞见其涉及的方方面面。祝研究顺利。

（以下蓝教授谈论的是他退休后研究晚清死刑政策及20世纪中国的戒严问题，从略。——刘平按）

衷心祝福，保持联系，我将尽量提供帮助。

蓝厚理（Harry J. Lamley，夏威夷大学荣退教授）

2001年7月16日

参考文献

一、档案文献类

（清）《筹办夷务始末》。
（清）陈殿兰辑：《冈城枕戈记》。
（清）邓承修：《语冰阁奏议》。
（清）刚毅：《秋谳辑要》。
（清）何嗣焜编：《张靖达公（树声）奏议》。
（清）黄赞汤编：《绳其武斋尺牍》《绳其武斋奏稿》。
（清）蓝鼎元：《鹿洲初集》。
（清）龙继栋编：《刘武慎公（长佑）全集》。
（清）麦秉钧撰：《鹤山麦村麦氏族谱》。
（清）盛康：《皇朝经世文续编》。
（清）王定安编：《曾忠襄公（国荃）批牍》。
（清）徐赓陛：《不自慊斋漫存》。
（清）徐旭曾：《丰湖杂记》。
（清）杨澜：《临汀汇考》。
（清）张集馨撰：《道咸宦海见闻录》，北京：中华书局，1981年。
（清）赵沅英：《新会围城记》。
"上谕档""录副奏折""朱批奏折"，中国第一历史档案馆藏。
《崇正同人系谱》。
《大清会典事例（嘉庆朝）》。
《恩平聂氏家谱》。
《宫中档乾隆朝奏折》，台北：故宫博物院，1982年。

· 参考文献 ·

《广东河南同治咸丰年间奏稿》，稿本，无卷页，南京图书馆古籍部藏。

《郭嵩焘日记》第 2 卷，长沙：湖南人民出版社，1981—1983 年。

《郭嵩焘奏稿》，长沙：岳麓书社，1983 年。

《清德宗实录》。

《清经世文编》，北京：中华书局，1992 年。

《清穆宗实录》。

《清史列传》。

《清文宗实录》。

《左宗棠全集》，长沙：岳麓书社，1986 年。

蔡冠洛：《清代七百名人传》。

陈翰笙主编：《华工出国史料汇编》（四辑），北京：中华书局，1981 年。

陈寿祺等撰：《福建通志》。

费行简：《近代名人小传》。

古直：《客人对》。

广东省文史研究馆、中山大学历史系编：《广东洪兵起义史料》，广州：广东人民出版社，1992 年。

黄大受辑：《黄少司寇爵滋奏疏》。

毛承霖编：《毛尚书（鸿宾）奏稿》。

缪荃孙：《续碑传集》。

清高宗敕撰：《清朝通典》。

容安辑：《那文毅公（彦成）奏议》。

太平天国历史博物馆编：《清咸同年间名人函札》，北京：档案出版社，1992 年。

谭泽闿等编：《谭文勤公（钟麟）奏稿》。

田涛等校：《大清律例》，北京：法律出版社，1999 年。

王树楠编:《张文襄公全集》。

二、方志类(举要)

《曹峰侨刊》。

《恩平文史》。

《鹤山文史》。

《岭南文史》。

《茂名文史》。

《田头侨刊》。

道光《高要县志》。

道光《鹤山县志》。

道光《新会县志》。

道光《新兴县志》。

道光《肇庆府志》。

光绪《高明县志》。

光绪《高州府志》。

光绪《广州府志》。

光绪《惠州府志》。

光绪《嘉应州志》。

光绪《临高县志》。

光绪《琼州府志》。

光绪《四会县志》。

光绪《香山县志》。

光绪《新会乡土志》。

光绪《新宁县志》。

光绪《新兴县乡土志》。

・参考文献・

金武祥：《赤溪杂志》。

民国《赤溪县志》。

民国《东莞县志》。

民国《怀集县志》。

民国《开平县志》。

民国《罗定志》。

民国《清远县志》。

民国《阳江县志》。

民国《增城县志》。

聂崇一辑：《恩平县志补遗》。

乾隆《新兴县志》。

阮元：《广东通志》。

宋森纂：《鹤山县志未成稿十八篇》，稿本，广东省立中山图书馆藏。

同治《南海县志》。

同治《韶州府志》。

同治《新会县志续》。

宣统《恩平县志》。

宣统《高要县志》。

宣统《阳春县志》。

三、一般论著类

蔡少卿：《中国近代会党史研究》，北京：中华书局，1987年。

蔡少卿：《中国秘密社会》，杭州：浙江人民出版社，1990年。

陈国强、蔡嘉煌主编：《人类学与应用》，上海：学林出版社，1992年。

陈序经：《广东与中国》，《东方杂志》第36卷第2期，1939年1月。

邓开颂等主编：《粤港澳近代关系史》，广州：广东人民出版社，

1996年。

费孝通:《乡土中国·生育制度》,北京:北京大学出版社,1998年。

葛剑雄主编,曹树基著:《中国移民史》(五、六),福州:福建人民出版社,1997年。

广东省测绘局编绘:《广东省县图集》,广州:广东省地图出版社,1982年。

赫治清:《天地会起源研究》,北京:社会科学文献出版社,1996年。

胡炜鉴:《清代闽粤乡族性冲突之研究》,台湾师范大学历史研究所专刊(27),1996年。

胡珠生:《清代洪门史》,沈阳:辽宁人民出版社,1996年。

黄顺炘等编:《客家风情》,北京:中国社会科学出版社,1993年。

郎擎霄:《清代粤东械斗史实》,《岭南学报》第4卷第2期,1935年。

李逢蕊:《客家人界定初论》,《客家学研究》1990年第2辑。

林晓平:《关于客家及其相关概念的思考》;丘菊贤、刘南彪:《客家渊源散论》;黄火兴等:《试论客家民系形成的时间与地域》;杨宗铮:《客家方言是界定客家人的首要标准》;张维耿:《客家地区二次葬成因质疑》;万幼楠:《关于客家与客家围楼民居研究的思考》;胡希张:《客家源流研究的回顾》。上述诸文同载黄钰钊主编:《客从何来》,广州:广东经济出版社,1998年。

林耀华著,庄孔韶等译:《金翼:中国家族制度的社会学研究》,北京:生活·读书·新知三联书店,2000年。

罗尔纲:《太平天国史稿》,北京:中华书局,1955年。

罗香林:《客家研究导论》,上海:上海文艺出版社影印本,1992年。

秦宝琦:《清前期天地会研究》,北京:中国人民大学出版社,1988年。

丘桓兴:《客家人与客家文化》,北京:商务印书馆,1998年。

王东:《客家学导论》,上海:上海人民出版社,1996年。

温春来:《咸同年间广东高明县的土客械斗》,载胡春惠、周惠民主编:《两岸三地研究生视野下的近代中国研讨会论文集》,台北政治大学历史系、香港珠海学院,2000年。

巫秋玉等:《客家史话》,北京:中国华侨出版社,1997年。

吴泽:《建立客家学刍议》,《客家学研究》1990年第2辑。

谢重光:《客家源流新探》,福州:福建教育出版社,1995年。

徐晓星:《昆山鹤影》,珠海:珠海出版社,2001年。

袁钟仁:《岭南文化》,沈阳:辽宁教育出版社,1998年。

张晋藩:《清代民法综论》,北京:中国政法大学出版社,1998年。

中国人民大学清史研究所编:《清史编年》(第9、10卷),北京:中国人民大学出版社,2000年。

〔澳〕黄宇和著,区鉷译:《两广总督叶名琛》,北京:中华书局,1984年。

〔美〕孔飞力著,谢亮生等译:《中华帝国晚期的叛乱及其敌人》,北京:中国社会科学出版社,1990年。

〔美〕汪荣祖:《走向世界的挫折——郭嵩焘与道咸同光时代》,长沙:岳麓书社,2000年。

〔美〕魏斐德著,王小荷译:《大门口的陌生人——一八三九—一八六一年间华南的社会动乱》,北京:中国社会科学出版社,1988年。

〔苏联〕雅·雅·罗金斯基、马·格·列文著,王培英等译:《人类学》,北京:警官教育出版社,1993年。

Harry J. Lamley, Hsieh-tou, "The Pathology of Violence in Southeastern China", *Ching-shih wen ti*, Vol. 3, No. 7 (Nov., 1977).

Harry J. Lamley, Hsieh-tou, "Violence and Lineage Feuding in Southern Fukien and Eastern Kwangtung under the Ch'ing", *Newsletter for Modern Chinese History* (台湾《中国近代史研究通讯》), 1987.3.

Harry J. Lamley, Lineage and Surname Feuds in Southern Fukien and Eastern Kwangtung under the Ch'ing, In Jonathan N. Lipman and Stephan Harrell, eds.,

Violence in China, Albany: State University of New York Press, 1990.

Harry J. Lamley, Lineage Feud in Southern Fujian and Eastern Guangdong under Qing Rule, in Jonathan Lipman and Stevan Harrell eds., *Violence in China: Essays in Culture and Counterculture*, NY: State University of New York, 1990.

David Ownby, *Brotherhoods and Secret Societies in Early and Mid-Qing China*, Stanford University Press, 1996.

后 记

拓荒工作很难，在这次博士后出站报告的撰写中，我充分尝到了这种滋味。

2001年年底，我在电脑上完成该项26万字的研究报告之后，紧接着便进行了南京大学历史系博士后流动站学术评议组组织的答辩，虽然获得一个"优秀"的成绩，心中自测，这只是一项初步的研究。

确实，就我的本意而言，该项研究如果进一步整理、深化，将不失为一部好书——我的电脑中尚有十余万字的史料未能利用，原来设计中的"斗祸中的四大战役"、"土客双方的组织、钱款、武器和战术"、"斗祸的社会破坏性"、"斗祸中的种种角色"等四章未能展开，计划中的较长时间的田野调查未能进行，还有那么多的遗憾存在。所以，答辩之后，我有意将应对答辩的打印稿置于箧中，转而他顾。

一个偶然的机会，促使我将该项研究仓促整理出版。现在，该书很快就要付印，我知道，其中的简陋与不足所在皆有，如数字统计、结构调整、文字润色、史料比对等项均未能如愿展开。我只能说，如果该项研究尚有些许价值——对一件重大历史事件做了比较完整的白描式勾勒，仅此一点，如果能够得到学界的基本认可的话，我也就感到欣慰了。

因为自己选择的毕竟是一个陌生而荒芜的题目，在这两年多磕磕碰碰的路程中，许多学界师友给了我难以忘怀的帮助，其中有：

华东师范大学客家研究中心常务副主任王东博士；

嘉应大学客家研究所副所长房学嘉教授；

广东省立中山图书馆前馆长黄俊贵研究馆员；

广东省立中山图书馆地方文献部倪俊明研究馆员；

中国社会科学院近代史研究所夏春涛研究员、左玉河博士；

南开大学历史学院博士后、《光明日报》编辑张小也博士；

北京社会科学院历史研究所郑永华博士；

福建社会科学院历史研究所所长徐晓望研究员；

中山大学历史系主任刘志伟教授、温春来博士；

广东省民族研究所练铭志研究员；

中南民族学院民族学研究所所长孙秋云教授（现调至华中科技大学社会学研究所）；

《中国画报》社高级编辑古进教授；

生活·读书·新知三联书店美术编辑、《老房子·开平碉楼与民居》摄影李玉祥硕士。

他们或寄赠资料，或提供信息，或提出写作、修改意见，尤其是王东、房学嘉两位先生，有引领我熟悉客家学研究领域之功。对于他们的这种扶持与帮助，我表示由衷的感谢。

该书被批准出版之后，责任编辑王齐女士希望我能为该书提供照片，她的建议触发了我期望已久的田野调查的想法，几经延宕，终于有了今年年初的广东之行（时在"非典"肺炎流行期间），这是一段紧凑、疲惫而令人兴奋的旅程。其间，台山市赤溪镇侨联的钟日平、杨全球，文化站的谢伟毛、李木浓；开平市"开平碉楼申报世界文化遗产办公室"；恩平市政协的冯如孟、梁植权；恩平市歇马村旅港乡贤梁佐；鹤山市政协的区嘉权、李少芳、徐晓星；佛山市高明区政协的何洪波；肇庆市政府办公室何炼生等，为我调查、拍摄有关遗迹、遗物，为我提供口头、文字、照片资料，热情周到，其情殷殷。尤其是杨全球先生，年近七旬，仍然在繁忙的接待一批赤溪籍马来西亚华侨的同时，抽出时间，带我雇乘摩托，穿村过巷，爬山涉水，寻古探幽，其古道热肠，令人感动。

本书的出版，还与几位著名的西方中国学家提供的帮助是分不开的。

美国夏威夷大学历史系蓝厚理（Harry J. Lamley）教授。蓝教授以研究明清东南地区的宗族械斗、台湾分类械斗以及欧洲乡村世仇械斗而闻名，他在与我的数次通信联系中，不吝赐教，使我受益良多。

· 后 记 ·

哈佛大学历史系、东亚语言文明系孔飞力（Philip A. Kuhn）教授。孔教授曾任哈佛大学费正清东亚研究中心主任，桃李芬芳，是中国学术界熟悉的中国学家。他的《中华帝国晚期的叛乱及其敌人》《叫魂》（都有中译本）在海内外有着极大的影响。我考虑到他的《中华帝国晚期的叛乱及其敌人》与本书有相同的背景关系，加上他目前所从事的华侨华人问题研究与本书主题源同流分，遂冒昧请求援笔写序。孔教授答应后，又花了很长时间仔细阅读书稿，按时将序言寄来。名家风范，跃然纸上。

澳大利亚拉筹伯大学亚洲研究学院费约翰（John Fitzgerald）教授。费教授此前为我在商务印书馆出版的《文化与叛乱》一书撰写了英文提要，此次又拨冗相助。不仅如此，他对广东土豪、国民革命等问题的研究，于我也颇有启发。

蔡少卿教授及南京大学博士后管理办公室、历史系博士后流动站为我提供了一个良好的学习机会。南京大学是我攻读硕士学位的母校，蔡少卿教授当时就是我的导师，他的研究风格对我的学业有着深刻影响。

眼下，许多研究者在自己的书出版之际，往往要提到家人的支持，一是关爱，一是生活保障。我除了这两点外，对于妻子朱明清对我的研究所付出的心力尤为感激。这些年来，她为我往电脑中输入的文字（多为古籍资料）何止百万，她还时常对我的文稿提出建议、指正错误。2001年的整个暑假，一天十几个小时，她和我在各自的电脑跟前忙碌着，儿子则在一旁看书做作业——这一幕或许很感人，但我心里一直隐含着愧意。毕竟，不知不觉，从指缝里流失了那么多的生活乐趣。

最后，要特别指出的是，商务印书馆历史悠久，为近现代中国出版业的翘楚，对中国文化、教育事业做出了杰出贡献。继我的博士论文修订稿《文化与叛乱》之后，我的博士后报告修改稿能够在此出版，实属幸事。责任编辑严谨的工作态度尤其令人敬佩，在此一并致谢。

刘 平

2003年春于南京石头城下

修订本后记

本书《被遗忘的战争——咸丰同治年间广东土客大械斗研究》是一个典型的事件史研究,其要义在于厘清、还原相关史实,出版至今已二十年。值此修订再版之际,简要说明几点。

1. 关于学术史问题

我在书中提到有两项研究是特别应当予以重视的,当时尽管做了努力,但未能直接查到原文。一为 1968 年英国牛津大学的一篇博士论文,作者为 John Anthony George Roberts,题目是 *The Hakka-Punti War*(译名《土客之战》, Ph.D dissertation, Oxford Univ., 1968)。一为香港大学郑德华的博士论文,英文题目是 *A Study of Armed Conflicts Between the Punti and the Hakka in Central Kwangtung, 1856-1867*(香港大学 1989 年版),该论文以中文写就,名为《广东中路土客械斗研究,1856—1867》。在时隔三十多年后,作者修订整理,改名为《土客大械斗:广东土客事件研究,1856—1867》,2021 年由中华书局(香港)有限公司出版。郑德华教授在该书序言中专辟一节,对 2003 年出版的拙作加以评论。我在此次修订时,仔细看了其博士论文原稿与出版物的目录、序言与部分篇章,感觉当时未能目睹也不是一件坏事——各有立场,各有路数。

现在网络资源充斥,中西交通便利,今非昔比,读者如有兴趣,不妨对比阅读。

2. 关于各类书评的批评问题

本书 2003 年出版后,迅速得到诸多海内外学者的关注,就我所目睹者,约有 20 篇书评,还有诸多网络言说。此次修订时,我请本系学生潘蕊彤专门搜集各类书评中的批评意见,其中的技术性问题,我在修订时尽量采纳、完善。

3. 关于修订内容

本书在出版后,就陆续有读者写信给我,指出其中的一些字词句错误与广东历史地理、语言文化方面的知识性问题，尤其是一位易稼存先生，洋洋洒洒数十条；我在十年前就打算修订再版本书，当时我在山东大学教书，我请我的硕士生李国庆为我"读书、查错"。我把他们的意见保留至今，此次修订，他们标注的问题给我提供了较为便利的参考。

此次商务印书馆再版本书，鲍海燕女士是一位认真负责的编辑，认真核对资料原文，校对时字斟句酌，为本人的初校、二校提供了极大便利。

作为一个在2003年初"非典"时期才初次进入广东地界的江南人，对于该省广府、客家、潮州三大方言群的基本情况，不甚了了，以致在书中有机械搬用罗香林著作、地方志记载的情况。此次修订，我专门请教了相关人士，如上海兆祥邮轮集团公司庄兆祥董事长（广东揭西县客家）、庄心冰女士（广东陆河县客家，在广州读大学，其丈夫、婆婆等亲属包含了三大方言）与揭西县棉湖镇政府工作人员等，基本理清了三大方言群及其交错关系，查清了负责处置土客械斗的清军副将（升任总兵）卓兴的籍贯。

4. 缅怀、致敬与感谢

本书初版时，我的两位尊敬的长者与导师蔡少卿（1933—2019年）教授与孔飞力（Philip A. Kuhn，1933—2016年）教授曾经为之作序，现在两位老师已经作古，值本书修订再版之际，谨致深深的缅怀！

牛津大学 J. A. G. Roberts 博士（后任教于英国哈德斯菲尔德大学）与香港大学郑德华博士（后在澳门大学等处工作）与本文主题有关的开拓性研究，诸多学者专家的书评及其意见，在在昭示本人学无止境，特向他们表示敬意。

我在修订中所采纳的易稼存、李国庆、潘蕊彤与鲍海燕等人的意见，以及向庄兆祥先生、庄心冰女士的请益，五邑大学广东侨乡文化研究院冉琰杰博士提供的相关资料，为我的修订提供了便利，特向他们表示感谢。

刘　平

2022年12月24日于复旦大学